HIST. MONAST. S. SEVERI

IN VASCONIA

HISTORIÆ

MONASTERII S. SEVERI

LIBRI X.

AUCTORE D. PETRO DANIELE DU BUISSON

O. S. B. CONGREG: S. MAURI.

TOMUS SECUNDUS

VICOJULII AD ATUREM
EX TYPIS L. DEHEZ
—
1876.

A MESSIEURS PÉDEGERT ET LUGAT.

Messieurs,

Je regrette qu'une erreur d'adresse ait mis en retard votre bonne lettre et, par suite, ma réponse.

J'aurais voulu pouvoir vous remercier plus tôt de la gracieuse attention que vous avez eue de m'offrir la dédicace du livre que vous vous proposez de publier.

Toute histoire bien faite renferme une philosophie dans laquelle le passé est présenté comme une leçon pour l'avenir. Je vous félicite donc de la pensée que vous avez eue de mettre en lumière le précieux manuscrit que vous avez découvert.

Votre travail, ayant déjà mérité la haute approbation de l'illustre cardinal de Bordeaux, si juste appréciateur en cette matière, ainsi que celle de mon docte et regretté prédécesseur, pouvait certainement se passer de mon nom; je ne puis être que très flatté cependant de le voir figurer en aussi bonne compagnie à l'exergue de votre publication.

Veuillez agréer, chers Messieurs, avec mes remerciements et mes félicitations, l'assurance de mon affectueux dévouement en N. S. J.-C.

† VICTOR, Ev. de St-Denis,
Ev. nommé d'Aire et de Dax.

LIBER IV

De reformatione hujusce monasterii S. Severi et de eventibus ab ipsa reformatione in posterum successuris.

CAPUT I.

DE HIS QUÆ REFORMATIONI OCCASIONEM PRÆBUERE, ETC.

Melius judicavit Deus, ut ait S. Augustinus[a], de malis bene facere, quam mala nulla esse permittere. Congruit hoc divinæ sapientiæ; nec minus ejus potentiam, quam providentiam manifestat, cum bona producit e malis: qui essentialiter bonus et cujus natura bonitas opusque misericordia est[b], mala convertit et transmutat in bona. Sic ex peccato protoparentis incarnandi Filii sui occasionem accepit; nec sicut delictum, ita et donum: ubi enim abundavit delictum, superabundavit et gratia. Ex infidelitate Judæorum, Gentium nasci voluit fidem, et, ne plura contexam, ex monachorum hujusce monasterii inscitia et pravis moribus, reformationis

---
(a) S. Aug. In Enchiridio, ad Laurent.
(b) S. Leo Serm. de nativitate Christi.

eiusdem necessitatem agnosci voluit eamque subinde procurare. Nempe tædio jam status sui affecti monachi, qua parte se verterent nesciebant, cum nec sæcularisationem pro votis obtinere possent, nec reformare se vellent; nec pax, nec unio esse poterat inter illos, ubi *meum* et *tuum*, frigidum illud verbum(a), tot lites generans, ut divites faceret, dividebat.

Interea bonum sui odorem circumquaque diffundebat congregatio S. Mauri primævam ordinis S. Benedicti restituens observantiam. Morbus quo afflictus fuerat Domnus Stephanus de Tausin(b), prior huiusce monasterii, de reformatione advocanda et procuranda bonam quamdam ei suggesserat voluntatem; et ut sanius loquar, id animo infuderat divina gratia mortis pene imminentis excitans terrore. Aliunde Domnus Renatus de Pontac, abbas commendatarius, merito satis infensus erat monachis cum patre suo in senatu Aquitaniæ generali procuratore regio, eo quod monachalem præbendam, pro qua sæpe rogaverant et quam cuidam concedendam petierant, quibuscumque viis et precibus ab ipsis monachis obtinere non potuissent. Hinc factum est ut patres reformatos congregationis S. Mauri advocare et in monasterio S. Severi introducere decreverit; pro cujus intentionis effectu, transactionem et concordatum iniit cum Rev. patre Domno Antonio Espinasse, tunc monasterii S. Crucis Burdegalæ priore, nomine eiusdem congregationis et ut reverendissimi patris superioris generalis procuratore agente, in forma quæ sequitur(c) :

(a) S. Chrysostomus
(b) Ex libro notabilium.
(c) Transaction et concordat avec M. l'abbé.

» Comme ainsy soit que Messire René de Pontac, seigneur abbé commendataire de l'abbaye de S. Sever en Gascogne, ordre S. Benoit, ayt este depuis un long temps porté d'un grand zèle et désir d'etablir et instaler la reforme dans ladite abbaye pour y faire revivre l'ancienne discipline regulière et monastique et remettre toutes choses en leur premier lustre, et a ces fins aggreger, unir et incorporer les places monachales et offices claustraux de ladite abbaye de S. Sever a la congregation de S. Benoit, autrement de Cluny et de S. Maur[a] ayant este a ce faire exhorté par Messire Jean de Pontac conseiller du roy en ses conseils et procureur général au parlement de Bourdeaux, son père; et pour parvenir a ce pieux dessein ledit seigneur abbé auroit souvent confere avec le reverend père Dom Antoine Espinasse prieur des pères de ladite congrégation en l'abbaye Sainte Croix dudit Bourdeaux lequel en vertu de la procuration du reverend père supérieur général de ladite congrégation passée en la ville de Paris le dixième juillet de la presente année 1638 par devant Fournier et le Moyne notaires au Chatellet a entendu audit traitté en la forme et manière que s'ensuit :

« Pour ce est-il qu'aujourd'huy treizième du mois de septembre mil six cens trente huit avant midy par devant moy Bernard Brenier notaire et tabellion royal en la ville et cité de Bourdeaux et senechaussée de Guienne présents les témoins soubs nommés ont esté présents en leurs personnes Messire René de Pontac seigneur abbe commendataire de ladite abbaye

---

(a) En ce temps la les deux congregations estoint unies, qui furent ensuitte séparées.

S. Sever en presence dudit Messire Jean de Pontac conseiller du roy en ses conseils et procureur général audit parlement de Bourdeaux, son père d'une part et ledit rev. père Dom Antoine Espinasse prieur susdit en vertu de sa procuration qui sera cy-après insérée, d'autre; lesqueles parties ont transigé et accordé ce que s'ensuit :

» Scavoir que ledit sieur abbe de son bon gré pure et franche et agréable volonté en tant qu'il tient a luy et pouvoir qu'il a de ce faire a uni aggrege et incorporé comme il unit et incorpore a ladite congrégation de S. Benoit autrement de Cluny et de S. Maur toutes les places et prébendes monacales et offices claustraux dependans de ladite abbaye de S. Sever avec tous les revenus et emoluments qui en dependent et comme ils sont maintenant possédés par les sieurs anciens religieux de ladite abbaye pour en jouir par lesdits pères après le decès desdits religieux anciens en la meme forme et manière qu'ils en jouissent de présent sans aucune reservation augmentation ni diminution et sans estre teneu a aucune guarentie telle quelle soit :

» Veut et entend ledit seigneur abbe que lesdits sieurs religieux anciens qui sont a présent en ladite abbaye ne puissent resigner dorsenavant lesdites places monachales et offices claustraux ny autrement s'en demetre par permutation ou autres moyens quelconques qu'en faveur desdits pères de ladite congregation auxqueles fin ledit seigneur abbe s'est demis et departi de tout le droit de collation qu'il peut avoir desdites places monachales et offices claustraux susdits et par exprès des deux voix qu'il a pour l'election desdites places sans aucune reservation.

Veut pareillement ledit seigneur abbe et entend que vacation advenant desdites places et offices claustraux susdits soit par mort ou autrement que le tout demeure uni et incorporé a ladite congregation et manse commune desdits pères. Pourront néantmoins les religieux anciens de ladite abbaye jouir pleinement et paisiblement du revenu desdites pensions monachales et offices claustraux pendant leur vie comme ils faisoint auparavant le présent concordat sans qu'ils puissent estre troublés par lesdits pères en aucune manière.

» A este aussy convenu et accordé entre lesdites parties que le revenu desdites places monachales et offices claustraux susdits qui vaquent a présent ou vaqueront par cy après sera mis en mains de personnes solvables telles qu'il sera advisé par lesdits pères pour estre employé a la construction de l'église et lieux réguliers ameublement et frais de l'établissement desdits pères auquel ledit seigneur abbe ne sera tenu contribuer en aucune manière et jusques a ce que lesdits pères seront actuellement etablis en ladite abbaye en nombre suffisant pour faire le service.

» Et affin que lesdits pères ayent plus tost moyen de s'installer ledit seigneur abbé leur a cédé et transporté cède et transporte tout le droit qu'il a ou peut avoir sur les biens meubles et depouilles desdits religieux qui viendront a déceder après le présent concordat qui leur demeurera acquis irrevocablement sans que pour raison de ladite cession ledit sieur abbe soit tenu en aucune garantie ni en cas de procès ou litige contribuer a aucuns frais ou depens ains toutes poursuittes se fairont aux propres frais et depens desdits religieux comme aussy ledit seigneur abbe donne plein pouvoir auxdits pères de rachepter de leurs deniers les biens cy devant alienés de ladite abbaye de la mense desdits religieux seulement se reservant de pourvoir rachepter ceux qui appartiennent audit seigneur abbe.

Davantage ledit seigneur abbe leur a cédé quitté et transporté(a) toutes les maisons et batimens scavoir dortoir, cloître chapitre et autres offices appartenants et dependans de la manse religieuse avec les jardins et généralement toutes les places et mazeures qui peuvent appartenir auxdits religieux sans aucune reservation pour en disposer a leur plaisir et volonté se reservant ledit seigneur abbe la place du logis abbatial seulement pour pouvoir batir et se loger s'il advise bon estre.

» Et en ce qui concerne la direction du chœur et service divin qui se faira de jour et de nuit en ladite abbaye a este convenu que ladite direction demeurera auxdits pères de ladite congrégation lorsqu'ils y seront établis a la charge et condition que les premières places demeureront auxdits sieurs religieux anciens dans le chœur et en toutes assemblées publiques et particulières ensemble la première place du chœur pour ledit seigneur abbe laquelle il se réserve spécialement avec les droits honorifiques qui luy appartiennent lors qu'il assistera aux offices ou processions.

» Et moyennant ce que dessus lesdits pères seront tenus se contenter des revenus que lesdits sieurs reli-

---

(a) Il a depuis donné ses droits pour rachepter ceux de la manse abbatiale. Il a cédé la maison abbatiale moyennant rente annuelle, etc.

gieux anciens de ladite abbaye ont accoutumé de jouir consistant en leurs pensions monachales et offices claustraux susdits et droits de communauté suivant le partage qui en a este cy devant fait entre les seigneurs abbes et religieux que lesdits pères seront tenus et ont promis entretenir de point en point si aucun contrat de partage ou transaction en a este fait pour raison de ce ou autrement se contenter des revenus que lesdits sieurs religieux anciens jouissent a présent et sans que des a présent ni a l'advenir ils puissent demander audit seigneur abbe soit par manière de supplement de pension ou d'augmentation des religieux ni autres moyens en manière quelconque ains par tant que besoin seroit renoncent a ce dessus tant pour eux que pour leurs successeurs par pacte exprès.

» Item ledit seigneur abbe s'est reservé et se reserve le droit de nommer et présenter aux cures et conferer les prieurés de ladite abbaye et tout autre droit ce concernant qui luy compète et appartient a quoy lesdits pères ont par exprès consenti.

» Item a este accordé et convenu que ledit seigneur abbe vacation advenant des prieurés dependans de ladite abbaye, pourra user de son droit et les conferer en faveur de telles personnes idoines et capables qu'il jugera bon estre aussy ledit seigneur abbe s'est reservé et se reserve par pacte exprès et sous les bon plaisir de sa Sainteté vacation advenant des dits prieurés dependans de ladite abbaye de pouvoir donner et faire unir un ou deux d'iceux a la manse des religieuses Benedictines etablies de nouveau en la présente ville de Bourdeaux a quoy pareillement ledit reverend père Dom Antoine Espinasse a consenti et promis meme d'en poursuivre l'union en cour de Rome aux frais et depens desdites religieuses Benedictines et fournir tout autre consentement a ce requis et necessaire.

» Item ledit reverend père Espinasse en vertu de sa dite procuration a dès à present agréé appreuvé et ratifié l'union faite ou en voye d'estre faite du prieuré de Nostre-Dame de Roquefort[a] a la manse desdites religieuses Benedictines et en a presté tout consentement tant de present que pour l'advenir et affin que le present concordat ayt plus de fermeté et de valeur ont lesdites parties consenti et consentent a l'homologation d'icelluy tant en la cour de parlement de Bourdeaux qu'en toutes autres cours que besoin sera et par exprès ledit reverend père Dom Antoine Espinasse prieur susdit a promis et sera tenu de faire alloüer, appreuver et ratifier le susdit présent concordat au premier chapitre général de ladite congregation qui se tiendra l'année prochaine au monastère de Vendome aux reverends pères de ladite congrégation et de ladite ratification en rapporter audit Seigneur Abbe copie en bonne et deü forme un mois après ledit chapitre général tenu.

» Et pour faire ladite homologation audit parlement ont fait et constitué leurs procureurs scavoir ledit seigneur Abbe M..... et ledit reverend père Dom Antoine Espinasse prieur susdit M. Guillaume Hilaret procureur en ladite cour promettant avoir et tenir pour agréable tout ce que par eux en ladite homologation sera fait geré et négotié et les relever indemnes sous les obligations de leurs biens temporels qu'ils ont pour ce soumis aux cours et juridic-

(a) Et du depuis de celuy de Ste-Madelaine du Mont-de-Marsan.

tions de M. le grand sénéchal de Guienne de M. son lieutenant et de tous autres sieurs et juges auxquels la connoissance en appartiendra et ont renoncé à tous moyens et remedes à ces présentes contraires et ainsy tout promis et juré en leur foy et serment tenir et accomplir.

» Fait audit Bourdeaux en la maison dudit sieur procureur général ez présence de MM. Pierre du Soulier advocat et substitut dudit sieur procureur général et frère Jean de Naymet religieux ancien dudit ordre et aumonier en l'Abbaye d'Eysse en Agenois, temoins a ce requis lesquels avec lesdites sieurs parties se son signés à la cede le 13 du mois de septembre 1638 signé Grenier notaire royal.

» S'ensuit la teneur de la susdite procuration[a] par devant les notaires garde-nottes du roy nostre sire en son Châtellet de Paris soussignés fut present en sa personne reverend père Dom Grégoire Tarrisse superieur général de la congregation de S. Benoit ditte de Cluny et de S. Maur ordre du mesme S. Benoit estant a présent en l'Abbaye S. Germain-des-Pretz lez cette ville de Paris lequel a fait et constitue son procureur général et spécial le reverend père Dom Antoine Espinasse prieur du monastère de Sainte Croix de Bourdeaux de ladite congrégation auquel il a donné et donne par cesdites présentes pouvoir et authorité pour et au nom dudit constituant traitter convenir accorder et passer un plusieurs contrats ou concordats avec messire l'Abbe de l'Abbaye de S. Sever en Gascogne dudit ordre de S. Benoit pour l'union aggrégation et incorporation de la mense conventuelle de ladite Abbaye de S. Se-

[a] Procuration du très reverend p. sup. gen.

ver a ladite congrégation, faire et agir avec ledit sieur Abbe tout ce que par luy sera jugé utile et necessere pour l'introduction et établissement des religieux de ladite congregation en ladite Abbaye promettant icelluy constituant avoir le tout pour agréable ferme et stable sans jamais aller ni rien faire au contraire obligeants et renoncants.

» Fait et passé en ladite abbaye de S. Germain-des-Prés lez Paris l'an mil six cens trente huit, le dixième jour de juillet après midy et a signé frère Grégoire Terrisse superieur général susdit. Signés Fournier et le Moyne notaires susdits et garde-nottes, etc. signé Grenier notaire royal.

Homologation et ratification du chapitre géneral le 22 Juin 1639.

» Nous presidents et deffiniteurs du Chapitre[b] général de la congregation de S. Benoit ditte de Cluny et de S. Maur célébré en l'Abbaye de la sainte Trinité de Vendosme de ladite congregation ayant leu veu et meurement examiné le concordat passé par devant Grenier notaire royal a Bourdeaux en datte du 13 septembre 1638 entre Messire René de Pontac Abbe de l'Abbaye de S. Sever Cap de Gascogne d'une part, et le père Dom Antoine Espinasse prieur du monastère de Sainte-Croix dudit Bourdeaux au nom et comme procureur du tres reverend père supérieur general de nostre ditte congregation, d'autre, et ce pour raison de l'établissement des pères d'icelle congrégation dans ladite Abbaye dudit S. Sever aux clauses charges et conditions plus a plein spécifiées dans icelluy concordat veu pareille-

(b) Ratification du Chap. gen.

ment la procuration dudit reverend père supérieur géneral en datte du 10 juillet audit an 1638 avons loüe appreuvé et ratiffie, loüons appreuvons et ratifions icelluy concordat voulons et consentons qu'il sorte son plein et entier effet a condition touttefois que la clause par laquelle ledit Seigneur Abbe se reserve de nommer et presenter aux cures qui lui competent et appartiennent a raison de sa dignité d'Abbe soit sans préjudicier au droit que lesdits religieux ont de nommer confontement avec ledit Seigneur a la cure ou vicairie perpetuelle de la ville dudit S. Sever suivant la transaction faite avec Messire Pierre de Pontac precedent Abbe dudit S. Sever en foy de quoy avons commande au secretaire de nostre dit chapitre d'en expedier le present acte et icelluy signer et sceller du sceau de la dite congrégation.

» Fait audit monastère de la Sainte Trinité de Vendosme, le vingt deuxième juin mil six cens trente neuf. — Par ordonnance du chapitre géneral F. Firmin Rainssant secretaire avec le sceau susdit. »

Subinde ipsi quoque antiqui monachi huiusce monasterii, Priore eorum D. Stephano du Tauzin suadente, cum eodem reverendo patre D. Antonio Espinasse de eadem introductione reformationis congregationis S. Mauri concordarunt ut sequitur[a]:

« Le septième jour du mois de mars mil six cens trente neuf après midy dans la ville de S. Sever senechaussee des Lannes et dans les cloitres de l'Abbaye ordre S. Benoît de ladite ville, lieu capitulaire a l'issue de la grande messe par devant moy notaire royal soussigne présents les temoins bas

---

[a] Acte capitulaire, etc.

nommés se sont congreges et assembles capitulaire-ment au son de la grande cloche a la maniere accoutumée venérables et discretes personnes Dom Estienne du Tauzin prieur claustral, Jacques Cassalong ouvrier, Bernardin de la Fitte chambrier, Francois Tuquoy infirmier, Christophle de Lartigue Francois du Bernet, Jean de Salles, Jean Granger et Bernard d'Abadie scindic tous religieux profes de ladite Abbaye faisants tant pour eux que pour les autres religieux absens lesquels traitans de leurs affaires avec les reverends pères Dom Antoine Espinasse prieur de l'Abbaye Sainte-Croix de Bourdeaux et Dom Maur Faloppe aussy prieur du monastere S. Pierre de la Reole fondès de procuration du reverend père superieur general de la congrégation de S. Benoit autrement de Cluny et de S. Maur dattée a S. Denys en France le neufvieme jour de février dernier signée le Moustier notaire royal laquelle sera cy après inseree.

» Entre lesquelles parties a este accordé que tous les offices et places monachales qui vacqueront cy après demeureront unies a ladite congregation de S. Benoit desqueles lesdits pères joüiront et prendront les emoluments pour estre employés aux reparations necessaires et pour l'établissement desdits pères et que cependant seront tenus pour présents et pour le surplus a este convenu et accordé qu'il sera passé concordat dans le quinzième d'avril prochain venant dans la ville et cite dudit Bourdeaux. Sans que lesdits sieurs religieux anciens appreuvent le concordat passe avec messire l'Abbé et lesdits peres de la congrégation en ce qui concerne et touche les intérets de leur manse separee de quoy a este fait acte ez presences de Messire Guillem du Poy chantre et Bernard Vinatier escholain d'Audignon, habitant de ladite ville lesquels avec lesdits sieurs religieux se sont signés à la scede des presentes de ce faire requis par moy de Brethous notaire royal signé.

S'ensuit la teneur de ladite procuration par devant Pierre de Dessus-le-Moustier greffier et tabellion de la ville et baillage de S. Denys en France y demeurant et les temoins soussignés fut présent en sa personne reverend père Dom Grégoire Tarrisse superieur general de la congrégation de S. Benoit ditte de Cluny et de Saint-Maur en France ordre du mesme S. Benoit estant de present en l'abbaye S. Denys dependante de ladite congregation. Lequel a fait et constitue par ces presentes ses procureurs généraux et spéciaux les RR. peres Dom Antoine Espinasse prestre et religieux profes de ladite congrégation prieur de l'abbaye de Sainte-Croix de Bourdeaux et Dom Maur Falope aussy prestre et religieux profes de ladite congregation et prieur du monastère S. Pierre de la Reole auxquels et a l'un d'eux conjointement ou separement en l'absence l'un de l'autre ledit reverend père constituant a donne plein pouvoir et mandement pour et a son nom et de ladite congregation passer un ou plusieurs concordats et traittés avec les vénérables prieur officiers et religieux anciens de l'abbaye de S. Sever Cap de Gascogne ordre dudit S. Benoit pour l'union et aggregation de ladite abbaye et monastere de S. Sever, places monachales offices claustraux d'icelluy a ladite congregation en consequence du concordat fait et passé avec M. Rene de Pontac seigneur abbe de ladite abbaye de S. Sever pour l'aggregation d'icelle et union a ladite congregation le treizième jour de septembre dernier par devant Grenier notaire royal a Bourdeaux et généralement a l'effet que dessus circonstances et dependances faire dire gerer et negotier tout ce que ledit reverend père constituant ez noms que dessus pourroit faire ou dire s'il estoit présent en personne jaçoit que le cas requis mandement plus special, promettant avoir pour agréable ferme et stable tout ce qui sera traitté par ses dits procureurs ou l'un d'iceux sans y contrevenir obligeant et renonçant etc.

» Fait et passé en ladite abbaye de S. Denys le mercredy avant midy neuvieme jour de fevrier mil six cents trente neuf et en la presence de François Monmarche et Jean Marechal tailleur d'habits demeurants audit S. Denys qui ont avec le reverend pere constituant signé a la minute des presentes avec le greffier et tabellion soussigné. Ainsy signe De-Dessus-le-Moustier, etc. Signé de Brethous notaire royal. »

CAPUT II.

DE HIS QUE REFORMATIONEM IMPEDIERUNT AD TEMPUS ET RETARDARUNT.

Iniendum erat ulterius cum antiquis monachis concordatum, ut dicitur in charta præcedenti actus capitularis deliberationis; quod tamen impedivit pro tempore designato quorumdam monachorum 1° erga parentes nimius amor, quibus scilicet bona temporalia procurare volentes, eorum quoque filiis præbendas monachales resignare voluissent, juxta dictum poetæ carthusiani[a] :

« Cum factor rerum privasset semine clerum,
» Ad Satanæ votum successit turba nepotum; »

et 2° earumdem spes quædam et intentio sæcularisationem a curia romana impetrandi. Frustrata tamen vana spe, et obtento a superioribus congregationis S. Mauri decreto seu arresto supremi seu privati Consilii, vana consilia sunt destructa; non enim est consilium nec prudentia contra Dominum qui hocce monasterium, tempore congruo et sibi noto, reformare et reparare decreverat.

Decreta seu arresta supradicta subjicio, ex quorum lectione obstacula opposita patebunt quæ per ea fuerunt sublata, amotis neophitis nuper intrusis.

[a] Ludolphus.

Extrait des registres du conseil privé du roy [a]

« Entre frère Hugues Bataille religieux procureur sciudic de la congregation de S. Benoit ditte de Cluny et de S. Maur demandeur en requete et exeqution d'Arrest du conseil du 27 novembre 1640 d'une part, et frère Pierre Dolly pourveu d'une prebende monachale de l'abbaye de S. Sever ordre de S. Benoit deffendeur d'autre part, sans que les qualités puissent nuire ni prejudicier. Veu au conseil privé du Roy l'arrest d'icelluy contenant ladite requeste du 27 novembre 1640 tendante a ce qu'il plaise a sa majesté le recevoir appellant comme d'abus de l'exeqution de la signature de la resignation faite par frère Pierre du Vignau antien religieux de l'abbaye de S. Sever en faveur dudit Pierre Dolly son nepveu de sa prebende et place monachale en ladite abbaye et sans avoir égard a la sentence du juge de S. Sever du 20 may 1639 arrest du parlement de Bourdeaux du 13 aoust 1640 exeq. de ladite signature de la cour de Rome ni a tout ce qui s'en pourroit estre ensuivi en consequence, maintenir ledit Bataille au droit et en la jouissance de ladite prebende monachale et autres prebendes monachales et offices claustraux de ladite abbaye de S. Sever conformement aux lettres de sa Majesté arrest du reiglement conseil donnés pour l'exeqution d'icelles et concordats faits avec les sieurs abbe et religieux anciens dudit S. Sever avec deffenses de rien attenter ou innover au prejudice d'iceux et en tout cas ordonner que sur lesdits fins ledit Dolly sera assigné au conseil et que cependant les fruits de ladite prebende seront sequestrés pour estre delivrés en fin de cause a qui

---

(a) Arrest du 28 juin 1644.

par sa Majesté sera assigné avec deffenses audit
Dolly de faire exequter ledit arrest du parlement de
Bourdeaux dudit jour 13 aoust 1640 ni faire pour
raison d'icelluy aucunes poursuittes ailleurs qu'au
conseil par lequel est ordonné que ledit Dolly sera
assigné en icelluy aux fins de ladite requeste et cependant que l'exeqution dudit arrest du 13 aoust
1640 sursoira et que les fruits dont est question
seront sequestrés, procès verbal d'assignation audit
conseil audit Dolly et saisie faite des fruits de la
prebende du 5 janvier 1641 coppie de ladite sentence
du 20 may 1639 donnée entre ledit Dolly d'une part
et Dom Estienne Dutausin prieur claustral audit
monastere et frère Bernard Dabadie religieux et
scindic des autres religieux dudit monastère d'autre,
par laquelle ledit Dolly est maintenu dans ladite
place monachalle dont il a esté pourveu par sa
Saincteté sur la résignation dudit Vignau religieux
avec deffenses audit scindic et tous autres de le
troubler ni empecher en la possession et jouissance
des fruits appartenans a ladite place monachalle et
autres droits et attributs dependans d'icelle a payne
de 2 milles liv. et de tous depens dommages et interets
avec despens et restitution des fruits esquels ledit
Dabadie est condamné et sans despens envers ledit
Dolly et Tauzin, signification a lui faicte d'icelle
contenant sa declaration qu'il en est appelant ledit
arrest du parlement de Bourdeaux donné entre Dom
Antoine Espinasse religieux de ladite congregation
et visiteur des pères d'icelle en ladite province
appellant de ladite sentence et le procureur général
du Roy apelant comme d'abus de l'exécution
de ladite signature obtenue sur ladite resignation en

faveur dudit Dolly d'une part et ledit Dolly inthime par lequel est ordonné que sur l'appellation comme d'abus les parties viendront playder et cependant sans preiudice du droict des parties au principal est faict main levée audit Dolly des fruits et revenus dudit benéfice en donnant caution du XIII aoust 1640. Copie du relic d'apel comme d'abus de ladite sentence dudit sieur procureur général, procès verbal contenant la requisition faicte par ledit Dolly audit Tausin de le recevoir a prendre l'habit et signification faicte audit Tausin contenant sa reponse et les protestations dudit Dolly des 28 novembre 1638 et autres jours suivants procedures faictes ausdites lettres des 21 mars et 12 may 1639, 21 febrier, 7 mars, 12 septembre et 8 juin et autres jours de l'année 1640. Lettres de tonssure dudit Dolly du 6 mars 1632, signature de provision de la cour de Rome en faveur dudit Dolly de la place monachalle sur la resignation dudit Duvignau; visa du vicaire général du seigneur évesque dAyre du 21 de décembre audit an, acte de prise de possession de ladite prebende au proffit dudit Dolly du XXII décembre audit an. Traitté fait entre le sieur abbe de S. Sever et ledit père Dom Anthoine L'Espinasse prieur des pères de la congrégation de l'abbaye Sainte Croix dudit Bourdeaux comme procureur du père superieur général dudit ordre de ladite congregation du 13 septembre 1638 portant entre autres choses que les sieurs religieux anciens de ladite abbaye ne pourront resigner les places monacales ny autrement s'en demetre par permutation ni autres moyens quelsconques qu'en faveur des pères de ladite congregation moyennant quoy ledit sieur abbe s'est departi de son droit de collation qu'il avoit ez dites places monacales.

» Acte capitulaire tenu par les religieux profès de ladite abbaye de S. Sever du 7 mars 1639 par lequel il est delibere que toutes les places monacales de ladite abbaye qui vaqueront demeureront unies a la dite congregation de S. Benoit desqueles les pères jouiront en prendroint les emoluments pour estre employés aux réparations necesseres pour l'etablissement desdits pères. Signification auxdits Vignau et Dolly du 9 mars audit an copie des lettres patentes de sa Majesté de l'an 1618 pour l'erection maintenue et garde de la congregation des religieux de l'ordre de S. Benoit, reformes en France. Arrest du parlement de Bourdeaux du 6 septembre 1625 donné sur la requete dudit prieur claustral de l'abbaye de la Seauve par lequel deffenses sont faites a tous superieurs et autres religieux des monasteres et abbayes de la congregation des Benedictins du ressort dudit parlement, d'admettre aucun religieux a la profession sans avoir prealablement fait leur noviciat chez les peres reformes de la congregation de S. Maur ou dans le seminaire de Guîtres autrement les professions déclarées nulles. Copie des bulles de Gregoire XV et d'Urbain VIII de l'erection et confirmation de la congrégation de S. Maur ordre S. Benoit avec pouvoir d'agreger les maisons et convents dudit ordre des 17 may 1621 et 12 des calendes de fevrier 1628.

» Copie des statuts et reglemens de l'ordre de Cluny et enregistremens au grand conseil du dernier mars 1633. Lettres patentes et arrest du conseil portant evocation au grand conseil des procès differens meus et a mouvoir concernant l'observation et entretenement desdits statuts des dernier mars 1623 enregistres au grand conseil.

» Concordat fait entre le sieur cardinal duc de Richelieu et les superieurs de l'ordre de Cluny du 22 décembre 1634 enregistre audit grand conseil le 9 fevrier 1636.

» Lettres patentes confirmatives d'icelluy et arrest dudit grand conseil d'enregistrement du mois de janvier 1635 et 9 fevrier 1636 autre arrest dudit grand conseil confirmatif dudit concordat d'union des ordres de Cluny et congregation de S. Maur en un meme corps sous le titre de la congregation de S. Benoît ditte de Cluny et de S. Maur du 14 novembre 1640. Bref de sa Sainteté du 10 septembre 1633 adressant au sieur cardinal de la Rochefoucaut pour ce qui reste a exequter au retablissement de la reforme. Lettres patentes pour l'exeqution diceluy du 17 septembre audit an, sentence dudit sieur cardinal du 24 juillet 1633 arrest du conseil confirmatif d'icelle du 26 septembre audit an, acte de resignation par Jean de Cazenave religieux dudit S. Sever de sa place et portion monachale au proffit de l'abbaye et religieux du 28 septembre 1590.

» Acte d'election dudit Tausin prieur et prise de possession du 2 janvier 1591 de ladite place resignée par ledit de Cazenave, autre acte d'election dudit sieur de Tausin a une autre place du 12 may 1603. Autre procuration pour resigner l'office de sacristain au proffit dudit Vignau du 20 aoust 1607. Acte d'opposition de Bernard d'Abadie du 10 may 1627, autre de prise de possession faite par ledit Tausin prieur claustral comme procureur de frère Pierre Sosondo religieux novice de l'office et dignité de sacristain mis en possession par frère Etienne de Marsan aussy religieux novice du 16 may 1639. Transaction faite par ledit procureur constitué par ledit Sosondo de sa place avec Montorcier et Antoine l'Espinasse du XI° aoust audit an.

» Extrait du greffe des insinuations d'une signature de cour de Rome et visa obtenu par le père de Laborde d'une place monachale, vacante par le deces du frère Jean du Tilh du 13 mars et 6 juillet 1640, acte contenant l'habit de religieux avoir esté baillé audit de Laborde par ledit du Tausin le 9 juillet audit an.

» Appointement de reglement de la presente instance du 13 mars 1641 proces verbal fait par devant le sieur commissaire a ce deputé le 12 dudit mois et an. Requete presentée au conseil par ledit Dolly a ce qu'il pleut a sa majesté ordonner que les pièces y mentionnées seront rejettées de la production dudit Bataille et que les conclusions par lui prises lui soint adjugées. Sur laquelle est l'ordonnance du conseil portant en jugement du 4 juin 1641 signifie le cinquième dudit mois et an escritures et productions desdits Bataille et Dolly et tout ce que par eux a este mis et produit par devers le sieur de Meyrigni commissaire a ce deputé ouï son rapport et tout consideré.

» Le Roy en son conseil faisant droict sur l'instance a receu et recoit ledit Bataille apellant comme d'abbus de lexecution de ladite signature de provision de cour de Rome d'une place monachale en l'abaie de Sainct-Sever obtenüe par ledit Dolly faisans droict sur ledit apel et sans avoir egard a l'arrest du parlement de Bourdeaux du IX aoust 1640 et sentence du juge de S. Sever du 20 may 1639 a declaré et declare lexeqution de ladite signature nulle et abusive faict inhibitions et deffenses audit Dolly de sen servir et a toutes personnes de poursuivre a l'advenir en cour de Rome ni par devant les Ordinaires aucunes provisions par resignation permutation ou demission pour les simples places monachalles de quelque ordre que ce soit, sauf audit Dolly et autres qui auront devotion de suivre la vie religieuse de se presenter par devant les superieurs pour estre receus s'ils en sont trouvés capables suivant les formes portées par les constitutions canoniques sans despens de l'instence, fait au conseil privé du Roy tenu a Paris le 28 juin 1641.

» Arrest[a] du conseil privé du Roy portant que le concordat fait pour l'introduction des Pères de la congregation de Sainct Benoist dite de Cluny et de Sainct Maur en l'abbaie de Sainct-Sever Cap de Gascoigne cy devant de la congregation des Benedictins exempts sera executé avec iteratives deffenses a toutes personnes de poursuivre tant en cour de Rome que par devant les Ordinaires aucunes provisions par resignation ou autrement des places monachales dependentes de quelque ordre que ce soit,

» Extrait des registres du conseil privé du Roy entre Dom Hugues Bataille procureur scindic de la congregation de Sainct Benoist dite de Cluny et de Sainct Maur demendeur en execution darrest du conseil du 28 juin 1641 et aux fins portées par les exploits du 9 aoust et 9 decembre audit an d'une part, et Bernard de la Borde[b] religieux profés de l'abbaye et ordre de Sainct Benoist de la ville de Sainct-Sever frère Estienne Dubernet religieux de

---

(a) Autre arrest de 1643.
(b) Laborde et Marsan estoint novices pretendus dont la prise d'habit est declarée nulle par cet arrest.

labbaie de Sainct Sever et scindic des autres religieux de ladite abbaie et frère Estienne Marsan religieux non profès dicelle abbaie, deffendeurs d'autre et encore ledit Bataille demendeur en requeste verballe inserée dans l'apointement de reglement du 12 aoust 1642, a ce que l'acte de reception et prise d'habit dudit de Laborde soit declaré nul. Ensemble tout ce qui pourroit s'en estre ensuivi, comme contraire au concordat du 7 mars 1639, et audit arrest du conseil du 28 juin 1641 et requerant en outre ledit Bataille les despens dun defaud obtenu au greffe dudit conseil le 3 octobre audit an 1641 d'une part et ledit de Laborde defendeur a ladite requeste verballe et defaillant d'autre, et encore François Dubernet docteur en théologie religieux en labbaye de S. Sever ordre de S. Benoist et sindic général de la congregation des Benedictins exemps en France demandeur en requeste dintervention du 18 novembre 1643. Et lesdits Bataille, Marsan et de Laborde defendeurs a ladite intervention d'autre.

» Veu par le Roy en son conseil larrest du conseil du 28 juin 1641 donné entre ledit Bataille demendeur en requeste et execution darrest dudit conseil du 27 novembre 1640 dune part et frère Pierre Doly pourveu dune prebende monachale de ladite abbaie de S. Sever ordre dudit sainct Benoist defendeur dautre par lequel entre autres choses ledit Bataille est receu apelant comme dabus de lexecution de la signature de provision de cour de Rome dune place monachale en ladite abbaie de S. Sever obtenüe par ledit Dolly et faisant droict sur ledit apel et sans avoir egard a larrest du parlement de Bourdeaux du 13 aoust 1640 et sentence du juge dudit S. Sever du 20 may 1639·

» Lexecution de ladite signature est déclarée nulle et abusive et defenses audit Dolly de sen ayder et a toutes personnes de poursuivre a ladvenir en cour de Rome ni par devant les Ordinaires aucunes provisions par resignations permutations ou demissions pour les simples places monachales de quelque ordre que ce soit sauf audit Dolly et autres qui auront devotion de suivre la vie religieuse de se presenter par devant les superieurs s'ils en sont trouvés capables suivaut les formes portées par les constitutions canoniques.

» Veu aussi le concordat du 13 septembre 1638. Faict entre messire René de Pontac abbé commendataire de ladite abbaye de S. Sever en la presence du procureur général au Parlement avec le Père Espinasse procureur special du superieur général de ladite congregation portant entre autres choses que ladite abbaye et ce qui en depend est unie agregée et incorporée a icelle congregation de Sainct Benoist autrement de Cluny et de Sainct-Maur toutes les pièces actes et procédures esnoncées dans ledit arrest du 28 juin lesdits exploits et actes de significations et assignations données audit conseil auxdits defendeurs des 9 aoust et 9 decembre audit an aux fins de se voir comdemner et constraindre respectivement scavoir ledit Doly et Dubernet a la restitution des fruits par eux perceus de ladite prebende monachalle dont ils prétendoint estre pourvueus et d'entretenir par ledit Dubernet lacte capitulaire du 7 mars 1637 et ausdits Marsan et de Laborde aux demandes fins et conclusions qui contreux seront prises le defaud obtenu audit conseil par ledit demendeur a lencontre dudit de la Borde faute de s'estre presenté du 3 octobre audit an avec la demende du profit d'icellui ensemble la commission sur ledit defaut du mesme jour et exploits de reassignations donnés audit de la Borde en consequence du dernier decembre audit an 1641 ladite requeste d'intervention dudit François Dubernet a ce qu'en ladite qualité de scindic général de ladite congregation des Bénédictins exemps, il fut receu partie intervenante en ladite instance, et faisant droict sur son intervention il plust a sa Majesté debouter ledit Bataille de la demande par lui faite desdites places monachales de ladite abbaye de S. Sever et autres fins et conclusions par luy prises et en outre le condamner a la restitution des fruits par luy ou ceux de sa congregation perceus a quoy faire ils seront contraints par la saisie du temporel des monasteres les religieux desquels ont perceu lesdits fruits pour estre iceux employés a la reparation de l'eglise de S. Sever et donner acte audit du Bernet intervenant de ce que pour tous moyens d'intervention il employe le contenu en ladite requete et pour justification de pouvoir qu'il a de ladite congregation recevoir son acte de scindicat du dernier aoust 1643 au bas de laquelle requete est lordonnance du conseil dudit jour 18 novembre 1643 portant qu'il est receu partie intervenante sans retardement, acte de son employ et au surplus en jugeant. Signification d'icelle faite aux advocats dudit Bataille et autres du 19 dudit mois de novembre ledit acte de syndicat général de ladite congregation des Benedictins exempts dudit jour dernier aoust audit an.

» Acte fait par devant notaire le 17 may 1641 par frère Jean de Salles religieux et l'un des syndicts de ladite abbaye de S. Sever par lequel il déclare qu'il n'entend que Pierre du Bousquet et Dom Bernardin de la Fite ny autres fermiers ausquels Dom Antoine Espinasse visiteur de la province de Tholose, de l'ordre et congregation dudit S. Benoit avait baillé a ferme les revenus de sa place monachale de ladite abbaye perceussent aucuns fruits ni part desdits revenus autrement proteste de la repetition diceux et de tous depens dommages et intérets signifie audit du Bousquet le 18 juillet audit an deux sommations faites par ledit du Bousquet les 1 et 22 aoust en suivant aux prieurs et religieux de ladite abbaye de S. Sever a ce qu'ils eussent a le laisser jouir de ladite place monachale fruits et revenus d'icelle suivant le bail et ferme et ainsy qu'il avoit fait les deux années précedentes avec protestation de tous depens dommages et interets, signifie le meme jour audit du Bernet par le syndic de ladite abbaye. Autre acte de sommation faite a la requete dudit du Bousquet aux religieux de S. Sever de luy delivrer mandement sur leurs fermiers des fruits et revenus de ladite place monachale tout ainsy qu'ils en apartiennent a un des autres religieux avec la reponse faite par frère Christophle de Lartigue religieux et syndic de ladite abbaye par laquelle il offre faire jouir lesdits pères reformés de tout ce qui entrera en partage entre les religieux dudit monastère pour la part qu'ils en pourroint avoir pour raison de ladite prébende portant par eux les charges d'icelle ainsy que chacun des autres depuis le 25 aoust audit an qu'ils en pretendent la possession des 22 et 23 aoust 1639.

» Sommation faite audit du Bernet par ledit Espinasse visiteur de ladite congregation de S. Benoist de faire bailler et délivrer audit du Bousquet le revenu de ladite prebende monachale et autres choses contenues audit acte du 30 septembre 1641. Certificat du P. Dom Grégoire Tarrisse supérieur général de ladite congregation de S. Benoit que lesdits de la Borde et Marsan n'ont esté receus, fait noviciat ni profession dans aucuns novitiaux ny sous les religieux de ladite congregation ausquels il doit appartenir de les recevoir et admetre spécialement aux monastères unis a icelle tel qu'est celuy dudit S. Sever du 1 mars 1643.

» Requete dudit Bataille contenant addition de conclusions tant contre ledit Doly que contre les autres defendeurs a ce qu'il pleut a sadite Majesté recevoir l'addition desdites conclusions, ce faisant condamner ledit Doly, Jean d'Iris dit de Boulogne, Pierre du Vignau et Pierre Vidon ses cautions et certificateurs solidairement et par emprisonnement de leurs personnes a rendre au suppliant ou ses procureurs les fruits de la place monachale de feu Estienne du Vignau religieux de ladite abbaye jusqu'au jour dudit arrest comme aussy condamner ledit P. du Bernet sindic de l'abbaye de S. Sever a rendre audit suppliant ou ses procureurs les fruits de ladite place depuis le jour dudit arrest jusqu'au jour qui se treuvera les avoir perceus ou autres pour luy et tous autres fruits qu'ils pourroint ou autres pour luy avoir perceus appartenant auxdits pères de ladite congregation. En consequence du concordat du 13 septembre 1638 et acte capitulaire du 7 mars 1639 lesquels ledit P. du Bernet sra tenu d'entretenir selon leur forme et teneur et pour le regard desdits Marsan et de la Borde declarer nulles et abusives et clandestins leurs actes de pretendue reception et prise d'habit en ladite abbaye et ce qui s'en pourroit estre ensuivi les condamner par corps a la restitution des fruits qu'ils ont perceus ou autres pour eux de leurs places monachales et pour la liquidation desdits fruits renvoyer les parties par devant les juges des lieux ou autre prochain non suspect, condamner ledit Doly P. du Bernet syndic de S. Sever Marsan et de la Borde aux depens de l'instance et encore ledit de la Borde aux depens du defaut levé contre luy au greffe du conseil reservés en définitive par le reiglement de ladite instance et donner acte au suppliant de l'employ qu'il fait de leur requeste et de ce qu'il a ecrit et produit en l'instance pour justification desdites conclusions au bas de la requeste est l'ordonnance du conseil du 15 mars 1643 portant qu'en jugeant sera fait droit et acte de l'employ.

Signification d'icelle du 26 dudit mois aux advocats des deffendeurs. Extrait des lettres de cléricature et prime tonsure du 16 novembre 1637, copies des provisions dudit de la Borde en cour de Rome *per obitum extra curiam* du mois de mars 1640 acte de reception et prinse d'habit de religieux dudit de la Borde du 9 dudit mois de juilet. Appointement de reglement a lordinaire donne entre lesdites parties dudit jour 12 aoust 1642, ecritures et productions d'icelles faites, en consequence sur lesquelles l'arrest dudit conseil portant retention est intervenu ledit arrest du conseil du 23 octobre 1643 contradictoirement donné entre lesdites parties, par lesquelles sa Majesté faisant droit sur ladite instance a retenu a soy et a sondit conseil la connaissance du different des parties et ordonne que dans trois jours pour toutes prefixions et delais elles adiouteront a leurs productions tout ce que bon leur semblera et ce faisant l'appointement prins par ledit Bataille avec ledit Doly le 30 octobre 1643 est déclaré commun avec lesdits de la Borde, du Bernet et Marsan, significations dudit arrest faites auxdits advocats desdits deffendeurs le 30 dudit mois d'octobre.

Acte par lequel ledit Bataille declare que pour satisfaire audit arrest de retention il emploie pour toutes pièces et écritures la production par luy faite sur laquelle ledit arrest est intervenu signifié aux advocats desdits defendeurs le 29 dudit mois d'octobre. Conclusion obtenue par ledit Bataille contre ledit Doly, du Bernet, de Marsan et de la Borde a faute d'avoir écrit produit et ajouté a leurs productions suivant ledit arrest de retention signifié le 6 du mois de novembre 1643 aux advocats desdits deffendeurs.

Certificat du greffier des productions du conseil de ce jourd'huy contre ledit Doly, du Bernet, de Marsan et de la Borde nont aucune chose a ajouté a leurs dites productions suivant ledit arrest de retention, leurs dites productions sur iceluy et tout ce qui a esté mis par devers le sieur d'Herbelay conseiller du roy en ses conseils maistre des requestes ordinaires de son hotel commissaire a ce deputé tout considéré le roy en son conseil faisant droit sur le tout a condamné et condamne ledit Doly rendre et restituer les fruits de ladite place monachale en l'abbaye de S. Sever par luy prins et perceus a quoi faire il sera contraint. Ensemble ledit Iris de Boulogne, du Vignau et Vidon ses cautions et certificateurs comme depositaires de biens de justice ordonne que le concordat du 13 septembre 1638 pour l'introduction desdits pères de ladite congregation de Cluny et de S. Maur en ladite abbaye sera entretenu et exéquté selon sa forme et teneur et en consequence a condamné et condamne ledit du Bernet rendre et restituer tous les fruits par luy prins et perceus a cause desdites places monachales ou autrement auxdits pères de ladite congregation appartenans en consequence dudit concordat audit Bataille ou ses procureurs specialement fondés quant à ce, a declaré et declare les actes de réception et prinse d'habit desdits Marsan et de la Borde en ladite abbaye de S. Sever ensemble tout ce qui s'en pourra estre ensuivi nuls et de nul effet et valeur comme contraires auxdits concordats acte capitulaire et arrest dudit conseil du 28 juin 1641 les a condamnés et condamne a la restitution des fruits par eux ou ayant charge d'eux perceus a cause desdites places monachales pour la liquidation de tous lesquels les parties sont renvoyées par devant le plus prochain juge royal non suspect.

Fait itératives inhibitions et deffenses a toutes personnes de plus poursuivre tant en cour de Rome que par devant les Ordinaires aucunes provisions par resignation demission permutation ou vacation par mort des places monachales dependantes de quelque ordre que ce soit, sauf a ceux qui aspireront a la vie religieuse de se présenter scavoir pour les abbayes de l'ordre de S. Benoit par devant les superieurs de ladite congregation de Cluny et de S. Maur et pour les autres par devant les superieurs reformés ou autres ayant pouvoir affin d'estre receus en icelles s'ils en sont treuvés capables selon les constitutions canoniques condamne lesdits deffendeurs aux depens chacun pour leur regard.

Fait au conseil privé du Roy teneu a Paris le 15ᵉ decembre 1643 signé Forcoal avec la commission et le grand sceau de cire jeaune.

CAPUT III.

DE HIS QUÆ REFORMATIONEM HUJUSCE MONASTERII FACILITARUNT ET DE PROXIMO PROCURARUNT.

Post hæc supra scripta supremi consilii, seu ut dicitur privati, decreta et arresta, huc venit reverendus pater Domnus Antonius Espinasse (qui huiusce reformationis præcipuus fuit, post Deum, author et Dei minister) cum Domino de la Font urbis vasatensis tanquam commissario ad hoc specialiter deputato, ut concordata supradicta et arresta exequtioni mandaret[a]; nec tamen statim fuit ipsis libera exequendi facultas, monachis et burgensibus (paucis exceptis) quoquomodo renitentibus et reluctantibus. Attamen contra stimulum calcitrare durum esse agnoscentes, divinæ voluntati et gloriæ, regisque ipsius et consilii sui decretis diu se non posse resistere perpendentes, post quædam renitentiæ et oppositionum tempora, tandem divina agente providentia, priore Domno Stephano de Tausin suadente, et reverendo patre Domno Antonio Espinasse multa pro libito concedente, factum est ut monachi omnes de recipienda reformatione et patribus dictæ congregationis admittendis unanimiter concordarint, XII die aprilis anni 1644, in hunc modum[b] :

» Comme soit ainsy que les vénérables religieux

(a) Mense martio anni 1644.
(b) Concordat entre mess. les anciens religieux et les pp. réformés.

ordre de S. Benoit de la ville et abbaye de S. Sever portés d'un saint zèle de retablir la discipline monastique en icelle, eussent passé un acte capitulaire le 7 mars 1639 avec les rr. pères de la congregation de S. Benoit, ditte de Cluny et de S. Maur, par lequel, entre autres choses, fut accordé que tous les offices et places monachales qui viendroint a vaquer demeureroint unies a ladite congregation et que, pour le surplus, en seroit dans le quinzième du mois d'avril, passé concordat dans la ville de Bourdeaux; et que dudit concordat les parties n'eussent demeuré d'accord; a cause de quoy lesdits venérables et anciens religieux auroint troublé lesdits pères en la jouissance des prebendes monachales et offices claustraux et receu a l'habit de novices frères Jean de la Borde et autres, contre lesquels lesdits pères s'estant pourveus au privé conseil du roy, ou tant auroit esté procédé avec lesdits novices scindic de ladite abbaye et scindic général des Benedictins exempts en France, que par arrest du 15ᵉ décembre 1643, ledit acte capitulaire auroit este confirmé; et tout ce qui estoit fait au contraire déclaré nul et de nul effet et de plus lesdits nommés impetrans et scindies condamnés a la restitution des fruits et aux depens, chacun pour son regard; pour la liquidation desquels fruits estant renvoyés par devant un juge royal non suspect, auroit depuis esté faite par M. messire *Jean de la Font*, lieutenant assesseur au présidial de Basatz, ainsy qu'appert du procès verbal de ladite liquidation; nonobstant les oppositions et recusations desdits venerables religieux lesquels alleguoint n'y avoir lieu de restitution, d'autant que lesdits fruits auroint esté employés au payement de plusieurs sommes que le monastère devoit a intérets entrautres dix huit cens livres a monsieur de Monplesir, seize cens livres au roy pour la taxe de Mentz; encore n'y avoit il lieu de proceder devant ledit sieur de la Font suspect et recusable pour plusieurs raisons, outre que lesdits venerables et anciens religieux s'estoint pourveus par requeste contre ledit arrest; et cependant pour faire casser et faire voir ladite liquidation excessive de plus de trois quartes parties.

» Sur quoy les parties estoint aux termes de continuer dans les troubles et depenses d'un grand procès. Ce que considerant, par l'entremise de leurs communs amis et des personnes de piété et de science, lesdits venerables religieux auroint repris leurs premiers desseins de faire revivre l'esprit de l'ordre dans ladite abbaye et offert de passer les articles de concordat suivants avec lesdits pères reformes.

Pour ce est il que, cejourd'hui douzieme du mois d'avril mil six cents quarante quatre, après midy, dans le cloitre de ladite abbaye ordre S. Benoit de ladite ville de S. Sever, senechaussee des Lannes, par devant moy notaire royal, soussigné; presents les temoins bas nommés : ont este presents et personnellement constitués vénérables et religieuses personnes Dom Etienne du Tauzin, prieur claustral de ladite abbaye, Bernardin de la Fite sacristain, sans que ladite qualité puisse en rien preiudicier auxdits pères en la jouissance de la sacristie; François du Bernet, chambrier, scindic et cellerier; François de Tuquoy, infirmier; Christophle de Lartigue, les tous proffés anciens en ladite abbaye et faisans tant pour eux que pour Jacques

Cassalong ouvrier, Jean de Salles et Bernard d'Abadie, aussy religieux anciens en icelle, absents et malades d'une part; et révérend père Dom Antoine Espinasso, prieur de Notre Dame de la Daurade de la ville de Thoulouse, de la congregation de S. Benoit ditte de Cluny et de S. Maur (fondé de procuration du reverend père général d'icelle et sous son bon plaisir, qui sera cy après inséré) d'autre:

» Entre lesqueles parties a esté accordé que ladite abbaye de S. Sever et la manse religieuse d'icelle demeureront a l'advenir unies, incorporées et aggrégées a ladite congregation, avec les noms, raisons et actions, dependances et circonstances, et generalement tous les droits en quoy qu'ils puissent consister, sans reservation quelconque, pour estre ladite abbaye regie et gouvernee selon les constitutions et par les superieurs de ladite congregation de Cluny et de S. Maur, ainsy et conformément aux autres abbayes du royaume; le tout en vertu des bulles de nos SS. pères les papes Grégoire XV et Urbain VIII et des patentes du roy et omologations des cours souveraines, sans préjudice néantmoins de la nomination royale, et des prebendes et portions monachales et offices reservés cy après par lesdits vénérables et anciens religieux leur vie durant. En consequence de laquele union est convenu que tant les prebendes ou places monachales, que offices et dignités claustrales, demeurent unis a ladite congregation, et que lesdits pères jouiront paisiblement et sans aucun contredit de ce qui a vaqué et vaquera par cy après; estant néantmoins arresté que de l'office de chambrier, duquel ledit sieur du Bernet est a présent possesseur, et des rentes et droits attributifs audit office iceluy sieur du Bernet en continuera paisible jouissance aux honneurs et proffits dudit office, sa vie durant, du propre consentement des pères de ladite congregation et de celui dudit sieur de la Fitte qui le possédait avant luy, sans que ledit sieur du Bernet puisse estre inquiété en la jouissance dudit office pour quelle cause ny consideration que ce soit; demeurant néantmoins les titres de tous lesdits offices esteints et supprimés après le décès des possesseurs d'iceux, en vertu de la mesme union et congregation.

» Et la direction de l'office divin, tant dedans que dehors l'église, appartiendra auxdits pères; auxquels offices lesdits venérables religieux assisteront quand bon leur semblera, et auront en icelluy et en toutes autres assemblées tant générales que particulières, les premiers rangs et places, lesquels ne perdront rien de leur revenu pour les absences dudit divin office; et pour ce que chaque communauté aura son supérieur, l'un n'aura aucune juridiction sur l'autre. Demeurent aussy d'accord lesdites parties que tant l'église que tous les lieux réguliers, scavoir le cloitre, chapitre, le refectoir, les dortoirs les jardins et généralement toutes les preclotures appartiendront auxdits pères pour y construire leurs logements, ainsy qu'ils verront bon estre, sans que toutefois lesdits venérables religieux pour leurs portions et offices, puissent estre contraints de contribuer aucune chose ni a la construction desdits lieux réguliers, ny a la reparation de l'église, ny ornements d'icelle, sous quel pretente que ce soit, en consideration de la demission qui sera faite en faveur desdits pères de ladite congregation dans ledit concordat ; ains leurs portions cy après spécifiées leur demeureront franches et liquides de toute contribution auxdites reparations et logements : ledit sieur de Tausin prieur se reservant la maison et jardin qu'il possède a present, pour en jouïr paisiblement pendant la vie.

» Et pour l'administration du temporel, il est conclu et arresté que toutes les fermes des dixmes en espèces ou en argent se fairont a la manière accoutumée, au plus offrant et dernier enchérisseur, auxquels assisteront tant les vénérables religieux que lesdits pères, si bon leur semble ; et a la pluralité des voix fairont la delivrance, laquele sera faite par celuy qui presidera desdits venerables religieux anciens a l'assemblée, par le bail de la baguette : et les fruits en argent provenants desdites affermes seront partagés, scavoir est : tous les grains et argent entre quatorze, et tout le vin entre quinze, les charges en espèces prealablement desduites et précomptées, qui sont trois cas de froment par préciput pour ledit sieur de Tausin prieur ; seize conques de froment au sacristain, pour les hosties ; deux conques de froment a l'ouvrier, pour le pain qu'il donne aux pauvres le jeudy saint ; un charret et demi de grain seigle et demi charret de froment au Donat du Roy ; un charret et demi froment et un charret et demi seigle pour trois chantres, scavoir demy charret froment et demy charret bled a messire Dominique de la Marque prestre et prébendier, a Guillem Dupoy et Gilles Dama a chacun autant qu'audit de la Marque ; deux conques froment, deux conques seigle et deux conques millet a M. Tuquoy conseil dudit chapitre ; deux conques froment, deux conques bled, deux conques millet a moy notaire soussigné secretaire dudit chapitre; une conque de bled et une conque millet aux sergents ordinaires de la presente ville, pour les proclamations des affermes; et un charret de bled au curé d'Aurice, et au curé de Benquet trois charrets de grains moytié bled et moytié millet et panis, pour le bien de paix et pour le different qui estoit entre lesdits sieurs religieux anciens et ledit curé, et ce pour la presente année seulement.

» Et pour le vin, sera aussy extrait en espèce sur tout le gros, scavoir : au sacristain pour le vin du service de l'église, six barriques et demy de vin; au Donat du roy, deux barriques et demie; auxdits trois chantres a chacun deux barriques; audit sieur de Tuquoy, conseil, deux barriques; audit Brethous secretaire, une barrique, en fournissant par les tous les bois necesseres. Et ensuitte lesdits vénérables religieux seront payés par préférence auxdits pères, et sur le mandement de messire leur prieur ou autre desdits anciens, en son absence ou décès. Et affin que lesdites especes soint exemptes de toutes charges que payent en argent ensemble les portions et offices desdits venerables religieux anciens, iceux religieux quittent et delaissent auxdits pères les dîxmes de S. Pierre-du-Mont-de-Marsan, de S. Jean du Tour et Geulos et S. Maurice, pour estre lesdites dixmes jouies par lesdits pères comme de leur propre bien, tant en consequence de la presente cession, que du droit acquis par le concordat present; prenant les dixmes du lin, ainsy que lesdits lins ont accoutumé s'affermer et qui sont exprimés par les derniers contrats d'afferme, ensemble les droits du peage, les fiefs, lots et ventes y comprins la rente de trois cents livres que fait M. messire Pierre de Batz seigneur de la Mothe, conseiller du roy et lieutenant particulier au present siege, pour le capital de la somme de quatre mille cinq cens livres qu'il doit pour raison de la dixme de la Mothe; comme aussy le moulin communement appellé le moulin de S. Sever, le tout franc et quitte de decimes jusques a l'heure presente; et les fruits qui sont en nature sans aucune hypotheque; et moyennant ce delaissement lesdits pères seront tenus de payer toutes decimes ordinaires et extraordinaires, a quoy qu'elles puissent monter, et donner au predicateur de la presente ville cent cinquante six livres, au predicateur du Mont-de-Marsan cinquante livres, a l'horlogeur quinze livres, au curé de Boulin pour Geulos vingt quatre livres, au chambrier trente sept livres et demie, au vicaire de S. Pierre du Mont-de-Marsan trente livres, aux chantres sus nommés deux cents seize livres, aussy longtemps qu'ils serviront; et la suppression arrivant cedera au profit desdits pères.

» En outre fourniront aussy lesdits peres tous les frais qu'il conviendra faire pour les proces, tant en demendant qu'en deffendant, en toutes les cours et par devant tous juges que les proces seront pendants, sans que lesdits religieux anciens soint tenus de rien contribuer. En outre tiendront lesdits peres quitte ledit syndic de la condamnation intervenue audit privé conseil contre luy, lequel par consequent demeure déchargé tant de la restitution des fruits que des depens, et ce en consideration dudit délaissement et de ce que lesdits fruits ont esté employés en payement de tous les debtes et intérets et autres : déclairants lesdits vénérables religieux anciens que le monastère ne doit rien plus a personne; ce qui revient au grand soulagement desdits pères, de sorte que pour toute restitution et pour tous despens lesdits pères se contentent de ce dit délaissement et des promesses de reliefs de messires de la Borde, de de Coudroy et Dolly, lequel relief et quittance baillée par ledit Dolly ledit sieur du Bernet a presentemenl mis ez mains dudit reverend pere Espinasse qui l'a prins et receu.

» Pacte a este accordé que chaque religieux jouïra de la metairie qu'il possède a present sa vie durant, avec droit d'option entre lesdits anciens, vacation advenant par la mort d'aucun d'iceux; et d'autant que les lieux réguliers sont tous supprimés, et qu'il n'y a moyen que lesdits peres se puissent loger, lesdits venerables religieux pour donner moyen de les mettre en estat, fairont le divin service encor un an, a compter du premier de may prochain venant, avec l'ayde neantmoins de deux desdits pères de ladite congrégation, lesquels diront ou fairont dire les messes conventuelles pour les prebendes que lesdits pères occupent jusques a son rang, avec le secours desdits trois chantres, lesquels seront payés a frais communs. Quant aux especes susdites et pour l'argent, sera payé comme dit est par lesdits pères; et en cas qu'il n'y ayt point de chantres, lesdites especes seront partagés entre tous comme le reste.

» Et tout ce dessus a este reciproquement stipulé et accepté tant par lesdits pères religieux anciens, que par ledit reverend père Antoine Espinasse, audit nom; et promettent, chacun pour son regard, le garder et observer a peine de tous depens dommages et intérets; et ont voulu et consenti que ce present soit homologue et authorisé en la cour de parlement de Bourdeaux et autres lieux que besoin sera ; et pour cet effet, lesdits sieurs religieux anciens ont constitué leur procureur en ladite cour de parlement scavoir est....... et le reverend Espinasse messire..... auxquels ils donnent plein pouvoir de requerir et consentir a ladite omologation, et promettent avoir pour agreable tout ce que par lesdits procureurs constitués sera fait pour ce regard, et ne le révoquer, ou obligation pour l'entretenement de ce dessus de tous leurs biens présens et advenir qu'ils ont respectivement obligé l'un envers l'autre, et soumis aux rigueurs de tous juges a qui la connaissance en appartiendra, mesmes a la cour de M. le sénechal des Lannes au present siege de S. Sever, scel royal des contracts d'icelle, ont renoncé au renvoy de leurs domiciles et a feriis. Ainsy l'ont promis et juré mettant leurs mains sur leurs poitrines.

» Fait ez présences de maistre Pierre du Basquiat advocat en la cour du parlement : Jean de Tausin, bourgeois de la presente ville et messire Jean Bertin prestre et vicaire en ladite presente ville, témoins a ce appellés et requis, lesquels avec lesdits sieurs religieux anciens et le père Espinasse se sont signés, de ce faire requis par moy de Brethous notaire royal ainsy signé. »

CAPUT IV.

DE REFORMATIONE HUJUSCE MONASTERII EIUSQUE ACTUALI POSSESSIONE, ET EXERCITIORUM REGULARIUM AC DIVINI OFFICII IN IPSO INCHOATIONE, 6 DIE MAII ANNI 1645.

Post supra-scriptum concordatum, cunctis sublatis impedimentis, reverendus pater prædictus D. Antonius Espinasse dormitorium, prout pro temporis angustia et temporalium inopia licuit, præparari curavit aliaque necessaria ad introductionem fratrum nostrorum, constituta die, celebrandam. Adveniente itaque et recurrente mense maio, adfuit reverendus pater Domnus Vulfranus Bocquet eiusdem congregationis monachus, presbyter, doctus simul et pius vir, superior interim nominatus (qui et in proxime subsequenti capitulo generali prior electus est) cum aliis eiusdem congregationis monachis ibidem stabiliendis, necnon et vocatis quibusdam aliis ex monasteriis Sanctæ Crucis burdegalensis et S. Petri de Regula, ut solemnior fieret eiusdem reformationis introductio; quæ, die sexta prædicti mensis maii anni millesimi sexentesimi quadragesimi quinti, solemniter celebrata est, prout constat per chartam publicam de hac introductione a publico notario scriptam, cujus tenorem subjicio :

« Le sixième jour du mois de may mil six cents quarante cinq, après midy, dans le cloitre du monastère abbaye ordre S. Benoit de la ville de S. Sever, constitués personnellement par devant moy notaire et temoins bas nommés, reverends pères Doms Vulfran Bocquet, Placide Rasteau, Joseph la Roque, Benoit Beaurepaire, Dominique Suberon, Junien Buisson, Simon Dupuy, Philippe Trigaut, Laurens Roquere religieux dudit ordre S. Benoit et congregation de S. Maur, et a present establis dans ladite abbaye et monastère ; lesquels estant sur l'heure de vespres, se sont adressés a venerables et discretes personnes Doms Estienne de Tausin provincial de la congregation des exempts en France, de l'ordre S. Benoit et prieur claustral de ladite abbaye ; Bernardin de la Fitte, sacristain ; François du Bernet chambrier ; Christophle de Lartigue ; Jean de Salles et Bernard d'Abadie, les tous religieux anciens de ladite abbaye, et leur ont represente que, par le concordat passé entreux et Dom Antoine Espinasse, prieur claustral de Notre Dame de la Daurade en la ville de Thoulouse, religieux dudit ordre S. Benoit et congregation de S. Maur, a ce pourveu de procuration du reverend père Dom Gregoire Tarrisse superieur general de ladite congregation, datté ledit concordat du douzieme jour d'avril mil six cens quarante quatre, retenu par de Brethous notaire royal : a esté convenu et accordé que, dans le present mois de may, lesdits pères de la congregation de S. Maur prendroint le chœur et chapitre pour y faire l'office publiquement, comme il s'est pratiqué jusques a present par lesdits sieurs anciens prieur et religieux. A ces causes lesdits RR. pères de ladite congregation de S. Maur ont prié et requis ledit sieur de Tausin prieur et anciens religieux, de les vouloir mettre en la possession dudit chœur et chapitre, pour l'exeqution dudit concordat, sous les clauses et conditions contenues en icelluy.

» Adherant a laquele prière et requisition, ledit sieur de Tausin, provincial, prieur, et religieux anciens susdits en execution dudit concordat, et portés d'un saint zèle a l'établissement desdits pères dans ladite abbaye, après les avoir charitablement receus et embrassés, ont pris par la main lesdits reverends pères et les ont menés dans le chœur de ladite église; ou après avoir invoqué l'ayde du S. Esprit par l'hymne *Veni creator Spiritus*, ils ont chanté unanimement vespres en prinse de possession dudit chœur et chapitre et de l'établissement entier desdits reverends pères dans ladite abbaye; et lesdits sieurs prieur et religieux anciens ont baillé ladite possession auxdits reverends pères, sans soy prejujudicier aux clauses portées par ledit concordat ni autres actes faits et passés entre eux et lesdits reverends pères, et aux traditions et statuts portés et observés de tout temps parmi les religieux dudit chapitre concernant leur temporel.

« Et de tout ce-dessus lesdits reverends pères et lesdits sieurs prieur et anciens religieux ont requis acte a moy dit notaire que leur ai octroyé ez présences de messire Jean Vertin et Salomon Rochet prestres habitans de ladite presente ville, lesquels avec lesdits RR. pères, prieur et anciens religieux se sont signés a la cede des presentes, de ce faire requis par moy de Brethous notaire royal. »

CAPUT V.

De iis quæ reformationem monasterii subsecuta sunt, et maxime de ejusdem reparatione.

Reformationem hujusce monasterii duo tantum S. Severi cives juverunt, de quibus in catalogo benefactorum mentionem facturus sum; pii quidam, et ii perpauci desiderarunt; tempore nempe quo multum hac in urbe refriguerat pietas, æstuabant vero ambitio et avaritia, quæ plerosque huic operi infensos faciebant : nempe qui bona monasterii diripere tam facile ultra non posse existimarent, aut parentum seu consanguineorum præbendis et præbendarum fructibus frui. Hinc sæpe exorta sunt adversum reformatos querelæ, nec in hoc ab avis degenerarunt qui huic monasterio infensos sese pluries demonstrarunt et invidos. Rixas omitto et excessus non refero quibus sæpe bona monasterii plures appetiere, indebita auferentes, debita negantes, terras vastantes, immo et januæ monasterii porticum tollere molientes; quas tamen injurias partim per patientiam, partim beneficiis, partim supremi Aquitaniæ senatus seu parlamenti decretis et arrestis vicerunt et superarunt patres nostri. Tandemque factum est ut, melius agnitis juribus nostris, moribus in melius civium reformatis, pluribus juvenibus monachis apud nos effectis, pax major esse cœperit et cunctis profutura tanquillitas : maxime cum et urbi honorabilem, et egentibus opitulatricem persenserint esse hanc eiusce monasterii reformationem, per quam et in temporalibus et in spiritualibus auxilia multa sunt præstita, et monasterium reædificatum, et ecclesia abbatialis et parrochialis est reparata, nunquam alias reparanda, nisi reformatio succurrisset.

Cum enim duplex fuerit huiusce monasterii ruina, duplex item necessaria erat eiusdem reparatio[a]: spiritualem quidem promovit regularis observantia et monachorum congregationis S. Mauri vita irreprehensibilis et morum innocentia; temporalem vero bonorum alienatorum redemptio et monasterii ac ecclesiæ restitutio, quam non sine expensis et incommodis indesinenter patres nostri procurarunt; nec sine gaudio et admiratione opus huiusce reparationis ipsi quoque videre possunt invidi. Hoc solum mihi manet nunc expetendum, ut sicut retroactis temporibus in multis de burgensibus conqueri potuerunt jure merito patres nostri, e contra in posterum ita de nostris bene mereri valeant cives, ut, sicut retroactis temporibus in multis de burgensibus conqueri potuerunt jure merito patres nostri, e contra in posterum ita de nostris bene mereri valeant cives, ut pax et tranquillitas stabilis in perpetuum perseveret, et plures inter benefactores valeant nostri posteri numerare, quam nos inter persecutores describere nunc possumus.

Reparationes sub quolibet ex superioribus nostris ab ipsa reformatione seu introductione congregationis S. Mauri factas, in Priorum serie sum dicturus (lib. 6. sequenti); hoc unum in voce exultationis hic

---

[a] In libro sexto, seu priorum reformatorum serie, reparationes a quolibet factas indicabo.

refero, sacrosanctum missæ sacrificium, quod in maiori ecclesiæ nostræ altari a centum et duodecim annis offerri non potuerat, (nempe ab anno 1569 quo hæretici presbiterium solo adæquaverant), hoc anno 1681, restituto et reparato eodem presbiterio, in die sancto Paschæ solemniter fuisse celebratum. Vidi ego propriis oculis sanctificationem desertam[a] et altare prophanatum et virgulta nata sicut in saltu, et lacrymas fudi super lapides sanctuarii; at nunc sancta video gaudens mundata, reparatum templum, altare reædificatum et officia divina denuo celebrari, ubi usque ad fines temporum celebranda fore desidero.

---

[a] 1. Mach. 4. 38.

CAPUT VI.

De eventibus notatu dignioribus in posterum sequuturis.

Quæ venturis sæculis notatu digniora evenerint, nostri notare non negligant; ideo ad hæc in futurum notanda spatium (a) hic relinquo, et hac de re successuros admoneo ne eventus in favorem seu etiam in damnum huiusce monasterii commendabiles oblivioni sepeliant, turpi et pigro eosdem silentio recondentes contra Scripturæ monita, quæ Dei beneficia posteris narranda pronuntiat et mirabilia venturis sæculis propalanda.(b).

Ad futuram memoriam lapidem apposuimus in medio altaris S. Severi de novo constructi in quo insculptis litteris diem annotavimus quo fuit ædificatum, quo anno et sub quo abbate et priore sicut in margine delineavi. Hæc autem sunt in eo scripta: *Hoc altare ædificatum est die 1ª februarii anno 1681*. Apices vero hinc inde sacri nominis Jesu appositi hæc significant. A. D. R. D. P. id est: Abbas

---

(a)* Hæc anno 1681 scribebantur, ac revera, in fine hujus capitis 6, duæ paginæ vacuæ patent, quas novis factis illustrandas cautus auctor reliquit; sed nemo persequendo operi manum admovit. Notæ tamen necrologicæ, quæ tabulam Ecclesiæ ista sequuntur, aliena manu videntur exaratæ. (EDD).

(b) Exod. 40 2. — 43. 8. Deuter 6. 7. — Ps. 77. 3.

Dominus Renatus de Pontac. P. R. P. A. S. id est :
Prior reverendus pater Domnus Antonius Salause(a).

```
 A.      ✠      P. R.
         J.H.S
 D. R.          P. D.
 D. P.          A. S.
     Hoc ALTARE
   ÆDIF.' E.' DIE
    Iª FEBRVARII
     ANNO 1681.
```

Pro foribus vero chori, lapidem seu tabulam ligneam insculpi curavimus et apponi cum epigraphe subsequenti(b) :

```
ECCLESIA(c) ISTA SÆCULO VII PRIMUM ÆDIFICATA,
INEUNTE IX° DESTRUCTA, X° RESTITUTA, BELLIS ET
INCENDIIS SÆPE CONCUSSA, AB HÆRETICIS SÆCULO XVI
PARTIM EVERSA, TANDEM HOC SÆCULO XVII° REPARATA FUIT
A MONACHIS CONGREGATIONIS SANCTI MAURI, ET HOC
AFFIXUM EST HIC MEMORIALE ANNO DOMNI MDCLXXXI°
```

Die XXIII mensis octobris anni 1681, sepulta est (in medio chori) in loco ubi est jam constructus cho-

(a) Seu, existente abbate Domino, etc. Priore reverendo patre, etc.
(b) Supra tabulam : D. O. M.
(c) Melius forte ponetur : Templum istud, quam ecclesia; et melius haud dubio, Basilica.

rus noster, domina Johanna de La Borde, filia domini de La Borde procuratoris regii in ista curia; quæ post virtutum omnium exercitationem, præcipue charitatis et patientiæ, gloriæ æternæ corona decoratur in cælo; cuius memoria in benedictione est, et sanctitatis forma in ista urbe.

Die XXVIII mensis martii, duæ domicillæ, filiæ domini Marchionis de Beynac baronis de Montgailhard; hæresim calvinianam abjuraverunt in presbiterio maioris altaris istius ecclesiæ recenter constructo, inter manus domini episcopi[a] adurensis, assistente domino episcopo condomensi et magno nobilium personarum et populi cœtu.

Die secunda mensis septembris 1684, obiit dominus Renatus de Pontac abbas huius monasterii, de congregatione S. Mauri bene meritus, utpote qui reformationem huius congregationis, anno 1644, in hoc monasterium introduxerit; cuius mors magnum sui desiderium apud monachos istius abbatiæ et populum suum desiderium reliquit.

Hoc eodem anno die 7a mensis septembris celebratum fuit in ista urbe concilium provinciale pp. capucinorum, qui processionaliter in nostram ecclesiam venerunt; ubi concionem habuerunt, in gratiarum actionem beneficiorum a nobis et burgensibus acceptorum. Habita fuit illa concio post prandium, die decima supradicti mensis, quæ erat dominica XVI post Pentecosten. Nota quod concionator capucinus accepit benedictionem a Priore huius monasterii, in præsentia totius concilii i. e. capituli provincialis.

(a) Joannis Ludovici de Fromentieres.

LIBER V

**Abbatum huiusce monasterii series
et catologus, eorumque acta commendabiliora.**

PROLOGUS

Cum tabulæ, chartæ et scripturæ hujusce monasterii de iis quæ ad primam eius fundationem pertinebant, in prima ejus destructione perierint, ejusdem fuerint involutæ ruinis aut consumptæ incendiis, nulla nobis supersunt primorum abbatum monimenta, nec eorum seriem et nomina referre nobis licet. Abbates quidem fuisse referunt vitæ S. Severi ejusdemque miraculorum scriptores, ejusdem ævi monachi, et plures extitisse non est dubium per primum illud hujusce cœnobii sæculum; sed quot et quales, cum scriptum non inveniamus, nobis non constat. Unde abbatum seriem ab ipsa hujusce cœnobii restauratione a comite Wuillelmo Sancio facta solum referendam aggredior; quorum non ita licuit ordinem et tempus promotionis seu regiminis clare discernere, ut chronologiam penitus absolutam eorum nobis liceat demonstrare; immo plures fuere quorum ætatem nullæ nobis chartæ indicant, quibus nec certum mihi locum et ordinem liceat assignare.

Abbatum regularium, prout reperire potui, seriem subjicio; post quam, commendatariorum catalogum infra subjungam, sit itaque:

CAPUT PRIMUM.

ABBATUM REGULARIUM SERIES A PRIMA HUJUSCE MONASTERII RESTAURATIONE, USQUE AD COMMENDARUM INTRODUCTIONEM[a].

I. **Salvator.** — Anno ab incarnatione Domini nongentesimo sexagesimo tertio, primus ab ipso fundatore seu monasterii hujusce restauratore Wuillelmo Sancio comite, abbas præfectus est nomine *Salvator*[b], ut ipsemet comes dicit in charta sua; quod ex multis aliis probari potest, maxime ex serie undecim primorum abbatum, quæ in parvo chartulario sic est transcripta[c]: (fol. 78 rubri ziphri et 76 nigri).

« Anno ab incarnatione Domini DCCCC° LXIII°, Indictione VI, *Salvator* primus abbas monasterii S. Severi, regnante Wuillelmo Sancio comite Vasconiæ, suscepit abbatiam ejusdem loci; quam rexit XLV annis. » Idem ibidem asseritur, folio sequenti ejusdem chartularii, sic :

« Illustrissimus dominus Wuillelmus Sancius, dux et comes præfatus, donationes, dotationes et monasterii fundationem prædictas, ad honorem Dei Patris omnipotentis totiusque Trinitatis, Virginis gloriosissimæ Mariæ Domini nostri Jesu Christi

---

(a) Seu commendatariorum intrusionem.
(b) Primus abbas regularis ab anno 963 ad annum 1008.
(c) A quodam monacho olim scripta. — Elogia abbatum illustriorum et acta eorum illustriora scribam subinde l. 8 subsequenti.

matris, beatissimi principis apostolorum Petri, et gloriosissimi martyris Severi, atque beati Benedicti dignissimi confessoris, ac totius curiæ cœlestis, devotissime fecit et ordinavit, obtulitque omnia dicto Salvatori, primo abbati præfati monasterii suisque monachis, anno ab incarnatione Domini DCCCC° LXIII°, Indictione sexta. »

De eodem Salvatore, primo hujusce monasterii abbate, fit mentio in antiqua membrana donationum. Subscripsit idem chartæ Arsii lapurdensis seu bayonensis episcopi; de qua jam quædam dixi libri 2 cap. 33, ejusdemque mentionem facit D. de Marca in sua historia Bearnensi lib. 1. cap. 8, et lib. 3. c. 9. n. 2.

Unde vero cum suis monachis ab eodem prædicto comite vocatus sit non constat, ut supra dixi fusius lib. 2. Sanctissimum autem fuisse et ab omnibus laudabilem testatur idem monasterii hujus restaurator in charta sua; nec benedictinum et ex ordine seu ex monasterio benedictino assumptum fuisse dubitandum est, quandoquidem abbatem habere fratres secundum regulam S. Benedicti idem præfatus comes fundator seu restitutor imperat, in charta prædicta; per quadraginta quinque annos abbatiam rexisse Salvatorem testatur chronographus noster supra laudatus. Si ergo regimen eius suscepit anno 963, obiisse dicendus est anno 1008[a]; obiit autem septima die mensis maii; sic enim in antiquo nostro *hagiologio* eiusdemque necrologio reperitur scriptum : « *Nonis maii*, depositio Dmni Salvatoris abbatis istius loci. » In alio autem necrologio recentiori (in quo, nullo habito respectu ad dies, menses et annos

(a) Obiit anno MVIII.

obitus, mortuorum annotata sunt nomina) de eo fit mentio 19 januarii, seu 14 calendas februarii, quamvis non fuerit obitus eius dies.

II. **Sancius**. — Deinde Sancius, qui rexit XX annis[a]. Sic scribitur in chartularii chronologia prælaudata : « Secundus ergo, post Salvatorem, abbas fuit hujusce cœnobii Sancius nomine, seu etiam Sancio dictus, » ut constat ex membrana donationum et ex chartis aliis. Hic terras quasdam adquisivit monasterio; ecclesiam S. Salvatoris de Asiturri ab abbate traditam suscepit, terminos ecclesiæ S. Quintillæ, in prioratu de Busello seu Buseto, de novo designari fecit, ut fusius alibi dicetur. Obiit autem 24 die maii anni 1028; cujus sic annuntiatur obitus in antiquo *necrologio*, *martyrologio* inserto : « Nono kalend. junii, depositio Dmni Sancionis abbatis istius loci. »

III. **Gregorius**. — In chartularii chronologia tertius scribitur Gregorius[b] qui rexit abbatiam XLIIII annis. Membrana donationum aliæque chartæ permultæ de eo, ut tertio abbate, mentionem faciunt. Illustrissimus iste fuit genere, virtute, prudentia, dignitate, ut fusius dicam in libro de Viris Illustribus hujusce monasterii. Fuit enim episcopus lascurrensis et aquensis simul, nec regimen hujusce monasterii dereliquit; immo multa ei bona de novo acquisivit, idemque dirutum reædificavit, professionis suæ religiosæ nusquam immemor in episcopali dignitate. D. de Marca in sua historia bearnensi plura de eo scripsit lib. 4 c. 8, n. 2. et lib. 5 c. 5 n. 4. Eum abbatem dicit anno 1032, et tamen obiisse fate-

(a) Secundus abbas regularis Sancius, ab anno 1008 ad 1028.
(b) Tertius abbas regularis Gregorius, ab anno 1028 ad 1072.

tur anno 1072, ut refertur in necrologio antiqui nostri hagiologii sic : « III° idus januarii, depositio Dmni Gregorii abbatis et episcopi lascurrensis, » id est, undecima die januarii, anno D. MLXXII. Sic, ex chartulario monasterii hujus, refert idem D. de Marca l. 4 c. 9 n. 9 historiæ suæ. « Anno dominicæ incarnationis MLXXII, et epocha solis VII cum bissexto, Indictione quoque X et epocha lunæ XXVIII, cum eiusdem ætate XVII, datarum vero idus januarii III, et circa horam nonam, feria IIII, abbas S. Severi et lascurrensium episcopus, Dompnus Gregorius, florente canitie, excessit a sæculo, multis dolentibus; cui, si quid male gessit humanæ conditionis mole gravatus, indulgeat misericorditer omnipotens omnium Dominus, etc. » Reliqua referam lib. 8 : hoc unum hic notandum, quod in hac charta a D. de Marca relata, dicatur abbas Gregorius[a] abbatiam rexisse per quadraginta fere annos et obiisse anno 1072, ideoque regiminis eius initium sub anno 1032 D. de Marce collocavit; at illud *per 40 fere annos* non opponitur chronologiæ quæ illum per 44 annos abbatiam rexisse declarat, et ex hoc facile est probare restaurationem hujusce monasterii anno 963 factam fuisse, ut dicitur in nostro chartulario; si enim secundum hanc chronologiam Gregorius per 44 annos abbatiam rexit, Sancius per XX et Salvator XLV, non tardius institui

---

(a) Ad quem etiam Gregorius papa VII epistolam direxit relatam T. 7 concil. l. 7 epist. 25 pro ecclesia de Solaco abbati S. Crucis reddenda. — Adquisitiones ab abbate Gregorio factæ referentur l. 7 sequenti, ut et donationes eius tempore collatæ huic cœnobio. Gregorius chartas fundationis et confirmationum transcribi fecit, ne perderentur; ad quod, ni fallor, adductus est ob incendium et monasterii destructionem, quæ eius tempore evenit, de qua supra dictum est l. 3.

potuit hujus cœnobii primus abbas Salvator quam anno supradicto DCCCCLXIII.

IV. **Arnaldus.** — Gregorio successit Arnaldus[a] d'Estios, qui secundum chronologiam supradictam XX annis abbas fuit. De eo sic legitur in hagiologio nostro antiquo : « Idibus aprilis, anno MLXXII, commendatio[b] hujus abbatiæ Domno Arnaldo » et subinde : « IIII idus junii, ordinatio Dmni Arnaldi abbatis, anno MLXXII. » Nempe Dmnus abbas Gregorius obierat mense januario, et Dmnus Arnaldus electus est mense aprili. De eo fit etiam mentio in charta seu pancharta et membrana donationum antiquarum, et in chartis quibusdam, in quibus refertur lis et controversia inter abbatem hujus monasterii et abbatem S. Crucis burdegalensis agitata, pro ecclesia beatæ Mariæ de Solaco, de qua dixi supra satis fuse lib. 3.

Hunc autem d'Estios cognominatum dicimus ex scripto quodam inserto ad calcem dupli[c] cujusdam confirmationis comitis Sancionis, tempore Arnaldi Auriculæ, qui abbas fuit ab anno 1135 ad 1139 ; quod scriptum hic refero, quia facit ad ipsam abbatum seriem clarius cognoscendam, etc. Hujus talis est tenor :

« Ad notitiam et certitudinem tam præsentium quam successorum, describere curavimus qualiter quidam servus et homo[d] S. Severi natura, nomine Forto de Lartigal, furore iræ accensus, nescio qua

---

(a) Quartus abbas regr'..... Arnaldus d'Estios, ab anno 1072 ad 1092.

(b) *Commendatio* pro electione, *ordinatio* pro eius solemni benedictione potest intelligi.

(c) Ex duplo 2 confirmationis Sancionis comitis.

(d) *Servus* et *homo* monasterii terras colens. D. de Marca dicit hominem et servum sæpe sumi pro eodem, ut alibi adnotavi. Marca H. B. l. 6 c. 24 n. 6. — Servus *natura*, id est servilis conditionis a nativitate, et non mercenarius.

occasione, tempore Arnaldi abbatis d'Estios, quadam nocte, illo dormiente, totum vinum et siceram in cellario fudit; quo facto, summo mane surgens abiit et abscondit se in quodam nemore; unde misit Formato del Portal compatri suo nuncium, ut iret ad illum et deferret sibi quosdam sotulares, quia omnino recedere volebat. Quod audiens Formatus, abiit ad abbatem Arnaldum et dixit ei quid daret sibi, si traderet illi servum qui tantum malum fecerat; qui audiens, magno gaudio promisit illi XXX solidos pictaviensis monetæ, quod fecit; et fecit illi eruere oculos et amputare mentulam. Sed cum nollet dare XXX solidos Formato, dedit illi terram(a) quam tenebat servus ille sub castro Palestrion, in vita sua, quam post mortem redderet absolute monasterio. Mortuo autem abbate Arnaldo, factus abbas Suavius recuperavit terram et habuit in potestate; sed amore ipsius hominis et precibus amicorum suorum, dimisit illi terram in vita sua. Mortuo vero Suavio, Raimondus(b) Bernardi abbas similiter placitavit(c) de terra illa et acquisivit et dimisit in vita sua. Ad ultimum autem Arnaldus Auricula audiens qualiter pro nichilo vetula terram teneret, placitavit et adquisivit terram sicut suam; sed quia erat vidua, amore Dei(d) et amicorum rogatu, dimisit illi in vita sua; dedit enim sibi fidejussorem Johannem de Burdegala, ut post mortem ejus, sine querela absolute redderetur monasterio. » Obiit autem Arnaldus d'Es-

(a) De terra hic agitur, in qua subinde a monachis fundatum est et ædificatum hospitale S. Michaelis.

(b) Inter hunc Raymundum et Arnaldum duo alii fuere, Petrus et Robertus; sed non diu vixere : ideo nec pro illa terra placitaverunt.

(c) *Placitavit*, litem intentavit.

(d) Terra sic pro Dei amore relicta, est postea pauperum solatio destinata, ut dicetur suo loco.

tios die 13 Augusti, seu idibus, anno Dom. MXCII; quamvis in recentiori necrologio, de eo fiat mentio III nonas seu die 3 Januarii.

V. **Suavius**. — Huic suffectus est abbas Suavius[a] ut patet ex præcedenti scripto et ex membrana donationum, in qua vocatur etiam Suavinus; qui, in chronologia supra citata, XIIII annis abbatiam rexisse dicitur ; additurque ibidem : « In tempore ipsius Suavii, fuit fundata et populata villa Sancti Severi; » quod patet ex statutis et legibus tunc ab eodem factis, quæ supra retulimus libro 3°, ad annum Christi 1100 ; sicut et supplicationem ab eodem Suavio simul cum duce Aquitaniæ Guillelmo aliisque totius provinciæ proceribus et prælatis Paschali II summo pontifici præsentatam, circa litem[b] inter abbates S. Severi et S. Crucis burdegalensis, pro prioratu seu ecclesia B. Mariæ de Finibus-terræ seu de Solaco : donationes eius tempore factas monasterio suo loco[c] referemus. Diem clausit extremum abbas Suavius die 13 februarii, anno Dmni 1107; etsi in antiquo necrologio[d] de eo fit mentio XI kal. octobris, quasi eodem die obiisset; sed et idibus februarii eiusdem in alio necrologio obitus denuntiatur, in utroque recenti nimis caracthere, ut fides indubia adhiberi possit. Credebilius est obiisse mense februario, quia ordinatus fuit eius successor mense julio.

VI. **Raymundus**. Suavio successit Raymundus[e],

(a) Quintus abbas regularis Suavius, ab anno 1092 ad 1106 seu 1107.
(b) Vide supr. l. 3 concordatum Suavii cum Godefrido seu Gaufredo IV monasterii Sylvæ-maioris abbate.
(c) Lib. 7 sequenti.
(d) In necrologio : « XI kal. octob. obiit Suavius abbas istius loci. » Sic in antiquo quidem hagiologio, sed recenti caracthere.
(e) Sextus abbas regularis Raymundus Bernardi et d'Arbocava.

Bernardi seu etiam d'Arbocava cognominatus, hujusce nominus primus, de cujus ordinatione talis fit mentio in antiquo hagiologio hujus cœnobii : « IIII nonas julii, ordinatio(a) Dompni Raimundi abbatis, anno MCVII. » De eo fit mentio in charta supra scripta, in membrana donationum et in chronologia undecim primorum abbatum, in qua dicitur quod rexit abbatiam XX annis. Ejus tempore factum fuit et pactum ac initum concordatum inter ipsum et archiepiscopum burdegalensem pro ecclesia seu prioratu Mimisanensi, cum consilio Gaufredi sexti abbatis Sylvæ-maioris, qui postea fuit episcopus vasatensis : de quibus jam supra dictum et scriptum est lib. 3 ad annum 1122. De acquisitionibus eiusdem Raymundi tempore factis agetur lib. 7 subsequenti. Obiit autem die 7 aprilis anno Dmni 1128. Sic enim annuntiatur eius depositio in antiquo nostro necrologio veteri hagiologio inserto : « VII idus aprilis, depositio Domni Raymundi agennensis episcopi et abbatis ipsius loci, anno MCXXVIII(b) » quo vero tempore episcopus agennensis factus fuerit non constat, quamvis certum sit talem fuisse. In recentiori necrologio de eo fit mentio idibus januarii, id est 13 die; sed, ut jam præmonui, in isto necrologio recenter martyrologio inserto, nullus habetur respectus ad diem seu annum obitus, licet ponatur *obiit* sine delectu. D. de Marca bearnensis historiographus hunc Raymundum mortuum dicit anno 1023(c) lib. 3 historiæ suæ cap. 12 num. 2; sed error eius hinc prodiit, quod abolitis jam pene caractheribus necrologii, ipse legit MXXIII, pro MCXXVIII

(a) *Ordinatio*, id est vel electio, vel etiam solemnis benedictio abbatis.
(b) Error ibi est. Habes enim in necrologio **MCXLVIII**.
(c) Cave istum locum, ex supradictis.

anno; seu pro 1123, quo forte factus fuit episcopus ipse legit 1023 : sic MXXIII pro MCXXIII.

VII. **Petrus.** (a) — De Gottis, seu de *Goutz* et de *Gods* successit Raymundo qui ex prædicta chronologia per duos tantum annos abbatis dignitate et vitæ ac lucis usura potitus est, a tempore electionis et ordinationis suæ; obiit enim 20 die julii anno 1130 et sic annunciatur obitus eius in antiquo necrologio: « XIII kalend augusti, depositio Domini Petri de Gottis, abbatis istius loci, anno MCXXX.

VIII. **Robertus.** — Suffectus est ei Robertus (b), qui VII annis in cœnobio regnasse dicitur in chronologia sæpe dicta; et 13 die augusti diem clausit extremum, anno Dom. 1136 (c) : unde sex, et non septem annis regimen tenuit hujusce monasterii, nisi forte anni initium pro anno integro computatur, maxime cum in necrologio (d) annuntietur eius obitus XI calend. octobris, anno non designato.

IX. **Arnaldus,** (e) — Auricula cognominatus, huius nominis secundus, Robertum sequitur in chronologia quæ illum per quatuor tantum annos Abbatem vixisse narrat. De eo fit mentio supra in scripto relato pro terra castro subjacente, quam pro amore Dei reliquit viduæ. Diem aut annum obitus eius nullibi notatum invenio, amissis sæpius aut combustis huius monasterii chartis et documentis, cum quibus plura alia antiquitatis monimenta sepulta jacent sæculis cunctis ignota permansura et in æternitate solum revelanda.

(a) Septimus abbas regularis Petrus de Gottis, ab anno 1128 ad 1130.
(b) Octavus abbas regularis ab anno 1130 ad 1136.
(c) Error : in necrologio habetur 1137.
(d) In antiquo necrologio, sed recentiori manu.
(e) Nonus abbas regularis Arnaldus Auricula, ab anno 1136 ad 1139 seu 1140.

X. **Raymundus**(a) — secundus hujus nominis, de proximo successit Arnaldo, nec nisi per unum annum Abbas fuit, ex chronologia; post quem e vivis excessit, locum suum relinquens

XI. **Raymundo**(b) — Sancii, hujus nominis tertio, qui abbas fuit quinque annis; ex eadem chronologia, quæ ultra non progreditur, et in qua dicitur quod : « hi omnes (abbates prædicti) tenuerunt ecclesiam Beatæ Mariæ mimisanensis, cum cæteris donationibus, quæ continentur in chartulis nostris, inconcussam legali querimonia » quod, ut conjicio, addidit hujus chronologiæ scriptor, quia paulo ante fuerat controversia inter Abbatem hujus coenobii et archiepiscopum Burdegalensem, super ecclesia mimisanensi; et per concordatum inter eos initum, jus monasterii agnitum fuerat et stabilitum, ut patet ex charta quam supra retuli lib. 3 ad annum 1122. Unde inconcussa remanserat huic monasterio eadem mimisanensis ecclesia.

Sub hoc Raymundo Sancio abbate, facta est pax inter episcopum adurensem cum suo Capitulo ex una parte, et abbatem S. Severi cum suo Conventu ex alia, pro ecclesia S. Mariæ Magdalenæ Montis-Marsani seu urbis noviter tunc fundatæ a vicecomite Petro(c); qua de re fusius egi et chartam retuli lib. 3º præcedenti, ad annum Christi 1141. Quamvis autem Raymundus iste Abbas tantum per quinque annos fuerit, non tamen e vivis excessit anno 1145; sed tunc abbatiæ regimen dereliquit, quia electus est

---

(a) Decimus abbas regularis Raymundus II, anno 1140.
(b) Raymundus Sancius seu Sancii, id est filius Sancii, ex charta fundationis urbis Montis-Marsani.
(c) Marca l. 9. H. B. c. 8. n. 3.

episcopus aginnensis(a). Sic enim annunciatur eius obitus in antiquo nostro hagiologio seu necrologio eidem inserto : « VII idus aprilis, depositio Domni Raymundi agenensis episcopi atque abbatis istius loci, anno MCXLVIII. » Qui, ex abbatibus hujusce monasterii facti sunt episcopi agennenses, abbatiæ regimen dimiserunt, quia nimis distat ab hoc loco urbs agennensis; non vero hi qui lascurrenses episcopi facti sunt, ob locorum proximitatem.

XII. **Forteius**. — Quis Raymundo Sancio immediate successerit clare non constat. Assignatur tamen abbas duodecimus Forteius(b), qui et Fortanerius et Forcerius scriptus est. In chartulario enim parvo monasterii B. Mariæ Sylvæ-maioris, fol. 49, extat charta, per quam abbas S. Severi Forcerius concedit et obligat decimas ecclesiæ S. Christophori de Lano (diœcesis tunc agennensis, nunc condomensis) priori de Monhurt, seu monacho tenente ecclesiam de Maniort, in dicta parrochia, ad monasterium Sylvæ-Maioris pertinentem; de qua supra scripsimus lib. 3 corcordatum factum ab Abbate Suavio cum Gaufredo VI. Sylvæ-Maioris abbate. Obligavit autem decimas supradictas Abbas Forterius sub conditione redemptionis, nempe quod possent redimi a priore prioratus de Buseto seu a monacho ecclesiæ de Busello præsidenti pro hocce S. Severi monasterio. Constat autem hunc Forterium chartularii Sylvæ-Maioris eumdem esse et unum cum Forterio; qui enim dicitur obiisse Forcerius die 16 julii seu XVII kalendas augusti in

---

(a) Hunc Raymundum episcopum agennensem non fuisse suspicor, sed obiisse anno 1145. Quod enim legitur in nostro necrologio, applicatur etiam supra Raymundo d'Arbocava, anno MCXXVIII; apices enim necrologii non clare apparent. — Est vere in necrologio MCXLVIII.

(b) Duodecimus abbas regularis Forteius, ab anno 1145 ad 1150, vel circiter.

necrologio Sylvæ-Maioris, abbas S. Severii idem dicitur in antiquo nostro necrologio Fortcius; sic enim ejus annuntiatur obius : « XVII kalend. augusti, depositio Domni Fortei abbatis. » Nec dicitur an fuerit abbas hujusce monasterii; quod tamen constat ex chartulario Sylvæ-maioris, nec designatur annus ejus depositionis, quem nondum discere potui ex prædicto chartulario. Hunc ideo post alios hic locavi; de eius tamen ordine et serie adhuc incertus, ut et de serie plurium aliorum, quos abbates hujusce monasterii fuisse narratur in necrologio recentiori, aut in antiquo abbates dicuntur, nec exprimitur cujus monasterii quos ideo post omnes alios abbates regulares referam.

XIII. **Raymundum**[a] — hujusce monasterii quartum abbatem fuisse S. Severi constat anno 1154. An vero per aliquot ante annos talis fuerit, aut per plures postea abbatiam rexerit, manet ignotum. Hoc unum certum est quod a Dom. de Marca refertur in sua historia bearnensi (lib. 5. c. 29 num. 4 pag. 464) Raymundum S. Severi abbatem monasterii, nempe istius in Vasconia, cum Arnaldo olim monacho cluniacensi, subinde priore S. Fidis morlanensis in Bearnio, et tunc episcopo oloronensi, simulque cum Raymondo episcopo lascurrensi et multis aliis provinciæ hujus proceribus, deputatum fuisse ad Raymundum barcinonensem comitem, Arragoniæ principem[b], ut ipsum nomine totius provinciæ rogarent, ut vellet Bearnii regimen suscipere; dum, scilicet, Petri vicecomitis defuncti liberi impuberes remanerent et in minori ætate, per quam regiminis nondum

(a) Decimus tertius abbas regularis Raymundus IV, ab anno circitur 1450 ad 1475.
(b) Apud Campum-francum, Campfranc.

possent esse capaces. Talis deputatio et legatio facta fuit mense aprili, anno 1154. Quo anno obierit, mihi manet incognitum nec quidquam de eius obitu scriptum inveni. Nec mirum, cum toties chartæ et scripturæ hujusce monasterii aut succensæ, aut ablatæ fuerint; ita ut miraculo pene adscribendum sit, aut saltem divinæ providentiæ speciali, etiam ea quæ habemus ad nos usque pervenire potuisse antiquitatis monimenta.

XIV. — **Bernardum**(a) de Born Abbatem huiusce monasterii fuisse constat circa annum 1175, ex fragmento quodam chartularii in quo dicitur, eiusdem tempore, Centulum vicecomitem marcianensem et bigorritanum comitem, filium Petri urbis Montis-Marsani fundatoris, patris sui donationes confirmasse, ut fusius lib. 7 subsequenti dicturus sum; ubi chartularii memoriale ad longum referam suo loco. Incertum quoque nobis est quo anno et die obierit iste Bernardus; invenio quidem scriptum sic, in antiquo nostro hagiologio seu necrologio : « IIII nonas septemb. obiit Bernardus(b) Abbas ; » et alibi : « IIII nonas februarii, obiit Bernardus abbas. » Sed cum plures hujus nominis fuerint, nec designetur annus, ex incerto affirmare nil licet certi.

XV. — **Arsius** seu Arsivus(c) Abbas fuit hujusce cœnobii circa annum 1200, nec Abbatiæ regimen dimisit, cum factus est episcopus lascurrensis post Gregorium secundus; attamen non tam Abbatis quam ministri nomen retinuit. Eius tempore celebratum

(a) Decimus quartus abbas regularis Bernardus de Born, ab anno 1175 ad 1200, vel circitor.

(b) Pluries, in recentiori necrologio, annuntiatur obitus abbatis Bernard sine addito.

(c) Decimus quintus abbas regularis Arsius seu Arsivus, ab anno circiter 1200 ad 1213.

est in claustro nostro provinciale concilium a Navarro de Aquis, episcopo conseranen. et S. Sedis apostolicæ legato congregatum; cujus sententiam retuli lib. 3 ad annum 1208. De hoc Arsio seu Arsivo mentionem facit D. de Marca in sua hist. Bearn. l. 6. c. 19. n. 6. Obiit autem tertia die augusti, anno Domini 1213; sic enim eius notatur obitus in antiquo nostro necrologio seu obituario: « III nonas Augusti, depositio domni Arsivi episcopi lascurrensis et S. Severi minister (pro, ministri), anno MCCXIII. »

XVI. — **Arnaldus**. Post Arsivum, Arnaldus[a], hujus nominis tertius, abbas electus est, et paulo post etiam episcopus lascurrensis; sicque Arsio in utraque dignitate successit. Eius tempore, episcopus adurensis jurisdictionem supra monachos et monasterium sibi voluit arrogare; sed per sententiam trium prælatorum a summo Pontifice ad hoc specialiter deputatorum confirmata est absoluta exemptio, ut fusius dicturus sum libro 9 ubi sententiam[b] eorum ad longum referam, in qua fit mentio hujusce abbatis Arnaldi episcopi lascurrensis et monasterii hujus provisoris; nomen enim abbatis vix retinebant qui, facti episcopi, regimen abbatiæ non dimiserant, sed tanquam ministros et procuratores se habebant; talesque, præ modestia, titulos usurpabant, utpote qui magis monasterio prodesse, quam præesse curarent. Obitus hujus Arnaldi dies et annus nobis manet incognitus : usque ad annum 1248 vixisse creditur, quod tamen nullo certo testimonio probari potest; imo credibilius mihi videtur inter ipsum et Arnaldum IV intercessisse alium ex his, quos infra referam, quorum incerta est ætas et series.

(a) Decimus sextus abbas regularis Arnaldus III ab anno 1213 ad 1248.
(b) Anno 1231 datam.

XVII. — **Arnaldus**[a], nominis hujus quartus, electus esse fertur circa annum 1248, et subinde episcopali infula decoratus. Factus episcopus agennensis, abbatiæ regimen dimisit, cui ob, locorum distantiam commode invigilare non posset; quamvis enim obierit solum anno 1268, eius tamen in abbatia successor eam rexisse scribitur circa annum 1260. Arnaldo igitur facto episcopo,

XVIII. — **Garsias**. Suffectus est ei Garsias[b] Arnaldi de Navaliis, vulgo Garcie d'Arnaud de Navailles qui, anno 1262, burgensibus seu custodibus villæ S. Severi (quibus, ob custodiam portarum eis commissam, concessæ fuerant conquæ seu mensuræ frumenti) easdem transportare concessit super cimiterium, et ibidem operimentum facere; ubi subinde ædificata est domus communis urbis, prout constat ex charta supra lib. 3 relata. Idem, anno 1268, redemit et acquisivit mediam partem decimarum S. Petri de Mazeriis, cujus acquisitionis chartam referam lib. 7, subsequenti, ubi de acquisitionibus et donationibus agam. Ipsemet contractum pareagii[c] iniit cum rege Angliæ Henrico III et filio eius Eduardo I, pro justitia S. Severi, anno 1270; chartam supra retuli lib. 3.

Advertendum autem quosdam ex uno et eodem duos fecisse; nempe ex eo quod in chartis quibusdam sola prima eius nominis littera fuerit apposita G, Guillemnum quidam scripsere et a Garsia discretum finxere. Alii vero (scilicet pareagii traductores e lingua vasconica in gallicam) ex Garsia Arnaldi,

(a) Decimus septimus abbas regularis Arnaldus IV, 1248.
(b) Decimus octavus abbas regularis Garsias Arnaldi (i. e. filius Arnaldi) de Navaliis, ab anno 1260, vel circiter, ad 1286.
(c) Chartam pareagii vasconice l. 3. retuli, et gallice in Appendice.

Gratianum et Arnaldum duos ex uno fecere, prout videre est in exemplari quod regi Ludovico XIII ad confirmandum præsentatum fuit; cujus traductionis author inscriptus est Daniel de Barry senescalliæ Lannarum, in sede S. Severi, generalis prætor, ut suo loco notavi, chartam pareagii referens, tam in lib. 3 supra, quam infra in Appendice. In multis tamen chartis, e. g. in confirmatione seu ratificatione pareagii ab Eduardo I facta, anno 1274, et aliis, clare vocatur Garsias Arnaldi de Navailles, seu Garsias Arnaldus, sicut indiscrete dictus est Wuillelmus Sancius seu Wuillelmus Sancii, etc. Ejus obitus refertur die X februarii, anno D. 1286, in antiquo nostro necrologio, sic : « IIII idus februarii depositio Dmni Garsias Arnaldi de Navaliis abbatis istius monasterii, anno Dmni MCCLXXXVI. » In recentiori autem obituario, ejus fiebat commemoratio die 30 martii, seu : « III calendas aprilis, ob. Garsias Arnaldus de Navalhiis. »

Stemmata(a), seu insignia gentilitia ab isto referre possemus incipere, si liceret discernere antiqua stemmata illustris familiæ de Navaliis a stemmatibus aliarum familiarum, quæ ab illo tempore simul juncta, immo et in ea confusa sunt, aut eam in se transfuderunt : quæ enim nunc de Navaliis inscribitur et cognominatur familia, plures alias in se junxit, de Gontalto, de Benaco, de Monte-alto, etc. Sic autem describuntur stemmata præsentis familiæ de Benaco et Navaliis gallice terminis heroicæ seu heraldicæ scientiæ, vulgo *Blason* :

« Navailles porte écartelé au premier de Gontaut-Biron qui est écartelé d'or et de gueule au 2 de

(a) Stemmata quid faciunt? etc. Difficile, immo impossibile est omnium stemmata reperire, etc.

Navarre, de gueule aux doubles chaines d'or passées en croix en sautoir et orle; au 3 de Foix, qui est palé d'or et de gueule de 7 piéces; au 4 de Béarn, qui est d'or à deux vaches passantes de gueules accolées, acornees et clarinees d'azur; et sur le tout ecartelé au 1 et 4 d'azur à deux mortiers d'argent mis en pal l'un sur l'autre, qui est de Montaut, parti de Comenges qui est de gueule a 4 estoiles d'argent posées en sautoir; au 2 et 3 d'azur a deux lievres ou lapins courants, d'argent, qui est de Benac; au cimier, un lyon d'or issant et deux lyons d'or pour supports.(a) »

Stemmata alia insculpta sunt in aere super sepulchrum D. Margaritæ de Benaco de Navaliis, prope gradus altaris B. Mariæ Virginis sepultæ. Sic(b), nescio qua de causa, nisi forte ex eo quod ipsa erat domina de Mugron, qui locus olim unitus erat cum dominio de Calnario, et hoc stemma insigne erat dominorum de Calnario, in 2 scuti parte (lozangé de Cauna); et sic repræsentatur scutum Arnaldi de Marciano Domini de Calnario supra januam ecclesiæ ff. prædicatorum hujusce urbis, et supra in lapide extat insculptum CAUNA FUNDATOR, et subest scutum sic divisum, ut 2 pars scuti delineati.

Stemmata quid faciunt? Multum quidem faciunt ad historiam sæcularem et ad familiarum splendorem secundum sæculum, parum vero ad historiam istam; ideoque non multum teram temporis in requirendis aut pingendis seu delineandis abbatum nostrorum insignibus gentilitiis.

(a) Corona ducalis nunc additur, facto duce et pari Franciæ D. de Navaliis. — Sed domus de Navaliis et antiqua familia periit; quæ vero nunc de Navaliis dicitur, est de Montalto et Benaco, ab oppido de Navaliis in Bigorra seu Bearnio sic dicta.

(b) Stemmatum 4 pars, leo in campo; 2 lozanges d'azur et d'argent; 3 chevrons de gueule, champ d'argent.

XIX. — **Arnaldus**[a], hujus nominis quintus, successit Garsiæ Arnaldi de Navaliis; quantum vero temporis abbas fuerit, et quo anno e vivis excesserit non est facile reperire, nec conjecturæ nobis occasionem dant chartæ et scripturæ ullæ; nec facilius est determinare an ei successerit aliquis ex his quibus certus non assignatus est locus in documentis et memorialibus nostris. Divinum non me faciam, nec prophetam (etsi Daniel nomine tenus) ut certum quid affirmem in tam incerto subjecto.

XX. — **Guillelmus**[b], hujus nominis primus, hujusce cœnobii abbas erat anno 1302, quo enunciatur talis in charta quadam de jure pedagii quod habet hoc monasterium, cujus data est die mercurii ante pascha seu feria IV hebdomadæ pœnosæ, anno D. MCCCII°.

XXI. — **Gaillardus**. Successit Guillelmo Gaillardus[c], doctus et pius monachus, summo pontifici Clementi V charissimus; a quo bullam obtinuit, qua ei et successoribus eius conceditur usus mithræ, annuli, aliorumque pontificalium ornamentorum, sub data diei 1 aprilis, anni 1307 : bullam hanc referam lib. 9 subsequenti. Invidiosa mors prompte nimis hunc sustulit die 21 februarii anni 1308; sic enim eius notatus est obitus in antiquo nostro hagiologio seu necrologio : « VIIII kalend. (id est, nono kalendas) martii, obiit Gaillardus[d] abbas, » anno quidem non designato, sed ex supradictis facile est

---

(a) Decimus nonus abbas regularis Arnaldus V, ab anno 1286 ad 1300 vel 1302.
(b) Vigesimus abbas regularis Guillelmus I. ab anno 1300 ad 1305.
(c) Vigesimus abbas regularis Gaillardus, ab'anno 1305 ad 1308. De eo, in libro 8, de Viris Illustribus.
(d) Goailardus domini papæ Clementis Capellanus, v. l. 8.

conjicere non alio occumbere potuisse; quandoquidem vivebat mense aprili anno 1307, quo pontificium diploma suscepit, et successor eius cito post ipsum e vivis excesserit eodem anno 1308, quo ei successit.

XXII. — **Guillelmus**(a), qui vix per duos menses tenuit abbatiam; quippe qui obierit die 16 aprilis anni ejusdem 1308, ejusque notatur obitus in antiquo obituario tali modo : « XVI kalend. maii, obiit Domnus Guillermus abbas istius monasterii, anno MCCCVIII. » Eius locum accepit

XXIII. — **Bernardus**(b) hujus nominis secundus qui usque ad annum 1315 tenuit abbatiam. Sunt enim chartæ quædam, eodem anno scriptæ, contractuum seu transactionum cum Domino de Motha aliisque, ex quibus certum manet usque ad annum 1315 vitam duxisse, cum in iis de eo mentio fiat. Qua vero die obierit ignoratur, maxime cum plura folia desint in antiquo nostro hagiologio, in quibus pars quædam necrologii continebatur, quæ pro semper periit; et in recentiori necrologio seu obituario, sæpius et pluribus in locis mentio fit Bernardi abbatis absque delectu diei vel anni; unde cum plures hujus nominis fuerint, nil certi ex hoc licet nobis conjicere. Hoc unum certum manet, quod istius Bernardi regimen non potuit ultra protendi quam ad annum usque 1316 exclusive, cum in eo successor eius factus fuerit cardinalis, et alius pro eo suffectus.

XXIV. — **Raymundus**(c) enim, hujus nominis quintus, ex abbate S. Severi factus est S. R. E. car-

---

(a) Vigesimus secundus abbas regularis Guillelmus per duos menses.
(b) Vigesimus tertius abbas regularis Bernardus II, ab anno 1308 ad 1315, vel circiter.
(c) Vigesimus quartus abbas regularis Raymundus V, anno 1316.

dinalis a Joanne papa XXII. Bulla eius data fuit Avenione, pontificatus ipsius anno primo ut didici ex schedis D. de Suarez doctoris avenionensis, et ex actis pontificii avenionensis collectis a nostro R. P. Domno Claudio Stephanotio, sagaci antiquitatis indagatore. Successit itaque Raymundo, eodem anno quo cardinalis factus abbatiam dimisit, aliis occupatus,

XXV. — **Guillelmus**[a] de Podio-Artino, vulgo *Puyartin*, prior de Mediano, qui et in schedis nostris et memorialibus dicitur ex hoc monasterio assumptus, anno 1304, ut esset episcopus lascurrensis[b], et quod, antecessore ejus facto cardinali, rogatus fuerit a monachis hujusce monasterii abbatiæ regimen suscipere : quod eis concessit; ita ut episcopatum dimiserit, ut denuo claustrum incoleret hujusce cœnobii, et in eo monachi vitam simul cum abbatiæ conjungeret dignitate, nec amplius episcopus ex hoc vocatus fuerit; ut patet ex multis chartis eius tempore scriptis. Hunc tamen peculii apud monachos odiosi nimis non satis radices exstirpasse, immo et ei occasionem præbuisse, omnis conqueretur ætas; et macula hæc, vix unquam eluenda, infulæ ejus perpetuo adhærebit : quippe qui mensarum seu reddituum monasterii divisionis author, aut saltem fautor et auctor fuerit, ut patet ex chartis [c] annorum 1317 et 1318, de quibus jam dixi lib. 3 præcedenti cap 8. Eius obitus notatur in actis pontificiis supra dictis, Innocentii papæ VI anno VI, id est, circiter

(a) Vigesimus quintus abbas regulariis, Guillelmus de Podio-Artino, ab anno 1346 ad 1357.
(b) Hæc ego probare non possum, nec ut certum affirmo; sed ab aliis scriptum refero.
(c) Et ex bulla unionis prioratus Montis-Marsani mensæ abbatiali, quam ipse postulaverat; quam tamen exequtioni non mandavit.

1357. In nostro autem antiquo necrologio obiisse dicitur die 26 aprilis anni 1357 sic: «VI kalend. maii, obiit D. Guillelmus de Podio-Artino, abbas istius monasterii, in civitate Tholosa, anno MCCCLVII, » quo ei successit

XXVI. — **Bernardus**[a] de Moneino, vulgo Moneins, hujus nominis tertius, prior Rupis-Fortis. Plures chartæ factæ sunt ejus tempore, in quibus diversum videtur ejus cognomen et diversimode a transcribentibus reperitur scriptum: ab aliis enim dicitur de Movino seu de Monino, ab aliis de Menoio, de Meurio; imo et traductor pareagii e lingua vasconica in gallicam, vocat eum de Monmuino (de Monmuy), quamvis familia satis illustris de Monmuy multum differat a familia de Moneins, seu Monens, quæ plures illustres viros antiquitus in lucem edidit. Scripsi ego de Moneino, evidentioribus nixus testimoniis et chartis certioribus, in quibus clare sic scriptum est eius cognomen. Reddituum divisionem jam ante cœptam ipse peregit, charta de hac divisione scripta anno 1569, quam supra ad longum retuli [b] c. 8. libri 3. Pareagii exemplar vasconicum, quod etiam nunc apud nos extat, ipse scribi et a D. Joanne de Neuvilla, pro rege Angliæ in Aquitania locum tenente, vidimari procuravit, anno 1380 et alia [c] satis præclare gessit, post quæ viam

(a) Vigesimus sextus abbas regularis Bernardus III de Moneino, ab anno 1357 ad 1388.—Duos Bernardos, seu eiusdem nominis, sibi successisse censeo, quorum primus fuerit Bernardus de Moneino, et alius Bernardus de Meurio; nam in secundo necrologio clare invenio scriptum : « V. calend. junii, ob. Bernardus de Meurio, abbas huius loci. » Si Bernardus de Meurio alius fuit a Bernardo de Moneino, ei successisse dicendus est post annum 1380 usque ad 1388, cum fiat mentio, anno 1380, Bernardi de Moneino.

(b) Supra etiam eodem l. 3. retuli transactionem pro pascuis, ab hoc Bernardo factam et promulgatam, ut supremo judice ad hoc electo specialiter.

(c) Anno 1369, emit decimas Montis-Gaillardi, ut dicetur l. 7 subsequenti etc. Ipse fecit concordatum inter caverios et burgenses pro pascuis anno 1366, etc.

universæ carnis ingressus est, die 29 maii anni 1388, et sic annuntiatur ejus obitus in antiquo nostro necrologio, caracthere tamen recentiori scriptus : « IIII kalend. Junii, obiit Bernardus de Meunio, abbas istius monasterii anno MCCCLXXXVIII, » seu 1388. Non clare apparet an sit ibi cognominatus de Meurio, seu de Menuio, aut Menoio. Fuit post ipsum abbas

XXVII. — **Petrus**,[a] hujus nominis secundus ab aliis non agnitus qui seriem Abbatum nostrorum inquisierunt. Attamen chartas ego reperi eius tempore scriptas, in quibus de eo fit mentio; ipse enim cum monachis suis domum vendidit cuidam d'Embidonnes, anno 1394, cujus nunc solum in hortulo pp. Dominicanorum extat inclusum. Extat alia charta anni 1401, XVI die mensis augusti scripta, receptionis cujusdam in burgensem et vicinum S. Severi factæ in refectorio monasterii, Petro existente abbate, etc; nec confundendus est iste Petrus cum alio Petro, nempe de Lescuno, cum inter eos intercesserit, ut evidenter constat, alius nomine

XXVIII. — **Bernardus**,[b] hujusce nominis quartus : extat enim bulla[c], cujus tenorem supra retuli lib. 3. Alexandri Papæ V, pro præsentatione cappellani ecclesiæ mimisanensis ad Bernardum Abbatem Sancti Severi directa, data anno 1409, ut supra videri potest; eodemque anno donatio decimarum S. Joan-

---

(a) Vigesimus septimus abbas regularis Petrus II, ab anno 1388 ad 1402, vel circiter.

(b) Vigesimus octavus abbas regularis Bernardus IV, ab anno circiter 1403 ad 1440.

(c) Cette bulle est donnée a Montpelier; ainsi elle est d'Alexandre qui vint en France.

nis du Four a Peyroto[a] de Monte-Gaillardo, confirmata fuit sub eodem Bernardo; ac sic

XXIX. — **Petrus**[b] de Lescuno, nominis hujus tertius, Abbas esse solum potuit circa annum 1410. Hic prior erat prioratus conventualis mimisanensis, quando electus fuit. Extat sententia data et pronuntiato[c] ab eo judice electo, qua cappellanum seu vicarium perpetuum S. Severi pronunciavit teneri ad solvendum, singulis annis, decem solidos morlanenses et quinque conquas cum dimidia frumenti, prout ante solitus erat, ut apparet ex divisione reddituum anni 1359; et postea quoque solvisse constat ex registris feudorum, vocatis vulgo Lieves. Hanc autem sententiam ipse tulit anno 1412[d], ut ex ipsa originali charta etiam nunc apud nos et in archivis nostris asservata patet. Susprossae, seu vulgo a Souposse, diem clausit extremum, die 16 novemb. anno Domini 1418; notatus est eius obitus in antiquo necrologio sic : « XVI kal. decemb. obiit D. Petrus de Lescuno, abbas S. Severi, anno Domini MCCCCVIIIX, » et sepultus est in claustro nostro, e Susprossa translato eius corpore post obitum eius. Illustris fuit olim familia de Lescuno; sed nunc pene consumpta jacet in pulvere.

(a) Peirot de S. Martin, successeur de la maison de Montgaillard — (Donatio) jam ante facta a tutoribus Peyroti ab eodem Peyroto confirmata. — Confirme en 1409 en faveur de l'abbé Pierre l'achat ou donation du dime de S. Jean du Four faite par ses tuteurs, a l'abbé Bernard de Born en 1369. Ainsi ce Bernard n'a pas été abbé de S. Sever, et ce qui a été dit de l'abbé Pierre dont etre attribué a Pierre III de Lescun.

(b) Vigesimus nonus abbas regularis Petrus III de Lescuno, ab anno 1410 ad 1418.

(c)* Legesis : pronuntiata.

(d) I. die Julli.

XXX. — **Joannes** [a] de Calnario, vulgo de Caunar, Petro supradicto successit. Hic prior erat prioratus conventualis S. Petri de Nervis-Casteto, ab hoc monasterio dependentis, quando in abbatem assumptus est. Extat sententia officialis aquensis, ad hoc specialiter electi judicis cum consilio Joannis de Calnario Abbatis, pronunciata, qua declaratur mediam partem decimarum prioratuum urbis Montis-Marsani et S. Petri Sanctique Genesii pertinere ad operarium hujusce monasterii, data anno 1420, Martini V summi pontificis anno quarto; extant etiam litteræ Ludovici Magalonensis episcopi locum tenentis Francisci Archiepiscopi Narbonensis S. Sedis apostolicæ camerarii, quibus mandat, in favorem Joannis de Calnario abbatis S. Severi, collectoribus jurium Sedis et Cameræ apostolicæ, ut redditus abbatiæ pro his juribus detentos dimittant et bona quæ, vacantiæ [b] tempore, fuerant sequestrata, etc. sub data duodecimi diei martii, anni 1420.

Tanta fuit eius prudentiæ, doctrinæ et probitatis fama, ut Martinus V summus pontifex eum, cum episcopo adurensi et decano S. Severini, divisim sicut et coniunctim judicem delegaverit controversiæ existentis inter Davidem archiepiscopum burdegalensem et Petrum abbatem S. Crucis, pro jurisdictione quam prælatus ille in monasterium S. Crucis habere se contendebat; a qua tamen excidit per sententiam

(a) Trigesimus abbas regularis Joannes de Calnario, ab anno 1418 ad 1438. — Stemmata illustris familiæ de Canario sunt supra januam ecclesiæ ff. Prædicatorum huius urbis : fundator enim eorum Conventus fuit Arnaldus de Marciano, dominus de Calnario, sic; Lozangé d'azur, etc. Et supra tale scutum est lapis in quo sic legitur insculptum : *Cauna fundator*, sub quo lapide est scutum hic delineatum sic, et supra ecclesiæ fores S. Bartholomei de Calnario (de Cauna).

(b) Agnoscit hic magalonensis Episcopus fructus abbatiæ, vacantiæ tempore seu vacationis, pertinere ad successorem.

abbatis nostri, qui eum nullam habere declaravit, 22 die julii anni 1425, indictione 43, Martini V pontificis anno octavo; et ita acquieverunt partes eius judicio, ut ex tunc usque nunc effectum plenum habuerit eius sententia; obiit autem Supprossae, sicut et praedecessor suus, die 27 octobris, anno Domni 1438; cuius obitus sic in necrologio manet scriptus : « VI kalend. novemb. obiit D. Joannes de Caunario, abbas huius coenobii, anno Domini MCCCCXXXVIII.

Non omitendum est quod, eius tempore, combustum et asolatum fuit hoc monasterium, anno 1435, ut supra vidimus lib. 3; et quod ab abbate isto, ultimo regulari pacifico abbatiae rectore et archimandrita, de novo fuit aedificatum, post bella inter Gallos et Anglos, qui ab illo tempore pulsi, nusquam ex tunc in his regionibus regnaverunt: nec hoc silentio praetereundum, quod, post eius decessum, corpus eius e Susprossa delatum in claustro huius monasterii fuit honorifice tumulatum.

Hos omnes monachos a monachis canonice electos, secundum regulam S. Benedicti, secundum fundatoris intentionem et S. Romanae Sedis eiusque pontificum privilegia, veros fuisse abbates, patres, et pastores monasterii non est dubium; a quibus non sunt separandi hi qui, inter eos, abbatiae regimen tenuere, etsi non constet nobis de eorum aetate e serie, quos ad calcem usque huiusce catalogi abbatum regularium remisi, proprium cuiusque locum nesciens; quem, post multam frustra adhibitam diligentiam, invenire non potui, sive non diu vixerint, sive eorum gesta amissa fuerint, sive aetatem eorum et obitus tempora monachi nostri annotare neglexerint. Haec autem eorum sunt nomina :

XXXI. — **Annerius**.(a) de Larrusuins, in antiquo nostro necrologio, abbas obiisse denuntiatur die 29 maii, anno non designato, sic : « IIII kalend. junii, obiit Annerius de Larrusuins abbas; » nec dicitur abbas S. Severi. Sed in recentiori obituario, secunda die, seu VI nonas Martii, de eo fit mentio sine cognomine, et dicitur ibidem abbas huius monasterii. Ex ipso eius nomine, licet conjicere ex ultimis non fuisse, licet non facile sit ætatem eius determinare.

XXXII. — **Odoatus**(b) abbas huius cœnobii scriptus reperitur in recentiori necrologio, XII calend. junii, id est 21 die maii; quem etiam inter primos fuisse facile crediderim.

XXXIII. — **Fontellus**(c) abbas etiam huius loci vocatur in eodem obituario, VI idus junii, nec istum inter ultimos censeo numerandum.

XXXIV. — **Joannes**(d) de Genesta, hujus nominis secundus, invenitur in notis Bernardi d'Abadie, et jam a quibusdam collectoribus inter commendatarios locatus fuerat, nempe post Raymundum de Aydia anno 1498 defunctum; sed injuria eidem et historiæ sic facta fuerat : veritati quidem historiæ, quia inter Raymundum de Aydia et Arnaldum Guillelmum de Aydia nullus alius intercessit, aut intercedit, ut infra probabo; et ipsi Joanni facta est injuria, eo quod inter commendatarios annumeratus fuerit, qui vere fuit religiosus et monachus a monachis abbas electus regularis, et sic in recenti necrologio bis fit de eo mentio, et frater cognominatur. Idem quoque dicendum est de sequenti, qui regularis, non commendatarius fuit.

(a) Trigesimus primus abbas regularis Annerius de Larrusuins.
(b) Trigesimus secundus abbas regularis Odoatus.
(c) Trigesimus tertius abbas regularis Fontellus.
(d) Trigesimus quartus abbas regularis Joannes II de Genesta.

XXXV. — **Rogerius**(a) etiam de Aspero-Monte ibidem dicitur : frater Rogerius d'Aspramont; ex illustri familia vicecomitum d'Ortes, prope urbem aquensem; de quo fit mentio II calend. augusti, et III idus decemb. in obituario recentiori et in notis Bernardi d'Abadie. Eius familiæ stemmata sunt (b)

XXXVI. — **Fortius**(c) d'Aspe abbas scriptus est in antiquo nostro necrologio sic : « II kalend. octob. Fortius d'Aspe, abbas, » nec dicitur explicite quod fuerit abbas hujus cœnobii. In alio vero obituario, de eo fit mentio 14 calendas martii, seu die 16 februarii; ubi dicitur abbas nostræ congregationis, quod potest intelligi alicujus monasterii societatis initæ. Sed ex aliis locis, novi nomen *congregationis* poni pro conventu et communitate monasterii hujus.

XXXVII. — **Lupus.**(d) In necrologio antiquo, VI kalendas novemb. annuntiatur «depositio Lupo » (sic) abbatis, sine addito; et in alio : « Pridie calendas julii, obiit frater Lupus, abbas hujus monasterii. »

XXXVIII. — **Alfredus.**(e) In eodem antiquo obituario scribitur : « Idibus decembris, depositio Dmni Alfredi abbatis; » et in alio : « 7 idus julii, ob. frater Alfredus, abbas huius loci. »

XXXIX. — **Arnaldus** de Tresgeit? Alium invenio in recentiori obituario, nempe : « 2 cal. jul. ob. Arnaldus de Tresgeit, abbas nostræ congregationis. » An vero fuerit hujus monasterii abbas non dicitur; sed tamen facile id crediderim.

Observandum est, in antiquo necrologio respectum

(a) Trigesimus quintus abbas regularis Rogerius de Aspero-Monte.
(b) * Stemma, quod hic promittitur, non fuit in Auctoris opere delineatum.
(c) Trigesimus sextus abbas regularis Fortius d'Aspe.
(d) Trigesimus septimus abbas regularis Lupus.
(e) Trigesimus octavus abbas regularis Alfredus.

haberi ad diem obitus seu depositionis, non in secundo, ut supra notavi; ideo recentioris diversitas non attendenda, quæ fidem non facit historiæ quantum ad diem in quo fit mentio defunctorum, cum unius et eiusdem in eo mentio fiat pluribus in locis et diebus multum distantibus et discretis. Si ergo prædictis addatur Arnaldus de Tresgeit, et Bernardus de Meurio a Bernardo de Moneino diversus (sit), sequitur quod fuerint quadraginta abbates regulares.

CAPUT II.

DE COMMENDARUM INTRODUCTIONE IN HOC MONASTERIO ET ABBATUM COMMENDATARIORUM SERIE, EORUMQUE ACTIS SEU ACTIBUS COMMENDABILIORIBUS, USQUE AD MONASTERII HUJUS REFORMATIONEM.

Commendas perpetuas abbatiarum injustas esse et juribus omnibus contrarias, multis citatis authoribus, satis clare et fuse probavi in tractatu quem scripsi, anno 1672, de Commendis et Commendatariis; qui cunctis aliis subinde factis (a) locum et occasionem præbuit. Unde cum hic non casuistæ, sed historici personam agere debeam, de commendarum (b) injustitia et pernicie pauca dicam; quamvis certum sit, post bella et reddituum divisionem, ruinam hujusce monasterii in spiritualibus et temporalibus a Commendis fuisse causatum. Voluit tamen Deus, cujus proprium est de malis bona facere, per unum commendatarium hujus monasterii, reformationem in illud introduci et in eo stabiliri, ut suo loco dicam, et jam dixi in lib. 3.

Quod ad rem pertinet, post mortem Joannis de Calnario, alium eius loco sufficere neglexerunt hujus monasterii fratres et monachi; sive quod non possent de unius electione concorditer convenire, sive quod redditus vacantis abbatiæ inter se dividentes, alium

---
(a) De eodem subjecto scriptis.
(b) V. Rebuff. tract. de Praxi utriusq. juris, titulo de Commendis.

qui eos colligeret eligere non curarent. Quidquid fuerit, certum est, divina sic permittente Providentia, hanc monachorum negligentiam cuidam locum dedisse abbatiæ titulum in commendam seu œconomatum, ejusque administrationem perpetuam a curia romana impetrandi; erat hic nomine :

39 seu 40, et I. — **Petrus**[a] de Beran, seu Baran prothonotarius apostolicus, cuius provisionibus[b] sese opposuerunt monachi omni jure freti, cum, præter jus naturale et regulæ S. Benedicti præscriptum, haberent ipsius fundatoris seu restauratoris imperium et sanctæ romanæ Sedis iteratum sæpius privilegium pro abbatum electione regularium. Retardarunt quidem huius modi oppositiones Petri possessionem; non tamen impedierunt quin abbatia potitus fuerit, ab anno 1449 ad annum circiter 1454; non tamen ut abbas, sed solum tanquam œconomus et administrator; nec aliud ei nomen est datum, quippe qui primus fuerit comedatarius[c] et primus inter commendatarios nominetur, abbatis trigesimi noni locum tenens; huic successit

40 et II. — **Joannes**[d] de Bearnio, prothonotarius item apostolicus, qui abbatiam tenuit ab anno 1454 ad 1461 vel circiter, solo administratoris perpetui nomine, cum abbatiæ redditibus, gaudens; talisque vocatur in homagio anni 1461 : quippe secundus fuit commendatarius pro quadragesimo abbate intrusus. De illustri bearnensium comitum familia oriundus fuisse creditur, cujus stemmata sunt: duæ vaccæ

(a) Primus commendatarius Petrus IV de Beran.
(b) Anni 1440, vel circiter.
(c) *De industria scripsit auctor comedatarius, loco commendatarius; non enim abhorret ab istis verborum argutiis. Vide infra numerum 50-XII. (EDD.)
(d) Secundus commendatarius Joannes de Bearn.

rubræ, in campo aureo; gallice: « L'esqu porte d'or, a deux vaches passantes, de gueules, accolées, acornées et clarinées d'azur.»Stemma hoc supra delineatum est, in parte ultima stemmatum familiæ de Navaliis; et hic concinnius delineando diutius non immoror.

Post eius mortem, vacavit abbatia per tres annos vel circiter; conantibus monachis jus sibi debitum recuperare, et monachum eligere quoquomodo contendentibus; nec tamen impedire potuerunt quominus

41 et III. — **Joannes**[a] de Fuxo[b], hujus nominis tertius, prothonotarius apostolicus, abbatiam obtineret a curia romana; cujus provisiones suscepit anno 1464; administrator perpetuus in iis vocatus, tertius commendatarius et pro-abbas[c], abbatis quadragesimi primi locum tenens. Episcopus simul fuit aquensis, seu episcopatus administrator et œconomus; sed cum episcopus Convenarum nominatus esset, anno 1465, abbatiam S. Severi ultra non tenuit : sive enim sponte dimiserit, necne, monachi alium e proprio gremio eligere tentarunt, et de facto elegerunt, ut suo se juri restituerent, Arnaldum Pros[d], seu Prous, seu Probum (sic enim diversimode scriptum reperio ejus cognomen, quod in familia eius etiam nunc pronunciatur Prous, unica syllaba, quinque litteris constans), hujusce monasterii came-

(a) Tertius commendatarius Joannes III de Fuxo.
(b) Stemmata illius familiæ de Fuxo gallice : « L'escu est palé d'or et de gueules, de 7 pièces, » ut supra delineatur in stemmate domus de Navaliis. Hic autem delineare parum confert, nec multum temporis in eo delineando acuto insumendum. Comitum corona.
(c) Joanni de Fuxo, ut abbati S. Severi, fidelitatis juramentum fuit præstitum ab incollis locorum d'Artiguenave, Sanguinet et Moncube.
(d) Extat et nunc juvenis dictus Prous. Dicitur Proux in homagio anni 1464 in quo procurator vocatur Joannis de Bearnio abbatiæ administratoris.

rarium; quem ob probitatis eius meritum patrem habere cupiebant cæteri et quadragesimum secundum abbatem seu trigesimum nonum regularem. Sed competitorem habuit sæculi potentia magis fretum, qui in ovile irrumpens, per vim et astutiam est intrusus; cujus nomen erat

42 et IV. — **Hugo**[a] Hispaniæ[b], laicus et sæcularis homo, qui licet repulsam sit passus a monachis et burgensibus hujus urbis, cum tamen a rege Franciæ Ludovico XI tam pro abbatia S. Severi, quam pro decanatu S. Andreæ burdegalensis ecclesiæ nominatus esset, tanta usus est industria seu etiam violentia, ut bullis et arrestis seu decretis senatuum et parlamentorum nixus, abbatiam tandem obtinuerit; cujus redditibus est potitus, tanquam œconomus et perpetuus administrator, ab anno 1466 ad 1478; quartus commendatarius, quadragesimi secundi abbatis locum occupans, non tamen pacifice, cum extet adhuc monachorum hujusce monasterii supplicatio ad Carolum Aquitaniæ ducem, Ludovici undecimi fratrem directa, qua ab eo confirmari postulant Arnaldi Probi[c] electionem, anno 1468; et in confirmatione fundationis et dotationis monasterii ab eodem Carolo concessa, anno 1470, vacare dicitur abbatia, quia nempe abbas non habebatur pro-abbas talis intrusus, nec pacifice possidebat; quippe cum Arnaldus Pros Romam petierit ut coram summo pontifice[d] electionem suam canonicam et legitimam tueretur. Sed regis nominatio summum

(a) Quartus commendatarius Hugo Hispaniæ, ab anno 1466 ad 1478.
(b) Gallice : Hugues d'Espaigne. In chartis Vasconicis Hugues dicitur despaigne.
(c) Vocatur in hac supplicatione et alibi Arnaldus Pros; sed hic, in Vasconia, o sæpius pronunciatur ut ou. Pros — Prous.
(d) Paulus II summus pontifex.

pontificem induxit ad ovile lupo tradendum, ut ita dixerim, seu furi non pastori legitimo concedendum; sententia in ejus favorem prolata, et datis bullis, quibus non obstantibus, litigiosa semper fuit eius possessio.

Post ejus mortem, iterum jus suum repetere contenderunt hujus monasterii monachi et electionis libertatem sibi debitam iterum recuperare conati sunt, sed rursus in cassum; tempore namque vacantiæ seu vacationis abbatiæ, per duos annos œconomum Rex (a) nominavit, qui subinde administrator perpetuus per bullam effectus est, et abbatiæ possessionem suscepit, anno 1480, nomine

43 et V. — **Raymundus** (b) De Aydia, abbas seu administrator abbatiarum S. Geruntii, S. Leborii, Pontis-alti et S. Severi, prothonotarius apostolicus et, ut conjicio, monachis nostris satis gratus, quandoquidem ejus diem possessionis susceptæ calendario antiqui hujus monasterii hagiologii inseruere, lingua vasconica, sic : » IIII nonas augusti, l'an MCCCCLXXX, dimars premier jour d'aoust, Mossen Raymond d'Aidie protonotari et abat de Sant-Girons et de Sant-Lober, cum administrator de l'abbadie d'aquest mouster de Sent-Sever, prengo la possession d'aquest abadie, » id est : anno 1480, feria 3, seu die martis, prima augusti, Dominus Raymundus de Aydia, prothonotarius et abbas S. Geruntii et S. Leborii, tanquam administrator abbatiæ hujus monasterii S. Severi, eius suscepit possessionem. Fuit ergo quintus (c) commendatarius, pro quadragesimo tertio

---

(a) Rex Ludovicus XI.
(b) Quintus commendatarius Raymundus V de Aydia, ab anno 1480 ad 1498.
(c) Bernardus d'Abadie, in notis suis, dicit istum primum habuisse abbatiam in commendam; sed in hoc fallitur, ut et in multis aliis.

abbate. Obiit autem die 14 junii, anno Domini 1498. Post ipsum, locaverant quidam Joannem de Genesta et Rogerium de Aspero-Monte; sed supra dixi inter regulares esse annumerandos, non inter commendatarios; quippe qui fuerint regulæ professores : nec post Raymundum de Aydia esse potuerunt, quippe cum nullus vacaverit locus inter ipsum et successorem eius, cujus noment erat

44 et VI. — **Arnaldus**[a] Guillelmus de Aydia, qui eodem anno quo decessit proximus eius, ei successit. Constat hoc clarissime ex collatione officii infirmarii ab eodem Arnaldo-Guillelmo collati, die 1 novembris ejusdem anni 1498; cuius charta extat originalis et exemplar authographum a me satis examinatum. Idem ad vicariam perpetuam S. Severi, una cum capitulo monasterii, præsentavit et nominavit secunda die maii anni 1509. Tenuit autem et simul possedit episcopatum adurensem et abbatias Pontis-alti et S. Geruntii cum abbatia S. Severi, cujus fuit sextus œconomus seu administrator perpetuus, quadragesimi quarti Abbatis locum tenens. Obiit autem XI kalend. januarii, anno 1526, et de eo fit mentio in necrologio[b] huiusce monasterii, tanquam de eo benemerito. Hos duos ejusdem familiæ et cognominis pacifice tenere passi sunt nostri monachi; sed post ultimi obitum, iterum juri suo redintegrando invigilantes, monachum elegerunt Joannem de Abbatia, vulgo d'Abadie[c], monasterii hujusce camerarium, doctum

(a) Sextus commendatarius Arnaldus VI Guillelmus de Aydia, ab anno 1498 ad 1526.

(b) In necrologio : « XI cal. jan. obiit Dominus Arnald. Guillelm. de Aydia, abbas huius cœnobii, episcopus adurensis, abbas de Ponte-Alto et S. Geruntii. » In antiquo hagiologio.

(c) Ex notis D. d'Abadie supra relatis, Joan. d'Abadie organa propriis sumptibus fecerat.

et pium virum; quem si abbatem regularem habere potuissent, patrem verum et pastorem fore sperabant non immerito; sed

45 et VII. — **D. Gabriel,** (a) de Agremonte, vulgo de Gramont, episcopus tarbeiensis et S. Rom. eccl. Cardinalis, a rege Francisco hujus nominis primo cum nominatus esset, abbatiam obtinuit; et licet Joannes supradictus jus suum tueri conatus sit, cedere tamen coactus fuit summi seu supremi consilii senatus-consulto, seu decreto et arresto; quo, pro juribus suis, assignata fuit ei pensio annua quingentarum librarum turonensium: sicque factum est ut præfatus cardinalis fuerit septimus abbas commendatarius, pro quadragesimo quinto abbate.

Extant chartæ plures per quas apparet Carolum de Gramont, Gabrielis fratrem, archiepiscopum burdegalensem, sorduensem abbatem commendatarium, vicarium et procuratorem(b) hic fuisse fratris sui cardinalis, non ipsummet Carolum cardinalem fuisse. Charta diei duodecimæ decembris, anni 1536, pro nova infeudatione terrarum de Susprossa, et aliæ idem probant, ut et notæ Bernardi d'Abadie notarii publici, etc. Quarum quædam testantur chartæ eumdem Carolum fratris sui vices gerentem, scholas seu collegium (c) quoddam hac in urbe instituisse, anno 1532; in quo regentes, seu magistros et præceptores ad juvenum in litteris humanioribus institutionem collocavit, et redditus attribuit, qui nunc, cum ipso collegio a burgensibus vendito, desiderantur.

(a) Septimus commendatarius Gabriel de Acri-monte, ab anno circiter 1526 ad 1537.
(b) Idem docent notæ Petri d'Artiguenave notarii S. Severi, etc.
(c) Collegii domus quædam extat opposita domibus monasterii quæ sunt juxta hortum nostrum, super vicum publicum, in parte meridionali.

Stemmata illustris familiæ de Gramont seu de Agremont propria, sunt: Scutum aureum, cum leone cæruleo linguam trahente rubram, et rubris ungulis; gallice: « Porte d'or au lion d'azur, armé et lampassé de gueule. » Multa alia jam sunt addita, propter diversas eiusdem familiæ affinitates cum familiis d'Aste, d'Aure, de Tholongeon, de S. Cheron, etc.

46 et VIII. — Cardinalis **Gibri**[a]; post cardinalem d'Agremont, abbatiam tenuit, anno 1537, octavus commendatarius, pro quadragesimo sexto abbate; cui brevi defuncto successit, anno 1538 vel 1539.

47 et IX. **Philibertus**.[b] — De Bello-ludo, vulgo de *Beaujeu*, regis christianissimi eleemosinarius, libellorum supplicum magister et episcopus bethleemitanus[c], qui nonus fuit commendatarius, abbatis quadragesimi septimi locum occupans. Cujus successor fuit

48 et X. — **Joannes**[d] De Rupe-fulcata, vulgo de la Rochefoucaut, decimus (fuit) commendatarius pro quadragesimo octavo abbate. Eius nomen invenitur in contractu pro collectione decimarum prioratus Montis-Marsani, anni 1545 : est quædam difficultas, ex hoc quod abbas etiam dicatur S. Severi in charta quadam anni 1555, etsi certum sit eius successorem tunc abbatia potitum. Sed ad hoc facile potest responderi, quod cum successor eius abbatiam non habuerit nisi per eius demissionem et resignationem in curia romana, non per eius obitum,

(a) Octavus commendatarius cardinalis Gibri, anno 1537.
(b) Nonus commendatarius Philibertus de Bello-ludo, ab anno 1538 ad 1549, vel circiter.
(c) Cui jurati S. Severi juramentum fidelitatis præstiterunt, die 3 decembris, anno 1539.
(d) Decimus commendatarius Joannes III de Rupe-fulcata, ab anno 1549, vel circiter, ad 1554.

sequitur quod adhuc eo vivente potuerit quædam charta eius nomine insigniri ; maxime cum possessionem abbatiæ non statim a resignatione acceperit eius resignatarius. Stemmata illustris familiæ de la Rochefoucaut eadem sunt quæ primorum comitum de Lusignano; quæ melius gallice quam latine explicantur : « Burelé d'argent et d'azur, de trois pieces : au cheuron de trois pièces de gueules, brochans sur le tout; pour cimier, une sirène ou mellusine, au naturel, sortant d'une cuve d'argent; et pour supports, deux sauvages de carnation. » In stemmatibus abbatum palmæ ponuntur pro suppositis supportantibus scutum, ut mithra cum baculo pastorali supra.

49 et XI. — **Claudius**(a) a Camera, vulgo de la Chambre, clericus in curia regis manens, abbatiam obtinuit per resignationem prædecessoris sui. Bulla eius provisionum in curia romana data fuit die 5 decembris anni 1553, litterasque patentes regis impetravit pro bullæ exequtione mense martio anni 1554. Enuntiatur eius nomen in actu quodam capitulari anni 1556, quo monachi deliberabant monasterii hujus et monachorum sæcularisationem a summo pontifice postulare. Fit eiusdem mentio in contractu pro collectione reddituum locorum de Gottis et de Susprossa, die 22 maii anni 1555, et in quadam collatione officii sacristæ quod contulit anno 1567 : fuit ergo undecimus commendatarius pro abbate quadragimo nono. Post quem

50 et XII. — **Hieronymus**(b) de Ruvera, vulgo de la Rovera, archiepiscopus Taurinensis in Sabaudia,

(a) Undecimus commendatarius Claudius a Camera, ab anno 1553 ad 1568.
(b) Duodecimus commendatarius Hieronymus de Ruvera, ab anno 1568 ad 1579.

bullam obtinuit pro abbatia, anno 1568, a summo pontifice Pio quinto, qui non sine scrupulo eam concessit; quippe qui in ea juri legitimo electionis monachorum, pro hac vice solum, derogare se dixerit, nempe quiá archiepiscopus iste a rege Franciæ Carolo IX ei nominatus et præsentatus fuerat. Nec certe redditus abbatiæ multos *comedere* potuit duodecimus abbas *comedatarius* seu commendatarius, quinquagesimi abbatis locum occupans, imo non occupans, cum nusquam in has partes advenerit, nec unquam monasterium viderit, nec abbatiæ fructus percipere valuerit propter hæreticorum superveniens bellum anno 1569. Cujus tempore, anno scilicet 1571, œconomum Rex posuit nomine Michaelem de Burdegala, vulgo de Bourdeaux, qui certe comedatarius fuit, fructus comedens abbatiæ, solo abbatis nomine commendatarii archiepiscopo taurinensi relicto; nec ipse œconomus pacifice fructibus potiri potuit, quos hæretici sæpius abstulerunt et deprædati sunt : de quibus supra jam fuse dixi lib. 3. Unde titulum parum utile diutius retinere non curans præfatus archiepiscopus, abbatiam cognato suo seu consobrino dimisit et resignavit anno 1579.

51 et XIII. — **Fernandus**[a], seu Ferdinandus Thizion, seu Ferrandus Thision, per proximi sui dimissionem et resignationem, abbatiam obtinuit, nec tamen ea potitus est, nisi post annum 1580, quo provisiones a curia romana impetravit, œconomo interim fructibus gaudente : illos tamen ipse collegit subinde per suos Ferdinandus, tanquam decimus tertius abbas commendatarius, abbatis quinquagesimi primi locum tenens usque ad mensem septem-

(a) Decimus tertius commendatarius Fernandus Thision, ab anno 1580 ad 1585.

brem anni 1585, quo obiit[a], ut ex notis B. d'Abadie didici; quamvis eum alii anno 1584 obiisse scripserint, ad hoc credendum adducti, quod extet quædam charta anni 1584, in qua Lælius Philibertus de Soler abbas dicitur; sed sciendum est quod Lælius Philibertus de Soler pro suo proximo procuratoris vices ageret in his partibus, nondum tamen abbas effectus erat etsi talis sit dictus spe et expectatione, antequam re et effectu, (ut multi alii etiam nunc abbates nomine tenus qualificantur). Itaque post obitum Ferdinandi, Lælius, seu italice Lælio Philiberto Soleri, pro cognato suo sic agens, abbatiam sibi, prout valuit, procuravit; et de facto, Henrici III Franciæ et Poloniæ regis litteras obtinuit, utpote Hieronymi de Roera defuncti archiepiscopi nepos, et comitis Moretti in Pedemonte seu Sabaudia primogenitus. De quo scribit, anno 1586, Bernardus d'Abadie, quod nondum a curia romana provisiones obtinuisset[b]; ideoque et multis aliis de causis a monachis repulsam passus, in patriam suam se recipere coactus fuit, maxime grassante adhuc hæreticorum in his partibus rebellione. Post eius recessum,

52 et XIV. — **Nicolaus**[c] Sfondratus, titulo S. Cæciliæ s. rom. eccl. cardinalis et episcopus cremonensis abbatiam obtinuit circa annum 1588 seu 1590, et in has partes, Mediolano ut veniret, itineri se commiserat; sed Lugduni mortem Urbani papæ septimi didicit : quo citius Romam profectus ut cæteris sese cardinalibus in conclavi adjungeret, ibidem summus

---

(a) Taurini, à Thurin.
(b) Fit tamen mentio Lælii huius in charta quadam anni 1588, ut abbatis, undecimæ diei septembris.
(c) Decimus quartus commendatarius Nicolaus Sfondratus, anno 1570. Postea papa Gregorius XIV.

pontifex est electus et Gregorius XIV est vocatus. Qui tamen in supremæ hujus dignitatis fastigio diu stare non potuit; quippe qui eodem anno diem clausit extremum, decimus quartus S. Severi abbas commendatarius, cum fuisset ordine et serie quinquagesimus secundus. Occasionem præbuit eius obitus

53 et XV. — **Lælio**(a) Philiberto Soleri jus antiquum repetendi et abbatiæ prosecutioni invigilandi : quam etiam consecutus est, fuitque decimus quintus abbas commendatarius, ordine quinquagesimus tertius. Anno enim 1592, officilium(b) claustrale camerarii contulit Joanni de Tuquoy; idemque, anno 1595, senatus-consultum seu arrestum obtinuit a parlamento Aquitaniæ, quo ei conceditur ut ipse seu vicarius eius assistat, quoties hospitalarius de administratione sua rationem reddet; eodemque anno, die 7 decembris, quinquaginta terræ, ut dicunt, jornatas in novum feudum cuidam Joanni de la Fite collectori concessit : ex quo evidenter probatur falsum dixisse eum qui, in scheda quadam, scripsit obiisse Lælium prædictum die 16 julii anni 1595; hincque manet certum obiisse tantum anno 1596. Post cujus obitum, hæretici qui, eius etiam vitæ tempore, abbatiæ et monasterii bona, fructus et redditus, quantum poterant, invadere et præcipere non cessabant, eos subinde majori cum audacia et libertate rapuerunt; maxime, postquam Henricus IV(c) Joanni de Serra, vulgo de la Serre, de familia dominorum de Castro-Novo, vulgo de Castelnau,

(a) Decimus quintus commendatarius Lælius Philibertus de Soler, ab anno 1590 ad 1595.
(b) Lege : officium.
(c) Henricus IV, Galliæ et Navarræ rex.

abbatiam concessit, eo quod ipsius partes adjuvisset, tempore quo protector haereticorum factus, bella his in regionibus sustineret aut moveret. Portentosus hic abbas (seu abbatis monstrum) non nisi cum horrore et execratione inter abbates nominandus, non computandus[a], officia claustralia conferebat, aut, ut melius dixerim, vendebat et dissipabat, non dispensabat; immo et ipsam vendidit abbatiam, quam ex speciali summi pontificis concessione, ut e manibus lupi hujus ovile eriperetur, appensis decem millibus nummis, seu 30,000 libris turonensibus, emit Dominus

54 et XVI. — **Petrus**[b] de Pontac, anno 1610, fuitque abbas commendatarius, ordine et serie quinquagesimus quartus. Transactio inita est inter ipsum et Conventum seu Capitulum monasterii, anno 1612, per quam concessae sunt ei decimae de Calnario; et ipse cessit juri suo super feudis S. Severi, etc. Homologatumque fuit hoc concordatum a supremo Aquitaniae parlamento anno 1619, vimque habuit exinde usque nunc inconcussam. Successit ei

55 et XVII.— **Jacobus**[c] de Pontac, qui abbatiam tenuit ad annum usque 1633 a 1625, quo antecessor ejus obierat; fuitque ipse decimus septimus abbas commendatarius, ordine quinquagesimus quintus. Stemmata illustris familiae de Pontaco (quae tot dedit supremo Aquitaniae senatui officiarios, praesides maxime et procuratores generales) initio historiae

(a) Per senatus consultum seu arrestum coactus est tria ecclesiae pilaria aedificare, quae rotunda sunt et caeteris non similia; et utinam totam reparare ecclesiam condemnatus esset.

(b) Decimus sextus commendatarius Petrus V de Pontac, ab anno 1620 ad 1625.

(c) Decimus septimus commendatarius Jacobus de Pontac, ab anno 1625 ad 1633.

huius delineavi, sicque gallice describuntur : « L'escu porte de gueule, chargé d'un pont d'argent à 5 arcades et deux tours a crénaux; surmonté en chef d'une etoile d'or fleuronnée ou fleurdelisée. »

Quod si, ut supra dictum est, huic abbatum numero duo addantur inter cæteros non numerati, videlicet Arnaldus de Tresgeit quem in margine solum notavi, locum eius et ordinem discernere non valens, et Bernardus de Meurio, si a Bernardo de Moneino discretus est et distinctus, ut non sine fundamento conjicio, sequitur quod, ab ipsa restauratione ad commendarum introductionem, abbates fuerint 40, seu quadraginta regulares, et subinde decem et octo commendatarii, adjuncto Dom. Renato de Pontac, cui locum primum in sequenti capite occupandum disposui; sicque a prima restauratione hujusce monasterii usque ad eiusdem reformationem, quinquaginta et octo abbates fuerunt, omnibus simul conjunctis et annumeratis; ac sic per ordinem in posterum futuros censeo numerandos et secundum hunc numerum computandos.

CAPUT III.

ABBATUM SERIES AB INTRODUCTIONE REFORMATIONIS CONGREGATIONIS S. MAURI IN HOCCE MONASTERIUM S. SEVERI.

58 et XVIII. — Dominus **Renatus**(a) de Pontac, eiusdem familiæ illustrissimæ tertius abbas, decimus octavus commendatarius, ordine quinquagesimus octavus fuit, post Jacobum, ab anno 1634 quo abbatiam possidere cœpit. Eius præ cunctis aliis (commendatariis maxime) memoria semper in benedictione erit in hoc monasterio, in quod reformationem introduxit congregationis S. Mauri, contractu super hoc inito anno 1638, quem supra retuli in fine libri tertii ; et semper erga reformatos benevolum et se amicum ostendit, ab ipsis vicissim præcipuo semper in honore et amore habitus, et, quod satis est commendabile, tam speciali divinæ Providentiæ protectione conservatus, ut nullus ex antecessoribus suis, tam regularibus quam sæcularibus, tamdiu abbas fuerit et abbatia potitus ; quippe qui jam a 47 annis eam teneat, cum solus omnium primus, Salvator nomine, ad 45 pervenerit, aliorum nullus attigerit. Et certe, si vota nostra propitius exaudire dignetur Deus, diutius adhuc abbatiam idem tenebit ; quippe qui tam bene de nobis meritus sit, ut jure merito supplices quotidie ad Deum preces pro eius conser-

(a) Decimus octavus commendatarius Renatus de Pontac, ab anno 1634 ad 1684.

vatione effundere debeamus. Ideo primum ei locum in capitis hujus initio ei dandum censui, honoris præcipui causa et specialis grati animi testimonii cunctis posteris relinquendi. Fusius de eo in libro septimo subsequenti, imo et octavo dicendum mihi reservo, de benefactoribus et de viris illustribus tunc acturus.

(Obiit(a) Burdegalæ die 2 septembris anni millesimi sexcentesimi octuagesimi quarti).

Ad nomina et acta commendabiliora subsequentium, futuris temporibus, abbatum his jungenda spatium relinquo, nullatenus relinquenda (b).

59 et XIX. — D. D. **Joannes-Ludovicus**(c) de Fromentières, episcopus adurensis, a rege christianissimo nominationem obtinuit; sed post quindecim aut circiter dies, morte præventus locum cessit

60 et XX. — **Ludovico-Claudio**(d) de la Chatre, regio eleemosinario, anno 1685. In possessionem per procuratorem venit die 10 septembris ejusdem anni. Novam divisionem mensarum, quam nullam unquam fuisse falso pertendebat, petiit; sed a R. P. D. Paulo Lacase, pro tunc hujusce asceterii priore, dispositam transactionem acceptavit. Diem ultimum subiit anno 1699; ejus locum obtinuit

61 et XXI. D. **Antonius**(e) Anselme, in theologia bacalaureus et regius prædicator, per delegationem possessionem sumpsit, die 21 septembris anni 1699.

(a)* Quæ uncinis includuntur, ea sunt ab alio scriptore interpolata (edd).

(b)* Hæc ultima historici verba ab eo scripta videntur anno 1681; tria vero, quæ sequuntur, commendatarium nomina, recentiori eaque ad modum jejuna manu addita sunt; post quæ, tres paginæ inanes albent (edd).

(c) Decimus nonus commendatarius Joannes-Ludovicus de Fromentières, ep. atur.

(d) Vigesimus commendatarius Ludovicus-Claudius de la Chatre, anno 1685. Hic ad concionalis pulpiti constructionem sexcentas libras dilargitus est.

(e) Vigesimus primus commendatarius D. Antonius Anselme anno 1699.

LIBER VI

Priorum claustralium series et catalogus ab ipsa reformatione.

PROLOGUS

Exigeret ordo naturæ ut, post abbatum seriem, priorum tam claustralium hujusce monasterii, quam prioratuum conventualium catalogum texerem; sed omnium(a) impossibile nobis esset invenire nomina tam regularium priorum, quam commendatariorum titulariorum seu claustralium abbatiæ. Nullus, quod sciam, eorum unquam seriem et ordinem inquisivit et scripto reliquit; unde, chartis plerisque jam perditis, omnium nomenclaturam invenire non est possibile; nec paucorum, quorum hac et illac dispersa reperiuntur nomina, ordinem et successionem licet nobis contexere penitus absolutam, aliunde satis inutilem, si eorum acta illustriora nesciamus. Unde ne tempus inutili teram labore, Priorum solum nomina, seriem et ordinem referam qui ab ipsa introductione reformationis congregationis S. Mauri regimen monasterii tenuere. Ideoque sit :

(a)° Legesis : omnino.

CAPUT I.

PRIORUM SERIES QUI AB IPSA REFORMATIONE AD NUNC USQUE SIBI SUCCESSERUNT, ACTAQUE EORUM COMMENDABILIORA.

I. — D. **Vulfranus** Bocquet anno 1645, prior a reverendissimo superiore generali electus, et huc cum reformatis monachis congregationis S. Mauri missus ad hujusce monasterii reformationem, Deo auspice et authore, feliciter inchoandam fuit reverendus pater Dominus *Vulfranus* (a) Bocquet, doctus simul et pius vir; qui paulo post, in capitulo generali ejusdem congregationis in monasterio S. Trinitatis Vindocinensis celebrato, confirmatus est prior S. Severi eodem anno; statimque ruinas ecclesiæ et monasterii resarcire et reparare desiderans, non parvam pecuniæ summam ad hunc finem accepit mutuo, nempe duodecim millia librarum turonensium, ut constat per actum capitularem anni 1647 diei 13 decemb., etc.

II — D. **Petrus** (b) Besiat. Anno 1648, in capitulo generali congregationis S. Mauri in monasterio S. Trinitatis Vindocinensis celebrato, electus est prior S. Severi rev. pater Domnus Petrus Besiat, vir summæ in Deum pietatis, et caritatis in proximum; qui reparationi ecclesiæ institit, et de facto

(a) Primus prior reformatus, ab anno 1645 ad 1648.
(b) Secundus prior ref. ab an. 1648 ad 1654.

capellam beatæ Mariæ reparavit, ut in ea officia divina celebrari possent. Decimas parrochiæ S. Hippolyti de Motho alienatas ipse redemit, summa non parva, sex millibus librarum, anno 1652, ad id operis mutuo acceptat. Erga pauperes ita liberalis, ut anno sterilitatis et famis, mediam partem omnium reddituum monasterii pauperibus erogaverit, honestiorum præveniens desideria et preces non expectans, providens inopiæ, parcens pudori, multosque non solum ab egestatis miseriis, sed ab ipsius quoque mortis periculo præservavit; ab omnibus præcipuo in honore, amore et veneratione habitus, ideoque merito a capitulo generali anni 1651 in eodem monasterio prior fuit continuatus et prorogatus.

III. — D. **Gregorius** Bandel. Anno 1654 reverendus pater Domnus Gregorius [a] Bandel prior S. Severi electus et institutus fuit a capitulo generali congregationis S. Mauri in majori monasterio prope Turones adunato. Reparationes inchoatas continuavit, sacristiam et scalarium seu lapideos gradus, quibus e sacristia ascenditur ad dormitorium, fecit ædificare, etc.

IV. — D. **Junianus** Buisson. Anno 1657 rev. P. D. Junianus Buisson [b] factus est prior monasterii S. Severi, in capitulo generali congregationis; vir pietatis specialis, propter quam factus antea fuerat magister novitiorum in monasterio B. Mariæ Deauratæ Tholosæ; idemque prior renuntiatus fuit et continuatus a capitulo generali anni 1660, quo eodem anno diem clausit extremum in hocce monasterio sepultusque jacet in Capitulo. Ruinas monasterii a

(a) Tert. prior ref. ab an. 1654 ad 1657.
(b) Quart. prior ref. ab an. 1657 ad 1660.

parte meridionali ipse inceperat resarcire, etc. Post cujus obitum,

V.—D. **Joseph** La Roque. Anno eodem 1660, rev. P. D. Josephus La Roque[a] ei suffectus est a rev. patre Superiore generali congregationis nostræ; idemque, in diæta annua anni 1662, translatus est ad monasterium beatæ Mariæ de Soliaco, et ejus loco,

VI. — D. **Placidus** Du Vergier. Rev. P. D. Placidus du Vergier[b] prior factus est hujus monasterii eodem anno; statimque ruinas reparare curavit, ædificia jam cœpta hospitii, cellarum et infirmitorii claustrique juncti ex eadem parte meridionali monasterii, fecit continuari: abbatialem domum ruinosam, abbati inutilem, nobis, prout tunc erat, incommodam et commodam ædificio futuro, adquisivit anno 1662. Domum aliam cum hortulo juncto, in nostro incluso et nobis necessario (ne dicam olim nostro, etc.) ipse quoque emit seu redemit anno 1663. Idemque diligens decorem domus Dei, sacristiam novis ornamantis decoravit, crucem argenteam et thuribulum fieri fecit aliaque non contemnenda, etc.

VII. — D. **Romanus** Barteris. Anno 1663, rev. P. D. Franciscus Girod prior S. Severi electus fuerat in capitulo generali; sed obtento supremi Tolosani senatus decreto pro introductione reformationis congregationis nostræ in monasterium beatæ Mariæ de Crassa, ipse qui operis huius, post Deum, præcipuus fuerat motor et author, primus ejusdem monasterii, jure merito, prior effectus est; ideoque eius loco rev. P. Domnus Romanus Barteris [c]

(a) Quint. prior ref. ab an 1660 ad 1662.
(b) Sext. prior ref. ab an. 1662 ad 1663.
(c) Sept. prior ref. ab an 1663 ad 1666.

S. Severi prior effectus est a rev. P. superiore generali congregationis, eodem anno institutus; qui aedificia ex parte meridionali peregit, et ea quæ sunt ex occidentali, nempe ipsam monasterii januam cum scala graduum, quibus ad claustrum superius ascenditur, cellasque ibidem factas fecit ædificare, pilariorum claustri omnium fundamenta jecit, scilicet e trino latere, et ea quæ sunt ex latere capituli ipse perfecit.

VIII. — D. **Gabriel** Ezemar. Anno 1666 rev. P. Domnus Gabriel Ezemar(ᵃ), prior huiusce monasterii electus est, in capitulo generali congregationis, in monasterio S. Benedicti Floriacensi adunato; ipseque duo claustri latera, nimirum aquilonare ex parte januæ, et septentrionale juxta ecclesiam, perfici curavit, et fornices eorum construit. Post quem,

IX. — D. **Franciscus** Girod. Anno 1669, electus et missus huc prior fuit rev. p. Domnus Franciscus Girod(ᵇ); idemque in capitulo subsequenti anni 1672 continuatus, diversas fecit reparationes, molendinum de Cartie dictum et querelarum subjectum, adquisivit; litesque diversas sustinuit et terminavit a burgensibus contra monasterium eiusque jura intentatas.

X. — D. **Antonius** Arnaud. Anno 1675, in capitulo generali nominatus fuit prior S. Severi rev. P. D. Antonius Arnaud(ᶜ) qui domos duas, juxta hortum nostrum sitas et nobis necessarias adquisivit, anno 1677. Sacristiam ornavit, tabernacula gestatoria sanctissimi sacramenti Eucharistiæ, cum calice argenteo grandiori facto. Reparationem ecclesiæ

(a) Oct. prior ref. ab an. 1666 ad 1669.
(b) Non. prior ref. ab an. 1669 ad 1675.
(c) Decim. prior ref. an 1675 ad 1578.

aggressus, totum presbyterium ab haereticis, anno 1570, solo aequatum construi fecit, idemque fornice sua opertum vidit, antequam vices suas relinqueret successori suo, qui fuit

XI. — D. **Antonius** Salause. Rev. P. Domnus Antonius Salause (a) a capitulo generali anni 1678 electus, qui reparationes ecclesiae indesinenter fecit continuare, presbyterii operimentum tegularum fieri fecit; chori spatium, eversa ab haereticis fornice, coelo patens, refecta et redintegrata de novo fornice, operuit; chori cathedras aliaque ornamenta in praesenti facit fabricare; presbyterium albo lapide stravit; fenestras ecclesiae cancellis vitreis ferreis et aereis communivit; maius altare restituit, et sacrosanctum missae sacrificium super illud obtulit in die sancto Paschae huiusce anni 1681, quod a duodecim annis supra centum ibidem offerri non potuerat, everso ab haereticis altari, sanctuario profanato, solo aequatis moeniis, etc. Idemque, prior iterum renunciatus a capitulo generalii anni huiusce 1681, eisdem semper reparationibus instat, quas utinam successores eius et conservare et augere semper studeant ad fines usque saeculorum. Adquisitioni quoque studuit domus unicae quae acquirenda restabat ex parte meridionali horti nostri inter alias acquisitas et monasterio necessariat, (Majorem (b) portam ecclesiae, a parte plateae quae vocatur *Tour-du-sou*, aedificandam curavit anno 1684; podium autem ejusdem portae aedificatum fuit initio anni 1683; et eodem anno 1683, patres nostri in choro jam recenter posito et constructo, die dominica Palmarum prima vice laudes

(a) Undec. prior ref. ab anno 1678 ad 1684.
(b) Quae uncinis includuntur, ea ab alio monacho adjecta sunt, cui debetur totum caput II. (EDD).

Deo Optimo Maximo cantaverunt). Cum autem usque ad capitulum generale anno 1684 futurum, prior remanere debeat idemmet R. P. D. Antonius Salause, si vitam ei Deus conservet, hujus hic capitis finem facio, sequens aliis scribendum relinquens rogansque ut venturos posthac et instituendos superiores, successive notare non omittant.

CAPUT II.

PRIORUM SERIES HUJUS MONASTERII AB ANNO 1684 AD ANNUM 1723 USQUE.

XII. — D. **Augustinus** Peirany. Rev. P. D. Antonio Salause successor datur R. P. D. Augustinus Peirany[a] Sabaudus-nicensis B. Mariæ Deauratæ professus, vir summæ in Deum pietatis et orationis frequentissimæ, necnon in pauperes munificentissimæ caritatis; qui post egregie administrata SS. Martini et Maiani de Villa-magna, et S. Petri de Caunis asceteria, in capitulo anni 1684 in monasterio Floriacensi celebrato, hujus asceterii prior electus, institutus et nominatus est. Tum abbatia vacante, vicarius generalis a Conventus capitulo creatur; deinde adversa licet valetudine, morboque calculi vehementissime prægravatus, dormitorium majus ædificandum suscepit, binosque cantorales baculos argenteos acquisivit, multaque alia ad monasterii commodum peregit; quæ tamen, scribarum oscitantia litteris mandata non sunt. Demum post regiminis laudabiliter gesti sexennium, loco amotus est et, ob corporis infirmitatem, in Anicinensi monasterio defunctus sepultus jacet.

XIII — D. **Paulus** Lacaze. Anno Domini 1690, R. P. D. Paulus Lacaze[b], Carcassona oriun-

(a) Duodec. prior ref. ab an. 1684 ad 1690.
(b) Decim. tert. prior ref. ab an. 1690 ad 1693.

dus, in (monasterio) S. Crucis Burdegalæ professus, et theologiæ prælector; qui cum S. Tiberii et S. Petri Montis-majoris asceteria peregregie rexisset, ex cœnobio Anduonensi S. Andreæ juxta Avenionem, ubi per triennium etiam præerat, in capitulo, in monasterio majori celebrato, hoc eodem anno, hujus asceterii San-severiani prior institutus est; et per triennium regimen tenuit. Quo tempore perfectum fuit dormitorium anno superiori inceptum cura R. P. D. Augustini Peirany, prioris prælaudati; erecta(a) siquidem a fundamentis ea parte, in qua est culina. Præterea anno 1693 inceptum et completum fuit illud claustri latus, in quo est capitulum. Postmodum Lutetiam Parisiorum delegatus, transactionem iniit cum Domino de la Chatre hujusce monasterii abbate : quæ transactio etiamnum viget, et a Domino Anselme, abbate nostro, exequutioni mandatur. Peracto autem regiminis triennio, a diæta provinciali ad capitulum generale deputatus est, et in eodem capitulo prior monasterii Cazæ-Dei electus; ubi, dum festum diem S. Roberti Cazæ-Dei patroni celebraret, totum fere illud insigne monasterium, magna nostrorum jactura, igne conflagratum est. Post triennium loco amotus in B. Mariæ Deauratæ privatus aliquandiu vixit; sed Lutetiam Parisiorum vocatus, ad procuratoris congregationis officium assumptus est. Exinde provinciæ Cazalis Benedicti visitatoris defuncti munus obiit; quo peracto, visitator provinciæ Franciæ in capitulo generali anni 1702 institutus est; et post triennium destitutus, iterum ad B. Mariæ Deauratæ rediit, ubi privatus mansit, etiamnum superstes, anno 1718.

(a) Ex lib. Nota. Fr. P. Paulo Fleires scriba.

XIV. — **Andreas** Genest. Locum prælaudati R. P. D. Pauli Lacaze excepit R. P. D. Andreas Genest[a], theologiæ lector, diœceseos Andegavensis et Tolosæ professus. Hic, cum monasteriis beatæ Mariæ de Monachia, S. Petri de Manso-Garnerio, et S. Severi de Rustano, per aliquot annos præfuisset, a diæta provinciali ad capitulum generale deputatur, anno 1681 ; ubi renuntiatur abbas S. Illidii Claromontensis. Deinde prior S. Cypriani Pictaviensis eligitur. Postmodum in capitulo anni 1693[b], in majori monasterio prope Turones, hujus asceterii in Capite-Vasconiæ prior institutus est, et in almam provinciam revocatus. Statim ab initio regiminis, ejus cura translatum est horologium aptiorem in locum, in minori campanili ad hoc dispositum. Postea anno 1694, ejus item opera, erectum est, juxta cœmeterium sacristiæ vicinum, ædificium, in quo habentur pistrinum cameratum, cella farinaria pariter camerata, et granarium. Præterea anno 1697 construi curavit, ad caput monasterii versus occidentem, speciosam turrim ad foricas. Dedit et ipse operam eodem anno ædificandi, ad septa monasterii versus austrum, cellam vinariam cum horreis ; opus valde necessarium et perutile. Demum sexcentis libris a Domino de la Chatre abbate nostro pie et liberaliter impensis, concionale pulpitum instructu ligneo ac marmoreo construi mandavit, quod anno 1700 in basilicæ pronao collocatum fuit. Et ipse, post administrationis laudabiliter expletæ sexennium, ad monasterium S. Petri de Curte seu de Manso-Granerio, prior iterum renuntia-

(a) Decim. quart. prior ref. ab an. 1693 ad 1699.
(b) Ex lib. Notab. Fr. P. Paulo Fleires scriba.

tur, ubi et moritur. Maximæ fuit in pauperes caritatis.

XV. — D. **Gabriel** Marcland. R. P. D. Andreæ Genest successor datus est R. P. D. Gabriel Marcland[a], ex priore S. Crucis Burdegalensis, hujus monasterii prior electus in capitulo generali in majori monasterio celebrato, anno 1699; quo ineunte, institutum est de mandato R. admodum P. Sup. generalis, hoc in monasterio, publicum perpetuumque, ad perficiendam in humanioribus litteris San-severianam juventutem, gymnasium; tribus scilicet deputatis, ac constitutis religiosis ad suis quoque præceptis informandos rhetores, humanistas, tertianos et quartanos. Insuper anno 1703, perfecta fuit, moderante eodem. R. P. D. Gabriele Marcland priore, altera pars hujus monasterii a fundamentis anno 1700 incepta : scilicet refectorium fornicatæ structuræ, dormitorium et ambulatoria porticus, seu solarium tecti. Item utrumque parvum dormitorium, inferius et superius supra sacristiam et capitulum, quod circa idem tempus fuit fornice obtectum. Item stationibus discreta magna scala lapidea cum suis peribolis, qua a refectorio ad utrumque dormitorium ascenditur. Aureum profecto sæculum, quo præter expensas in tot ædificiis summas, persoluta sunt creditoribus plus quam quindecim millia librarum, cum modo vix redditus ad victum et onera, propter vilem et fere nullam rerum annonariarum æstimationem, sufficere valeant[b].

Neque hæc dumtaxat per hoc aureum regiminis sexennium fuere visa notatu digna. Memoranda,

(a) Decim. quint. prior ref. ab an. 1699 ad 1705.
(b) Ex lib. Notabilium D. Antonio Comere scriba Capit.

etiam venit solemnis illa sacrarum reliquiarum in ecclesiam hujusce monasterii translatio, anno 1704 facta. Quæ reliquiæ sub nominibus S. Benedicti, S. Bonifacii, S. Severinæ et S. Philotheæ martyrum in quatuor statuis ligneis deauratis inclusæ, dono datæ fuerant a cl. V. Dom. Johanne Petro de Barri senescalli San-severiani primario prætore, ad quem directæ fuerant anno præcedenti, RR. PP. nostræ congregationis Romæ tunc existentium cura. Illarum autem reliquiarum litteræ Romæ expeditæ simul cum litteris reverendissimi Aquensis Episcopi Bernardi d'Abbadie d'Arbocave, qui eas recognovit, commissione vicarii generalis Adurensis et processu verbali dicti domini de Barri commissarii, ligatæ repositæ sunt in arca depositi præsentis monasterii. Ad quarum reliquiarum majorem securitatem appositum est sigillum monasterii singulis statuarum aperturis, præterea omnia quæ in laudato processu verbali recensentur. Finito tam felici sexennio, ad monasterium S. Andreæ Avenionensis prior missus est; sed post triennium, ad capitulum generale jam quinquies deputatus, adeo enixis precibus et profusis fletibus destitui, locoque amoveri efflagitavit, ut nonnisi ob obtusiorem auditum exauditus sit: dignus profecto qui hactenus præesset, utpote superior vigilantissimus et acutissimi ingenii vir. Ilic Cazæ-Dei natus, et in S. Augustini Lemovicensis professus, ad monasterium Exiense missus est studiorum causa. Deinde philosophiæ, et theologiæ prælector instituitur. Postea monasteriis B. M. de Crassa, S. Petri de Regula, B. M. de Soricinio, S. Crucis Burdegalensis successive præest. Tum San-severianum et San-andreanum monasteria regit. Ultimo ad concinnandam

Occitaniæ historiam cum pensione deligitur et elaborat; jamque in San-dionysiano, prope Parisios, asceterio degit.

XVI. — D. **Ludovicus** Fouilha. Post R. P. D. Gabrielem Marcland, missus est prior hujus cœnobii R. P. D. Ludovicus Fouilha⁽ᵃ⁾ Crassensis, et B. Mariæ Deauratæ professus, in capitulo anni 1705 in majori monasterio habito, electus.

Eodem anno exstructus est paries cœmentitius, a parte pistrinæ, includens chortem versus angiportum vulgo de Pavies. Anno sequenti, ea pars dormitorii quæ supra refectorium prominet, utpote ruinosa, tota de novo reficienda venit, transtris inferioribus geminatis. Insuper capitulum tabulis oleariis ordinatum, decem hypogæis instructum, simul ac clathris munitum fuit. Circa idem tempus⁽ᵇ⁾, a cl. V. Leonardo de Caupenne marchione atque Toparcha d'Amount, jus cambii, in omni San-severiana parœcia pretio quæsitum est. Eodem anno fabricata fuere acerra altera, cymbium, et cochlear alterum, argentea, pelvis etiam una, urseoli duo, cymbalum unum, vasculum quoque sacrum oleum conservandi gratia: id totum argenteum, opere cælato elaboratum. Scapis etiam per medias sanctuariis fenestras trajectis, cancelli ex ære textili adhibiti sunt.

Ineunte anno 1707, restaurata fuere horrea ad partem australem posita, transtra duplicando veteribus consedentibus⁽ᶜ⁾. Ea autem quæ nunc habentur graneria⁽ᵈ⁾ ad partem occidentalem, nova fuere facta. Præterea depressam domum ad radicem montis

---

(a) Decim. sext. prior ref. ab an. 1705 ad 1708.
(b) Ex lib. Notab. D. Jeronimo Deidier scriba.
(c) * Consedentibus, pro considentibus, latinum non est. f. concidentibus.
(d) * Graneria; lege: granaria.

sitam juxta pontem, cui hortulus pratumque annexa reperiuntur, pretio quæsivit. Hinc loco ab immensa terræ et sordium mole perpurgato, erectus est murus cœmentitius, moletrinam ad usque aquariam perseverans : ea in domo ordinata habetur officina ad comburendum vinum, pro quo duo obversantur ahena. Mense octobri, liquatum fuit iterato æs campanum trium centenariorum ; idem enim anno superiori liquefactum fuerat : benedictionem sanctam a R. P. priore accepit die prima novembris, nomine Margaritæ ei imposito. Anno 1708, restaurata est a fundamentis domuscula cultoris vineæ, passim de Morlane : hæc antea luto oblita, hodie cœmentitia videtur. Demum instante capitulo generali, claustrum superius laqueari ornatum est, cura præfecti R. P. D. Ludovici Feuilha, qui hinc ad monasterium Sanandreanum, juxta Avenionem, translatus est, ubi lumine oculorum orbatus, loco amotus est, et in Montis Olivi sepultus jacet, cum antea extitisset prior S. Severi de Rustanno, S. Petri de Generoso, B. Mariæ Silvæ-majoris et Soriciniensis.

XVII. — D. **Carolus-Armandus** de la Vie. In capitulo generali anni 1708, electus fuit in priorem hujus cœnobii, post dictum R. P. D. Ludovicum Feuilha, R. P. D. Carolus-Armandus de la Vie[a], qui claustri superioris laquear picturis variegari curavit. Anno 1709, concamerata fuit culina, et ornamentum nigrum bombicini panni, altera parte villosi confectum. Inceptum opus ab urbis juratis, qui cuidam licentiam condendæ nassæ super Aturrim dederant, nobis litem minitabatur ; verum probato et ostenso jure nostro circa piscium capturam et

(a) Decim. septim. prior ref. ab anno 1708 ad

super fluvium nostris ab origine concesso, consilium abjecere jurati. Instaurationem hommagii ad quod erga nos tenentur ipsimet jurati San-severiani in vigilia Nativitatis Domini post vesperas, et duobus abhinc annis omissum, ob denegatam eis cœnulam ad quam persolvendam tenetur abbas, noster obtinuit R. P. prior, ipso abbate illius suasionibus et meritis ad talem solutionem quasi coacto.

Anno 1710[b], supremi conclavis ecclesiastici provinciæ Burdegalensis decretum, ab eodem R. P. priore obtentum, quo præscripta rerum gestarum diœceseos cœtuum acta nobis communicanda decernebatur, plenum obtinuit effectum. Etenim cum, aliquot abhinc annis, ingressum in cœtus diœcesaneos nostris tantum per electionem tentassent cœteri deputati, R. P. prior antiqua cœtuum diœceseos acta sibi videnda petiit, promittens de cætero se ab proposito destiturum, si in prædictis actibus, jus nostrum deputati scilicet nati, perspicuum haud appareret. Repulsam passus R. P. prior, ad supremum senatum appellavit, a quo arrestum seu decretum obtinuit contra diœcesim, quæ lite cecidit et impensis. Visis itaque diœceseos actibus, prædecessores suos, imo et sub-priorem aliquando vices prioris absentis, in tales cœtus semper et pro semper tertium obtinuisse locum auspicato reperit R. P. prior, aliis deputatis, excepto solo capituli adurensis et nostro, electis. Sui juris confirmationem suppliciter exoravit ab episcopo, qui rem transmisit et appellationem fecit ad Parisiense supremum consilium. Sed defuncto Præsule, cœteri deputati (ad) cœtus diœcesaneos anni 1710, die 10 augusti, nos-

(b) Ex libro Notab. D. Hieronimo Deidier scriba.

trum jus antiquum agnoscentes, nobis tutum fecere per actum datum die et anno quibus supra, sub beneplacito DD. Josephi Gasparis de Monmorin episcopi Adurensis nominati, qui id totum approbavit epistola ad R. P. priorem data 20 augusti 1710, quæ asservatur cum excerpto actus, deputatorum in scriniis (armoire A, lay. 1, lias. 2. chart. 16).

Per id temporis, via qua proceditur a sacristia ad ecclesiam, lucidior effecta est, elevato supremo arcu lapideo vitreis laminis circumornato. Organa etiam constructa sunt, extructa in infima parte navis ecclesiæ fornice, clathrato septo ferreo munita. Anno insuper 1711, posticum oblongum itidem constructum est, quo ad Lyceum itur. Exeunte eodem anno, camerata fuit sacristia, armariis et cistis maxima ex parte adornata. Anno 1712 sequenti, emptum est pretiosissimum ornamentum panni ex auro, floribus bombycinis, argenteis aureisque distinctum, quinque sacris trabeis, casula una, duabus dalmaticis, ara altaris et abaci veloque calicis constans; quæ quidem paramenta limbis et fimbriis aureis sunt adornata : velum vero oblongum ex panno bombycino floribus aureis et argenteis intexto, ad cujus extremas partes fimbria aurea, orbatim[a] insuta pendet, et per longum limbo aureo decoratur. Emptus est etiam argenteus aquæ lustralis urceus ponderis sex bessum[b] et semi, necnon incepta cisterna claustri. Hæc omnia gesta sunt moderante R. P. D. Carolo-Armando de La Vie, qui Burdegalæ natus, et B. Mariæ Deauratæ professus, 1° S. Martini Pontisarensis prior electus est; 2° S. Eligii Noviomensis; 3° B.

(a) * F. in orbem, orbiculatim.
(b) * F. melius : bessium.

Mariæ Sylvæ-Majoris; 4° S. Crucis Burdegalensis; 5° hujus S. Severi; 6° B. Mariæ Deauratæ; ultimo B. Mariæ Alborum-Mantellorum; et nunc in monasterio S. Petri Resbacensis privatus degit, cum jam ex S. Crucis et B. Mariæ Deauratæ monasteriis, ad capitulum generale fuisset deputatus. Anno 1720, in priorem S. Nicasii Remensis electus est, ubi nunc præest et prodest.

XVIII. — D. **Marcus** Chalvet. Translato ad regimen monasterii B. Mariæ Deauratæ R. P. D. Carolo-Armando de La Vie, R. P. D. Marcus Chalvet[a], Tolosas et B. Mariæ Deauratæ professus, ex administratore monasterii S. Liberatæ, hujus asceterii prior electus fuit anno 1712. Anno sequenti, organa jam incepta perfecta fuere et pretium illorum fere tota ex parte solutum. Cisternæ vero jam inceptæ pretium totum persolutum; sed ornamenti pretiosissimi tertia dumtaxat pars soluta est. Anno 1714, constructa est domus apud Lagastetum opere cæmentario, juxta quam effossum est piscium vivarium; id omne pretio 700 librarum turonensium. Eodem anno duæ constructæ sunt villæ; una vulgo dicta de Janconte, in parochia S. Eulaliæ; altera de Piré, in parrochia S. Mauritii, ambæ pretio 1000 librarum.

At nihil æterna memoria dignius, quam solemnissima illa Reliquiarum S. Severi ex basilica S. Eulaliæ Burdegalensis in nostram translatio, anno 1726, facta curante eodem R. P. D. Marca Chalvet priore, et favente imprimis Illustrissimo DD. Armando de Bezons Archiepiscopo Burdegalensi, gratia cujus et authoritate, duo magna S. Severi ossa obtenta sunt, et a prænominato R. P. Priore, maximo San-Seve-

(a) Decim. oct. prior ref. ab an. 1712 ad 1716.

riensium applausu et devotione, huc asportata. Ad cujus translationis majorem celebritatem, solemni ritu et pompa necnon summa totius urbis lætitia, ingentique exterorum concursu, instituta est octava quotannis postmodum recolenda, quæ per generalem utriusque cleri processionem aperta est; in qua devotæ plebi ostensæ sunt Reliquiæ per Cl. V. D. Johannem Petrum de Barri Vicarium generalem et seneschalli San-severiani primarium prætorem, qui rei gestæ processum-verbalem instruxit, quique post vesperas sancti hujus urbis et abbatiæ patroni, egregie peroravit : quod etiam RR. PP. D. Josephus Solome prior S. Johannis Baptistæ Sorduensis, D. Paulus Maupel prior Silvæ-Majoris, D. Franciscus Veyres Prior S. Petri de Generoso, D. Carolus Tissier Prior S. Savini ad hoc rogati, necnon D. Antonius Monnet theologiæ prælector, D. Renatus d'Aucerepe concionator Burdegalensis, D. Petrus Aleman in humanioribus litteris professor, eximiæ peregere. Demum per aliam generalam processionem primæ similem octava conclusa est, et R. P. D. Marcus Chalvet, propter corporis infirmitatem, ad monasterium Anianense prior a diæta anni 1716 missus est; cujus loco ab eadem diæta suffectus est

XIX. — D. **Stephanus** Verdelle. R. P. D. Stephanus Verdelle[a], ex priore Anianensi, prior hujus cœnobii electus, et anno sequenti ad capitulum generale deputatus, visitator almæ provinciæ summo fratrum applausu renunciatus. Hic in diœcesi S. Pontii Tomeriarum natus, et B. Mariæ Deauratæ professus, postea theologiæ prælector institutus est, deinde administrator monasterii S. Petri de Manso-garne-

(a) Decim. non prior ref. ab an. 1746 ad 1747.

rio, tum prior S. Sabini, 3° S. Severi de Rustanno; 4° S. Petri Montis-Majoris; 5° S. Tiberii; 6° S. Salvatoris Anianæ, et per annum hujus S. Severi. Post expletum laudabiliter visitatoris triennium, in S.Crucis priorem electus est, ubi etiamnum præest et prodest.

XX. — D. **Paulus** Maupel. Vix unum regiminis annum expleverat decessor, cum ei anno 1717 sufficitur R. P. D. Paulus Maupel[a], in capitulo generali ejusdem anni electus et nominatus. Hic primas regiminis sui curas solvendis creditoribus impendit, nec minus quam quatuordecim librarum millia primo triennio persolvit. Tum in adornando Dei templo operam posuit, ac primum fenestris novis basilicam collustravit, et antiquas ampliores fecit. Altare majus, ut etiamnum visitur, ordinavit. Duo semicorpora, vulgo *bustes*, Reliquias S. Severi martyris includentia ex argento conflavit. Præclaris presbyterium circumvestivit aulæis, tabellas tres vitro perlucido quandoque deaurato ornatas acquisivit. Sex candelabra majora cum cruce et quatuor lychnis ex argento ductili comparavit. Januam claustri ad processiones extruxit, ecclesiæ principalem refecit, lateralem de novo fabricavit. Tholum presbyterii, eleganti tabernaculo exsuperatum, magnis sumptibus erexit. Thuribulum vetus cum novo mutavit. Sacristiam omnium colorum ornamentis munivit : albo scilicet, bombycino variis figuris intexto, rubro pariter bombycino omnigenis floribus variegato; violaceo, cum tribus cappis, operis damasceni, argenteis limbis ornato; viridi, itidem damasceni operis, argenteis limbis fimbriisque decorato. At potissimum effulget album aliud ornamentum ad solemnitates, constans quinque cappis damasceni operis, aureis limbis

---

(a) Vigesim. prior ref. ab an. 1717 ad 1723.

fimbriisque locupletatum. Calicem pretiosissimum ex argento inaurato dono habuit. Tabernaculum gestatorium ex argento itidem inaurato, pretio quingentarum quinquaginta quinque librarum, comparavit. Capitulum scamnis querceis intestini operis ambivit; aulam majorem intestino quoque opere circumduxit. Aulam similiter hospitii intestino pictoque opere, necnon sellis brachiatis panno vulgo *calamendre*, et non brachiatis panno vulgo *moquete*, coopertis exornavit.

Villam de Morerio, in parrochia, de Lagastet, opere cæmentario a fundamentis ædificavit. Villam du Réaut in eadem parrochia, et villam de Pehine in parrochia S. Mauritii ex integro fere refecit. Bibliothecam plurimis libris auxit. Gravissimam litem cum domino de Doazit ad monasterii commodum extinxit. Eleemosynam quingentarum librarum monasterio Silvæ-Majoris impertivit; parem summam argenti pauperibus lue infectis in Provinciam misit. Nec hoc silendum, quod illarum quingentarum librarum lator, venerabilis scilicet pater Domnus Arnaldus Bonnecaze, hujus cœnobii asceta, qui se ultro ad serviendum peste correptis obtulerat, dum ipsis miro charitatis zelo opem ferret, peste et ipse correptus interiit.

Anno 1719, arrestum seu decretum in suprema senatus Burdigalensis curia obtinuit prælaudatus R. P. D. Paulus Maupel contra illustrissimum DD. episcopum Adurensem, quo ipsi prohibitum fuit, ne, contra jus nostrum et antiquum morem, die festo sacratissimi Corporis Christi missam solemnem cum clericis suis in altari parrochiæ decantaret, neque processionem sanctissimi Sacramenti cum ipsis institueret; sed omnia juxta consuetudinem fierent. Quod arrestum vim suam habuit et effectum; ita ut omnia a nostris de more peracta sint. Tandem post sexennium regiminis, quo plura alia notatu digna laudabiliter gessit, ad monasterium Regulense, re-collectionem fratrum nostrorum directurus, translatus fuit; cum jam prior monasterii Exiensis, necnon Silvensis extitisset, antea theologiæ positivæ, linguarumque Græcæ ac Hebraicæ prælector.

LIBER VII

De benefactoribus præcipuis, eorumque donationibus commendabilioribus, aliisque adquisitionibus.

PROLOGUS.

Gratitudinis debitæ fuit quod antecessores nostri benefactorum nomina specialium necrologio inseruerint, ut post hagiologii lectionem, quotidie eorum mentio fieret in capitulo post Primam; sicut et nunc quoque in genere commemoratio fit omnium fratrum familiarium et benefactorum nostrorum, qui olim ex proprio nomine nuntiabantur, et pro quibus anniversaria quotannis offerebantur sacrificia, sicut et pro ipsis etiam nos offerimus : nempe justum est ut pro iis ad Deum preces offeramus quotidie, quorum pietati et liberalitati debemus quod habemus, et quorum usu quotidie sustentamur et vivimus. Unde ingratitudinis reum me accusaret posteritas, si benefactorum nomina tum ex necrologiis, tum ex aliis donationum chartis collecta in unum hic non referrem; cum non parum conferant ad historiam monasterii ad cujus dotationem non parum contulerunt. Chartas quoque donationum ad longum referre non pigebit, ut non solum historia, sed et chartularium simul sit hoc volumen, ex hoc tanto magis æstimabile, quod melius dicta probabit dum probationum chartas oculis exhibebit et diplomata quæque concessa.

Facta quidem sunt olim tabularia et chartularia; sed rapinis ablata, aut consumpta incendiis perierunt, aut certe a detinentibus non restituuntur nobis. Quædam vero, divino favente numine, reddita fuerunt, ex quibus in aliorum liceat nobis notitiam devenire. Inter membranas quæ in archivis nostris asservantur, unam inveni in qua plurium donationum memorialia sunt, descripta sæculo (ut conjicere mihi licet) duodecimo, cujus initium tale est[a] : « Prædia et ecclesiæ, quæ et quas comites Vasconiæ, scilicet Willelmus et uxor eius Urraca et filii eorum Bernardus atque Sancius[b] apostolorum principi Petro et egregio martyri Severo contulerunt, in maximis membranis affixa loculento sermone annotata, cum sigillis totius Vasconiæ principum in eiusdem præfati martyris scrinio servantur. Nunc ea quæ ab utriusque conditionis et sexus fidelibus, sive in diebus illorum, sive post, oblata sunt, et quæ in cartulis dispersa vetustissimis scindebantur, simul in unum collegimus; quatenus posteris nostris memoriam profuturam traderemus. »

(a) Ex antiqua membrana pergameni in qua plura scripta sunt memorialia donationum, etc.

(b) Comes Sancio, filius Willelmi, in charta fundationis S. Petri Generensis se dicit Ducem et Comitem : « Ego Sancius, præordinatione Dei, totius Vasconiæ princeps et Dux. » Willelmus Sancius, in charta restaurationis S. Petri de Regula, dicitur Dux Vasconiæ, et sæpe in chartis et chartulariis nostris. Vide de his dicta in lib. 2, c. 2.

Cum autem hac in membrana donationes seu adquisitiones quatuor abbatum tempore factæ referantur, scilicet Gregorii, Arnaldi, Suavii et Raymundi, nempe tertii, quarti, quinti et sexti abbatum a decimo sæculo ad duodecimum; ideo eodem duodecimo sæculo, membranam, ut satis apparet, vetustam et veteri caracthere exaratam, censeo fuisse descriptam. Ex aliis quoque cartulariorum fragmentis alias chartas referam, prout exiget necessitas et occasio postulabit. Sit itaque :

CAPUT I.

BENEFACTORUM NOMINA ET DONATIONUM SEU ACQUISITIONUM, AB IPSA MONASTERII HUJUS PRIMA FUNDATIONE, ET EIUSDEM RESTAURATIONE, SEU PRIMI ABBATIS TEMPORE FACTARUM; AB ANNO 963 ad 1008.

Sebastinus[a] totius provinciæ princeps, vir religiosus (ut dicitur in fine vitæ S. Severi a nongentis annis jam scriptæ), primi monasterii olim fundator, inter eius benefactores primum sibi jure vindicat locum : conjicere tamen facile possumus eum in dotando non minus fuisse pium et liberalem, quam in ædificando monasterio; quippe qui nec auro, nec argento pepercerit, columnis marmoreis, clavis affixis argenteis ecclesiam miræ magnitudinis ædificatam adornando, ut supra retuli ex chartulario nostro, lib. 2, c. 1.

Non minus est nobis credibile plures alios eiusdem ævi principes primis nostris patribus et primo monasterio benefecisse; sed id solum ex omnibus scripto reliquit nobis, post ruinam monasterii a Francis diruti, quidam monachus, nempe scripturas omnes simul cum ædificiis periisse. In ruina sua jacuit antiquum illud sanctuarium per sæculum integrum et ultra, donec afflante Deo,

---

[a] Sebastinus, anno circiter 690 vel 700. Parvi nostri chartularii fol. 44. Supra, lib. 2, c. 1. de hoc Sebastino vide locum citatum, ubi satis fuse de eo dissero.

Wilhelmus Sancius[a], supremus Wasconiæ comes et dominus, illud restaurare decrevit, ut supra fuse narravi lib. 2, c. 2. Huius ergo principis pietati et liberalitati restaurationem suam debet hoc coenobium; nec intra eius moenia magnificentiam suam inclusit, qui monasteria multa fundavit, restauravit, et dotavit. Nempe S. Vincentii de Luco, in diœcesi Lascurrensi, fundator extitit; monasterii S. Petri de Regula, diœcesis Vasatensis supra Garumnam, extitit restaurator, idemque dotavit; et Sorduensi, Lascurrensi aliisque plurimum benefecit.

Quod spectat ad istud S. Severi monasterium, patet ex charta supra relata, quod idem præpotens comes, volens imitari Adrianum, hujus regionis olim principem et Toparcham, quia S. Severo suam subdidit ditionem, eidem egregio martyri provinciæ saltem partem aliquam obtulit, monasterio in eius honorem et sub eius nomine ædificato dominia tribuens terrarum inter duos fluvios existentium; ab Alpheano, qui modo vocatur Aturris[b], usque ad Gavasensem vulgo Gabas, cum Castro suo Palestrion subinde dicto de Montlane, et nunc de Mourlane, per vocis corruptionem. Nec mirum si terras has dederit, qui omnem patriam suæ ditioni subditam tribuere voverat, ut ipsemet dicit in charta sua. Ad hunc finem, fundum antiqui monasterii a duobus militibus detentum redemit, ut patet per chartam ab iisdem datam supra relatam; ibidemque celebre de novo ædificavit monasterium, quod ab omni

---

(a) Wilhelmus Sancius anno 963-982.
(b) Adour. Ex charta supra relata: « Ad ultimum trado castrum Palestrion cum omnibus appendiciis suis, cum militibus seu armicolis, et omnia concedo quæ sunt inter duos fluvios, etc. » Ex statutis Suavii. Cœtera vero culta et inculta sibi retinuit, prout a fundatoribus donata, etc.

jurisdictione tam ecclesiastica, quam sæculari esse voluit exemptum et absolutum; et ut illustrius fieret, eidem abbatiam in civitate Lactorensi sub S. Geniî[a] confessoris nomine fundatam, voluit esse sujectam. Pluresque dedit terras ecclesiæ, prædia et dominia, honores et privilegia; quorum quædam in charta prima fundationis sunt relata, alia in secunda referuntur, sicut et in chartis filiorum eius, qui donationes eius confirmarunt et ampliarunt.

Ex quibus apparet præfatum ducem et comitem abbatem primum Salvatorem nomine hic collocantem, ipsi et monachis eius dedisse non solum dominium castri et terrarum inter duos fluvios sitarum, sed etiam omnium pene proprietatem et usum atque possessionem; ideoque emit quæ ipsemet non tenebat, paucis fortean exceptis. Simulque dedit ecclesiam S. Mariæ de Mimisano, ecclesiam S. Mariæ de Solaco seu de Finibus-terræ, de qua supra plura sunt dicta seu scripta; S. Eulaliæ de Borno, cum pertinentiis earum in diœcesi Burdegalensi; ecclesiam S. Joannis de Villanova, S. Quintillæ, S. Fidis de Buseto in diœcesi Aginnensi (nunc Condomensi), ecclesiam S. Georgii de Aurea-Valle, S. Martini de Insula; S. Martini, S. Petri, S. Leonis, sanctique Joannis de Gottis, S. Cosmæ de Balsaner cum villa seu villagio de Masco, in diœcesi Aquensi; ecclesiam et villam S. Joannis de Brocas, quam acquisivit a Raymundo de Lusignano, qui tum ejusce comitis intuitu, tum etiam monasterii, iis sese facile spoliavit. Donavit item comes prædictus villam de Alboos, villam et ecclesiam S. Michaelis de Benis-

---

[a] In hagiologio : « V nonas maii, Lactora civitate, natale sancti Genii confessoris. »

sanis seu de Bedeisan, ecclesias S. Mariæ de Balesteno seu de Bausten, S. Eugeniæ de Morganis, S. Petri de Nervis-Casteto, S. Genesii de Vallibus S. Petri de Roca, (forte de Broca, juxta locum Montis-Alti, vulgo Montaut), aliasque plures cum decimis, prædiis, terris, et pertinentiis earumdem.

Obiit autem illustrissimus, potentissimus, ac religiosissimus idem princeps initio sæculi undecimi, sepultusque est in hoc monasterio post vitæ cursum pene centum annorum[a]. Sed difficultas non parva existit in assignando præcise obitus eius anno. In antiquo quidem necrologio nostro, sic notatur : « X° kalendas Januarii, obiit Wilhelmus Sancius comes, fundator huius cœnobii Vasconiæ; » annus vero obitus reticetur. Recentiori autem caracthere, sequenti die notatus est eius obitus : « VIIII° calendas » addito « anno MXVII°; » sed (ut bene advertit illustris historiographus D. de Marca lib. 3 hist. Bearn. c. 10, n. 6) recens caracther historiæ fidem demit, et maxime ex eo quod ducem Aquitaniæ vocet, quem constat talem non fuisse, sed solum ducem et comitem Vasconiæ. Maioris certe authoritatis esset cartularium, cuius folio 79 rubri, seu 77 nigri ziphri, dicitur : « Qui quidem sæpe dictus dominus Wilhelmus Sancius, dux et comes, ac antedicti monasterii S. Severi fundator et magnificus dotator, anno Domini millesimo decimo VII°, nono calendas januarii, viam universæ carnis est ingressus, atque in præsenti cœnobio tumulatus. » [b] Errasse

---

(a Wilhelmus Sancius, anno D. 923, contra Normannos decertavit : habebat ergo tunc saltem viginti annos. Si itaque vixit usque ad millesimum tertium, vixit centum annis ad minus.

(b) Qua in hujus cœnobii parte, seu quo loco tumulatus fuerit, ignoratur; nec quidquam vestigii antiquorum restat tumulorum, post tot ruinas.

tamen scriptor censendus est, cum Bernardus Wilhelmi Sancii filius genitorem suum defunctum esse dicat in charta sua anno 1009 data, cum ipsemet Bernardus obierit anno millesimo decimo, secundum praedictum historiographum Bearnensem, qui Aymonium citans, Wilhelmum Sancium anno millesimo tertio obiisse existimat. Ex quibus nihil certi affirmari posse arbitror, nec in hoc diutius inquirendo amplius remorari.

Chartam secundam subjicio ejusdem comitis Wilhelmi Sancii, donationes alias in prima non expressas continentem; ex qua patet non omnia quae ad monasterii fundationem et dotationem pertinent, in primo illo convocato coetu fuisse completa; unde non mirum, si D. de Marca anno 982 evenisse dicat restaurationem, quam in chartulario nostro anno 963 reperimus esse notatam : nempe plures intercesserunt anni ab eius reparationis initio ad eiusdem consummationem, et pluries comitia trium ordinum provinciae, aut saltem procerum, convocari potuerunt, et eaedem chartae a diversis, et diversis temporibus, approbari, confirmari et subsignari potuerunt. Istam autem chartam secundam integram non habemus; fuit enim bellorum tempore discissa, et sic in confirmatione a rege Franciae Ludovico undecimo facta, dicitur hanc chartam in quodam contineri cisterno pergameni, quod pars erat pancartae; cuius talis est tenor : [a]

« IN NOMINE Domini nostri Jesu Christi et Salvatoris Dei, ego Wilhelmus Sancius comes et uxor mea Urraca, cum filiis nostris, desideravimus in

[a] Charta 2 Willelmi Sancii. In alio duplo, in quadam parte chartularii discissi, sic est : « In Dei nomine, ego Willelmus Sancius comes, et uxor mea Urraca consideravimus.»

animis nostris una pro Dei amore et remedio animarum nostrarum, ut nobis pius Dominus in die ultimo veniam tribuere dignetur : donamus(a), nos supradicti Wilhelmus Sancius et uxor mea Urraca cum filiis nostris, S. Severo et illis monachis qui ibi habitant(b) vel venturi sunt, villam S. Joannis de Villanova et aliam ecclesiam S. Mariæ de Balesteno, et aliam ecclesiam S. Martini de illa insula, et aliam ecclesiam S. Eugeniæ de Morgans, et illam curtem de Brocares donamus S. Severo, cum exitibus et regressibus, sicut nos tenemus et possidemus (c), et illam(d) villam de Alboos, ut teneant et possideant ipsi monachi supradicti monasterii omni tempore, sine ullo contradicente. Quod si nos ipsi aut nullus de filiis, aut de hæredibus nostris, aut nullus homo, magna vel parva persona, contra hanc donationem irrumpendam vel inquietandam venerit, in primis iram Dei incurrat et non hoc valeat vindicare; sed partem habeat cum Datan et Abiron, quos terra absorbuit et in inferno demersi sunt vivi; et sic pereat quomodo Judas fecit, qui Dominum nostrum tradidit; fiant filii ejus orphani et uxor ejus vidua; fiat habitatio eius deserta et in tabernaculo eius non sit qui inhabitet : veniant super omnes homines, qui hanc donationem voluerint irrumpere, maledictiones

---

(a) In alio duplo et fragmento chartularii sic est : « Donamus Deo et S. Severo et abbati Salvatori et monachis præsentibus et futuris, ut sint semper sub jugo Domini et S. Petri, sanctique Benedicti, et non habeant abbatem vel procuratorem nisi qualem ipsi sibi elegerint. In primis itaque donamus ecclesiam S. Joannis de Villanova, etc.» ut supra.

(b) Ex hoc patet jam stabilitis monachis factas has fuisse donationes.

(c) In alio duplo sic est : « Et illos census de Vaschonia et omnes decimas, et illud mercatum de Lobera, et unum armentum de vaccis, etc. » Forte mercatum de Lobera de facto ante cœperat quam ab abbate Suavio stabiliretur, et libertas ad illud veniendi statueretur, ut supra.

(d) * Nota pronomen *ille, illa, illud* hic passim sumi pro articulo *le, la*.

istæ et apprehendant eos; mala sint in civitate et mala in agro, mala hora(a) eorum, malus fructus uteri eorum et fructus terræ eorum et gregis ovium eorum; malas uxores accipiant et alius dormiat cum eis; percutiat eos Dominus æstate, febri et frigore, ardore et æstu, et alvo corrupto, ac rubigine, et persequantur illos istæ maledictiones qui istas hæreditates, quas Willelmus comes et uxor sua Urraca cum filiis suis donant Deo et S. Severo, contradicere volunt.

« Illi autem qui istud monasterium et ipsas hæreditates firmare voluerint et bene tenuerint, habeant partem in regno cœlorum; et illa benedictio, quam Dominus dedit Abrahæ Isaac et Jacob, veniat super illos, et orent pro illis omnes sancti Angeli et Archangeli et S. Maria mater Domini cum choro Virginum, et S. Petrus cum choro Apostolorum, et S. Severus et S. Stephanus cum choro Martirum, et et S. Martialis cum choro confessorum, et S. Benedictus cum choro sanctorum monachorum; et habeant partem in orationibus quas ipsi monachi faciunt, vel qui venturi sunt, et in omni benefacto quod isti supradicti faciunt in istud monasterium, quod est fundatum supra fluvium Alfeanum et juxta castellum quod dicitur Palestrion: omnes qui authores erunt huius facti authorem habeant Deum et protectorem, amen! Et istud monasterium et ipsi monachi non habeant superiorem, nisi Deum et sanctum Petrum Romæ et sanctum Severum(b). »

(a) * Mala hora: hinc *malheur*.
(b) In parvi chartularii fol. 79 rub. seu 77 nig. p. 2, seu folio verso, sic est scriptum: « Ipsequemet prenominatus dux et comes fecit omnia et singula per se, ut premittur, dotata et donata confirmari per summos pontifices romanos, etc. » Nullus tamen ex his qui ibidem nominantur fuit ejusdem temporibus. Sed ipse in charta sua fecisse...... qui tunc erat, ut videre est in charta fundationis et in chartis filiorum ejus.

Reliqua deerant in cisterno pergameni et parte pancartæ, quæ in diplomate seu confirmatione Ludovici XI sic refertur. Dixi supra comitem Willelmum Sancium curtem de Brocas(a), quam dedit, a Raymundo de Lusignano adquisivisse. Nunc post comitis chartam, eam subjungo quam idem Raymumdus fecit, prout eam, truncatam tamen et compendiosam, inveni in parte quadam antiqui chartularii quæ ab incendiis salva remansit; cuius quidem chartæ talis est tenor(b) :

« Raymundus de Lusignano dedit cartam de una curte quæ dicitur de Brocas, ad opus Willelmi Sancii comitis et uxoris suæ Urracæ, cum suis mansionibus et possessionibus quæ ibi pertinent, cum introitu et exitu, cum aquis sylvis, etc. Testes sunt Auriolus Celsus de Fageto, Donatus Garsias de Donasello(c), Acelinus Atilio de Calnar. Facta est hæc carta 13 calendas octobris, regnante rege Hugone, etc. » Supra dixi Hugonem dictum fuisse regnare antequam rex diceretur.

Urraca,(d) ex regia stirpe oriunda, ut dicit Willelmus comes in charta fundationis, (soror scilicet regis Navarræ, ut dicit D. de Marca historiæ suæ lib. 3. c. 5. num. 8) ejusdem comitis Willelmi Sancii uxor dignissima, non minus pia et liberalis fuit erga hoc nostrum monasterium, cuius ipsa simul cum viro suo fundatrix merito dici potest et restauratrix ac donatrix; ipsa enim expresse consensit omnibus præ-

(a) Non exprimitur cuius Brocas fuerit, an S. Petri de Brocas juxta Montem-Altum, aut S. Joannis, seu S. Laurentii, seu S. Basilii, de Brocars; cum hæ omnes ad hoc monasterium pertinuerint, et nunc quoque ex parte saltem pertineant.
(b) Charta Raymundi de Lusignano, pro Curte de Brocars, de quo fit mentio in necrologio nostro.
(c) De Denasello-Donaset, seu Doadset et Doadsit, seu Douasit.
(d) Urraca comitissa, anno 963-982, etc.

fati comitis et filiorum suorum donationibus, quibus alias ex proprio addidit, ut testantur filii eius in chartis suis statim referendis; iisque supervixit, quippe quæ anno solum millesimo quadragesimo primo diem extremum clauserit, prout in antiquo nostro hagiologio et in chartulario expresse refertur; sic in necrologio antiquo: « IIII idus Julii, obiit Urraca comitissa, anno MXLI, » et in chartularii fol. 79 rub. 77 nigri ziphri scriptum est. « Cuius votum (scilicet comitis Willelmi) et in *totum finem sequi anhelans* bonæ memoriæ et magnæ authoritatis domina Urraca, eiusdem uxor, anno Domini millesimo XLI, IIII idus Julii obdormivit in Domino et egregie fuit, prope eumdem, in præsenti coenobio tumulata. » Ex quibus patet et juniorem ipsam fuisse eius sponso comite, et non minus centum annorum[a] vixisse; cum filios haberet rationis capaces anno domini 963, vel 982, cum ipsi consensisse dicantur donationibus comitis eorum progenitoris. Quo vero loco tumulata fuerit cum eodem comite in hocce monasterio, nil certi potest narrari, cum post tot incendia et ruinas nulla remanserint antiquorum tumulorum vestigia et nullæ reperiantur scripturæ de iis seu inscriptiones et documenta.

Eodem comitis prædicti tempore et abbatis primi nomine Salvatoris, domicellus[b] quidam (seu minor dominus,) caverius, seu eques nobilis Caveriæ dictæ de Setenis, (vulgo de Senas, en Mauco) factus in hoc monasterio monachus, caveriam suam seu domencariam possessionem ipsi dedit. Charta eius talis est

---

(a) " Annis.
(b) Forto, domicellus. Agit de Marca H. B. l. 5. c. 3. N. 5. de domicellis nobilibus minoribus. — Domicellus, parvus dominus: diminutivum.

prout descripta est in veteri chartulario, cuius aliquod solum apud nos remansit fragmentum et quidam quaternio, post ruinas:

« IN DEI NOMINE Ego frater **Forto** monachus, misi ordinem ad obitum meum ante abbatem Salvatorem, et cunctam congregationem, et ante comitem Willelmum et uxorem suam Urracam, et ante alios principes, Guillelmum Auriolum scilicet de Cartirio, Garsiam Auriolum de Fageto[a] Sancium Anerium de Maritima,[b] Garsiam Arnaldum Atilium Sancii de Taureiano; [c] et misi ordinem de ipsa sede domengaria quæ est in Setenas, cum omnibus suis pertinentiis, etc. »

(a) Gars. Aur. de Fag. filius Aurioli Celsi de Fageto, forte de Fageto-malo, Hayet-mau.
(b) De Maremne vicecomitatu.
(c) De Tursan.

CAPUT II.

BENEFACTORUM NOMINA, ET DONATIONUM SEU ADQUISI-
TIONUM CATALOGUS, QUÆ TEMPORE SECUNDI ABBATIS
HUIUS MONASTERII SANCIONIS, SUNT FACTÆ, ID EST AB
ANNO 1008 AD 1028.

Bernardus **Willelmi**[a] (seu, ut in chartulario nostro dicitur, Bernardus Willelmus) id est comitis Willelmi Sancii filius et uxoris eius Urracæ, parentum suorum vestigia sequens, utpote non minus hæres eorum pietatis quam dignitatis et potestatis, donationes supradictas eorum confirmavit tempore Sancionis abbatis, anno scilicet millesimo nono, quibus et plura addidit, cum consensu matris suæ Urracæ, fratris sui Sancionis, et proximorum seu cognatorum suorum Aymonii et Aimoini. Dedit enim ecclesiam S. Germani de Burdegala, cum iuribus et dependentiis eius; villam, seu villagium de Lotner[b]; alodium seu dominium loci seu curtis de Gottis; sylvam et fitam (seu terram sic dictam) de Busello seu Buseto; villulas cum villanis et rusticis, in servitorio de Momans (seu forte de Monmas), ubi mater eius Urraca unam dederat cum rustico eam colente, etc. Obiitque, sine liberis, in iuventutis adhuc flore, paulisper et sensim consumptus et tabidus, maleficiis, ut creditur, sagarum et sortilegarum seu male-

---

(a) Bernardus Willelm. Comes anno 1009.
(b) ' Lotner, pro Loc-ner, Locus-niger. Sic Castel-ner, Castellum nigrum.

ficarum huiusce regionis misere desiccatus, anno millesimo decimo, ut dicit D. de Marca historiæ suæ lib. 3. cap. undecimo. Sic autem annunciatur eius obitus in antiquo necrologio nostro : « VIII kalendas januarii[a], obiit inclitus comes Vasconiæ Bernardus, filius Willelmi Sancii comitis, in die dominico; » nec additur quo anno e vivis excessit. Sed ex aliis chartis licet conjicere anno Christi millesimo decimo non supervixisse, ut illustris prælaudatus dicit historiographus ; qui errore quodam deceptus est, Urracam, quæ prima post ipsum in eius chartæ subscriptionibus nominatur, uxorem eius fuisse existimans, cum tamen satis pateat matrem eius fuisse ipsi quoque posthac superstitem. Chartam eius subjicio quæ integra, paucis mutatis, refertur ab eodem D. de Marca in fine capitis præcitati. Eamdem habemus in chartulario descriptam, et eiusdem duplum seu transsumptum vetus in membrana pergameni. Eadem quoque ex integro inserta est in confirmatione et diplomate Ludovici XI Franciæ regis suo loco referendo. Sequitur chartæ tenor prædictæ[b] :

« Quanto sunt judicia Dei inscrutabilia, tanto debent fore sensibus humanis metuenda; ut, quia ratio mortalis ea investigare non valet, hiis judiciis necesse est ut inflectat humiliter rigorem saxei cordis; quatinus, cum per elevationem sæcularium divitiarum mens ad alta rapitur, illic statim futuræ mortis exitium perlimescatur; Attendentes cuiusdam sententiam sapientis : *In omnibus operibus tuis memo-*

(a) 25 die decembris, in die Nativitatis Domini.

(b) Charta Bernardi comitis, quæ in chartulario sic intitulatur seu inscribitur : « Statuta Bernardi Willelmozi. — Paulo aliter refertur in duplo pergameni quam in diplomate Ludovici XI; sed diversitas nullius est momenti.

rare novissima tua, et in æternum non peccabis; et juxta illud : *Beatus vir qui semper est pavidus, qui autem mentis est duræ, corruet in malum;* pertimescens hæc monita, Ego Bernardus Willelmus comes, pro animæ meæ remedio seu patris matrisque et aliorum parentum, et ut Deus omnipotens me absolvat a peccatorum meorum ligaminibus dum in corporeo detineor vasculo, antequam egrediatur a me spiritus : ex hiis, quæ Christus donavit jure hæreditario, ipsum hæredem facere cupio, sanctorumque eius loca maxima ex parte honorare instituo.

» Genitor meus Willelmus Sancio comes, dum vixit in mundo, prospexit sibi in ultimo, atque hanc comparavit solitudinem[a] magno pretio, ubi gemma martyrum Severus corpore quiescit humatus, sibi comparavit, volenti animo ; namque CCC solidos argenti duodenoque denario[b], ut ipsum locum potuisset consequi, necnon quadraginta quinque vaccas cum multis aliis rebus, sicuti in testamento[c] patris mei potest inveniri, ipsius loci dominis[d] dedit, dignum æstimans ut, sicut idem gloriosissimus athleta de provinciis longinquis, Christi parens[e] præceptis, non solum sui sanguinis effusione, verum etiam miraculis innumeris præfatum locum sacravit et Orianum regem ab incredulitatis errore onnemque provinciam ad fidem Christi convertit; ita grandiori honore dignus haberetur, ex vilique ecclesiola famosissima basilica inibi construeretur. Quæ indictio omnibus

---

(a) Non enim urbs, sed solum solitudo erat circa ecclesiolam S. Severi, ubi olim fuerat monasterium. v. l. 2.

(b)* F. duodenarios denarios.

(c) Chartam patris vocat testamentum, ut testimonium donationum.

(d) Asnar Elsi et Sancio Bergom.

(e) I. e. obediens.

placuit, cum consensu omnium præsulum[a], scilicet archiepiscopi Burdegalensis et archiepiscopi Ausciensis necnon episcopi Agennensis et Basatensis[b], Begorrensis, episcopique Wasconensis [c] sive Lactorensis, multorum ordinibus clericorum, sacerdotum, vel monachorum; et cum jurejurando et confirmatione totius Vasconiæ proceres definierunt, ut ipse sacer locus et fratres ibidem Deo servientes liberi permanerent absque ulla molestia et inquietudine, et quotannis singulis, temporibus futuris, quinque solidos denariorum Romæ transmitterent, cum quibus possessiones magnas, una cum sanctæ memoriæ matre mea Urraca[d], delegavit. Et hæc libertas loci usque in præsens tempus permanet, permanebitque, Deo auxiliante, in sæcula sæculorum. Amen.

» Igitur donationes horum genitorum meorum Ego Bernardus Willelmus comes confirmo, cum his quæ, Deo auctore, adjicere cupio; adjurans omnes per omnipotentem Dominum et per extremum judicii diem in qua sumus rationem Deo reddituri, ut numquam ego, neque potens persona, neque episcopus quisque, neque aliquis ex parentibus nostris, ex his quæ pater meus vel ego præsenti loco damus, vel in appendiciis eius, aliquam calumniam facere præsumat, in aquis, in sylvis, in pratis, in landis, in

(a) Sæpe convocati præsules et proceres : 1º Cum monasterium ædificare decrevit; 2º Quando fundum redemit; 3º Quando cœpit ædificare; 4º Quando monachos stabilivit; 5º Quando donationes fecit.

(b) Basatensis, de Basas.

(c) Vasconensis. D. de Marca dicit mysterium iniquitatis sub hoc nomine, quia scilicet unus plures tenebat episcopatus, velut Lascurrensem, Aquensem Bayonensem seu Lapurdensem, Adurensem, et dicebatur episcopus Vasconensis. Sic Raymundus senior episcopus Lascurreniss, Aquensis, etc. subjacuit interdicto, etc. Vide infra cum Arsivo episcopo.

(d) Nondum obierat, etsi dicatur sanctæ memoriæ, quia erat sanctæ vitæ, ut infra.

planitiis, in piscationibus, in pinetis; nec receptum inde quærere in omnibus quæ concedimus; nec aliquis comes, vel quisquam præpotens post nos futurus, judiciariam exerceat potestatem, nec in hostem nec in caballicationem ducturos esse milites vel pedites, vernaculum nec emptitium; nec in foro aut in mercato quisquam judicium capiat ex his omnibus, absque jussu et voluntate abbatis præsidentis huic sacratissimo loco; sed sint omnimodis liberi et absque ulla perturbatione et molestia securi, stabilio et confirmo. Si quis autem, quod absit, aliquis blasphemus aut iniquus contra hæc decreta aliud facere voluerit, Dei omnipotentis iram et principis apostolorum Petri, sanctique Severi martyris incurrat, et cum Juda traditore et Pilato, et Anna et Caïpha pereat; fiat, fiat; amen, amen.

» Trado(a) itaque curtem de Brocars integram, et ecclesiam S. Eugeniæ de Morganis cum villa, item ecclesiam aliam S. Petri de Nerbis-Castello concedo, confirmantibus germano meo Sancio et beatæ memoriæ(b) matre mea Urraca cum duobus consanguineis nostris Aymone scilicet et Aymonio; item aliam ecclesiam S. Georgii de Aurea-Valle, cum alia ecclesia S. Martini de Insula; item ecclesiam S. Mariæ de Mimisan(c) et ecclesiam S. Eulaliæ de Borno, et aliam ecclesiam S. Mariæ de Balesten, atque aliam ecclesiam S. Joannis de Brocars, sanctique Laurentii; item aliam ecclesiam S. Genesii de Vallibus cum omni integritate sua, ac S. Petri de Roca(d) cum omni integritate; item ecclesiam S. Michaelis de Betissanis(e) cum villa integra, sanctique Joannis de Vil-

(a) Confirmat hic donationes patris sui, eius verbis utens.
(b) Beatæ memoriæ, etsi viveret; quæ his consentiebat.
(c) Vide l. 40 quarum erant, vel sint jam diœceseon hæ ecclesiæ.
(d) S. Petri de Monte-Marsano.
(e) Bedeïsan.

lanova; item ecclesam S. Quintillæ cum omni villa, et sanctæ Fidei de Busel(a), et S. Petri, ac S. Martini, sanctique Leonis, et S. Joannis de Gottis, et tertiam partem S. Genesii(b), villam etiam quæ dicitur Mascum, ecclesiam quoque S. Cosmæ de Balsaner.

» Nominatim (c) itaque Ego Bernardus cum germano meo Sancio, annuente beatæ memoriæ matre mea Urraca, tradimus ecclesiam S. Dei genitricis Mariæ quæ dicitur de Solaco vel de Finibus-terræ, sicuti pater meus Willelmus Sancius huic sacratissimo contulit loco, cum integritate sibi pertinente, scilicet in pratis, in piscationibus, in sylvis, in pascuis, tam in nemoribus quam in vineis, cum omnibus allodiis, cum omni reditu; tam quæsita quam inquirenda, in præsentia Goscelini ac Achelini (d) (filii ejus primitus calumniantes; sed postmodum nolentes perdere meum amorem, illis dato pretio, annuentes); in curte quæ dicitur Momans, sicuti mater mea Urraca S. Severo unum villanum, et ego dedi duos, unum in piscario, alterum in Tinelcasa (e); unamque abbatiam in comitatu suo genitor meus in Lactoraco civitate, ubi pretiosissimus confessor Genius corpore quiescit humatus, Oddato vicecomite consentientibus et Arnaldo abbate, huic sacratissimo contulit loco, cum omnibus appendentiis quæ ad ipsum pertinebant monasterium; statuens agere omnes maledictiones

(a) Buset.
(b) S. Genesii prope Susprossam.
(c) Sequuntur donationes aliæ a comite Willelmo factæ, quas confirmat Bernardus.
(d) In charta Guillelmi Sanc. l. 2. relata, Goscelinus et Achelinus dicuntur filii cujusdam Bonifilii, cui hæc ecclesia ad vitam data fuerat. Sed hæc possunt facile conciliari, quia Goscelinus erat filius Bonifilii et Achelinus filius Goscelini, et sic filius Bonifilii mediate. Non fit mentio hic illius Bonifilii jam defuncti.
(e) De Marca l. 3. H. c. 11 in fine, posuit : « Intra velcasam. » In charta Sancionis est : « unum in ficario, et alterum in Tinelcasa»

quæ descriptæ sunt in veteri Testamento super eos qui de ipsa abbatia facere aliqua contraria voluerint. Omnes has donationes cum supradicta abbatia S. Genii, sicuti pater meus contulit loco supradicto, ita et ego concedo cœlorum clavigero Petro et martyri glorioso Severo.

» Post mortem[a] patris mei, vestigia sequens eius, decrevi[b] ex meis propriis honoribus hunc locum sacratissimum accrescere, Ego Bernardus Vuillelmus comes, primitus de his quæ pater meus meaque mater huic gloriosissimo loco, quæ inferius scripta sunt, donariis contulerunt, propria authoritate roboro; et de sua parte, quantum possum, dilato, hoc est : ecclesiam S. Germani de Burdegalo, cum omnibus sibi pertinentibus, videlicet in pratis, in sylvis, in pascuis, in vineis; item Lodner[c] villam, et in Gotis alodium quem[d] habeo, unumque villanum de Leia, et sylvam atque fitam[e] de Busel, trado sancto cœlorum clavigero Petro et martyri glorioso Severo, cum juramento statuens authoritate vel confirmatione dmni archiepiscopi Burdegalensis et archiepiscopi Ausciensis et omnium præsulum primorumque totius Vasconiæ, ut ex ecclesiis quæ supra scriptæ sunt, vel de his omnibus quæ ipse sacer locus adquirit, adquiret vel adquisiturus est, nullus archiepiscopus nec episcopus, neque proprius neque extraneus, nec successor post multorum cur-

(a) Tunc ergo obierat comes Willelmus.
(b) Donationes ipsius Willelmi comitis in secunda charta contentas ipse Bernardus item confirmat, et novas addit.
(c) Lotner.
(d) In diplomate Saucionis est: fietam de Busel, la fite de Busel; nomen est prædii.
(e) Errata contra grammaticam exstantia sunt scribenda, ad fidelem descriptionem.

ricula temporum veniens, aliquod censum requirant, vel clericos in ipsis ecclesiis cantantes molestari audeant; sed sint omnia integra et ab omni perturbatione secura; sincere et perfecte confero sancto coelorum clavigero Petro, almoque martyri Severo, abbati fratribusque inibi Deo servientibus; apostolicæ authoritatis feci confirmare, metuens periculum meæ animæ sententiamque Salomonis dicentis: *quodcumque potest manus tua facere, instanter operare; quia nec opus*, nec ratio, nec sapientia *erunt apud inferos*; Dominusque in evangelio admonet jubens *facere amicos de mammona iniquitatis*, ut cum defecerimus, recipiant nos in æterna tabernacula. Unde adimplere hæc cupiens omnia, cuncta quæ genitor meus præfato contulit loco, stabilio et inconfirmo pacto firmissimo; atque post Deum spem habens auxiliis horum præcipuum sanctorum, ut ipsi quamdiu subsisto adsint, corporis sospitatem, pacem victoriamque mihi tribuant; necnon post obitum, illorum munitione eripi possim a gehennalibus poenis et ab omnibus insidiis malignorum spirituum sive hominum, in hoc præsenti sæculo atque in futuro; meritisque ac intercessionibus supradictorum sanctorum, scilicet coelorum clavigeri Petri ac almi martyris Severi, possim perfrui regno coelorum et vivere in regione vivorum.

» Quod si aliquis pontifex aut præpotens, sive ex nostris parentibus, aut consanguineis, aut majoribus aut ex minoribus, quælibet persona, sive sit vir aut mulier, ex his omnibus diminuere tentaverit: ex parte Dei omnipotentis necnon omnium sanctorum, et ex authoritate apostolica S. Petri, sit excommunicatus et a consortio christianorum omnium sit segregatus, parsque eorum sit cum Datan et Abiron quos terra vivos absorbuit, pereantque cum Daciano et apostata Juliano, sintque damnati cum Nerone et mago Simone et cum omnibus his qui Deum exacerbaverunt et quotidie per prava opera Deum negant. Amen, amen. Fiat, fiat. Si quis autem ad condignam pœnitentiam, post perpetratum malum, venire voluerit, male acta in quadruplum restituat, septemque libras auri monasterio conferat; et quia eumdem locum concessimus sanctæ apostolicæque Sedi, illuc pedibus nudis adeat, et litteras a præsule romano susceptas suo proprio episcopo repræsentet.

» Et ut charta hæc, hic in præsenti et futuro perfectissime credatur, mea manu manibusque fidelium nostrorum roborare decrevi † signum Bernardi filii Willelmi, qui hanc cartam fieri jussit. † Signum Urracæ comitissæ[a]. † Signum Goscelini de Listrac. † Signum Achelini filii eius[b]. † Signum Willelmi Aurioli de Fageto[c]. † Signum Willelmi Aurioli de Monte-Severi et de Mugron. † Signum Azerilis de Salt. † Signum Anelup de Loron[d]. † Signum Lobaner[e] filii eius. † Signum Arnaldi Lupi de Aquis[f] † Signum Lomans de S. Hilario. † Signum Ailio Sancio de Tourcian. † Signum Lobaner vicecomes de Marcian. † Signum Willelmi Lupi eius filii. »

Hæc autem charta facta est tertio nonas aprilis, luna quarta; D. de Marca, in sua historia Bearn. lib. 3, cap. 11, dicit tertio nonas aprilis, luna quarta fuisse, anno 1009. Bernardus prædictus comes,

---

(a) Matris, non uxoris, ut putavit de Marca H. B. l. 3
(b) Qui tenebant ecclesiam de Solaco.
(c) Filii Aurioli Sancii, in charta prima Willelmi comitis subscripti.
(d) Loron, seu Oloron.
(e) Lobaner, i. e. Hujus Anerii.
(f) De Aquis, d'Acqs.

Willelmi Sancii filius, patri suo non diu supervixit, nec diu superstes fuit post chartam confirmationis et donationum suarum scriptam, ut supra dixi. Successit autem ei frater eius Sancius seu Sancio Willelmi filius et Urracæ, qui, circa annum 1012 vel paulo post, infirmitate detentus, brevi se moriturum credidit, sicut frater præmatura morte obierat; ideoque in ipsa ægritudine, donationes parentum suorum fratrisque sui Bernardi voluit confirmare, iisque alias e suis addere, charta super hoc facta, prout sequitur[a] :

« Quamdiu miser homo vivit in præsenti sæculo, debet cogitare ex animo qualiter de commisso talento rationem possit reddere Deo in die judicii novissimo. Idcirco Ego in DEI NOMINE comes **Sancio**, pro animæ meæ remedio, ut me omnipotens Dominus absolvat a peccatorum meorum nexu multimodo, dum adhuc superstes sum in mundo, antequam anima mea exeat de terreno vasculo, ex his quæ mihi donavit, jure hæreditario hæredem Christum facere volo, et sanctos eius maxima ex parte honorare cupio. Pater meus Willelmus Sancio, dum vixit in sæculo, prospexit sibi in ultimo, atque magno pretio hanc solitudinem, ubi gemma martyrum corpore requiescit Severus, comparavit sibi, volenti animo; namque ut ipsum locum potuisset consequi CCC solidos argenti, duodeno denario et XLV vaccas dominis ipsius loci dedit corde libenti, ut cartæ demonstrant subscriptione sequenti. Dignum judicans ut, quia idem gloriosus martyr ex longinquis regionibus Christi præceptis obediens, sua passione et miraculis innumeris eumdem locum

---

[a] Charta Sancionis comitis.

consecravit et Adrianum[a] regem a paganismo ad fidem Christi convertit, et omnem provinciam de tenebris erroris ad fidem Christi convertit, potiori honore dignus haberetur et ex vili ecclesiola monasterium famosissimum ædificaretur; quæ res omnibus placuit, et jurejurando totius Vasconiæ proceres confirmaverunt, ut ipse locus vel fratres Deo servientes ibi, liberi permanerent et nulli, nisi Deo, servirent, et sancto Petro Romæ quotannis quinque solidos denariorum transmitterent; quibus etiam possessiones magnas, una cum sanctæ memoriæ matre mea Urraca adhuc vivente, dedit; et hæc libertas loci usque in hodiernum diem permanet et permanebit in sæcula sæculorum. Horum genitorum meorum donationes[b] Ego Sancio comes affirmans mendosissimis membranis assignatas, in hac præsenti conscribere feci karta, cum his quæ, Deo authore, adjicere cupio; adjurans per omnipotentem Dominum, cui rationem reddituri sumus de cunctis actibus in die judicii, ut nunquam ego vel aliqua potens persona, neque episcopus, neque aliquis ex parentibus nostris, ex his quæ pater meus vel ego præsenti loco dedimus, vel in appendiciis eius aliquam calumniam facere præsumat, vel receptum inde quærere, nisi ex propria voluntate abbas ei voluerit tribuere; quod si quis contra hæc decreta aliud facere voluerit, omnipotentis Domini iram et apostolorum principis Petri et S. Severi martyris incurrat, et sua repetitio nichil valeat; sed cum Juda traditore, Anna et Caïpha æternam damnationem accipiat. Amen, amen. Fiat, fiat.

(a) In altero duplo est Arrianum; sed oportet Adrianum.
(b) Plures chartas fecit Willelmus Sancias donationum suarum.

« Nominatim igitur in calce huius kartæ conscribi feci donationes[a] quas pater meus huic sacratissimo contulit loco, hoc est : curtem de Brocars integram, et ecclesiam S. Eugeniæ de Morganis cum villa; item aliam ecclesiam S. Petri de Nerbis-Castello, Sancione[b] comite postea confirmante cum duobus consanguineis eius Aymone scilicet et Aymonio; item aliam ecclesiam S. Georgii de Aurea-Valle, et alteram ecclesiam S. Martini de Insula, et ecclesiam S. Mariæ de Mimisan cum uno villano et cum frangitate[c] mansi, quod tenebat clericus nomine Fortis; item aliam ecclesiam S. Eulaliæ de Borno, et aliam ecclesiam S. Mariæ de Balesten, atque aliam S. Joannis de Brocars sanctique Laurentii; item aliam ecclesiam S. Genesii de Vallibus cum omni integritate, ac S. Petri de Roca cum omni integritate, et ecclesiam S. Michaelis de Betissanis cum tota villa, sanctique Joannis de Villanova; item ecclesiam S. Quintillæ cum omni villa, sanctæque Fidei de Buset, ac S. Martini, et S. Petri sanctique Leonis et S. Joannis de Gottis, et tertiam partem S. Genesii; villam aliam quæ dicitur Mascum, ecclesiam quoque S. Cosmæ de Balsaner, itemque ecclesiam S. Mariæ de Finibus-terræ. In curte[d] quæ dicitur Momans, dedit S. Severo mater mea Urraca unum villanum, et ego dedi duos, unum in ficario et alterum in Tinelcasa. Super hæc omnia, ut maior dignitas loci accresceret, constituit aliam abbatiam

(a) Etiam describi fecit quas frater eius dederat.
(b) Donationes Willelmi Sancii comitis extractæ ex confirmatione Bernardi; ideo hic est scriptum *Sancione comite;* referuntur enim verba confirmationis Bernardi.
(c) Franchitate, salvitate : dicitur enim alibi *salvitas* mimisanensis.
(d) Hæc sunt desumpta ex charta Bernardi, eaque iisdem verbis refert hic Sancio.

in comitatu suo supra memoratus pater meus in Lactoraco civitate, ubi pretiosissimus confessor Genius corpore quiescit humatus, consentientibus Oddato vicecomite et Arnaldo abbate; et huic sacratissimo contulit loco, cum omnibus appendiciis quæ ad ipsum pertinebant monasterium, imprecans omnes maledictiones quæ sunt in veteri Testamento descriptæ super eos venire, qui de ipsa abbatia fraudem, vel in momento, facere voluerint in dicto cœnobio. Omnes has donationes, fecit Willelmus Sancio clavigero regni cœlorum Petro et martyri glorioso Severo, et cum juramento sancivit cum primoribus totius Vasconiæ et cum Arsivo[a] episcopo, ut ex ecclesiis quæ supra scriptæ sunt, neque ipse episcopus neque successores eius aliquod censum requirant et clericos qui in ipsis ecclesiis cantant justificare[b] præsumant, neque de illis quæ inferius a nobis scribentur, et ex his quæ adhuc ipse sacer locus adquisierit; sed omnes integre et sincere sint Domino Deo et S. Petro beatoque martyri Severo et abbati fratribusque ibi Deo servientibus; et apostolicæ authoritatis sigillo confirmare fecit.[c]

« Ob istiusmodi bonitatem Willelmo comite ad cœlestia, ut credimus, regna migrante, Bernardus frater meus vestigia patris sequens, locum hunc mire excoluit, et cuncta quæ pater meus ipsi loco dederat authoritate propria roboravit, et de sua

(a) Episcopus Vasconensis, idem qui nunc hic nominatur Arsivus episcopus Lapurdensis seu Bayonensis, qui etiam nunc, ut puto, Adurensis et Aquensis; Marca H. B. l. 3, c. 5. Salvator, primus abbas S. Severi, subscripsit chartæ Arsii episcopi Laburdensis. V. supr. l. 2. Esset autem impertinens Arsium nominare, si Adurensis non fuisset tunc episcopus, nempe quod in eius diœcesi non extaret hoc monasterium, si solum episcopus Bayonæ fuisset.

(b) Id est in ipsos agere judicialiter, actus justitiæ exercere; ac sic videtur quod eos ab ordinarii velit eximere jurisdictione.

(c) Nota quod a summo pontifice confirmare fecit, etc.

parte quantum potuit dilatavit; hoc est : ecclesiam S. Germani de Burdegalo dedit S. Severo, villam quoque vocabulo Lotner, et in Gottis alodium quod habebat, et unum villanum de Leia, et sylvam atque fictam de Buset.

« Bernardo quoque comite obeunte, Ego Sancio successor honoris, ut michi propitius sit omnipotens Dominus, ex parte mea, quod pater meus et frater ipsi loco contulerant confirmans, non inferior volui apparere in jam dicti monasterii honoratione. Dedi ergo ipsi loco censum de piscibus marinis(a), de Signanis et de Maritima; ecclesiam quoque sancti Christophori de Cenon(b) et sancti Petri de Lotner; sanctæque Mariæ de Balsaner et sancti Vincentii de Crabamorta (c); item ecclesiam sancti Martini de Vulpiaco et sancti Joannis de Montesicco, sanctique Felicis de Urtcasa. Dono etiam jam dicto loco, curtem nuncupatam Bereda(d) cum intratu et exitu et cum omnibus appendiciis suis, et aliam villam, quæ dicitur Monspinis, cum omni alodo meo integram dedi S. Severo cum omnibus portis(e), ea ratione ut, quamdiu duraverit omnis mundus, teneat atque possideat ipse sacer locus et fratres sub regulari disciplina almi patris Benedicti in eodem loco Domino servientes.

» Ceterum quæ modo in gravi ægritudine positus, eidem coenobio(f) ordinare dispono, si Omnipotentis clementia me ad sanitatem pristinam, intercedentibus

(a) Des poissons de Bayone, de Seignan et de Maremnes en Médoc. Seignan en Albret.
(b) De Cenon, forte de Lano, de qua supr. l. 3 ubi prioratus de Monhurt.
(c) De Capra-mortua, prope Morgans.
(d) Bereda, seu Berneda.
(e) Seu portubus.
(f) Nota, in gravi ægritudine, In alio duplo est : ejusdem coenobii.

meritis apostolorum principis Petri ac martyris inclyti Severi, revocaverit, dum advixero tenere volo, et post mortem meam (quæ sicut fiet, nescio, qua veniet hora) cum omni melioratione jam dicto monasterio remaneant exopto; sic enim propheta(a) ammonet ad aliquem sanctorum convertere totam(b) in spe evadendi pœnas inferni; idcirco hos inclitos testes(c) Domini elegi, ut ipsi meam animam sua tueantur defensione contra insidias Diaboli et in isto sæculo, et in futuro. Hoc est(d) : curtem de Crabamorta cum omni integritate et villam quæ dicitur Gusbi integram, item alias villas, una dicitur Giloca altera Villa-Donati; ecclesiam quoque S. Laurentii de Rufiaco integram; curtim etiam nominatissimam, Gottis, cum omnibus appendiciis suis quæ ad ipsam curtim pertinent, quæsitum et inexquisitum, hoc est: Selvabela(e) Curcilosa et Susprosa et Barns et Artigas et Sigerissam, Bezac quoque et moldum(f) quod habeo, et in Castel(g) similiter, et in Salboneras(h) quod habeo; hæc sunt quæ pertinent ad curtem Gottis quæ ego teneo, post mortem meam sanctus Severus teneat volo; quod milites mei tenent, dum vivunt, seniorem(i) recognoscant abbatem; post mortem eorum, revertatur cum omni melioratione ad ipsum locum.

» Hæc omnia Ego Sancio(j) comes donavi Deo et

(a) Job. 5. 4. Eliphas.
(b) Totam forte animam vel totum te.
(c) Testes, martyres.
(d) Dono, trado.
(e) Selve-belle, Gundosse, Souprosse, Artiguebaude, Sengresse, Reirac.
(f) Moldum forte molendinum.
(g) Castellum de Susprossa olim.
(h) Simbaneres.
(i) Seniorem, seigneur.
(j) Alio duplo : Sanctio.

S. Petro et inclito martyri Severo, ut per intercessionem eorum, tribuat michi Deus hæreditatem in cœlesti regno. Quod si aliquis ex parentibus nostris, vel quælibet alia persona ex his aliqua diminuere tentaverit, ex parte Dei omnipotentis et ex authoritate apostolica S. Petri, sit excommunicatus et a cuncto christianorum populo segregatus, sitque pars eorum cum his qui dixerunt Domino Deo : « Recede a nobis; scientiam viarum tuarum nolumus. » Et ut hæc karta firmior sit veriorque credatur, manu propria manibusque fidelium nostrorum roborare decrevi.

» Actum Palestrione castro publice. † Signum Sancionis comitis, qui hanc cartam fieri jussit. † Signum Godefredi [a] archiepiscopi Burdegalensis. † Signum Raymundi [b] episcopi. † Signum Centuli Gastoni. [c] † Signum Willelmi Lupi. † Signum Arnaldi. † Signum Roberti. † Signum Azoris Acelini. † Signum Arnaldi Willelmi. † Signum Bernardi Raymundi. † Signum Ricardi. † Signum Raymundi. † Signum Arnaldi Lupi. † Signum Sancio Atil. [d] ☧ Signum Arnaldi. »

In transsumpto huiusce chartæ in membrana pergameni, seu duplo altero, ex duobus quæ habemus, hæc ad calcem scripta sunt : « Hæc autem charta tracta est ab ea quam comes Sancius affirmavit ac scribere fecit, quam..... Sancti Severi abbas Gregorius in misit, ne perderetur. » Inde patet hoc transsumptum eiusdem comitis ævo factum, cum Grego-

---

(a) Godefredus burdeg. archiepiscopus fuit anno 1042 Marca H. B. l. 3. c. 6.
(b) Raymundus episcopus Vasconensis, scilicet Lascurr. Aquens., et Adurensis.
(c) Vicecomitis bearnensis.
(d) Id est Christos : Rho, Pi, Cappa, Chi, Tau.—° Est Christi monogramma, quale sæpius in monumentis hujus ævi insculptum videtur.

rius fuerit e Cluniaco huc vocatus, ut esset huius cœnobii abbas tertius a restauratione. Cum autem ipsius Gregorii tempore eversum et succensum fuerit monasterium quod ipse restituit, pro futuro præcavens, chartas ipse transcribi fecit, ut saltem transsumpta possent servari diversis commissa locis. Tandem in fine et calce extrema eiusdem dupli seu transsumpti, quod primum et antiquissimum existimo, scriptum est : « Data mense novembri, sic : **Data—men—se—No—vem—bri.**»

Anno, ut dixi, 1012 vel paulo post, ut conjicere licet, in Sancionis comitis ægritudine e qua tamen convaluit, in loco ubi nunc est abbatia S. Petri de Generoso [a], intercessione eiusdem apostolorum principis quem rogaturus illuc convenerat, in eiusdem ecclesiola ibidem ædificata, cuius loco amplum ipsemet subinde comes, in gratiarum actionem sanitatis recuperatæ, construxit et dotavit monasterium, de quo dominus de Marca agit in suæ hist. bearn. lib. 3 cap. 14 et 15; in cuius fine chartam fundationis illius cœnobii refert ad longum. Verisimile autem est ipsum comitem ex hocce S. Severi monasterio monachos elegisse, quos in eodem a seipso dotato collocaret; certum enim est erga hocce monasterium ipsum bene semper affectum fuisse; quod satis patet ex supradictis donationibus. Obiit vero comes Sancio, piorum parentum non minus pius filius, anno Domini millesimo trigesimo secundo, sine liberis, et sic annunciatur eius obitus in antiquo nostro necrologio : « IIII nonas octobris, obiit Sancius comes Vasconiæ, anno MXXXII. » Eiusdem comitis San-

---

(a) S. Petri Generensis, seu de Genereso, vel Generoso, in Bigorra diœcesis Tarbeiensis.

cionis tempore et abbatis Sancionis secundi huiusce monasterii coenobiarchae, querela quaedam mota est pro terminis ecclesiae sanctae Quintillae quae prioratus est de Buseto dependentia, eratque olim dioecesis Aginensis, nunc vero Condomensis; unde in altero duplo seu transsumpto suprascriptae chartae hoc scriptum est sic :

« Dedi Ego Willelmus Sancio comes ecclesiam S. Quintillae beato Severo martyri inclito, ecclesiam dico determinatam his terminis quae nunc audituri estis : primus terminus a rivo Parinco, secundus a rive Cavo, tertius a lacunis (a) et deorsum per divisiones, per montem Podium atque Segodinium usque ad flumen Banisiae. Mortuo quippe praedicto Willelmo Sancione comite, ac vivente filio eius Sancione, surrexit quidam vicecomes Guillelmus Bernardus nomine de Laussianum, qui injuste caepit invadere supradictum honorem (b); et hoc faciente, est talis res detestata nota facta abbati Sancioni; statimque ut audivit, adiit Sancionem comitem, faciens querimoniam illi huius malae invasionis. Tunc iterem jubente comite, videntibus cunctis qui illuc aderant, est reiterata alia divisio his terminis talibus : primus terminus per viam Veterae, secundus per praedictam lacunam, tertius per montem Podium, quartus usque ad flumen Banisiae. Qui hoc infregerit, anathema Maran Ata S. S. (id est; esto, esto, fiat, fiat). »

Eodem quoque tempore factum est quod in sequenti charta refertur, in fragmento cuiusdam chartularii, sic : «Tempore Sancii comitis Vasconiae, fuit quidam clericus nomine Forto, qui consilio

---

(a) Lacunis, fossis, et fossatis.
(b) Honor, i. e. praedium cum dominio.

supradicti comitis atque Marsianensis (a) vicecomitis nomine Willelmi Lupi, se accipiente monachalem habitum, dedit terram de Galsoy beato Severo · a termino qui dicitur via Folcherii(b) usque ad terminum qui dicitur Quercus Giesderii, jure hereditario(c). » Reliqua desunt.

Adquisivit idem abbas Sancio terras quasdam quæ in manibus quorumdam proprietariorum remanserant, prope locum S. Severi ; nec id quidquam facit contra chartam comitis Willelmi, quæ concedit omnia quæ sunt inter duos fluvios ; 1° quia, etsi quidam terras quasdam proprias possiderent, omnium tamen dominium directum et jurisdictionem dabat comes inclitus, et 2° proprietatem dando maximæ partis et pene totius terræ inter duos fluvios contentæ, dicere poterat se totam dare, quia parum pro nihilo reputatur. Ut tamen omnia possideret monasterium et ab eo omnes acciperent venturi posthac in feudum, abbas Sancio reliqua quæ in manibus possidentium remanserant adquisivit, ut refertur in prædicto chartularii cuiusdam quaternione, sic tribus chartulis :

« L.—IN NOMINE DOMINI. Ego Anerio Forti facio chartam Sancto Severo et abbati Sancioni de uno castello in villa quæ dicitur Luvinone(d) propter pretium quod accepi, hoc est XXX solidos et tres denarios ; quod mihi bene complacuit, etc. Facta est autem hæc charta mense Madio, feria II, luna I, regnante comite Sancione et pontifice Sancione (e). »

(a) De Marsan.
(b) Seu Folcheri.
(c) Forte : Sibi seu ad se pertinentem.
(d) La lande de Louvignon.
(e) Regnare cum comite dicitur abbas Sancio et pontifex, ut dominus temporalis et spiritualis.

« II.— In Dei nomine, Ego Forto Anerius (a) facio cartam sancto Severo et abbati Sancioni de uno capmaso quod est in Liuvinone, propter pretium quod accepi, hoc est decem solidos et septem denarios quod mihi bene complacuit, etc. »

« III.—In Dei nomine, Ego Forto Sancius de Livinone facio chartam de uno viridario sancto Severo et abbati Sancioni, propter pretium quod accepi, hoc est VI solidos et decem modia vini, quod mihi bene complacuit, etc. »

Sancionem abbatem abbas quidam (Hispanus [b], ut puto) advocavit, fama forte ipsius sanctitatis seu monachorum eius permotus, ut ecclesiam suam huic dimitteret monasterio, S. Salvatoris de Asturri seu Asiturri dictam, forte in Asturia sitam seu in Asturiis hispanis; regnum enim Asturiæ Cantabriæ vicinum est, non longe a Vasconia. Ecclesia autem illa a presbytero abbate dicto regebatur, nec tamen in ea suspicor fuisse monasterium et conventum. Certum enim est multas tunc ecclesias abbatias dictas, solo residente abbate ecclesiastico, imo et laico cum presbytero deserviente. Talis autem huius rei est charta ab ipsomet abbate Sancione scripta in prædicto chartulario relata :

« Ego Sancius abbas Beati Severi, in minimis servorum Dei, postquam vidi legatum istius abbatis R. Ocenarii [c], veni in patriam illam cum fratribus nostris Benedicto et Amato et cum sociis [d] meis, scilicet

(a) I. e. filius Anerii
(b) In Navarra hispana, ultra pyrenea juga, in diœcesi Pampilonensi habebat olim ecclesias hocce cœnobium S. Severi.
(c) Al. Atenarii.
(d) Hi socii, illustres milites et nobiles erant familiares, qui abbatem comitari consueverant, ut alii alibi, etc. et ubi abbas habebat arceutum seu prandium, illud debebatur etiam familiaribus sociis, ut patet ex chartis aliis.

Bernardo de Arrimbers et Cenebruno de Bolino et Anedil de Monte-Petroso et aliis pluribus; et videntibus illis, dedit ecclesiam beato Severo et nobis, scilicet S. Salvatoris de Asiturri; et illa hora sine mora fecit res ecclesiæ ferre ante pedes nostros, scilicet vestimenta septem, casulas sex, manipulos sex, stolas sex, unum pallium aureum et alium cum avibus, tenentemque vetustum, alios duos cortinales, missalem cum lectionario et cum officiis, antifonarium et Psalterium, unum, hinnarium unum, argenteum calicem unum, et cortinas lineas tres, cortinam ex serico unam, vaccas quinquaginta, oves LXXX, capras IIII, porcos LX, equas III, mulum unum, boves quinque. »

Aquisivit idem abbas Sancio terras alias. Chartulam subjungo adquisitionis vineæ cuiusdam :

« In Dei nomine, Ego Curso-dato[a] facio chartam ad opus sancti Severi, abbatis Sancionis et aliis monachis de quadam vinea quæ est in villa quæ dicitur Sylva[b], propter precium quod accepi, hoc est XII solidos et duas vaccas pretio VII solidorum, et alium precium in vino, et frumento, et milio; et istud precium bene placuit..... Si nullus homo contradicere voluerit, componat sexcentos et LX[a] solidos et unam medalam[c] auri[d] Fortho TT. Chrue. » Hoc est signum, ut puto, testis græce scriptum, scilicet : Fortho testis Christi.

(a) Al. Arso datur.
(b) La Selve, ou la Seuve.
(c)* Medala, gallice médaille, est nummus, a *metallo*. (EDD).
(d) Fortho TT. Chrue.

CAPUT III.

BENEFACTORUM, DONATIONUM, ET ADQUISITIONUM CATALOGUS TEMPORE GREGORII TERTII ABBATIS, ID EST AB ANNO 1028 AD 1072.

Gregorius abbas huiusce coenobii tertius, possessiones eiusdem auxit; multa enim ipse pretio adquisivit et principum liberalitate donata suscepit. Ideoque in membrana pergameni perantiqua, in qua descripta sunt plura donationum seu adquisitionum memorialia, initio sic scriptum est : « Venerabilis igitur abbas Gregorius, qui tertius a Salvatore atque Sancione abbatibus in abbatiam successit, et opus monasterii[a] maxime sublimavit, atque cetera pretiose excoluit. Castrum et villam de Marzaco[b] cum omnibus pascuis et sylvis, et Maurum atque Bios et quidquid ad hoc pertinet; de Balduino ducentis solidis emit; et ut hæc res firmior esset, credentias[c] duas misit Raymundum Roberti et Garcia Marra. Et quia Bernardus Aicardi, nepos eius[d], hoc destruere tentavit, accepto ducentorum solidorum equo, super S. Severi altare juravit et sub fide sua abbati Gregorio spopondit[e]. Bernardus senior quo-

---

[a] Opus monasterii tam in possessionibus quam in ædificiis; eversum enim reædificavit hoc monasterium.
[b] Acquisitio castri de Marsaco seu Marsac, diœces. Aquensis.
[c] Credentiæ, cautiones, fidejussores.
[d] Nepos Balduini.
[e] Spopondit, scilicet se nihil amplius quæsiturum.

que, cum filio suo Dodone, medietatem ecclesiæ S. Vincentii de Marciaco S. Severo contribuit.

Senarius quidam, eiusdem Gregorii abbatis tempore, locum dictum Cisa seu Siza, prope Sanctum-Severum et prope castrum Palestrion seu de Montlanna, sola publica via intercedente, situm reddidit, quod antea ab abbate Sancione in feudum acceperat. Huius redditionis charta talis est, prout in chartulario fuerat descripta :

« In omnipotentis Dei nomine, Ego Senarius delego restituoque alodium illud quod nominatur Siza, ubi plantavi vineam, plantavique pomaria, sancto Severo atque priori(a) Gregorio et ceteris monachis, quod accepi dudum a Domino meo Sancione abbate, cuius propter hoc ipsum homo(b) fui. Nunc autem cernens propinquare finem vitæ meæ, deliberavi apud me ut nec ipsam possessiunculam darem filio vel proximo aut amico meo, sed ut magis restituerem eam unde prius fuit. Idcirco concedo atque contestor, maximeque adjuro per dominum sanctum Severum et per omnia agmina beata Sanctorum, et præfatum Gregorium, sed et reliquos quoque monachos, ut nulli huiusmodi dare vel vendere habeant licentiam, sed, ut opto, prosit mihi ad remedium animæ meæ, etc. »

Bernardus Tumapaler, vicecomes Amaniacensis vulgo d'Armaignac, electus est comes Vasconiæ post mortem Berlengarii et Odonis; qui Odo, ut supra dictum est lib. 3, erat filius Guillelmi IV ducis Aquitaniæ et Briscæ sponsæ eius secundæ, filiæ Willelmi

---

(a) Forte statim post mortem Sancionis, antequam Gregorius adhuc abbas fuisset ordinatus, qui prior claustralis esset. Sed huic opponitur opinioni quod Gregorius Cluniaco vocatus sit ut esset abbas, post Sancionem; unde prior hic dictus pro abbate.

(b) Homo hic i. e. vassallus, censualis, feudalis, emphyteuta.

Sancii, et soror Bernardi et Sancionis comitum, post quorum mortem electus comes fuerat Berengarius seu Berlengarius contra Odonem qui, post mortem Berlengarii, comes fuit; et post mortem Odonis, frater eius consanguineus, non uterinus, scilicet filius Guillelmi quarti ducis Aquitaniæ ex prima conjuge, Odoni succedere voluit, juxta jus romanum. Sed Wascones Bernardum Tumapalarem elegerunt : contra quem Guido seu Witus Gaufredus Odonis frater, comes Pictaviensis et dux Aquitaniæ bellum habuit, ut infra dicetur et supra dictum est lib. 3. Hic ergo Bernardus Tumapaler, dum comes extitit a Wasconibus electus, antecessorum suorum donationes confirmavit iisque alias adjecit, prout constat per chartam (a) subjectam.

» In nomine sanctæ et individuæ Trinitatis. Ego Bernardus comes Vasconum, percipiens ab antecessoribus meis comitibus debere augere honorem S. Severi, adaugeo, accepto pretio quantum mihi placuit ab abbate Gregorio, in curti Betissanis(b) tres villas, Carpactum et Carpanetum et aliam villam quæ dicitur Forcum(c), cum omnibus pertinentiis in aquis, et sylvis, etc.; et adaugeo duos rusticos in villa. quæ vocatur Garbai(d), juxta ecclesiam S. Petri de Lotner. † Signum ipsius Bernardi comitis. † Signum Garsiæ. † Signum Sancii, etc. »

Post devictum autem Bernardum Tumapalerem (qui monachus benedictinus factus est in abbatia S. Montis, juxta locum de Nougarol cuius ipse fundator erat, et ubi tamdiu monachus fieri voluerat,

(a) Oharta Bernardi Tumapaler, circa ann. 1065 vel 1068.
(b) Bedeisan.
(c) Le Fonre.
(d) Le Garbay.

votumque et propositum, in quadam infirmitate positus, emiserat benedictinæ sese familiæ aggregandi), Guido seu Wittus Gaufredus⁽ᵃ⁾ victor existens, donationes prædecessorum suorum comitum Vasconiæ confirmavit; et confirmationis eius fit mentio in diplomate Richardi I Angliæ regis. Confirmationis⁽ᵇ⁾ autem prædicti Gaufredi talis est tenor, prout extat in prædicto chartularii quaternione, compendiose descripta et non ad longum :

« Omnipotentis Jesu Christi Domini, etc.⁽ᶜ⁾....... Quæ quidem dona, fundationes seu donationes considerans ego Gaufredus dux et comes Pictaviensis et Gasto⁽ᵈ⁾; necnon attendens verbum divinum quod, qui facultates suas patri pauperum Christo dividit, locupletem se dando magis quam habendo ostendit; qui ad hoc se meminit habere divitias cœlo magis quam mundo commendat; qui desiderat potius magis esse dives opere, quam sua substantia; qui ad hoc vivit ut operetur; qui ad hoc operatur ut in æternum vivere mereatur; qui viduarum casibus flectitur et pupillorum, clericorum quoque ac monachorum misericordia commovetur : omne enim opus electum justificabitur, et qui operabitur illud honorabitur in illo.

» Idcirco Ego Gauffredus dux Apuitaniæ et comes Vasconiæ, stabilivi, confirmavi pacto firmissimo, stabilio, confirmo et insuper decretum pono et authoriso data et scripta quæ antecessores mei fecerunt

---

(a) Gosfredus dicitur in diplomate regis Richardi.
(b) Anno 1070. Charta Gaufredi.
(c) Hic desunt quædam.
(d) Gasto Bearnensis vicecomes.— In his quæ desunt, descriptæ erant donationes comitis Willelmi Sancii et filiorum eius; ideoque hæc charta vocatur infra : descriptio.

comites, videlicet Guillermus Sancius(a), Bernardus et Sancius filii eius ceterique omnes comites, qui usque ad hoc tempus fuerunt, ad locum ubi supradictus martyr pretiosus requiescit Severus, cum consensu omnium comitum, archiepiscoporum, episcoporum ceterorumque quoquomodo facta aut gesta in eius favorem abbatis monachorumque huius monasterii et auxilium existant : tradens insuper, ut dux et comes totius Aquitaniæ et Gasconiæ, pro animæ meæ remedio, ut protegat et defendat me omnium secretorum inspector idem Deus ab omni imminenti periculo, tam in hoc sæculo quam in futuro, palatium Burdegalæ ab omni censu liberum et immune, quod præ foribus S. Projecti martyris habetur, quodque vulgares Salam(b) vocant, Domino Deo et apostolorum principi Petro, necnon et egregio martyri Severo, integre et sincere absque ullius census retractione, cum puteo et atrio, cubiculis et appendiciis jure huic palatio competentibus, donoque perenniter delego. Si quis autem adversariorum huic nostro facto, quod manu propria corroboravi, infringere nititur, iram Dei et supradictorum sanctorum, scilicet Petri ac Severi se sciat pro certo incurrere, et eum a bonis longe semotum Dei judicio comdemnandum fore.

» Hæc autem descriptio facta fuit, regnante Francorum rege Philippo(c), Alexandro autem feliciter vigente in papatu Romæ, anno MLXX, III nonas maii, luna XXII, Epacta VI, Indictione VIII, feria IV, in monasterio Castellæ, in quo præfatus dux innumerabili exercituum potitus copia, triumphabat

(a) Scribitur quandoque : Sancius et Sancio, Sanctius et Sanctio.
(b) Dat suum palatium la Sale.
(c) Philippo I, Alexandro II.

super inimicis insigni victoria, præstante Trinitate individua per sæcula sæculorum amen.(a) »

Prælium consertum fuerat in planitie quæ est citra Aturrim, intra abbatiam S. Joannis de Castella (quæ tunc erat ex alia parte fluvii et sub regula S. Benedicti, postmodum a vicecomite Petro Marcianensi translata) et civitatem Adurensem. D. de Marca histor. bearn. lib. 4, c. 7, num. 6 et 7 sic legit : anno MLXX, III nonas maii, luna XXII, Epacta XV, Indictione VIII, feria IV; quamvis in chartulario videatur esse anno MLXXIII, nonis maii, luna XXI, Epacta VI, etc.; ac si esset 1073 nonis maii; sed oportet ut sit : 1070, III nonas maii, luna XXII, ut ibidem probat idem historiographus.

Centuli et **Gastones**, vicecomites Bearnenses, jure merito inter monasterii huius amicos et benefactores sunt computandi; quippe qui hæreditaria veluti pietate, defensores et protectores sese huius cœnobii sæpius exhibuerint, litium pacificatores et bonorum procuratores. Multi, ex antiqua illa nec minus illustri familia, chartis nostris variis subscripserunt(b), nempe chartæ fundationis seu restaurationis a comite Willelmo Sancio factæ, et chartæ fundi redemptionis in quo situm est monasterium; his enim subscripsere Gasto Centulus et Centulus Gasto pater et filius. Chartæ seu diplomati Sancionis subscripsit iterum Centulus Gasto vicecomes de Bearno; nomen quoque suum Gasto alter apposuit in diplomate Richardi primi Angliæ regis. Querelæ inter abbatem Gregorium et Oliverium de Montbeo exortæ pacificator fuit Gasto, et alius aliam terminavit litem

(a) Marca H. B. l. 4, c. 7, n. 6 et 7. agit de hoc diplomate.
(b) Ann. 963, 1042, 1090, 1072, 1080, 1103, 1070, 1390.

inter abbatem Arnaldum et Bernardum de Podenx. Supplicationi abbatis Suavii supplex junctus est alius Gasto proconsul de Bearno; aliusque antea, cum Gaufredo, monasterii huius dona et privilegia confirmavit; tandemque Gasto etiam vicecomes Bearnensis alius monasterii eiusdem familiaris factus est, et de eo fit mentio in antiquo necrologio nostro sic : « VIII kalend. maii obiit domnus Gasto vicecomes Bearni, anno Dmni MCCCXC, familiaris noster. »

Gregorii autem abbatis tempore et ultimo vitæ eius anno, Olivarius de Montbeo, seu de Montebello usurpavit sylvam et landam de Lazozis, vulgo Lazols prope locum de Capra-mortua, vulgo Lacrabe; et querenti abbati duellum obtulit, ut armis querela terminaretur, pro more illius temporis; coactusque fuit militem seu campionem suum dare abbas Gregorius, qui jus monasterii ferro lanceæ sustineret in acie coram Gastone vicecomite de Bearno; cuius subinde interposita authoritate, Oliverius terram contentiosam dimisit abbati et monasterio integram. Charta hac de re rescripta est super plicam seu supra dorsum alterius dupli seu transsumpti et exemplaris perantiqui diplomatis Sancionis comitis supra relati, tempore et jussu abbatis Gregorii scripti; talisque est pacificationis huius tenor[a] :

« Quoniam generatio præterit et generatio advenit terra autem in æternum stat et dies hominum breves sunt, non solum præsentibus sed et futuris temporibus antecessorum nostrorum facta, sive illa quæ in præsentia nostri fiunt vel ordinantur, ob præteritorum recordationem, scribere curavimus, litem videlicet et contentionem quam Gregorius S. Severi

(a) Charta pacificationis pro landa de Lazols.

abbas habuit cum Oliverio de Montbeo, de landa sive de sylva quæ vocatur Lazozis, quæ habet fines suos a rivulo de Casalone usque ad rivulum Capræ-mortuæ; quam prædictus Oliverius affirmabat penitus ad se pertinere, ita quod nulli homini foret licitum de jure possidere, nisi annualem censum de possessione illa ei persolveret. E contra Gregorius sancti Severi abbas prædictæque villæ(a) homines landam illam ita ad se pertinere asserebant, quod nec ei nec ulli alii aliquod censum debebat dare. Et quia contentio nulla alia pactione ab initio sopiri poterat, proceres eiusdem terræ duello judicavere dirimendum. Facto vero judicio, bellum in manu Gastonis vicecomitis, tanquam in principe totius terræ, apud S. Geruntium firmaverunt et pepigerunt.

» Dumque ibidem, prout statutum fuerat, campiones sese ad invicem maxime percuterent, circumstantes viri et ipse Gasto vicecomes ad componendam pacem laboraverunt. Implorata vero pace tali modo, prædicti proceres inter abbatem Gregorium et Oliverium convenerunt, quod alterutri parti in jam fata terra inter jam dictos rivulos, ligna facere, glandes colligere algare(b), cetera pascua ad sustentamentum animalium habere liceret. Nec etiam prætereundum est quod a proceribus ibidem institutum fuit, quod neutri parti in jam fata landa alodium liceret facere, et sic pro indiviso possiderent. Ad ultimum vero finem firmissimum faciendo et prædictam terram præscriptus abbas irrevocabiliter retinendo, huiusmodi videlicet firmatas(c) in manus Gregorius dedit

(a) De Craba.
(b) * *Algare*, vox compendiose scripta. F. *ac logare* pro *locare*, (louer, affermer), quod vasconice dicitur *logar*.
(c) i. e. fidejussores et cautiones.

Argilem[a] d'Agud-Puei, Bernardum de Doazid. L. d'Aubaniang; et a jam praedicto Oliverio, in manus praedicti principis, Arnaldum de Lepede, Arnaldum de Segar, Bernardum Gastonem de Serres[b] tenore inconcutiendo firmatas accepit: ita scilicet, quod ipse Oliverius vel generatio eius in hominibus Caprae-mortuae, praetextu praescriptae terrae, sive alio modo, ullum penitus censum vel servitium se numquam amplius habere proclamet; quod si forte praedictus Oliverius sive generatio eius, tum praescriptus Gregorius, sive aliquis de suis successoribus, tentaverit infringere robur istius pacis seu terminos praescriptus, unaquaeque formata[c] persolvat, pactumque pacis perpetuo teneri faciat.

«Testes et jussores huius rei sunt: Gasto vicecomes. F. de Saut[d]; Aug. de Miremont[e]; Sanzan[f] de Poseneis; Fs. de Mugron[g]; Bernardus de Doazid; B. de Momuy[h]; Bernardus Gasto de Senes[i] et alii quamplurimi, quorum nomina longum est narrare. Factum est autem hoc anno dominicae incarnationis MLXXII, Epacta VII cum bissexto, Indictione quoque X, l.[j] XXVIII, feria III, IIII kalend. julii, apud Sanctum Geruntium, Gregorio VII residente in papatu romano, Ugone magno rege[k] in Francia, Wuil.

(a) i. e. Arnaldum-Guillelmum.
(b) De Serres, ut infra in charta Petri de Saltu.
(c) Quilibet ex fideiussoribus. — * Formata, f. firmata.
(d) Forto de Saltu.
(e) Angerius de Miremonte.
(f)* San-Zan, pro San-Jan.
(g) Fortis de Mugron.
(h) Bernardus du Monmuy.
(i) De Serres.
(j) Luna.
(k) Hic est error; tunc enim regnabat Philippus I, Henrici I. filius.

Bernardo in Auxia, Petro episcopo in Aduro. Signa ipsorum hæc sunt : ****. »

Gregorius idem tertius huius cœnobii abbas, confirmationem dotationum et privilegiorum huius monasterii a sede apostolica primus petiit et obtinuit, nempe ab Alexandro secundo, anno circiter 1061; post quem alii plures bullas et diplomata similiter confirmativa dederunt, scilicet Gregorius VII anno 1075, Paschalis II anno 1104, Innocentius III anno 1217, Clemens IV anno 1266, Gegorius X anno 1272, Clemens V(a) anno 1307, Clemens VI anno 1342, Nicolaus V anno 1452; quorum nomina velut benefactorum non debent omitti. Eorum autem bullas et litteras libro X subsequenti referam, agendo de Honoribus, Juribus et Privilegiis.

Plures quoque archiepiscopi Burdegalenses et Auscitani, et episcopi totius provinciæ huic cœnobio benefecerunt; maxime Wuillelmus archiepiscopus Ausciensis, huius cœnobii antea monachus, et Petrus(b) Adurensis episcopus, qui similiter inter fratres huius monasterii nominatur. Ambo, abbatis Gregorii tempore, huc sæpissime convenerunt, bona et pacem monasterio procuraverunt, immo et plures ad monasticæ vitæ amplexum adduxerunt. Hic Petrus, quibusdam in chartis nostris,(b) dictus est Marcianensis episcopus, nempe quia frequenter morabatur in castello de Plano, quod ad episcopum Adurensem pertinebat et in vicecomitatu Marcianensi situm erat, bellorumque temporibus fuit destructum. Huiusce Petri obitus annunciatur in antiquo nostro

(a) Clemens V præ cunctis, utpote Vasco, erga hoc monasterium bene affectus fuit; plures dedit bullas et privilegium abbatibus utendi mithra et annulo, etc.

(b) In donatione de Artiganova, Petrus, Marcianensis episcopus dicitur.

necrologio sic : « Idibus julii, depositio D. Petri episcopi Adurensis ecclesiæ, bonæ memoriæ, anno MXCII. » In alio obituario, inter fratres annumeratur, seu monachus fuerit huius monasterii, aut solum affiliatus et familiaris. Plurium aliorum Adurensium episcoporum et prælatorum provinciæ mentio fit in utroque nostro necrologio, tanquam amicorum specialium et benefactorum, veluti : « XVII kalend. januarii, depositio bonæ memoriæ Domini Boni-hominis Adurensis Episcopi, anno MCXLV. » Quamvis enim lis et guerra fuerit et odium, ad tempus, inter ipsum et abbatem Raymundum Sancium, ob ecclesiam Montis-Marsani, pace tamen subinde facta amicissimus fuit huiusce conventus. Sic et Augerius episcopus Adurensis, cuius fit mentio IX kalendas augusti, obiitque anno MCCXXXVII. Post litem et querelam exortam inter ipsum et Capitulum huius cœnobii, super jurisdictione, postquam nullum se jus habere et exemptum agnitum ac pronuntiatum fuit hoc monasterium a prælatis ad hoc specialiter deputatis, non solum pacificus, sed et ita amicus fuit, ut affiliari et inter fratres ac familiares voluerit computari; et talis dicitur in alio obituario in quo frater vocatur nostræ congregationis.

Eiusdem Gregorii abbatis tempore, plures factæ sunt donationes, inter quas quædam factæ sunt in die consecrationis altaris S. Severi, nempe quod de novo post incendium ab eodem abbate Gregorio fuerat ædificatum, et ab eo, utpote episcopo, consecratum est; cuius consecrationis mentio fit in pluribus donationum chartis, veluti in subjecta donatione vicecomitatis Aquensis, cuius talis est charta in chartulario olim descripta :

« Ego Garcias Arnaldus, vicecomes Aquensis et uxor mea Auria, damus pro animarum nostrarum remedio Sancto-Severo unum villanum[a] in Sancto Georgio et omnia ipsius pertinentia atque culturam quæ est post ecclesiam Sancti Georgii[b], et alterum villanum in Purruto[c], nomine Ausantium, et omnia quæ ad illum pertinent. Hæc obtulimus S. Severo in consecratione sui altaris. »

In membrana autem pergameni supra laudata sic scriptum est : « Auria denique vicecomitissa villam, quæ dicitur Silgos[d] et Purrut in quo duo sunt rustici, pro septingentis solidis decenæ monetæ ad pignus in manibus domni Gregorii abbatis apposuit. Robertus [e] autem vicecomes vendidit senioratum villæ quæ dicitur Bisgos[f] pro centum solidis. » Eadem Auria Vicecomitissas Aquensis, post mortem mariti sui, facta est hic conversa, monasterio huic sese affilians et abbati obedientiam præstans ; et de ea re fit mentio in antiquo nostro necrologio sic : « IIII kalend. februar. obiit Auria vicecomitissa, conversa. » Sic plures aliæ viduæ factæ sunt hic conversæ, et virgines Sorores sunt dictæ, eamdem præstantes obedientiam, pietati vacantes et post mortem in hoc monasterio sunt tumulatæ. Alias subdo donationes eodem pene tempore factas[g].

« Bernardus Raymundi de Mota, in die consecrationis altaris S. Severi, ecclesiam Sancti Medardi de

---

(a) Villanum cum manso et terra quam colebat. Villani, ut servi, cum terris dabantur.
(b) A S. Geors ou S. Geours de Puyanne.
(c) Le Pourrut, près Mauco.
(d) Singos.
(e) Robertus, forte filius eius, post patris mortem.
(f) Bilgos seu Bingos, et Bisos.
(g) Ex membrana pergameni antiqua.

Sori (a) dedit integre et sincere S. Severo, et antea dederat in Senars(b) quod tenuerat Karolus et filii eius jure perpetuo. Aladez, soror Bernardi et Raymundi de Mota, in eadem villa de Calnar unum rusticum cum integro censu dedit (quia sepulta est) (c) S. Severo. »

Quasi hæreditaria fuisse videtur pietas in hac familia et liberalitas erga hoc nostrum monasterium; invenio enim in fragmento chartularii supradicto quod sequitur. « In nomine Domini nostri Jesu Christi, Karitas, filia Bernardi de Mota, ad obitum mortis, quando misit ordinem pro redemptione animæ suæ, dedit Deo et S. Petro almoque martyri Severo, post mortem Raymundi filii sui, in villa quæ vocatur Oüers(d), tres rusticos servitiales jure perpetuo(e). Ipse vera Raymundus in vita sua, pro uno equo quem accepit a Domino Arnaldo(f) abbate in pretio, affirmavit donum Deo et S. Severo, jure perpetuo, regnante supradicto Gaufredo et petro Marcianensi (g) episcopo atque Guillelmo Bernardo Ausciensi archiepiscopo. » Ibidem : « Wuillelmus Raymundus de Mota, pro redemptione animæ suæ, dedit Deo et S. Petro almoque martyri Severo ecclesiam S. Vincentii de Lasbedeilhes(h) integram, omnemque alium honorem sibi jure hæreditarium quem habebat in eadem villa, jure perpetuo : regnante duce Aquitaniæ atque comite, Vasconiæ Gaufredo, et abbate

(a) De Sornihon et Oüers.
(b) A Senas, en Mauco.
(c) i. e. quia hic sepulturam elegit et voluit sepeliri.
(d) Hoërds alii.
(e) Scilicet possidendos.
(f) Arnaldus successor Gregorii.
(g) Adurensi, ut supra.
(h) Vedeles, Veseilhes.

domno Gregorio. » Et in antiqua membrana : « Eizeta quoque filia Eicardi de Mota, in eadem villa, in loco qui dicitur Bordil, et quod ad Bordil pertinet, pro anima sua S. Severo, quia[a] ibi jacet, delegavit. » Eadem obedientiam abbati præstans, facta est soror nostra, eiûsque fit mentio in antiquo nostro necrologio sic : « VIII Idus decembris, obiit Eizeta, soror nostra. »

Sub eodem abbate Gregorio, multæ aliæ factæ sunt donationes, tum in membrana prædicta, tum in chartularii fragmento, descriptæ et relatæ, quas subjicio[b] : « Eitius vero Guillelmi de Garrossa, tam pro anima, quam pro pretio sexaginta solidorum et equo pretioso, dedit S. Severo ecclesiam S. Pantaleonis de Campania et quidquid ad se pertinebat. » Jam supra notavi ecclesias olim a nobilibus possessas fuisse post bella cum Sarracenis, quas dantes, simul dabant decimas, oblationes et alia jura.

« Garsia itaque[c] de S. Pardulfo quartam partem decimationis ecclesiæ S. Orientii de Fossadils (quia ibi sepultus est), præfato sæpius Sancto dedit ; quam post, Guillelmus Arnaldi de sancto Christophoro de manibus abbatis Gregorii accepit, ut integram ecclesiam, quia sibi jure competebat, redderet. Cuius ecclesiæ alteram quartam partem Garsia Dormit similiter dedit. Arnalt. Bernard quoque unum rusticum dedit in Elato. Sanzorsa de Farbos[d] senioratum sui juris, lege fundi[e], perenniter obtinendum dedit S. Severo, quotannis duodecim denarios, et sex panes et concam vini, et unam mensuram annonæ.

(a) Quia hic voluit tumulari.
(b) Ex membrana pergameni.
(c) Ex pancarta prædicta.
(d) Ferbols. —* Disjunge: Sauz-Orsa, sancta Ursa.
(e) Lege: feudi.

» Fort Guarsias⁽ᵃ⁾ de Guarderas similiter senioratum de illo Casale qui dicitur Sanzblang⁽ᵇ⁾ dedit S. Severo eodem modo, id est quotannis duodecim denarios, et sex panes, et concam vini, et unam mensuram annonæ. Guillelmus Arnaldi, cuius supra memoriam fecimus, de S. Christophoro⁽ᶜ⁾, quia culpabiliter habebatur et venialis culpa non erat, ecclesiam S. Medardi de Balsum, præsentibus testimoniis monachis et laicis, Forto⁽ᵈ⁾ archidiaconus et abbas S. Vincentii, Petrus Sans, Moyses Albornellus et alii quamplures, dedit tam pro culpa quam pro anima sua sancto Severo. Guillelmus Raymundi de Saltu villam quæ dicitur Bergossa⁽ᵉ⁾, pro anima sua, quia ibi jacet⁽ᶠ⁾ dedit S. Severo, et insuper adjecit subulcum⁽ᵍ⁾, cui adjacent novem cap-mansuræ. Petrus quoque filius eius vendidit unam villam quæ dicitur Gimol, abbati Gregorio et S. Severo. »

In calce dupli primi, seu transsumpti antiquioris confirmationis, seu diplomatis comitis Sancionis, tempore Gregorii abbatis scripti; conscriptum est donum sequens : « Guasendis, consobrina Vuillelmi Raymundi de Salt, emit mediam ecclesiam de Canegns⁽ʰ⁾ de hominibus de Arredemed sibi et suo generi, deinde accepit mediam partem ecclesiæ quam emerat, deditque cuidam nepoti suo, scilicet Raymundo, quem obtulit monachum Deo sanctoque Severo cum media parte ecclesiæ quam dederat; et

---

(a) Est in homagio anni 1273.
(b) Casau-de-Prat a quibusdam interpretatur. — *Sanz-Blang.
(c) De S. Christau de Benquet.
(d) Scilicet Forto præsens et abbas S. Vincentii de Luco.
(e) Bergons
(f) Scilicet hic volui tumulari
(g) i. e. porcarium,
(h) Canenx.

dedit similiter S. Severo et supradicto nepoti suo medietatem villæ quæ dicitur Arrifreit, quam tenebat pro alodio : et tali condicione hoc donum fecit, quod, si quis ex genere suo vel cognatis superveniens, hoc subtrahere vel violare voluerit, ab omni christianorum communione privetur et perpetua damnatione perenniter damnetur. »

Petrus supra scriptus, vicecomes de Saltu, filius Guillelmi Raymundi de Saltu, dedit abbatiam de Liraco[a] tempore abbatis Gregorii, de qua dicenda sunt quædam, postquam chartam donationis eius retulero, prout invenitur in parte supradicta chartularii, quæ talis est : « In nomine Dei unigeniti Jesu Christi Domini nostri ac Redemptoris, qui multimoda pietate misericordiæ suæ nos Deo Patri reconciliando, reformavit corpus humilitatis nostræ, ut essemus sancti et immaculati secundum propositum gratiæ suæ; verum peccatis nostris præpedientibus, deputati sumus ut sterquilinium : quapropter ne putrescamus, sicut legitur, computruerunt ut jumenta in stercore suo, perpendenda sunt nobis æterna judicia; ut non timeamus ab auditione mala, sanctorum patrocinante clementia, quos patronos ante summum Judicem intrepidi et sine confusione sentiamus. Ego Petrus, filius Guillelmi Ramundi de Saltu, memorando superiora perpendensque futura, trado donisque confirmo beatissimo et egregio martyri Severo ecclesiam beati Martini de Aliraco, cum omnibus adjacentibus sive cultis sive incultis, et quidquid Benedictus sacerdos possidet ibi ex eadem ecclesia, sive vineas, sive pascua, sive campos aut

---

(a) Donum abbatiæ de Liraco.

pomeria[a], vel rusticos, seu sylvas; et accepi a D. Gregorio[b] abbate et episcopo unum equum, qui mihi bene complacuit. Et ipse Benedictus presbyter ante dederat omnia super altare S. Severi, quod[c] ad illum pertinebat; et Ego, quantum ad me pertinet jure parentum meorum, dono et confirmo Domino Deo sanctoque clavigero Petro, necnon et S. Severo. Fidejussores, manus[d] mea, et Bernardus de Domingu; visores, Bernardus de Podenx et Bernardus Gastiu[e] de Serres; videlicet Arnaldus de Agest[f] et multi alii, Malfred de Marsa, Guilhelmus Arnaldus de S. Cristophoro, Raymundus de Banos, Guilhelmus Bernardus de S. Eulalia, Raymundus Aneri de Luguial; anno Incarnationis dominicæ MLXVII, VI idus junii, die autem veneris, luna XXII, Epacta autem III. Convenerunt Dmus Petrus episcopus Adurensis ecclesiæ, et Guillelmus Garsia de Aire vicarius eiusdem, Curtis Garsia, Raymundus quoque de Datulo cum aliis multis. »

In alio duplo est: anno MXLVII, id est 1047, sed male; nam Gregorius nondum erat episcopus anno 1047, cum talis factus fuerit solum anno 1060; unde oportet ut sit 1067. Notandum autem* ecclesiam sancti Martini de Liraco seu Aliraco dici abbatiam in alia charta subinde referenda, unde hoc dedit occasionem quibusdam existimandi ecclesiam hanc eamdem fuisse cum abbatia de Leiraco sita supra et juxta Garumnam id diœcesi olim Agennensi, nunc

---

(a) * Pomaria.
(b) Gregorius episcopus Lascurrensis et Aquensis.
(c) Omne quod, vel omnia quæ.
(d) Vel mater mea.
(e) Gasto.
(f) Du Ayot, Faget.

Condomensi; quæ cum data olim fuerit[a] Hunaldo abbati monasterii Moissacencis ordinis Cluniacensis, abbatiæ nomine amisso, mutata est in prioratum conventualem. Attamen re diligentius examinata, existimo ecclesiam seu abbatiam a vicecomite de Saltu huicce monasterio datam non aliam fuisse quam ecclesiam de Liraco in archipresbyteratu Sylocensi[b], vulgo de Chalosse, huius diœcesis, sitam non longe a Craba et Morganis; quæ tunc temporis pertinere potuit ad vicecomitem de Saltu, vicinum quippe, non ecclesia de Leyraco longissime ab eius vicecomitatu distans. Circa eamdem ecclesiam seu abbatiam S. Martini de Aliraco, notandum nullum unquam in ea fuisse conventum monachorum, nec inde abbatiæ nomen sumpsisse quod in ea fuerit abbas cum monachis, sed sicut tunc moris erat, abbatia dicebatur sub abbate sæculari et laico, unico in ea presbytero deserviente, nomine Benedicto, qui simul juribus suis cessit in favorem huius monasterii, et de eo fit mentio in antiquo necrologio nostro sic : « IIII kalend. maii, obiit Benedictus presbyter de Lyraco, qui dedit propriam ecclesiam beato Severo cum sua pertinentia. » De eadem ecclesia fit mentio in eodem chartulario supradicto, in quo hæc scripta sunt quæ hic refero, licet subinde facta sint :

« Scire vos oportet, fratres, quia Petrus vicecomes de Saltu, pro remedio animæ suæ et pro redemptione animarum patris et matris suæ, senioratum abbatiæ sive ecclesiæ S. Martini de Liraco, adhuc

(a) A dominis de Prullio, Pruilh.
(b) In libro rubro Adurensi, in catalogo ecclesiarum quæ dabant subsidium episcopo in archipresb. Sylocensi, post cappellanum de Capra et de Morgaux, nominatur cappellanus de Liraco.

vivente Gregorio bonæ memoriæ S. Severi abbate egregio, Deo et S. Severo concessit. Illo autem defuncto, Fort-Anerius filius eius, in honorem et donationem eius jure hæreditario successit, et se in eodem dominio, sicut pater suus possederat, tamdiu proclamavit, donec cum domino S. Severi Raymundo[a] duellum in manu Gastonis vicecomitis firmavit et pepigit. Ad ultimum vero finem firmissimum faciendo, et prædictum honorem irrevocabiliter retinendo, præscriptus abbas C et XX solidos morlanensis monetæ ipsi Fortoni-Anerio dedit, et ab eo Bernardum de Murrino[b] et Durandum de Monstior, tenore inconcutiendo, fidejussores accepit; ita scilicet, quod ipse Forto-Anerius vel generatio eius in illum senioratum se nunquam amplius proclamet. Nec hoc etiam prætereundum est, quod de rustico illo quem ipse Forto-Anerius Deo et S. Severo dederat (quando cum Willelmo Raymundo fratre suo bellum fecit et victor extitit), nec ullum penitus censum, vel servitium, vel opus ad suum castrum sibi retinuit; imo totum absque ulla servitii subjectione Deo et S. Severo attribuit, et omnino illum deliberavit. Horum necnon signo donorum, ipse Forto-Anerius nodum[c] in hoc corrigio primus fecit, et alium nodum Bruno de Saltu frater eius, alios deinceps nodos idonei barones, huius rei testes, fecerunt, videlicet Bonus-homo[d] Adurensis episcopus, et Bernardus de Merrino, et Bernardus de Mumii[e], et Bernardus de Monstior, et Arnaldus

---

(a) Hic abbas Raymundus sextus fuit, ab anno 1107 ad 1128.
(b) Seu Meurino, seu Merrino.
(c) Mos olim pacta et donationes firmare nodis factis in corrigio e charta pendenti.
(d) Bonus-homo episcopus ab anno 1120 quo hoc contigit.
(e) De Momuy.

de Peda. Hoc factum est tempore Pictaviensis comitis Vasconiæ et Raymundi abbatis istius loci, atque Adurensis episcopi Boni-hominis, Ausciensis archiepiscopi Bernardi, currente Incarnationis Domini nostri Jesu Christi, anno MCXX, regnante Domino Callixto papa secundo. »

Supra dorsum et plicam dupli primi seu transsumpti antiquioris confirmationis et diplomatis comitis Sancionis, Gregorii abbatis tempore scripti, apicibus jam pene deletis et obliteratis, scripta est donatio sequens S. Eulaliæ[a] super Aturrim, prope S. Severum sic : « In nomine Domini nostri Jesu Christi, Ego Lobmaner[b] de sancta Eulalia, cum filio meo Bernardo quem monachum S. Severo offero, trado Deo et S. Petro necnon martyri Severo altare S. Eulaliæ et quidquid pertinet ad altare, jure perpetuo ...... Istius testes et jussores[c] sunt monachi Sabbas, Donatus, Cornelius, Rainaldus, Daniel, Hieremias Bernardus, Guillelmus, ... Raymondus de Mota et Guillelmus Raymundus frater suus, Garsia man[d] de Labard....... Garsias de Oners[e] et alii multi. Arnaldus primus Lobmaner...... sine filiis et filiabus possidens omnem terram parentum et fratrum suorum, non habens filios nec filias, ad ultimum vitæ suæ, pro redemptione animæ suæ et patris et matris et fratrum suorum, nullo prohibente parentum....... dedit Deo et S. Severo ecclesiam S. Eulaliæ, et villam et quod pertinet ad ecclesiam et villam, in rusticis, in pratis, in sylvis, in pascuis, in landis,

---

(a) Donatio ecclesiæ et senioratus S. Eulaliæ, Sant-Erraille.
(b) Lupus-Anerius, Lob-Aner.
(c) Fidejussores.
(d) * F. Garsie-Amand.
(e) Onners, seu Ouers.

in piscario, in perpetuum possidendam. Si quis parentum vel alius homo superveniens, ex hoc ordine tentaverit minuere, verbo ipsius Arnaldi et Dei omnipotentis authoritate sit ab omni christianitate separatus, parsque eius sit cum Achan filio Charmi et cum Datan et Abiron quos terra vivos absorbuit .... et cum mago Simone....... ardeat sine fine maledictus cum Diabolo et angelis eius in igne et sulphure, in sæcula sæculorum. amen, amen; fiat, fiat.»

Ibidem scriptum est donum de Artiganova[a] sic : « Donum Deo et S. Severo factum huic sanctæ fraternitati pateat indelebiliter[b] exaratum. Bernardus de Artiga-nova, Deo disponente, mortifera occupatus infirmitate, ecclesiam d'Artiganova omnemque alium honorem ibidem sibi hæreditarium vel adquisitum Deo et S. Severo, pro redemptione animæ suæ dedit, vestivit et ordinavit...... Cum igitur Raymundus eius germanus prædictum honorem vellet succedere....... et a Domno Gregorio et fraternitatis collegio duobus pretiosis equis redimere, Deo permittente, ægrotavit, unde et ab obitum venit; cum vero....... honorem præscriptum, quem sic revocare tentabat, Deo et S. Severo pro animæ suæ redemptione disposuit et firmiter........ tribuit similiter ab uxore sua Alade et filiis suis Guillelmo Raimundo et Raymundo idem donum eamdemque vesticionem firmari et irrevocabiliter dari fecit, regnante Gaufredo duce Aquitaniæ atque comite Gasconiæ....... Petro Martianense[a] episcopo; et tali condicione hoc donum fecit, quod si quis ex genere suo vel cognatis

(a) Ecclesiæ S. Mariæ de Artiganova.
(b) Jam pene deletum.
(a) i. e. Adurensi; dicitur autem Marcianensis, quia morabatur in castro de Plano in vicecomitatu Marcianensi.

superveniens, subtrahere vel violare voluerit, ab omni christianorum congregatione privetur, ac perpetua damnatione pereat, ardeatque cum Diabolo et angelis eius. »

Sequuntur aliæ donationes ex membrana pergameni. « Eitius quoque presbiter de Calnar[a] tertiam partem ecclesiæ S. Quiteriæ dedit S. Severo, et ibi sepultus est, » scilicet in hoc monasterio. Tertia pars ecclesiæ, id est decimarum S. Quiteriæ de Calnario, nunc de Tholoselta, cuius est ecclesia parrochialis. Cuius aliam tertiam partem dedit Arnaldus Guillelmi de Marciano; jam vero quartam solummodo possidemus. Subiungo memoriale huiusce ultimæ donationis, prout scriptum est in chartulario sæpe dicto : « Donum quod Arnaldus Guillelmi de Marciano dedit Deo et S. Severo, hoc est quartam partem ecclesiæ de Troson[b], scilicet oblationes et decimæ. Item dedit tertiam partem ecclesiæ S. Quitteriæ de Caunar, scilicet oblationes et decimæ. Testes sunt Guillelmus Bernardus de Barberes, Arremon Bernard de Doazit et alii multi, assistente abbate Bernardo de Born, episcopus Vitalis de Boëres, anno millesimo CCXXV. » Prædicti Eitii presbiteri fit mentio in antiquo nostro necrologio hagiologio inserto, sic : « VIII idus februarii, obiit Eizius presbiter de Caunar, qui dedit S. Severo ecclesiam S. Quiteriæ cum suo prædio. » Ex quibus patet terras etiam dedisse, quas temporum injuria amisit hoc cœnobium.

In eadem supradicta membrana pergameni scrip-

(a) De Cauna. Arnaldus alius de Marciano, dominus de Calnar, de eadem familia, anno 1285 fundavit pp. S. Dominici S. Severi.

(b) Torreson. Donum hoc, licet longe post factum, jungo præcedenti, ut ad idem spectans.

tum est quod : « Bernardus de Orissa[a] totius sui honoris senioratum dedit S. Severo, et insuper adjecit duos rusticos, unum in Orissa, alterum in Senars[b], ut jure perpetuo habeat. » Hoc autem factum est tempore abbatis Gregorii, ut patet ex præcedentibus et subsequentibus in eadem membrana; unde hic Bernardus de Orissa alius est ab eo de quo fit mentio in altero nostro necrologio, sic : « Obiit Bernardus de Aurissa domicellus, familiaris noster, anno MCCCLXXXI. »

Ex eadem supradicta membrana : « Arnaldus de Balirei et Anerius presbiter frater eius dederunt prædium quod habebant in Balirei. » Dicitur etiam Baliden et Baliren, et est Caveria seu terra nobilis, quam etiam nunc possidet istud monasterium. De Caveriis agit D. Marca lib. 5, c. 3. Gentilitia, militia, caveria idem sunt, scilicet terra nobilis cum onere procedendi ad bellum equitem, cum jusserit supremus dominus. Ibidem : « In Dei nomine, Ego Brunelinus[c] Sanctio[d] vicecomes de Maritimis locis[e], do Domino Deo et S. Severo atque apostolorum principi Petro, unum hominem[f] in Garros, nomine Arnalt Guilhem et uxor eius Azinela; cuius reditus vel census talis est : dat unum salmonem, et unum lardum de creaco[g], et sex panes, et unum sextarium de vino aut de cicera. Si quis autem meorum parentum hoc factum destruere tentaverit, iram et maledictionem Dei incurrat, et in infernum cum Juda

---

(a) Aurissa, ou Aurice; olim caveria, nunc vicecomitatus.
(b) Senas, en Mauco.
(c) Al. Burnelinus.
(d) Seu Sancio et Sancius.
(e) Seu de Maritima, Maremne en Médoc.
(f) Feudalem, emphiteot. — * Emphyteutam.
(g)* Vasconice, créac est acipenser, esturgeon.

traditore pereat, amen. Signum eius †; signum Luponis Fort †; signum Willelmus Arnaldi de Oloeda †.(a) Videntibus cunctis qui aderant, scilicet Arnalt Garsies de Olbiio(b) et multis aliis. »

Ibidem, de eadem membrana pergameni : « Unaldus itaque vicecomes de Marker(c) ecclesiam S. Joannis de Proia(d) dedit S. Severo, quam antea suus antecessor Raymundus de Cucullo dederat; et ut hoc firmius esset, duos rusticos dedit. Arnalt Garcie (scilicet testis est) in Bertullo. » Ibidem : « In eadem quippe obedientia quam Domnus abba Gregorius commendavit Odiloni converso(e) de S. Quintillia, in parrochia S Petri de Busello(f), adquisivit idem Odilo quidquid Arnaldus habuerat tam in vineis, quam in prædiis. Testes huius rei et visores hii sunt : Garcia Fort, et Doat Fort(g), Eicius clericus atque Arnaldus. In parrochia namque sanctæ Quintilliæ, vineam in loco qui dicitur sylva, emit de Franco proprio nomine Sancibo(h); visores huius causæ sunt: supradictus Eicius, Arnaldus, Gauzmarus. In parrochia vero Sancti Laurentii, duas concadas de terra Garsendis de Obijo(i) S. Felici(j) obtulit, in die dedicationis eiusdem. Item Exandrie de Bertegs(k) duas concadas de

(a) d'Aulede.
(b) De Olbino et Albijo; Albinoc, Olbinoc, etc.
(c) Malcor.
(d) De Proiano, Proyan.
(e) Donati, dicti sunt Conversi. — Plures nobiles sese donantes cum bonis suis, facti sunt olim hic donati, seu conversi; de quibusdam fit mentio in necrologio, v. g. « obiit Willelmus de Murag, conversus, etc. »
(f) S. Fidei dicitur de Busello in cartis comitum, supra. Scilicet monasterio seu prioratui de Busello seu Buseto.
(g) Donatus Forto
(h) Sancio bon.
(i) Al. Albinog.
(j) S. Fœlici de Urcasa.
(k) Al. de Bertenes.

alodio dedit in Malaval; itemque Garcia Servad duas concadas in Podio; eodemque modo Guillem Furt(a) in Boluc dedit duas concadas de alodio. Petrus quoque de Obijo dedit unam culturam in Urcasa, quam plantavit præfatus Odilo de optima vite; postea vero vicecomitissa (b) et Unaldus filius eius affirmaverunt factis in corrigio, (scilicet nodis). Testes et visores huius facti hii sunt: Doad Furt(c), Doad Garsia, Gausmarus, Eicius clericus atque Arnaldus. » De hac Petri de Obijo donatione, charta descripta est in parte sæpe dicta chartularii, sic : « In Dei nomine, Ego Petrus de Albiun(d) confrater et particeps orationum fratrum, persolvo sancto Severo culturam peroptimam in sancto Fœlice de Urzcasa (e) atque hæc est vesticio. »

Prosequor ex membrana pergameni præfata. «Raymundus Almalbi(f) quoque dedit unam culturam juxta paisseram quam vocant Argert, et quartam partem de eadem paissera(g). Accepit itaque ab abbate Gregorio duos equos pro hoc facto, atque super altare Sancti Severi posuit idem ipse vestiram(h). Item quoque Bernardus de Baslade dedit (i) beato Severo villam quæ vocatur Isossa cum filio suo Jordano, et omnia quæ ad illam villam pertinent, tam in silvis quam in pascuis, et in aquis, et in landis, jure perpetuo. Emelius(j) quoque monachus

(a) Forto.
(b) De Marker, seu Malcor.
(c) i. e. Donatus Fortis
(d) Albion, Olbijon, Albinoc et sic diversimode reperio scriptum.
(e) Urcase, Viscase, Boscase.
(f) Al. Amalbini.
(g)* Vasconicum vocabulum : *pachére, pachera.*
(h) Vestira, charta vestituræ et donationis.
(i) i. e. habitum sumendo.
(j) Umelius.

dedit ecclesiam beati Martini de Casterar S. Severo. Item Willelmus Garsias de Agud-pui, cum filio suo Ottone monacho, dedit beato Severo duas culturas et ecclesiam S. Martini de Jeulos[a], cum vinea et pomeria, quæ ad illam ecclesiam pertinent, jure perpetuo. »

Ibidem, paucis interjectis, hæc donatio inserta est in eadem membrana pergameni antiqua : «Alehemus[b] Anerii de S. Germano[c], pro remedio animæ suæ, dedit beato Severo nunc et in æternum, tertiam partem totius ecclesiæ quam jure hæreditario possidebat, videlicet de premiciis et decimis et de omnibus quæ in eadem ecclesia oblata fuerint; et insuper, pro facto dono, societatem habuit atque, dum vixit, assidue sicut unus fratrum de cellario refectionem accepit. Hoc factum est tempore Gregorii abbatis S. Severi. » Item ex chartulario sæpe dicto : « Arnaldus Seguinus de Stag[d], cum filio suo Raimundo monacho, dedit Deo et S. Petro necnon martyri Severo ecclesiam S. Medardi de Gelos[e] integram, et unum rusticum, cum jure perpetuo ; regnante comite Gaufredo et abbate Domno Gregorio. » Ibidem : « In Dei nomine, Ego Garcias et frater meus Sancius, et soror mea Anera, vendimus fitam[f] patris nostri, quam moriens nobis reliquit habendam, quæ alio nomine censetur Betbeder[g], Domino Deo et S. Severo, Dominoque abbati Gregorio et aliis fratribus sub eo degentibus, accipientes[h] XXX conquas tritici, unaquaque

(a) Giulos.
(b) Al. Achelinus.
(c) S. Germani d'Ester, prope Aturrim, de quo supra.
(d) Seu de Stan. Alius Arnaldus Seguinus de Stang fuit tempore abbatis Garsiæ Arnaldi de Navaliis, anno 1270, etc.
(e) Gélous.
(f) Fita, prædium sic dictum.
(g) Belvedere.
(h) pro pretio scilicet.

valente novem denarios; et nos accepimus unamquamque concham per[a] octo denarios, quæ simul juncta faciunt XX solidos; et accepimus credentias Brasconem de Modulo, etc. »

Ibidem : « In nomine Dei et Sancti Salvatoris, Ego Garsia Raimundus de Casaldels[b] facio donationem Domino Deo et S. Severo, in præsentia abbatis Gregorii videlicet Episcopi, et do illam terram ubi petram trahunt[c]; et do unum rusticum in Casaldels, cum omni integritate ad ipsum pertinente, sciente omni populo, sine ulla querela a meis consanguineis, etc. » Ibidem : « Omnibus fratribus ecclesiæ S. Severi et nunc et in posterum notificari volumus, quod Garsias Archelini de Albanag[d] Deo et S. Severo inprimis dedit et ordinavit; post eum vero, filius eius Guillelmus Garcie advenit et prædictam ecclesiam Deo et S. Severo violenter abstulit, et usque ad obitum suum injuste possedit. Postea autem, post Guillelmum Garcie, filius eius Bernardus advenit, et totam injuriam, quam pater suus fecerat, scilicet de ecclesia S. Mariæ de Albaiag, quam Deo et S. Severo injuste abstulerat et quam ille prædictus avus suus Garcias Achelini Deo et S. Severo ex toto concesserat, sicut bonus homo et Deum timens recognovit; et eamdem ecclesiam, pro requie animarum sui et patris et avi, Deo et S. Severo omnino recuperavit, et revestivit. Insuper et opus, et totum altare ipsius ecclesiæ, et omnia quæ ibi offeruntur, necnon etiam mediam partem decimationis eiusdem villæ de Albaiag Deo et S. Severo augmentavit et irrevocabiliter

(a) *Per*, pro octo.
(b) Casadis.
(c) Nempe ad reædificandum monasterium post ruinam.
(d) Achelini de Albayac.

largitus fuit, videntibus Raymundo episcopo vetulo(a), et abbate S. Severi Gregorio. »

Ibidem : « Notum sit vestræ caritati, fratres dilectissimi, quia Ego Geraldus de Marciano quemdam rusticum, in pago Dominico(b) Deo et S. Severo pignus pro L solidis morlanensibus dimitto, præsente et consentiente filio meo Guillelmo. » Ibidem : « In nomine Patris et Filii et Spiritus Sancti, Amen. Qui supernæ felicitatis atque perpetuæ hæreditatis cupit et consors fieri, necesse est ei terrena patrimonia relinquere, et omnia quæ videtur possidere, pro Dei amore, præsentibus egentibus erogare. Propter hoc itaque, ut omnibus sit credibile, sancitum est a Domino in Evangelio dicente : Qui non renuntiaverit omnibus quæ possidet, non potest meus esse discipulus. Cuius præcepti non immemor quidam miles, Alanus nomine, terras et vineas quas concessit Guillelmus de Furca, filiæ suæ ad conjugium in villa, quæ vocatur Iscurras, et vineam quæ est in Saleizac, juxta vineas S. Crucis(c), ipse, pro redemtione animæ suæ ac parentum suorum, Deo ac beato Petro sanctoque Severo martyri Christi dedit, et venerabilissimo Gregorio abbati, et universis monachis eius qui eiusdem (d) ecclesiæ serviunt, cum quodam equo et XXX solidis quos inde accepit. Ut ergo hoc gentibus in longinquo notum fieret et testamentum veritatis cunctis inviolabile innotesceret, ipso supradicto datore instigante atque præcipiente, hæc causa(e) hæreditatis scripta est. Igitur si forte acci-

---

(a) Raimundus Vetulus, episcopus Lascurrensis, quo vivente ecclesiam Lascurrensem rexit Gregorius, interdicto Raymundo, etc.
(b) Villa dominica, Doumenge.
(c) S. Crucis burdegalensis, ut existimo.
(d) Pro, eidem.
(e) seu carta.

derit ut aliquis ex eius propinquis, videlicet parentibus, surgens temptaverit hanc supradictam donationem erumpere, decretum est ut obnoxius vel reus sit potestati persolvatque CCCC auri libras. Hæc autem donatio supradictæ rei jure, animo, mente a probatissimis viris ac Deo devotis firmata est, reverendissimo Gregorio omnibusque eius monachis, in fundo ad concedendum et ad vendendum; et inde est testis Andro decanus S. Andreæ[a] et Guillelmus Forti, et Artaldus cononicus S. Severini, et multi plures alii, quibus non est opus nominandum. »

Ibidem : « Certitudinem huius exemplaris tam subsequentibus quam præsentibus præscribimus : Arnaldus de Roca, concedente S. Severi Capitulo, habet CC solidos in vita sua, in medio tributi de Bedeisano; insuper Abbas et Conventus habent pactum cum supradicto Arnaldo, quatinus singulis annis, per manum Fortonis de Balsten tabernas accipiat; post mortem vero eiusdem, C solidi tantum in alodio Parade et Tapie[b] de Arreca conceduntur donec solvantur; deinde eius generatio[c], remota omni occasione, de supradictæ terræ dominatione radicitus exeat. Fidejussores sunt ex parte abbatis in manu Gausberti Petrus de Lanemeyac eiusque frater Jordanus; similiter ex parte Arnaldi, Bonelus de Fontanas, et Lop-Doad[d] de Gusiert, ut ita teneatur. »

Ibidem : « In nomine Patris et Filii et Spiritus Sancti, amen. Istam cartam fecit facere Garsibraseus[e], et Suavigonta uxor sua, et Arnaldus filius

---

(a) Burdegalensis ecclesiæ metropolitanæ.
(b) Paradæ et Tapiæ de Roca.
(c) Sorores Arnaldi seu filiæ.
(d) Lupus Donatus.
(e) Seu Garsibraccius.

suus, et Sancius presbiter de una lana de Gualt(a), pro redemptione animæ suæ et pro animabus patris et matris suæ et parentum suorum ; et accepit unum equum precium, fecitque hoc, sive clavum et sigillum quod non retinebit. Credentiæ fuerunt : Porcellus de Segor, Guillelmus Donatus de Gueitas, Garsias filius suus et ipse manum suam(b), ut si nullus homo per ipsum alodem foris-factum faciebat, ipse emendasset vel filius suus aut sua generatio qui sedem tenent. Visores fuerunt Guillelmus Forti, Fortus de S. Maria, Arnaldus Forti, Guillelmus presbiter et alii multi. »

(a) i. e. landa. La lande de Gault.
(b) Per manum suam : i. e. vel levavit, vel signavit, seu scripsit.

CAPUT IV.

DE BENEFACTORIBUS, DONATIONIBUS, ADQUISITIONIBUS FACTIS TEMPORE ARNALDI[a] D'ESTIOS QUARTI ABBATIS, ET SUAVII QUINTI ABBATIS S. SEVERI; ID EST AB ANNO 1072 ad 1107.

Ex supradicto chartulario seu chartularii fragmento. « Augerius vicecomes de Miremont senioratum quem habebat in honore, quem Garsia Raimundus de Casaldels[b] antea dederat beato Severo, pro redemptione animæ suæ et pro uno equo quem accepit a domino Arnaldo abbate in precio, dedit et dimisit Deo et S. Severo a se et a generatione eius, jure perpetuo, regnante comite Gaufredo et abbate Arnaldo. » Ibidem : « In nomine Domini nostri Jesu Christi, electa soror Aikardi[c] de Albayag duos rusticos in villa de Bascos[d], pro remedio animæ suæ, Deo et S. Severo dimisit. Post obitum vero eius, Aicardus ille frater suus, in illis rusticis clamare cœpit; ad ultimum vero equum a Domino Arnaldo abbate finem faciendo accepit; et sic firmissimo tenore ambos rusticos Deo et S. Severo a se et a generatione sua firmavit, fidejussore Bernardo de Sedermed. » Ibidem : « Bellum quod Arnaldus abbas S. Severi cum Bernardo de Podenx[e] fecit de silvis,

---

[a] Arnaldus abbas fuit ab anno 1072 ad 1092, et Suavius a 1092 ad 1107.
[b] Casadis.
[c] Eicardi.
[d] Bascos, Vascos, Vascons, Bascons.
[e] Poudens. Vide supra compositionem abbatis Gregorii cum Oliverio de Monebet.

landis, pratis, pascuis, cultis sive incultis quæ villæ Capræ-mortuæ pertinebant, pro eo quod supradictus Bernardus hominibus habitantibus memoratæ villæ jumentorum pascua vetabat; quo facto, abbas ipse Arnaldus cum consilio Centuli[a] vicecomitis, in cuius manu bellum factum fuerat, huiusmodi pactum cum Bernardo fecit, ut ultra fluvium quod dicitur Luy[b], pascua quæ prius vetabat ulterius non vetaret. Fidejussores huius rei sunt: Guillelmus Raimundi de Banos, et Bernardus de Artigas. »

Ex antiqua pancarta, seu membrana pergameni supradicta. « Suavius abbbas S. Severi dedit Arnaldo de S. Georgio ipsius ecclesiæ[c], et ipse Arnaldus promisit se daturum duos solidos Pictavienses et tertiam partem refectionis, unoquoque anno, quamdiu viveret. Testes huius rei sunt: Amatus sacrista, Leo prior, Arnaldus de Eires, Stephanus de Cairenes, et multi alii. Guisla[d] vero filia Willelmo Arnaldo de Faged[e] dedit unum rusticum, in villa quæ vocatur Mespled, pro redemptione animæ suæ, jure perpetuo. »

Ex cuiusdam chartularii fragmento extraxi quod sequitur, quod aliis simul junxi ad eamdem rem pertinentibus, scilicet ad adquisitionem loci de Morganis prope locum de Capra-mortua. « Placitum[f] quod habuit dominus abbas Gregorius et seniores S. Severi cum Bernardo de Aqua[g], pro superiori

(a) Centulus Gasto de Bearno.
(b) Luch.
(c) Scilicet, S. Georgii usum-fructum, vel aliud quid, quod non est scriptum.
(d) Gisla, filia Guillelmi Arnaldi.
(e) De Fageto, du Hayet.
(f) Lis, contentio, etc.
(g) Bernard de l'Eau.

parte[a] villæ quæ dicitur Morganis, quæ pars jure parentum sibi accidebat : pignoratus est tamen illam partem, quam tunc habebat solutam pro centum et decem solidis, et illam partem quam dudum Guillelmo Arnaldo de Fageto pignoratus erat, pro equo ducentorum solidorum, dixit abbati solvere illum equum valentem CC solidos, et sic reciperet totam suam partem; tali tamen pacto ut, si idem ipse aut mater sua aut frater suus possent exsolvere precium CCC et X solidos bonæ monetæ Tholosanæ, acciperent sine ulla irritatione. Insuper excommunicavit[b] abbas Gregorius omnes seniores[c], ut non retinerent neque contradicerent, cum Bernardus aut mater sua aut frater suus solverent precium supradictum. Testes Fortanerius de Capra-mortua, Petrus Acelinus, Forto de Livinone, etc. »

Ex membrana pergameni antiqua, sequentia descripsi, ad idem pertinentia : « Notum sit vobis, fratres kami[d], Bernardum Lupum, cum Domno abbate Suavio S. Severi cæterisque fratribus pacem et finem de guerra fecisse de superiori parte Morganensis villæ, quam Bernardus de Aqua, eius avunculus, in pignus pro trecentis et decem solidis Gregorio S. Severi abbati dederat. Consilio autem domini Willelmi[e] Ausciencis archipræsulis, et domini Petri Adurensis episcopi, placitum et finem talem firmissimum cum illo fecit : filium siquidem suum Petrum Deo et S. Severo in monachum obtulit;

(a) Superior pars, i. e. senioratus et dominii pars.
(b) i. e. Comminatus est pœnam excommunicationis.
(c) Seniores, i. e. monachi habentes senioratum seu dominium, nondum urbe existente.
(d) Carissimi. Bern. Lupus volebat retrahere absque solutione.
(e) Willelmus archiepiscopus Auscitanus erat huius monasterii monachus sicut et Petrus Adurensis episcopus.

insuper finem sic faciendo, quadringentos solidos Morlanenses inde accepit, pro firmitate datis fidejussore Raimundo Arnaldi de Porcilgues[a], quod omni tempore, ante comitem Aquitaniæ vel episcopum Adurensem, Deo et S. Severo illam perfectissime auctorisaret. »

Paucis interjectis, ibidem hoc scriptum est[b] : « Bernardus de Aqua misit in pignore superiorem partem Morcanis[c] Gregorio abbati S. Severi, pro decem et trecentis solidis monetæ decenæ Tolosanæ; de qua fuit discordia et guerra, post mortem abbatis Gregorii, de abbate Arnaldo ac de Bernardo Lupo milite Armacensi[d] nepote Bernardi Aquæ. Ad ultimum defuncto abbate Arnaldo, Suavius abbas successor eius et seniores[e] beati Severi, consilio archipræsulis Vuillelmi Auchiensis, ac præsulis Petri Adurensis, cum Bernardo Lupo finem fecerunt scilicet talem : ipse Bernardus obtulit manibus suis filium suum Petrum beato Severo, super altari, in monachum, et misit fidejussores firmitate Raimundum Arnaldum Porcelgas, Arsium de Montesquiu et Raimundum Arnaldum de Beros, quod omni tempore authorisaret illam partem superiorem ante comitem Wasconensem ac præsulem Adurensem, accipiendo quatuorcentos solidos Morlanenses. » Et quibusdam aliis interjectis, iterum hoc scriptum est : « Post definitionem placiti[f] quod habuimus cum Bernardo Lupo de villa Morganis, surrexit quidam adversarius Arnaldus scilicet de

---

(a) Al. Porcelgas.
(b) Ex alia charta descripta in eadem membrana.
(c) Morganis.
(d) Armaniacensi, d'Armaignac.
(e) i. e. monachi domini.
(f) Plaidoyer.

Claraco, qui acceperat uxorem de genere illius Bernardi Lupi neptam eius, videlicet filiam cognatæ eius; qui Arnaldus cœpit dicere supradictam villam Morganis esse ex jure suæ uxoris; et sic violenter voluit auferre beato Severo. Ad ultimum, ad tantam seditionem et guerram cum abbate Suavio devenit, quod perdidit quemdam fratrem suum morte, et ex parte abbatis Suavii octo interfecti fuerunt. Deinde intervenit vicecomes Gasto Bearnensis patriæ, qui fecit finem et concordiam de abbate Suavio et Arnaldo milite illo, qui injuste et pro vili occasione uxoris suæ, volebat sibi attrahere supradictam villam. Abbas namque consilio, et in manu supradicti vicecomitis Gastonis, dedit illi Arnaldo pro fine centum et quinquaginta solidos Morlanensium, et duos valentes equos; ipse vero Arnaldus misit in confirmationem se et socerum suum et uxorem suam et omnem generationem quam habiturus erat ab ea, et dedit de hoc, ut firmiter teneretur nec violaretur, Ogerium de Miremon[a], et Rogerium de Lanugs, et Artum de Navales[b]; et ut semper authorisaret illum honorem Morganis ante comitem Vasconiæ et vicecomitem Bearnensem, si aliquis ex genere illo veniens hoc placitum destruere vellet. »

Ibidem hæc subsequentia scripta sunt in membrana : « Raimundus Oto[c] et uxor sua villam dedit quæ dicitur Cabanes, pro anima sua et pro filio suo Raimundo, quem obtulit beato Severo monachum, et accepto uno rustico in vita sua in Cam-gran[d], et de foro sal de uno asino, et duo paria lumborum,

(a) Augerium de Miremont.
(b) Arsium de Navailles.
(c) Otto.
(d) Campo grandi.

dominicis diebus quindecimis (scilicet pensio ei data fuit in vita sua). » Ibidem scriptum est : « Donum quod fecit Willelmus Amaneus et uxor sua Beliard cum filio suo Arnaldo, beato Severo, hoc est : quartam partem decimarum de Mauras(a) et de omnibus hominibus his qui laborant terram illius villæ, et de aliis villis hoc donum suprascriptum dedit Deo et S. Petro sanctoque martyri Severo et abbati Suavino, jure perpetuo. » Ibidem : « Hæc facta fuit definitio et pacificatio coram tribus sæcularibus testibus Sanz-Adil(b) de Seureau(c), et Guillelmo Arnaldi de S. Christophoro, et Othone de Mota inter abbatem S. Severi, Suavinum scilicet, et omnem eius congregationem, et inter Petrum de Foncerias(d) de villa quæ vocatur Selenis(e), unde longa inter eos fuerat contentio. Venit namque ipse Petrus, videns quod alioquin non poterat invenire finem et concordiam cum abbate Suavino et monachis S. Severi; misit quosdam prolocutores ad eos, quod in fedio(f) acciperet illam villam sibi et legitimo suo generi. Quod cum abbas et monachi audierunt, consilium intra se inierunt(g) ut tanta discordia destrueretur et pax, quæ perpetua esset, inveniretur. Denique abbas et monachi commendaverunt illi et generationi, quam habiturus erat de legitima uxore, supradictam villam in fedio, tali tenore ut, post eius mortem, si non procrearet filios legitime quibus similiter in fedio concederetur, integerrime tota villa cum appendiciis suis, silvis,

(a) Maurans est de parrochia S. Joannis de Brocas, seu S. Babili.
(b) Sancius Atilius.
(c) Al. Caureac.
(d) Hronqueires, Fronquieres.
(e) Senas en Mauco.
(f) Feudo.
(g) Regula S. Bened. c. 3.

campis, aquis, alodiis beato Severo et monachis ibi Deo servientibus restitueretur. »

Ibidem : « Placitum quod habuit Petrus de Bergossa[a] cum Eicardo de Aurissa de *le* terra de Silgos[b], et venerunt ad finem; et dedit illi Petrus de Bergossa sex solidos Morlanenses, et ipse Eicardus de Aurissa dedit ei fidejussores Brunetonem de Silgos, Fortis de Aurissa, quod neque ipse, neque uxor sua, neque filii sui, neque filiæ suæ, neque ulla sua generatio ad suam generationem magis inquireret. Testes huius rei sunt : Guilhem Amaneu, Guilhem Sanz de Quatecassos, Sanz Bergui[c] de Cetroz. » Ibidem : « Hoc est donum et affirmatio quam fecit Bertrandus de Olbion de ecclesia[d] de Proiano abbati S. Severi Suavio, pro centum solidis Morlanensibus, quos dedit sibi, quando Hierosolimam erat iturus; et hoc, tali pactione; ut ulterius nemo parentum suorum ibi quod ipse quærebat, requirat. Huius rei fidejussor fuit Arsius de Olbion, et testes fuerunt Bernardus de Fossad, et Petrus de Olbion, et multi alii, quorum nomina præ multitudine scribere nequivi. » Ibidem in eadem membrana : « Fortis Garsie de Balerin[e] considerans omnia mundi fluxa atque fragilia esse, et desiderans sibi suisque thesaurum in cœlis pro posse suo thesaurisare, ubi potentes huius sæculi non habent posse; in die solemnitatis beati Benedicti, pro redemptione animæ suæ patrisque matrisque sui, dedit Deo et

---

(a) De Bergous.
(b) Singós.
(c) Sance Bergiu.
(d) Ecclesia data supra, hic restituta.
(e) Al. Forto de Baladin, Balazin.

beato Severo terram suam de Geulos[a], scilicet Garsiam Doati de Toiat[b] et quidquid inparabat in cultu et in heremo[c], et homines et mulieres et pagesium de Benavias[d]. Testes huius doni : Suavius abbas; Talindus de Barta; Bernardus de Sederinel[e] et tota congregatio fratrum; Raymundus de Modulo; Gilelmus Raimundus cementarius; Anedil de Montepetroso, et alii multi. »

Eiusdem Suavii abbatis tempore, Guillelmus V, comes Pictaviensis, dux Aquitaniæ et comes Vasconiæ, comitia huius provinciæ seu Curiam maiorem congregavit, ut omnium nomine, Paschalem II summum pontificem, pro abbate Suavio, contra abbatem S. Crucis Burdegalensis supplicaret, ut fusius diximus supra lib. 3 ad annum 1103. Unde inter amicos et benefactores est merito computandus, ut et multi alii quorum nomina in chartis et necrologiis nostris sunt inserta.

(a) Ecclesia de Giulos jam ante data fuerat, ut supra.
(b) Seu de Tinat, al.
(c) Et terras incultas.
(d) Pagesium de Benavias, i. e. rusticum dans la Benavie, inter duo maria, seu inter Garumnam et Dordonium, non longe a Cadiliaco Castello. — Pagesium, f. rusticum, seu villanum.
(e) Sedrinet.

CAPUT V.

De benefactoribus, donationibus et adquisitionibus sæculo XII factis, id est ab anno 1107 ad 1200.

Gerardus de Marciano qui, abbatis Gregorii tempore, dederat rusticos quosdam in pago seu villa de Bascos (Bascoos seu Vascons et Bascons), dedit etiam alios in villa Dominica, tempore abbatis Raymundi d'Arbocava qui Suavio successit, anno 1107; et presbiter quidam qui, antequam sacerdotio initiaretur, matrimonio junctus filium ex eo susceperat, eumdem cum ecclesia eiusdem villæ ad se pertinente[a] dedit, prout constat per chartam chartulario sæpe dicto insertam, cuius talis est tenor : « Arnaldus presbiter, de villa Dominica, pro animæ suæ remedio et pro filio suo quem præmisit[b] faciendo monachum in monasterium, dedit beato Severo partem quam habebat in ecclesia S. Martini eiusdem villæ supradictæ; et ipse Arnaldus in festivitate[c] S. Benedicti, V idus julii, præsente abbate Raimundo et omni Conventu in capitulo, totum honorem, quem possidebat jure hæreditario, post obitum mortis suæ, nunc et in æternum dedit Beato Severo et affirmavit[d]. Hoc factum est tempore comitis Pictaviensis Guillelmi[e] et Ray-

(a) Et senioratu ac dominio.
(b) Promisit.
(c) in festo translationis S. Benedicti.
(d) Sigillo, nodis, subscriptione.
(e) Qui Guido Gaufredo successit, hic Guillelmus Magnus fuit cognominatus, ut infra ex eodem chartulario.

mundi abbatis istius loci, atque Ausciensis Adurensis episcopi Guillelmi, et archiepiscopi Raimundi, currente Incarnationis domini nostri Jesu Christi anno MCXV, regnante Domino Paschale papa secundo. »

Ibidem: « Arnaldus Orguelius de Fita ad ultimum vitæ suæ misit ordinem, præsente Raymundo abbate et aliis pluribus hominibus; et dedit, pro redemtione animæ suæ, totum pignus terræ quod tenebat, Deo et S. Severo, hoc est: quatuor rusticos in Fita quæ vocatur. Inferior, pro centum quinquaginta solidis Pictaviensibus masculis[a] et sexaginta Morlanensibus; et in villa quæ vocatur Artiguebalde[b], alios quatuor rusticos pro sexaginta solidis Morlanensibus; et in alio loco, unam culturam[c] pro XVI solidis Morlanensibus, ad eleemosynam; regnante Guillelmo comite Vasconiæ, et Guillelmo Adurensi episcopo. Doni istius testes et visores sunt: Guillelmus Marcianensis, et Arnaldus de Oüers, et Guillelmus Bertrandus de Bolig, et Otto de Setenis, et Dodo de S. Eulalia, et Guillelmus Amaneus, et Bernardus Omet. Fidejussores istius pignoris sunt: Raimundus Guillelmus de l'Abatia cognominatus Adirog, et filius eius Curro; XVIII calend. februarii, feria IIII, luna XXVIII. »

Subiungo memoriale querelæ exortæ tempore eiusdem abbatis Raimundi, et sopitæ eius cura et prioris Mimisanensis diligentia, prout scriptum est in membrana pergameni sæpe dicta: « Notificari volumus tam præsentibus quam posteris fratribus, quod Geraldus de Lissa[d] decimationem quinque casalium de

---

(a) Solidi pictavienses masculi.
(b) Artiguebaude.
(c) Cultura pro vinea sumitur, seu terra culta et villula, *metairie, borde*.
(d) Al. Ligsa.

villa nomine Sorrele⁽ᵃ⁾, sub juris hæreditarii occasione, frandulenter ac diuturno tempore possederat. Aimo autem S. Severi non ignobilis monachus⁽ᵇ⁾ ac præsignis ecclesiæ Mimisanensis custos⁽ᶜ⁾ et dominus, ammonitu Dompni Raimundi S. Severi abbatis totiusque conventus, in placitum nimis rixosum et prolixum ipsum Geraldum, propter illum honorem, misit; ad ultumum vero ipse Geraldus a prædicto Aimone⁽ᵈ⁾ constrictus et convictus, terram eamdem, quam furtive sibi vindicaverat, Deo et S. Severo penitus dereliquit et irrevocabiliter restituit. Unde etiam quadraginta solidos Pictaviensis monetæ ab ipso Aimone firmissimo tenore recepit, semetipso ac Fortoro Willelmi de Manzescad huius redditionis fidejussoribus. »

Præcedens memoriale insertum est etiam in chartulario, e quo et sequentia refero : « Notum sit omnibus tam præsentibus quam futuris, quod⁽ᵉ⁾ Petrus comes Bigorritanus atque Marcianensis vicecomes et uxor eius Benetrix⁽ᶠ⁾ cum filio suo Centulo, pro redemptione animarum suarum dederunt decimas molendini de Monte⁽ᵍ⁾ domino Deo et beatæ Mariæ sanctoque Severo, pro quo Arnaldus de Carem, prior de Monte, fecit eis caritatem⁽ʰ⁾ LXXXX solidos Morlanensis monetæ. Insuper Raimumdus de Arbocava S. Severi

---

(a) Seu Sorroilhe diœcesis burdegalensis.

(b) Mo. sæpe in necrologio i. e. monachus.

(c) Custos, i, e. prior conventualis, sub abbate S. Severi.

(d) Hic Aimo in alio veteri chartulario clare dicitur monachus.

(e) De hoc Petro supra fuse dixi l. 3. ad annum 1144, agens de fundatione urbis Montis Marsani, cuius ipse fuit fundator.

(f) Beatrix filia comitis Bigorritani Centuli, l. 3.

(g) De Monte-Marsano, ante urbem conditam vel post; ideo forte, B. Mariæ Magdalenæ patronæ ecclesiæ urbis et prioratus novi.

(h) i. e. dedit in signum caritatis, amicitiæ et gratitudinis.

abbas totusque Conventus acceperat[a] eos in omnibus suis beneficiis et orationibus; Vitali S. Hermetis episcopo regente Adurensem ecclesiam, Guillelmo Serbent vicario[b] de Marsan, præsente Fortaner de Fontas, Arnaldo Lupo de Bogue, Dodone de Bernede, et omni populo. » Vitalis de S. Hermete episcopus fuit ab anno 1115, quo obiit eius antecessor Willelmus, ad 1120 quo ei successit Bonus-Homo episcopus. Unde si hoc donum[c] molendinorum (cuius fit expressa mentio in confirmatione et diplomate Richardi primi regis Angliæ infra referendo) factum est post fundatam urbem Montis-Marsani ubi Arnaldus de Carem prior jam constitutus fuerit, sequitur quod factum fuerit potius sub Raimundo Sancio quam sub Raimundo d'Arbocava abbate; ideoque forte hic dicitur quod jam ante acceperat eos Raimundus d'Arbocava et admiserat ad participationem bonorum operum conventus; et hoc donum refertur post aliud factum sub Raimundo Sancio abbate, cuius tempore, pacificatum fuit dissidium supra relatum pro fundatione et possessione ecclesiæ Montis-Marsani. Ex hoc tamen confirmatur, quod ibidem dixi, non alio tempore pacificationem hanc fieri potuisse quam anno 1141.

Sequentia refero ex eodem chartulario. « Longo tempore post[d]', Centulus comes Bigorritanus, præfati comitis filius, dedit[e] eidem monasterio decimas

---

(a) Affiliaverat ad participationem meritorum, etc.
(b) Viguier.
(c) Idem Petrus ecclesiam S. Mariæ Magdalenæ, cum domo priorali juxta eam, abbati S. Severi concessit ædificare et possidere libere, ut supra dictum est lib. 3.
(d) Scilicet post annum 1175, quo abbas fuit Bernardus de Born.
(e) i. e. data confirmavit, et dedit novorum molendinorum similiter decimas.

molendinarum beatæ Mariæ sanctoque Severo, in manu abbatis Bernardi de Born et Guillelmi de S. Joanne prioris de Monte, qui causa huius caritatis et dilectionis, tribuit comiti XL solidos : » scilicet, ut supra, largitatem fecit in testimonium gratitudinis et amicitiæ. Ibidem : « Item, eodem tempore, Arnaldus Guillelmus de Bascoor [a] fecit quoddam molendinum ibidem in Monte, de quo dedit decimas S. Mariæ [b] et beato martyri Severo; cuius rei gratia, Guillelmus eiusdem loci Prior dedit ei C et XI solidos. »

Ex eodem chartulario : « Notum sit omnibus tam præsentibus quam futuris, quod Guillelmus [c] comes Pictaviensis, filius magni Guillelmi, dedit decimam de duabus nassis, quæ sunt in stagno de Mimisan, Deo et S. Mariæ [d] et S. Severo et Roberto [e] abbati, firmavitque donum super altare S. Mariæ, præsente Arnaldo de Pujo, et filiis eius, et omni populo de Mimisan, et Stephano de Caumont, Guillelmo Ramundo de Sensag et Amalvivo de Blanquefort, et cæteris multis. Postea vero venit Petrus de Burdegala, filius Guillelmi præpositi, qui tempore temporis erat captus, cuius erat nassa una, ad Raymundum [f] abbatem S. Severi apud Mimisanum, concessitque donum, quod comes dederat in manu eiusdem abbatis, ecclesiæ S. Severi et fratribus ibi Deo servientibus, super altare S. Mariæ; præsentibus clericis et

---

(a) Basos seu Bascons.

(b) Magdalenæ, i. e. prioratui Montis-Marsani dependente ab ista abbatia S. Severi.

(c) Guillelmus B. filius Guillelmi magnus ipsemet, postquam a S. Bernardo conversus fuit.

(d) S. Mariæ, ecclesiæ et prioratui S. Mariæ de Mimisan dependente ab hocce nostro monasterio.

(e) Robertus abbas fuit anno 1130 — hoc donum anno 1136 creditur factum.

(f) Ad Raimundum Sancium, anno 1140 vel 1141.

populo, qui viderant primum donum, deditque ei Bonifacius prior eiusdem loci LX solidos Morlanenses et unum equum optimum; accepit rem firmavitque donum pro se et pro posteris suis. »

Ibidem ex eodem chartulario. « Notum sit omnibus tam præsentibus quam futuris quod Bernardus de Arrimbers [a] quando venit ad obitum suum, ordinavit filium suum Ottonem Beato Severo fieri monachum, et dedit ei quoddam casale nomine Benket a Souprosse; filii autem eius cum matre nomine Berarda, Raimundus et Guitardus scilicet, rem, ut pater eorum disposuerat, affirmantes, puerum fratrem suum beato Severo obtulerunt cum rustico super altare. Fideiussor huius conventionis Guillelmus Arnardus d'Arced, quod a vivo [b] in rustico aut in casali nichil omnino quærere liceat; præterea habet [c] duos rusticos a Minhos, quilibet [d] Bernardus cum sua uxore solebat inferre injurias; sed filii eius cum matre jusjurandum fecerunt abbati et monachis quod nunquam fecerint [e] injurias. »

Dictum est supra quomodo Arnaldus Guillelmus de Marciano dedit quartam partem decimarum ecclesiæ de Torreson et tertiam ecclesiæ de S. Quiteria de Calnario, nunc de Tholoseta. Licet enim hoc donum factum fuerit anno 1175, tempore Bernardi de Born abbatis, tamen occasione doni quod fecit Eicius presbyter de Calnario alterius tertiæ partis ecclesiæ S. Quiteriæ, et istud ibidem subiunxi. Non est autem omittendum, in necrologiis nostris men-

---

(a) Rimbles.
(b) i. e. ab homine ullo, seu nulli.
(c) Habet S. Severus, seu monasterium.
(d) Seu, quibus.
(e) Seu facient, facerent in posterum.

tionem fieri illustriorum benefactorum, sicuti praedicti Willelmi sexti comitis Pictaviensis Aquitaniae ducis et comitis Vasconiae; cuius in antiquo nostro necrologio annuntiatur obitus sic : « V idus aprilis, obiit Willelmus comes dux Aquitaniae, anno MCXXXVII. »

Ricardus I Angliae rex, filius Henrici II et Eleonorae Aquitaniae, *cor leonis* ab intrepida generositate cognominatus, qui rex Angliae fuit ab anno 1189 ad 1199 quo mortuus est, inter benefactores huiusce monasterii meruit computari; quippe qui eiusdem bona et privilegia amplissima diplomate confirmavit, et eiusdem monachos sub speciali sua protectione suscepit. Citatur autem eius diploma in Pareagio et in Pareagii confirmatione, seu ratificatione, facta ab Eduardo primo Angliae rege, supra relatis libro 3. ad annum 1270 et 1274. Subdo litteras eiusdem Ricardi, seu diploma confirmationis, prout in membrana veteri pergameni continetur, multis in locis jam pene abolitis et obliteratis litteris et apicibus.

(a) « Ricardus Dei Gratia rex Angliae Dux Normannorum et Æduanorum, comes Andegavensis, Geraldo(b) Auscitano archiepiscopo, et omnibus episcopis, abbatibus, comitibus vicecomitibus, Baronibus, justiciarum praepositis, ministris, et omnibus fidelibus suis, salutem :

» Notum sit omnibus hominibus praesentibus et futuris, quod ego stabilio et confirmo pacto firmissimo, insuper decretum pono et auctoriso data et scripta, quae antecessores mei fecerunt comites Wil-

(a) Diploma Richardi I regis Angliae, ducis Aquitaniae et comitis Vasconiae praesumptivi; nam Vasconia data fuerat ab Henrico eius patre sorori Alienorae et sponso eius Alphonso Nobili regi Castiliae, anno 1170.
(b) Al Beraldo.

lelmus scilicet, Sanctius, et Bernardus et Sancius filii eius, et Bosfredus cæterique omnes comites, qui usque ad nostrum tempus fuerunt, Deo et beato Severo et monachis ibidem Deo servientibus, omnem salvitatem et omnes libertates, quas ipsi prædicto loco concesserunt, et donationes illorum qui suum alodium illi monasterio dederunt, sive Salvatori eiusdem loci primo abbati cæterisque eius successoribus tributum fuit et undique distinatum. Concedimus etiam eidem monasterio, ut nullus archiepiscopus, nec episcopus, nec ego ipse, nec filius meus, neque filia mea, neque nepos aut pronepos, vel stirpis meæ aliquis, aut successor, aut propinquus, aut extraneus nec alia potens persona, vel, ut dixi, ex nostris consanguineis futuris per multorum annorum curricula, præsumat de redditibus vel de Cartis jam fati monasterii, aut de cellis, aut villis, aut ecclesiis quæ ad eum locum pertinent, quocumque modo occasiones movere, vel dolos vel immissiones aliquas facere, nec in hostem nec in caballicationem esse ducturos milites vel pedites, nec in foro aut in mercatu, de omnibus pertinentibus ad ipsum sanctissimum locum, neque quisquam hominum judicium capiat, vel in appendiciis eius aliquam calumniam facere præsumat, scilicet : in prioratibus, in ecclesiis, in primiciis, in oblationibus, in decimis, in cimiteriis, in villis, in aquis, in molendinis, in silvis, in pratis, in landis, in piscationibus, in pinetis, sive in vineis; nec arceutum[a] ineat per vim, nec censum aliquod quærere, nec clericis in ecclesiis villarum præfati sancti possidentis nullam audeat molestiam inferre; vel de his omnibus, quæcumque sanctisssi-

(a) Arceutum, i. e. receptum, ab arceber, receber, Marca H, B. l. 3. c. 8, etc.

mus locus, acquisitis vel datis aut acquirendis, acquisierit.

» Ullus episcoporum[a], aut clericorum, aut laicorum inibi Deo servientium[b] audeat inquietare ; sed si quid fuerit corrigendum, ad abbatem vel ad quos ipse voluerit, referatur. Neque in præfato loco quisquam episcopus audeat cathedram collocare, vel quamlibet potestatem, licentiam[c] habeat imperandi, excommunicandi neque aliquam ordinationem, quamvis levisimam faciendi, nisi cum voluntate et consilio et permissu abbatis ipso sanctissimo loco præsidentis : sed sint omnimode liberi, et absque ulla calumnia et inquietudine securi. Omnes vero episcopi qui modo adsunt, vel qui in perpetuum futuri sunt, ibi hospitare non audeant ; censum vero aut tributum aliquod non requirant, absque voluntate ut præfati sumus, abbatis. Fratribus autem non permittimus abbatem habere per munus aliquod, nec per vicium, nec per favorem, nec per adulationem pompæ rei sæcularis, sed secundum regulam et ordinationem S. Benedicti[d].

» Concedimus quoque ut, quicunque illuc fugiens pervenerit, nemo intra terminos illius monasterii præsumat illum insectari, cum a nullo libertas monasterii debeat violari ; si vero a quocunque forte per vim, vel aliquo contemptu monasterium violatum fuerit, damnum vel malum quod intulit in quadruplum restituat, septemque libras auri monasterio componat. Insuper etiam addimus quod omnes peregrini, et quicunque ad orationem vel mercatum,

(a) Exemptio ab episcopo.
b)* F. servientes. Subaudi ; non.
(c) In chartis comitum, supra : « et potestatis licentiam. »
(d) Abbas sit religiosus, non commendatarius.

sive sint milites, sive rustici, vel quilibet alii hominum, in tota via eundo et redeundo sint securi.

Concedimus quoque, eidem loco mercatum[a] quod nominatur Lobere, atque omnibus..... mercatoribus illuc venientibus securitatem. Præcipimus etiam præpositis et ministris nostris, ut ubicunque res prædicti monasterii fuerint, omnes custodiant et defendant; ut nec illi injuriam aliquam vel violentiam inferant, nec ab aliquibus inferri permittant. Concedimus etiam et confirmamus in perpetuum eidem monasterio, ut quæcunque præscripti monasterii fratres, in toto comitatu [b] nostro, nunc possident vel in futurum, auctore Domino, poterunt adipisci, salva eis omni tempore et penitus libera inconcusse possideant.

» Annuentes quoque et perpetua constitutione decernentes, ut nec suos homines[c] vel burgenses..... nemo recipere audeat judicandos; nec eosdem homines eisdem monachis juratos[d] retinere vel receptare..... aliqua occasione vel nova institutione distrahere[e] vel compellere præsumat. Omnes quoque ecclesias et cætera quæ præfati sumus....... molendinarias vero quas Petrus Marciani vicecomes dedit Deo sanctoque jam Severo, integre et sincere absque ullo censu dicto martyri Severo immunes trado, et in.......... Salva et illibata in perpetuum permanere. De hoc quod dicitur milites neque pedites S. Severi nec in hostem[f], nec in caballicationem...... esse ducturos,

(a) Mercatum jam stabilitum hic confirmat.
(b) Vasconiæ scilicet.
(c) Consuales, feudales, vassallos villicos, domesticos, servos, etc.
(d) i. e. juramento adstrictos et obligatos; sic jurati omnes erant burgenses, etc.
(e) Al. abstrahere. vid. l. 9. privilegia baronibus concessa Curiæ-Maioris.
(f) In hostem. In pareagio abbas eximitur ire personaliter in hostem, etc.

ita verum esse credimus et intelligendum fore dmsq[a] ..... abbas sancti Severi et eiusdem villæ burgensibus[b] mihi consueverunt facere et qualiter ante[c] privilegia a prædecessoribus nostris indulta facere consueverunt, de benignitate et jure concedimus et confirmamus, ne ab ipso die in viam ultra terminos Auscitanæ[d] provinciæ hostem nec caballicationem ab[e] vel equos aliis[f] exhibeant.

« Rata vero suprascripta hæc omnia eidem monasterio et fratribus ibidem Deo servientibus confirmamus, præcipientes omnibus senescallis, præpositis et baiulis nostris, tam præsentibus quam futuris, ut ei omnia, omnesque libertates et concessiones universas tam a nobis quam a prædecessoribus nostris præfato monasterio indulta, et ipsi inviolabiliter observent et districte faciant ab omnibus observari. Ad ultimum quoque, ammonitionibus et exemplis prædecessorum nostrorum, ut ex inscriptis diligenter eorum privilegiis etiam didicimus, sæpe nominato martyri Severo castrum Palestrion trado, cum omnibus appendiciis suis in silvis, in pratis, in villis, in landis, in aquis, in pinetis, in vineis, in molendinis, cum omnibus militibus[g] seu agricolis. Omnia quoque concedo quæ sunt inter duos fluvios ab Alpheano qui modo vulgo vocatur Aturris, usque ad Gavarsensem stabilio, confirmo, delego trado.

(a) Dominusque hujus loci abbas; vel : « dicimus quod hucusque abbas. » hæc in pareagio explicantur, ubi hic locus citatur.

(b) Seu burgenses.

(c) Per privilegia.

(d) Auccitanæ, Occitanæ, Auxitanæ.

(e) Abeant.

(f) Seu alii.

(g) Armicolis, in charta Willelmi. — Nobiles et rusticos tradit, super quos datum est dominium a comite Willelmo Sancio.

Privilegii testes sunt : Beraldus Auscitanuis archipræsul; Ademarus Petragoricensis episcopus; Bertrandus Aginnensis episcopus; Arnaldus Clari aen. abbas; Helias de Cella senescallus Vasconiæ; Bernardus comes de Armeniaco; Gasto Bearnensis; Willelmus Amaneu de Fronsiaco; Arnaldus Willelmi de Marciano; Amalbinus de Blanquefort; Fort de Mota; Akelinus Willelmi de l'Esparre; Willelmus Raymundi de Pans; Geraldus de Monens; Milo eleemosinarius. Data per manum Joannis vicecancellarlii..... archidiaconi. A. et D.(a) Reulæ, anno domini nostri principis(b)........, IIII nonas februarii, anno ab Incarnatione Domini MCXC, Indictione VIII, concurrente VII, Epacta XII, anno quo reges profecti sunt Hierosolimam (c). »

Super plicam seu dorsum, verso pergameno, hoc scriptum est : « Ut autem in præsenti et in futuro ævo carta ista firma, permaneat digna authoritate, meo sigillo roborare decrevi, atque istas... » Cætera legi non valent. Fit mentio huius diplomatis in quodam memoriali scripto in civitate Aquensi (d'Acqs) anno 1513, et ibidem refertur eius data.

(a) i. e. actum et datum Reulæ, ut ex chartulario didici in quo hoc diploma refertur.
(b) Anno II regni eius; Christi 1190.
(c) Anno 1190, reges Richardus Angliæ et Philippus Franciæ.

CAPUT VI.

DE BENEFACTORIBUS, DONATIONIBUS ET ADQUISITIONIBUS SÆCULO XIII FACTIS, ID EST AB ANNO 1200 AD 1300.

Anno 1208 concilio hic adunato, *Navarrus*(a) de Aquis episcopus Coseranensis (abbas antea Combælongæ) et sanctæ Sedis apostolicæ legatus, jura monasterii defendit, et se Conventui seu Capitulo hujusce cœnobii amicum et fratrem ostendit; ideoque jure merito inter amicos et benefactores est computandus.

Anno 1268, abbas Garsias Arnaldi de Navaliis redemit medietatem decimarum S. Petri de Mazeriis, seu de Maseras et Masieres, intra parrochiam S. Severi. Erat enim ecclesia seu cappella S. Petri in loco dicto de Mazeriis ab hocce monasterio dependens(b), sicut et nunc quoque talis locus est de parrochia et dependentia S. Severi; nec de tali ecclesia ulla fit mentio in bullis, quia non erat parrochia distincta et discreta, ut libro decimo sum dicturus fusius. Quomodo autem alienata fuerit hæc media pars decimarum illius loci (qui nunc vocatur Au Greilh) non exprimitur in charta redemptionis quam subjicio; in ea enim nominantur ut testes(c), qui in charta concessionis translationis tconcharum super

---

(a) Ex monacho abbas, ex abbate episcopus, ex episcopo legatus.
(b) Sicut ecclesia S. Hippolyti de Meignos, prope eumdem locum olim sita.
(c) Pey Giles de Paras et Pey de Cartis.

cimeterium anni 1262 vocantur custodes⁽ᵃ⁾ S. Severi. Hanc autem ex ipso originali⁽ᵇ⁾ extraho et describo ex ipsa membrana pergameni :

« Coneguda causa sie a tots aqueds qui son ne qui seran ne aqueste present Letre beiran ni audiran, que cum lo combents de Sent-Sever agosse tengut per augun temps et tiencos, per arrezon de peis, tote la desme de la parropi⁽ᶜ⁾ de Sent-P. de Mazeras, lo dit combent de Sen-Cevé⁽ᵈ⁾ a garde⁽ᵉ⁾ et a presenci et ab autrey de lor seior abat, s'abiencoren⁽ᶠ⁾ amigaumens ab N'Arnou⁽ᵍ⁾ Guillem de Grabassat caver de la meitat de la dite desme de Mazeras que tien de lui per certene somme de dinés, so es assaber CCC sols de Morlans, laqual meitat de la desme aparticné audit N'Arnau Guillem, e aso er per arrezon de Na Guiraut de Brocas qui fo sa molier ; et sober la dite desme lo dit combent s'abiencores ab lo dit N'Arnau Guillem, que ed dé⁽ʰ⁾ et quita franquemens et bonemens, per si et per sos hers qui son et qui a venir son, per (des) arrezenson⁽ⁱ⁾ de sa amne⁽ʲ⁾ et de sa molier et de tot son liadje, la dite partide de la desme. E'u combent deudit loc dona a lui CL sols de Morlans per le sobre-dite quitance ; les quaus CCC sols sober-dits e CL ed arreconeis que a ud⁽ᵏ⁾ e arsebud en bos dines condans.

(a) Custodes nempe portarum l. 3, ad ann. 1262.
(b) Ex ipsa originali charta redemptionis medietatis decimarum S. Petri de Mazeriis, vasconica lingua scripta.
(c) Parropi, ut capella annexa parrochiæ, non parrochia dictincta.
(d) * Cebé, pro Sever.
(e) Garde (grade, græt) gré, consentement.
(f) S'accordèrent.
(g) i. e. En Arnaut ; En, dominus.
(h) Donne, * donna.
(i) * Redemptio.
(j) Amne, homne, femme. — * male : *amne* est anima.
(k) Eu, habuit et recepit.

« Aquest don et aquest quitament fe lodit N'Arnau Guillem ab autrey et ab agradere voluntad et ab presenci de sos fils heretés, so es a saber, Guillem Arnaut, et Arnaut Guillem[a] los quaus ed ave de ladite Na Guiraut sa molier de la quau la desme mané[b], qui autrejan é arreconegon e aon[c] per ferm lesdites pagues en don e le[d] quitance. Aquest don et aquestes quitances fon feites ab autrey e ad voluntad deus sober dits fils heretés, e de Guillem Arnaut de Labarte e de Arnaut de Sorber, qui eren prims-tornes[e] de ladite desme partide; los quaus Guillem Arnaut de la Barte e Arnaut deu Sorber son fremes[f], cum for es, en tau[g] dit comben de les cauzes sobre dites.

Aso fo feit en la claustre de Sen-Cever, a prensenci d'En G. Arnaut de Navalies soberdit abat, e d'En P. de Correje-longue prior; R. Guillem de Mondied segrestan[h]; e d'En Doat de Dado obré[i]; En Guillem de Camgran hospitalé; En Guillem Arnaut de Bedloc, e d'En B. de la Lane cererés[j], e de tot l'autre combent. TTT.[k] son En P. Remon de Poy; En Bidon; En Johan de Lobard lo Macipi; P. Guiraut de Paras; Arnaut deu Boneu; Pelegrin de Lanevey; En P. de Lobard; Na R. B. de Cerres.

(a) Nomen patris aut ævi erat cognomen filiorum. Sic Gasto Centulus, Centulus Gasto de Bearno.
(b) Mouyoit.
(c) Ont pour ferme. — * Aon (aoun) pro aboun, habuerunt.
(d) * Lo, les, pro la, las, passim.
(e) Prim-torner, premier héritier présomptif et substitué aux enfants.
(f) Firmitates, fidejussores stipulantes, ut solet fieri.
(g) En tau, lege : enta'u, pour le.
(h) Raimond Guillem, sacristain.
(i) Operarius, ouvrier.
(j) Celleriers.
(k) Testes; duo custodes S. Severi dicti supra, in charta translationis concharum super cœmeterio.

N. R. B. de Naserene; En P. de Cartie, e mans d'autres prodomis[a] de le Viole; en testimoni de lequau cause les gardes[b] e'us autres prodomis deu medis loc, a les pregaris deudit Arnaut Guillem de Grabassat e deudit combent, an sajerade la presen carte ab lo saced[c] comunau. Datum et actum in claustro supradicto, mense julii, anno Domini MCCLX octavo. » Cum sigillo pendente.

Ex charta supradicta patet officia claustralia jam ex tunc hoc in monasterio extitisse, Prioris, Sacristæ Operarii, Hospitalarii seu Infirmarii, et Cellerariorum[d]. An vero ex tunc redditus particulares his officiis fuerint assignati, non constat; etsi in divisione mansarum et officiorum anni 1359, imo et in chartis anni 1317 et 1318, quædam mentio fiat antiquæ huius divisionis, ita quidem fieri potuit ut assignata fuerint bona ad onera officiorum horum supportanda, non tamen in proprium usum et peculium officiariorum convertenda, ut subinde abusive factum est. Nunc enim et officia sunt monachis in particulari assignata Sacristæ, Infirmarii, Procuratoris, Cellerarii, Depositarii, etc.; sed bona et redditus sunt in communi, nec quisquam cuiuscumque rei usum sibi vendicat ut propriæ, multo minus possessionem et proprietatem : administrantur enim bona et redditus, recipiuntur, dispensantur Officiariorum ministerio, non dominio; totius Conventus nomine, sub Superioris regimine, non propria particularium voluntate. Et similiter olim factum fuisse crediderim,

---

(a) Prud'hommes de la ville.
(b) Consules, jurati, *custodes* villæ, ut supra.
(c) " Sajet, vel saget sigillum.
(d) Et Vestiarii seu Camerarii, licet non nominetur in hac charta, cum aliæ (annis 1317 et 1318) pro hoc officio factæ fuerint.

nec opus fuisset reformatione, si hæc semper observata fuissent, nec alia opus erit, si semper observentur, ut, Deo favente, futurum spero.

Anno 1270 factum est pareagium supra relatum, quod anno 1274 Eduardus I Angliæ rex ratificavit; et in ratificatione sua, bona, redditus, et privilegia huic monasterio jam concessa confirmavit; abbati quoque et monachis huiusce cœnobii amicum se et benevolum sæpius ostendit, eos sæpe præsentia sua honorans; ideoque et inter huiusce loci benefactores locum eidem censeo non negandum. Chartam eius supra retuli lib. 3, ad annum 1274, cum confirmationibus Eduardi II et Eduardi III.

CAPUT VII

DE BENEFACTORIBUS, DONATIONIBUS ET ADQUISITIONIBUS SÆCULO XIV FACTIS, ID EST AB ANNO 1300 AD 1400.

Anno 1365, Domina Philippa de Porta habitatix loci de Rupeforti, dedit huicce monasterio eiusque abbati et priori ac prioratui de Rupeforti huius diocesis, in vicecomitatu Marcianensi, decimas quas tenebat in parrochiis B. Mariæ de Rupeforti, S. Petri de Sarbasan et S. Andreæ de Jocton[a]; ut particeps esset bonorum operum et orationum fratrum huiusce monasterii. Chartam eius ad longum referre, non est opus, nec tempus ad hoc suppetit.

Anno 1369, Bernardus de Moneino, abbas huiusce monasterii, emit decimas S. Martini de Montegaillardo[b], a tutoribus Petri de Montegaillardo, ipso consentiente; qui tutores erant Petrus-Bernardus de Casenave[c] et Gaillardus de Monte-Gaillardo, qui eodem anno dederunt decimas S. Joannis deu Fort, seu du Tour, prope Montem-Gaillardum, sub obligatione anniversarii sacrificii celebrandi die undecima mensis septembris, ut solet fieri. Quod donum ratificatum et confirmatum fuit anno 1409 ab eodem Petro seu Peyroto

---

(a) Cum obligatione solvendi episcopo adurensi XXX solidos Morlanenses.
(b) Nota quod ecclesia S. Martini non distabat ab ecclesia (non) multum S. Joannis de Fort, ut patet adhuc ex quibusdam maceriarum reliquiis.
(c) Qui Petrus, seu Pés de Casenave dictus est in venditione harum decimarum, Bernardus idem dicitur in fundatione anniversarii seu donatione S. Joannis de Tor : ideo Petrum-Bernardum hic ego vocavi.

de Montegaillardo, horum tutorum pupillo. Chartæ de his originales apud nos extant, ex quibus apparet quod antecessores huiusce Petri ab episcopo Adurensi excommunicati fuerant eo quod has decimas retinerent; sed concordato facto, episcopus ab eis quartam partem decimarum S. Martini accepit, et alias tres partes ab iisdem concessit possideri, sub annuo censu quinque solidorum eidem episcopo et successoribus persolvendo; ideoque in donatione trium partium iidem nos obligant ad hos quinque solidos[a] Morlanenses solvendos. Chartam subjicio prædictæ emptionis, alias ad appendicem remitto; hanc autem refero hic, quia antecessor Peyroti seu Petri de Montegaillardo abbas in ea vocatur S. Martini, eo quod decimas eiusdem ecclesiæ (quæ jam non extat) perciperet, ac sic laicus abbas maritatus vocitabatur, licet abbatia nunquam ibidem fuerit. Suspicabar etiam abbatis nomen eius fuisse cognomen, sicut et nunc multi sunt sic cognominati in his partibus et in hac urbe Petrus l'Abat, Joannes l'Abat, etc.; sed quia dicitur abbas S. Martini, hoc suspicioni huic locum tollit[b].

« Notum sit que, cum Bernard abat de Sent Martin, vesin de Mongaillard, en abescat d'Ayre, sa-en-rey[c] deffunt, au temps que bivé agos reconegut aver prés et recebut de Gaissie de Poymeihan parroquiant de Sarrasiet, per lo dot et mayridatge de Naude[d] de Poymeihan filhe que fo deu dit Gaissie et molher deudit abat, MCCLXXX sos de bons morlans, los quoaux agos promes et autreiat render, tornar et

---

(a) Quinque solidi, vulgo d'*archif*; sunt pro decimis S. Joannis du Tour.
(b) Charta emptionis decimarum S. Martini de Montegaillardo.
(c) En rey, retro — * scribe : ça-en-arré, hinc retro.
(d) N'Aude.

restituar ausdits Gaissie et Naude sa filhe o a lors hoërs, en cas que deusdits abat et Naude sa molher desabiencos schens leyau hezet[a] de lor dessendent, si cum feit es, si cum plus clarement appar en carte feyte de la dite reconeissence per maestre Ramond de Clar notari sa-en-rey deffunt ; et per-so-car deusdits Abat et Naude es desabiencut schens lezau hezet de lor dessendent, et lodit Gaissie es tinut d'aqueste sengle la dita soma de dot sie abiencude et succedide per leiau cors[b] de promesse a Peys de Poymeihan nebot deudit Gaissie, si cum dit :

» So es a saber que, en presenci de mi notari et deus testimonis jus-escriuts, constituits personalment, lodit Pes de Poymeihan, prim-torner et hereter deusdits Gaissie et Naude, de son bon grat, assi cum disso, et non constrent, ni forsat, decebut ni enganat en ré, ni per negune male induction ad asso amenat, maés certiorat de tot son dret; per ed et per tots sous hers successors et ordens, perpetualment ha benut et alienat, quitat, gurpit, autreiat, renunciat et desemparat, et per nom de bray et expres titol de vendition no revosquadere[c] en vite ni en mort, per negune desagradabletat, ab la authoritat daquest present carte, liurat au reverend pay en Christ Mossen Bernard, per la grace de Diu, abat deu mostier de Sent-Sever, et als religios, prior et combent deu dit mostier aqui presens, crompans, stipulans et recebens per lor et per tots lors successors perpetualment, tots los MCCLXXX sos de bons Morlans, et tot lo dret, dever, rason et action personau

---

(a)* Lege : heret. — sans légitime lignage.
(b) Copi. —* cors, cours.
(c)* Revocadé-ére, révocable.

et reau que agos et aver podos e degos per ladita soma de dot, en et sober l'ostau, dexme de Sent-Martin, ab tots sous drets, devers et appartients; en asso que, en pauc ni en pro(a), nuls he no siha(b) saubat, retengut ni reserbat.

Et aqueste bende(c) lodit Pes de Poymeihan dissoque ave fait et fasé de voluntat et autrey de Gaillardet de Sent-Martin et de Pes de Casenave, besiis de Mongaillard, tutors donnats per senhor et per cort(d) a Peirot de Sent-Martin pupil, filh qui fo de Menaud de Sent-Martin prim-torner et hereter de Bernard de Sent-Martin, aqui presens et autreians et per près(e) et somà de autante soma cum monte la soma de dot susdite que lodit Pés de Poymeihan na(f) reconegut et autreiat aver prés et recebut deusdits Mossen l'abat, prior et combent deudit mostier de Sent-Sever, en monede de mosseignor lo prince de Guyayne et de Galle, assi que s'en tengo per ben pagat et complit deu tot; en renuncian a las exceptions de no-aver aguts, pres, contats ni recebuts losdits diers(g) au conte et valor susdite et per la razon avandite, et de no abiencuts, ni retornats en son profeit et utilitat, de menor(h) prest, de tot fran(i), nigune deception et bausie :

» De tota la quoau soma de dot susdite et deu dret et dever susdit lodit Pés de Poymeihan torner et here-

---

(a) Prou.
(b)* Siha, sia, sie, soit.
(c) Vente.
(d) Cort, cour juridice.
(e) Pour prix de semblable somme.
(f)* Na, pro en a.
(g) Diners, denarios.
(h) De moindre prix.
(i)* Franc; de tot, dutout, entièrement.

ter avandit, per ed et per tot sous hers, successors et hordens, s'os desenvestit, dessasit et depossedit deu tot, et n'a embestit, sasit podessit et senhorit losdits Mossen l'abat, prior et combent, liuran ladite carte de reconeissence en la man deudit Mossen l'abat, en senhau deudit embestimen; et aqui medis losdits tutors liuran de feit et de drit (a) la possession de ladite desme ausdits Mossen l'abat, prior et comben; et volen et autreian que losdits Mossen l'abat, prior et combent tenguen et possedessin la dite desme, et prenguen et recebin los fruits, assides et gaudences que assi aven, sens retractement de some, ni de pague, que no s'en fasse en favor deu dit dot tous törners tant-entro(b) agen pagat ladite soma de dot complidament. De la quoau carte et de la soma en la medisse carte contengude, lodit Peyrot de Poymeihan fe et constitui losdits Mossen l'abat, prior et combent vrais et loyaux senhors, possededors, detiedors, donedors, et fassedors, en tote arré la lor propri voluntat, cum de la lor propri cause; la quoau vente susdite, ladite possession de dexme liurade, losdits Peyrot et tutors deven et an promes et autreiat tier (c) bone et ferme et stable ausdits Mossen l'abat, prior et combent, a portar nels(d) et far portar bone et ferme, leial et integre guarentie de lor medis, de cascun de lor, et de tot autre et sengles personnes deu monde, secglars(e) et de glisie, qui per nom o per arason de lor, o de augune de lor, o de la possession et tenence de ladite carte et dexme et percep-

---

(a)* Drit, dret-droit.
(b) Jusqu'à ce que.
(c) Tenir.
(d) 'Nels, en els, en ets.
(e) Séculiers, ecclésiastiques.

tion que feran deus usufruits d'aquere, audit Mossen l'abat, prior et combent ne fassen o ne agossen pleit, pernission, contrast, question o demande, ac satisferan, pagueran et emenderan tots costs et messions, damis, destors, damnatges et interets que faren, preneren et suffriren.

» En fauto de so dessusdit per lor no tengut ni complit, et per tot asso dessus-dit tier et complir en la maneire que diit es, n' an obligat, so es, lo dit Pés de Poymeihan, tots sos bens et causes presens viedors[a]; et los dits tutors, los bens et causes de la dite tutelle; et s'an soumes et pausan[b] au destrect et compulsion de tot senhor et jutge secglar et de glisie, que bolen et autreian per, que tier et complir totes et sengles las causes dessus dites, los podossen a pusquen constrenir o compellir, assi cum per cause judjade, sens seguir tote vie ordinari; et juran, part asso, los tots sober los sancts euangelis dui[c] tocats corporalment ab lors mans dextras, que tot assi cum dessus es dit ag[d] tieran et compliran, schens far ni vier[e] au contre en ré, en renuncian sober so au benefici de dret a la ley avidant, als decebuts en la meitat o mens deu dreiturer contra a tot levant et colquant, a tots drets, fors, costumes establimens, apeus[f] a totes cors, senhor, pleites secglars et de glisie, a tots dies coustumals de cosseils d'avocat, de absence d'avocat, de resposte, a tot exception de pleit, jurament judiciar, al somaire

(a) A venir.
(b)* F. pausat.
(c)* F. d'ius, d'ets, d'eux, par eux.
(d) Vel ac, id.
(e) Venir.
(f) Appels.

decreds, a tote lettre apostolicau et de legat, et a totes autres exceptions de dreit et de feit et de costume, ab que podossen s'aiudar per vier contre so dessusdit, en tot o en partide. »

« Actum est in Sancto-Severo, VII die mensis Julii, anno Domini millesimo CCCLXIX; Domino Eduardo, primogenito nobilis regis Angliæ, Principe Aquitaniæ et Galliæ existente; Domino Bernardo abbate Sancti-Severi. Testimonis [a] son d'esso: Guillem Ramond de Fargues; Gaillard de Dado, Guiraud Soulé besins de Montgaillard; et Bernard Casade besin de Viele; et jo, Johan deu Faur, notari public en Guiayne, qui [b] requerit, la presente carte recebu, escritu, et torné en publique forme, en pausé mong accoustumat senhau en testimoni de so dessus dit. »

Ex hac charta patet decimas S. Martini de Montegaillardo emptas fuisse integre et absque ullo onere. Decimæ vero S. Joannis deu Tort seu du Tour, quæ datæ sunt eodem anno pro fundatione obitus seu anniversarii, cum onere quinque solidorum Morlanensium episcopo quotannis solvendorum, in festo B. Martini, sunt datæ; nempe quia anno 1318, Bernardus de S. Martino, filius Garciæ de S. Martino, qui ab episcopo Adurensi excommunicatus fuerat ob decimarum harum detentionem cum eodem prælato concordavit, scilicet : Episcopus Adurensis ab eodem Bernardo quartam partem decimarum S. Joannis deu Tort suscepit, et tres alias partes eidem Bernardo et successoribus eius possidendas reliquit, sub prædicto annuo censu Archif.

Unde cum antea ecclesia et terra S. Martini de

(a) Testes.
(b)· Hinc incipit formula, quam neque vasconicam, neque gallicam possis dicere.

Giulos nobis data fuerit in parrochia Montis-Gaillardi, et subinde decimæ S. Martini emptæ fuerint, et datæ tres partes decimarum S. Joannis deu Tort, sequitur ibidem nil competere Domno episcopo Adurensi, præter quartam partem supradictam decimarum S. Joannis cum censu annuo æque dicto. Chartas (ut jam dixi) huiusce corcordati et donationis præfatæ ad appendicem remitto.

Anno 1384, Richardus II, rex Angliæ, salvam gardam huic monasterio dedit contra insultus diversos et excessus, ad eos compescendos; quam ad appendicem remitto.

CAPUT VIII

De benefactoribus, donationibus, adquisitionibus factis sæculis XV, XVI et XVII ad reformationem usque, id est ab anno 1400 usque ad annum 1645.

Anno 1432, nobilis D. Raimundus Guillelmus de Caupenne(a) dedit caveriam seu senioratum de Sanguinet, sub obligatione anniversarii sacrificii celebrandi bis in anno, scilicet in vigilia S. Joannis Baptistæ, et in vigilia S. Catharinæ, ut solet fieri.

Eodem tempore, Dominus de Dume dedit senioratum de Moncube, et alii alia minoris momenti dona fecerunt, anniversaria fundantes; quorum chartas ad appendicem remitto.

Ultimis his sæculis, abundante malitia, frigente caritate, ablata potius sunt bona huiusce monasterii quam nova superaddita; unde multa ex præcedentibus sunt deperdita et amissa, quæ recuperare nunc impossibile, chartis amissis, maxime anno 1569, quo hæretici Calvinistæ monasterium istud succenderunt et everterunt, eiusque chartas et documenta abstulerunt, aut etiam pleraque combusserunt, prout supra retuli ex processu-verbali et ex notis Bernardi d'Abadie; qui juste conqueritur, quod antiqui et difformati nostri prædecessores monachi bona, decimas, terras, jura monasterii venderent, sub prætextu impositionum et subsidiorum, ut scilicet propinquos suos de bonis

(a) Dominus de Mées, prope Bayonam.

huiusce monasterii ditarent, et cum iis sibi perpetuas flammas acquirerent et compararent, nec monasterii ruinas restaurare et resarcire dignarentur. Parum equidem eos invenio in reparatione tam ecclesiæ, quam monasterii laborasse; unus enim Guillelmus de Niort, huius coenobii monachus, prior prioratus conventualis de Buseto, capitulum monasterii suis fecit expensis propriis instaurari, anno 1615; et claustralis prior coenobii Arnaldus Vernhes pilarium illud ecclesiæ, quod cappellam Beatæ Virginis separat a presbiterio et ante quod erat altare S. Joannis, quodam modo resarciri fecit, ne penitus laberetur; qui tamen, ut supra scripsi, villulam monasterii, dictam du Tincq, vendidit partemque pecuniæ appensæ sibi retinuit, aliam ementi Dominæ de la Fite reliquit, aliam aliis distribuit.

Chartas hic subjicio Ludovici XI et Caroli fratris eius, qui sæculo XV, huiusce monasterii confirmavere fundationem et dotationem, postquam, pulsis Anglis, ad regnum Franciæ Aquitania simulque Vasconia devenit (Imperium) et pacifico deinceps possessa est dominio. Hos enim principes inter benefactores dinumerare justum est monasterii, cuius bona diplomatibus suis confirmare voluerunt. Post eos, alii quoque eadem confirmarunt, videlicet Franciscus I anno 1529, et Carolus II anno 1547, etc.; sed eorum patentes litteræ cum multis aliis ablatæ, nondum nobis sunt redditæ.

Charta, seu diploma Ludovici XI Franciæ regis, data anno 1461, quo primum ad coronam et regnum venit, in qua chartæ primariæ fundationis et dotationis huius monasterii ad longum referentur, et cuius diplomatis exemplar originale apud nos extat :

« Ludovicus, Dei gratia, Francorum rex. Notum facimus universis praesentibus et futuris, nobis pro parte bene dilectorum nostrorum religiosorum et honestorum virorum Abbatis[a] et Conventus monasterii S. Severi, ordinis S. Benedicti, Sanctae Sedi apostolicae immediate subjecti, in senescallia nostra Landarum et patria Vasconiae situati, trinas[b] patentes litteras antiquas fundationem, dotationem et augmentationem eiusdem monasterii continentes sive concernentes, nobis porrectas extitisse, formas, quae sequuntur, continentes. Et primo, prioris earumdem textus hic est : « Prae oculis indesinenter habere summum Deum, etc. » Ut supra retuli lib. 2 c. 2.

« Item secundae dictarum litterarum tenor iste sic legitur, in quodam cisterno pergameni, qui dicitur esse pars pancartae dicti monasterii: « In nomine Domini nostri Jesu Christi et Salvatoris Dei; Ego Willelmus Sancius, comes, et uxor mea Urraca, cum filiis nostris, etc. » Ut supra initio huius libri 7.

« Item tertiae dictarum litterarum forma haec sequitur : «Quanto sunt judicia Dei inscrutabilia, etc.» Ut supra hoc libro 7.

» Post quarum quidem litterarum praesentationem et exhibitionem, praefati Abbas et Conventus nobis reverenter supplicari fecerunt quatinus praeinsertas litteras et in eis contenta nostrae confirmationis munimine dignaremur roborare. Nos igitur, praedecessorum nostrorum gestis laudabilibus, in eis potissime quae divinum cultum concernunt, inhaerere cupientes, litteras praetranscriptas, ac omnia et singula in eis contenta, ratas habentes atque gratas, eas-

---

[a] Abbas tunc erat Joannes de Bearno, secundus commmendatarius.
[b] Prima charta comitis Willelmi Sancii; secunda eiusdem ; tertia filii eius Bernardi.

dem et ea, si et in quantum nunc usque religiosi prædicti monasterii S. Severi pacifice et debite usi sunt ac utuntur, volumus, laudamus, ratificamus et approbamus; ac de nostris authoritate regia plenitudineque potestatis, certa scientia et speciali gratia, tenore præsentium confirmamus, salvo in aliis jure nostro et quolibet alieno. Quod ut firmum et stabile perseveret, sigillum nostrum his præsentibus jussimus apponendum. Datum Turonis, mense decembri, anno Domini millesimo quadringentesimo sexagesimo primo, et regni nostri primo. Quarum quidem præsentium transsumptis seu *vidimus* sub sigillo regio confectis decernimus tantam fidem adhiberi in judicio et extra, veluti huic proprio originali. » Super plicam, parte infima seu ad calcem, sic est : « Per regem, ad relationem gentium sui magni Consilii, LE ROY. »

Ex qua charta seu diplomate duo pendent sigilla in cera viridi, cum laqueis seu cordulis sericis et rubri coloris in calce et a latere.

Charta seu diploma Caroli ducis Aquitaniæ, fratris Ludovici regis XI, in quo prædictæ patentes litteræ Ludovici regis cum chartis fundationis et dotationis ex integro referuntur, datum anno 1470 :

« Karolus, filius et frater Francorum regum, dux Aquitaniæ, comes Xanctonensis et Dominus Rupellæ. Notum facimus universis præsentibus et futuris Nos vidisse litteras Domini mei regis suo magno sigillo sigillatas, nobis pro parte dilectorum nostrorum religiosorum et conventus monasterii S. Severi, sede abbatiali vacante[a], præsentatas, exhi-

---

[a] Vacare dicitur sedes abbatialis, quia Hugo Hispaniæ intrusus, pro abbate non habebatur nec a monachis agnoscebatur, ut supra l. 5 dictum est.

bitas; quarum tenor sequitur et est talis : « Ludovicus Dei gratia, Francorum rex, etc.[a] Quas quidem litteras et omnia in eis contenta ratas gratas, rata et grata habentes, eas et ea, si et in quantum dicti religiosi abbas et conventus prædicti monasterii S. Severi pacifice, debite et quiete usi sunt et fuerunt ac utuntur, laudamus, ratificamus, approbamus, et de nostra authoritate plenitudineque potestatis, recta scientia et speciali gratia, tenore præsentium confirmamus. Mandamus insuper dilectis et fidelibus consiliariis nostris, gentibus magnorum nostrorum dierum compotorumque[b] nostrorum ac thesaurorum, senescallo nostro Landarum ceterisque justiciariis nostris et eorum loca tenentibus præsentibus et futuris, et eorum cuilibet, prout ad eum pertinuerit, quatenus dictos religiosos Abbatem et Conventum qui pro nunc sunt et erunt, nostris præsentibus gratia et confirmatione uti et gaudere faciant et permittant, nihil in contrarium attemptando. Quod si secus fieret, id ad statum pristinum et debitum reducant aut reduci faciant indilate: quod ut firmum et stabile perpetuo perseveret, nostris præsentibus litteris fecimus apponi sigillum; salvo, in aliis, jure nostro; et in omnibus, quolibet alieno. Datum apud S. Severum, in mense februarii, anno Domini millesimo quadringentesimo septuagesimo. (super plicam) : Per Dominum Ducem, in suo consilio. Daniel. »

Patet ex data litterarum harum, Carolum Aquitaniæ ducem monasterium istud eiusque monachos præsentia sua honorasse, et benevolentiam eis demonstrasse.

---

[a] Ut supra ex integro cum chartis inclusis.
[b] Computorum.

CAPUT IX.

De benefactoribus, donationibus, adquisitionibus, a reformatione huiusce monasterii, id est anno 1645, usque nunc anno 1681, et in posterum subsequturis.

Primum inter benefactores reformatorum huius monasterii monachorum congregationis S. Mauri jure merito locum obtinet D. D. Renatus de Pontac[a], qui, ut supra diximus lib. 4 reformatos advocavit, ut regularem observantiam in hac abbatia, quam tenet, restitueret, simulque ruinarum reparationem sic procuraret : unde eamdem ei debet hoc monasterium, quod in pulvere et ruina alioquin diu jacuisset. Commendabilis autem plurimum ex hoc idem D. abbas commendatarius est nobis, quod a tempore quo cum Reformatis contraxit et concordavit, nullis potuit sollicitationibus a proposito rovocari, et amicum se benevolum et beneficum nobis semper ostendit; quem, ut diu conservet Dominus, obnixis precibus flagitamus, ne pro commentatario, quidam forte succedat comedatarius.

Justam negare non debemus laudem memoriæ D. *Stephani de Tauzin* antiquorum monachorum huiusce monasterii Prioris, et congregationis Exemptorum in provincia Aquitaniæ visitatoris in capitulo eiusdem congregationis generali electi anno 1643,

---

[a] D. Renatus de Pontac abbas commendatarius.

in monasterio Sylvæ-maioris, decretorum doctoris et pii viri; qui D. Abbatis pio favens proposito, reformationi primus ex monachis consensum dedit, quem, licet suorum tam propinquorum quam monachorum sollicitationibus, querimoniis, contradictionibus impetitus, nullatenus retractavit; imo cunctos ad idem reformationis suscipiendæ propositum monachos deduxit, ita ut cum reformatis, eo movente, concorditer concordarint, ut supra dictum est, lib. 4.

Contradictores et inimicos multos habuit reformatio, fautores et amicos paucos, inter burgenses huius urbis S. Severi. Duos enim solummodo inter benefactores reperio numeratos, nempe D. Joannem Jacobum de Tuquoy, regium patronum in sede S. Severi, qui primus rev. patrem D. Antonium Espinasse, Priorem monasterii S. Crucis Burdegalensis, procuratoris nomine agentem pro parte reverendissimi patris superioris congregationis sancti Mauri, ad introductionem reformationis procurandam, suscepit, adjuvit consiliis, aliorum burgensium superatis querimoniis et minis spretis; ideoque a superioribus maioribus nostræ congregationis litteras accepit gratiosas, admissus cum suis ad bonorum operum et orationum participationem.

Secundus est D. Bernardus de Basquiat domicellus d'Artigon, in supremo Aquitaniæ senatu patronus et burgensis Sancti-Severi, apud quem rev. pater Domnus Antonius Espinasse diu est hospitatus. Quam ob causam, ab aliis civibus sæpe est injuriis appetitus; omnes enim reformationi infensi, communi consilio hospitium eidem rev. patri negare decreverant, sicut et domino de la Font commissario, in hac parte, pro exequtione concordati cum D. abbate initi pro introductione patrum reformatorum, et privati Consilii decretorum anni 1641 et 1643. Omnes autem sibi illatas injurias ea de causa generose pertulit et devicit præfatus D. de Basquiat, qui cum suis a superioribus eiusdem dictæ congregationis similiter affiliatus fuit et ad participationem meritorum admissus, etc.(a)

Anno 1672, domicella Margarita de Benac-Navailles, filia et soror Dominorum De Navaliis, dedit huic monasterio tres mille libras turonenses, cum onere celebrandi quotannis solemne et sacrosanctum missæ sacrificium(b), et quater in hebdomada qualibet missam privatam in perpetuum, pro remedio eius animæ; sepultaque est ante gradus altaris B. Mariæ, eiusque tumulo lapis impositus est insculptis in ære ejus insignibus et stemmate supra delineato.(c)

Eodem anno 1672 D. Maria de Garnyt uxor D. Basquiat de Cahope, dedit et legavit huic monasterio mille ducentas libras turonenses, sub onere anniversariorum sacrificiorum celebrandorum, nempe die 22 augusti de Beata Maria, et die 31 augusti de defunctis, pro remedio animæ suæ; et cantandi certis diebus, in charta fundationis eius expressis, Gaudia B. Virg. Mariæ. Eadem tumulata est extra cancellos cappellæ B. Mariæ.

Anno 1676, Joannes d'Augua, (qui per aliquot annos monasterii huius œconomus fuerat et fideliter in administratione villularum monasterii sese gesserat), eidem legavit mille libras turonenses, sub onere missæ privatæ singulis hebdomadibus in perpetuum,

---

(a) Multa gratitudinis nomine erga hanc familiam facta sunt, quæ tamen ingratitudinis nos accusat injuste.
(b) Nempe die 20 junii.
(c) L. 5. in serie abbatum, ad Garsiam Arnaldi de Navaliis.

pro eius anima, celebrandæ, et ibidem quievit in pace sepultusque est in choro ecclesiæ.

Chartas harum novissimarum donationum et fundationum ad appendicem remitto. Benefactorum horum omnium nomina chartis nostris seu chartulariis sunt inserta, ut in perpetuum eorum commemoratio fiat, prout solet quotidie fieri post lectionem martyrologii ad Primam; et pro iis officia divina et sacrosancta quotidie offeruntur sacrificia, ut perennem habeant bonorum operum et orationum communionem et participationem.

Anno 1680, die prima Julii, D. Joannes Petrus de Laval, Justiciæ abbatis ballivus, prævidere sibi cupiens in futurum, pro remedio animæ suæ, quingentos nummos, id est mille quingentas libras turonenses dedit huic monasterio; pro quarum redditu ad certum missarum privatarum numerum singulis hebdomanibus celebrandum tenemur, ex charta super hoc scripta die et anno quibus supra. (a)

(a) Ad scribendas subsequturas donationes satis relinquo spatii, nec enim tanta nunc est christianorum pietas et liberalitas, ut citius hoc vacuum possit impleri. —' Hanc auctor scripsit notam in margine, ad paginam manuscripti 444, cujus quarta pars tantum litteris pingitur. (EDD).

LIBER VIII

De viris illustribus huiusce monasterii.

PROLOGUS

Illustre adeo fuit hoc monasterium a prima eius fundatione seu restauratione, ut nulli dubium esse debeat quin et illustres viros Ecclesiæ dederit, imo et in cœlum transmiserit, cum plures illustres in sæculo, ab ipso ipsiusque periculo seu naufragio fugientes, susceperit. Suppetunt etiam nunc, post tot ruinas et incendia, chartæ multæ quæ docent nos, retroactis sæculis, plures in hoc monasterio fuisse monachos sanguine et genere claros, scientiarum laude commendabiles et virtutum sanctitate venerabiles; etsi plurium nomina sub tot monasterii huius ruinis fuerint et jaceant nunc sepulta. Plures ex huius cœnobii monachis constat assumptos ad prælaturas, ut alias abbatias et monasteria, imo et diœceses et provincias sub episcopalibus et archiepiscopalibus infulis regerent; et, quod magis est commendandum, plures easdem sibi oblatas respuerunt dignitates, aut etiam jam susceptas dimiserunt, ut sub regulari observantia hic securius et pacatius degerent, et propriæ saluti laborarent, otium Mariæ Marthæ sollicitudinibus præferentes.

Pauca de prima huiusce monasterii fundatione nobis residua sunt documenta, quibus tamen constat primos eiusdem monachos zelo, pietate, scientia et sanctitate illustres fuisse. Non dubium quin apostolicos viros et muneris apostolici dignos huc olim transmiserit aut secum duxerit Sanctus Amandus cui, ut libro II supra vidimus, hoc monasterium initium et originem debet. Docet nos scriptor vitae S. Severi post primam huius coenobii ruinam scriptae, Sanctum hunc Theodoro et Magno religiosis et piis viris apparuisse, ut de reliquiarum suarum praesentia certos eos faceret; quas certe nisi piis et sanctis viris non revelasset. Author quoque legendae translationis capitis S. Severi supra relatae, sacristam pium et bonum ac virtuosum fuisse testatur monachum, qui eiusdem sacratissimi martyris capsam angelico ministerio transportatam invenit; ex quibus non sine fundamento licet conjicere primos primorum saeculorum huius monasterii monachos exactae observantiae, et sanctae vitae ac eximiae virtutis extitisse. Nec plura licet dicere, cum alia nobis nulla sint monimenta. Unde a restauratione huiusce monasterii Virorum Illustrium catalogum incipiam texere, paucos e pluribus referens, quorum nomina vix ruinarum et incendiorum effugere discrimina.

CAPUT I.

De viris illustribus huiusce monasterii, ab eius restauratione usque ad commendarum introductionem.

Satis patet et constat ex necrologiis et chartis nostris, ex notis B. d'Abadie aliisque scripturis et documentis, abbates et monachos huiusce monasterii ex illustrioribus fuisse familiis huiusce provinciæ oriundos; nec tamen propterea inter illustres recensebo, nisi quos aut sapientiæ doctrina, aut morum pietas et sanctitas commendarint, aut zelus et heroica opera pro Ecclesia Dei, pro religione, aut pro bono huiusce monasterii spirituali maxime reddiderint commendabiles et illustres; etsi plurium acta nos lateant, documentis amissis. Non dubium quin virtute conspicuos comes Willelmus Sancius olim primos elegerit, quos hic ab ipsa restauratione huius monasterii stabiliret, quamvis eorum nomina oblivione jam sint sepulta, præter unius abbatis primi nomen et meritum, cuius expressa mentio fit in primariis nostris chartis et tabulis fundationis et dotationum.

Anno 963, **Salvator** — Primus itaque abbas huiusce monasterii, constitutus circa annum 963, fuit pius et religiosus vir, professione monachus benedictinus, nomine Salvator, quem comes Willelmus Sancius in prima charta[a] sua vocat sanctissi-

---

[a] Ex charta Willelmi Sancii; ex chartulario parvo, etc. Marca H. B. l. 3. c. 9. n. 2.

mum et ab omnibus laudabilem; qui certe, eximiæ virtutis merito, dignus fuit cui primum hæc abbatia regenda committeretur. Arsius seu Arsivus, episcopus Lapurdensis seu Bayonensis, chartam suam dinumerationis bonorum ecclesiæ suæ ab eo voluit subscribi, ut ei firmius crederetur; nec dubium quin multa præclare gesserit, quorum memorialia tot jam transacta sæcula inviderunt nobis. Obiit autem, ut supra vidimus in serie abbatum,

Anno 1008, **Sancius**. — Successit sine dubio eius merito et pietati successor eius dignitatis Sancius seu Sancio; quandoquidem tanta fuit eius fama sanctitatis, ut abbas Rocenarius e longinqua regione ipsum advocaverit, cui ecclesiam suam dimitteret, et inter cuius brachia spiritum Deo redderet: quem ipsemet Sancius emisit anno 1028. Notandum hic quod clarissimus vir D. de Marca hist. suæ lib. 3. c. 12. n. 3. Raymundum abbatem S. Severi et episcopum Agennensem fuisse dicit anno 1023; sed in hoc erravit doctissimus alioquin historiographus; nullus enim Raimundus tunc fuit abbas S. Severi et episcopus Agennensis ante Raimundum[a], qui talis solum fuit anno 1107, obiitque anno 1128, ut supra dictum est in serie abbatum.

Anno 1028, **Gregorius** — tertius huius monasterii abbas ab eius restauratione, qui Sancioni successit anno circiter 1028, illustrissimus fuit generis nobilitate, virtutis merito, infularum dignitate, rebus præclare gestis, zelo et pietate, imo et temporalium bonorum huius monasterii augmento non mediocri. Docent nos chartularia nostra, citata a D. de Marca[b], Gregorium Vasconia seu Bigorra oriun-

(a) Raymundus non anno 1023 fuit, sed 1123 factus episcopus Agennensis.
(b) Histor. Bearn. l. 4. c. 8. n. 2. et c. 9. n. 9.

dum, vicecomitis de Montaner(a) cognatum et propinquum Cluniacum ab ipsa infantia petisse, ibique sub prudenti et pia S. Hugonis (b) abbatis Cluniacensis disciplina educatum, non tantum ætate, sed et magis virtute profecisse; subinde, mortuo abbate Sancione, ab eiusdem nominis comite Sancione, Bernardi fratre et Willelmi Sancii filio, Cluniaco fuisse revocatum, ut huicce monasterio abbas præficeretur, juxta votum et desiderium monachorum, qui jam eius famam prudentiæ et pietatis audierant; nec fefellit eos opinio jam concepta et spes profectus huius monasterii sub talis patris et pastoris moderamine. Ita enim eius gubernationi benedixit Deus, ut accreverint, eius tempore, cœnobii huius temporalia bona et redditus mirum in modum, per acquisitiones ab ipso factas, aut donationes eidem a principibus et proceribus contributas; nec minus profecit monachorum pietas et observantia regularis, quæ monasterium hoc cunctis carum reddebat et venerabile. Permisit quidem Deus, eius tempore, cœnobium hoc incendio conflagrare, de quo jam supra diximus, illudque bello attribuimus; sed hoc divinæ Providentiæ evenisse scribo dispositione speciali, ut inde illustris huius abbatis zelus et pietas magis elucesceret, qui, quam citius potuit, monasterium reparavit et, ut scribitur in membrana vetere : « Opus monasterii maxime sublimavit atque cætera pretiose excoluit. » Idem quoque scriptum est in chartulario a D. de Marca citato sic, post quædam jam supra relata in serie abbatum de abbate Gregorio, « qui, ab ipsis infantiæ rudimentis, veniens

---

(a) Vicecomitatus Montanerii est in Bigorra, en Rivière-basse.
(b) S. Hugo abbas Cluniacensis successit S. Odiloni, etc, et obiit anno 1009.

Cluniacum, ibi longo tempore pie degens, petente Sancione comite reversus est; et sic abbatiæ S. Severi abbas effectus est, quam rexit per quadraginta(a) fere annos, meliorando cuncta et quasi ex informi materia poliens omnia, inter cætera bona quæ huic loco coadunavit; nam post ignis combustionem, proprium monasterium mirifice fundans eo, quo nunc est, opus conduxit. » Eius tempore, Raymundus cognomine Vetulus, plures tenebat episcopatus, Lascurrensem, Aquensem, etc. Unde interdicto subjacuit, quamvis eidem Lascurrensis episcopi nomen reliquerit summus pontifex : cuius tamen diœceseos et cleri et populi regimen, sicut et Aquensis, datum est abbati nostro Gregorio, de quo Marca citatus sic dicit :

« L'enclos d'un simple cloître n'estoit pas asses étendu pour occuper la capacité de ce grand esprit; il fut donc éleu pour la direction du clergé d'Acqs, etc.»

Post mortem autem Raymundi eiusque nepotis Raymundi junioris, suffectus est abbas Gregorius et episcopus Lascurrensis electus, circa annum 1060. Talis enim jam erat anno 1061, quo prælatorum hic coetu illustri convocato, ipse cum aliis subscripsit regulæ SS. P. N. Benedicti martyrologio junctæ, ut supra retuli lib. 3. Macario etiam (qui tunc episcopus erat Aquensis), sequenti anno, quo obiit, successit idem Gregorius(b); qui licet duplici infula sublimatus, se tamen monachum et abbatem S. Severi non est oblitus, nec curam huiusce monasterii neglexit, in cura duarum diœceseon occupatus, extensa scilicet, et

(a) Non multo post eius obitum hæc scripta fuisse censeo. In alio chartulario scribitur abbatiam rexisse 44 annis, et supra probatur, in serie abbatum.

(b) Marca l. 4. c. 9. dicit Macarium episcopum Aquensem fuisse solum per duos annos et semi.

quasi illimitata capacitate, cunctis providens sedulo, quam loca non poterant coarctare. Nec minor pro religione catholica fuit eius zelus et ardor; quippe qui exercitum duxit in Hispaniam adversus Sarracenos; e qua expeditione trimestri revocavit cum ecclesiarum suarum sollicitudo, nec tempora eius vigilantiam, sicut nec loca, concluserunt aut coarctarunt. Quam ut in futurun extenderet, de successore sibi digno providit, sicut et strenuos sibi delegit adjutores, nempe duos pios et religiosos viros ac monachos e monasterio S. Petri Generensis noviter fundato et episcopo Lascurrensi subdito, ex hoc monasterio S. Severi olim ut conjicio assumptos, excepit, Odonem scilicet Despuey quem præpositum ecclesiæ Lascurrensis creavit, et Bernardum de Bazo[a] quem archidiaconum fecit, et in utraque prælatura habuit successorem, post obitum quem supra retuli l. 5. ad ann. D. 1072.

Refert D. de Marca H. suæ lib. 5, c. 5, n. 3. quod Gregorius abbas Regulæ Bigorrensis, seu S. Orientii (vulgo, en Rivière-basse), germanus vicecomitis de Montaner Guillelmi et Gregorii abbatis S. Severi, cognati sui Ottonis alterius vicecomitis persequtionem fugiens, ad monasterium S. Severi venit; ubi a propinquo suo Gregorio abbate susceptus et humaniter habitus est, donec idem vicecomes facti pœnitens, eumdem ut rediret ad suum monasterium huc rogaturus advenit.

Willelmus Bernardi. — Fuit eodem Gregorii abbatis tempore Willelmus seu Guillelmus Bernardi[b], huiusce monasterii monachus, Ausciensis

---

[a] Ex hac diœcesi Adurensi.
[b] Ausciensis archiepiscopus, qui obiit anno 1096.

archiepiscopus, Heraclei successor, erga hoc cœnobium bene affectus, ut supra dixi libro præcedenti, qui obiit anno 1096; eiusque obitus in antiquo nostro hagiologio seu necrologio sic notatur : « XV kalend. maii, depositio Domni Willelmi archiepiscopi Ausciensis, anno MXCVI; » et de eo fit mentio in recentiori obituario sic : « Idibus maii ob. fr. Guillelmus archiepiscopus Ausciensis, monachus huius loci : » ubi notandum, ut supra dixi, non attendi diem obitus in hoc secundo necrologio sicut in primo.

Petrus. — Eadem quoque ætate inter vivos agebat Petrus[a] episcopus Adurensis, qui inter huius monasterii fratres computatur in recentiori obituario, fuitque bene affectus erga hoc monasterium et de eo bene meritus; cuius obitus sic annuntiatur in antiquo necrologio : « Idibus Julii, depositio D. Petri episcopi Adurensis, anno MXCII. » Sic tres eodem tempore erant prælati huius cœnobii monachi.

Bernardus—de Baso[b] quem ex hac diœcesi oriundum, huius quoque monasterii monachum fuisse non sine fundamento conjicio, hinc ad monasterium S. Petri de Generoso a comite Sancione fundatum, translatum, et inde ab abbate Gregorio episcopo Lascurrensi assumptum et archidiaconum factum jam diximus. Magnæ autem pietatis, eximiæ virtutis, et abstinentiæ, ac moderationis specialis vir fuit hic Bernardus, imo et simplicitatis forte nimiæ; qua jura et ecclesiarum suarum non potuit digne tueri adversus Amatum episcopum Oloronensem; de hoc agit D. de Marca l. 4. c. 18; in cuius fine chartam citat Aquensem, per quam constat Bernardum utrumque episcopatum

---

(a) Episcopus Adurensis; anno 1092 obiit.
(b) Episcopus Lascurrensis et Aquensis obiit anno 1080.

Aquensem et Lascurrensem tenuisse, sicut et antecessor eius Gregorius. Eius autem obitus refertur ex necrologio nostro 25 die Julii, anno 1097, a D. de Marca. Sed fefellit eum nominis similitudo; Bernardus enim de Baso obiit circa annum 1080, quo ei successit alius huiusce monasterii monachus, nomine

Bernardus — de Mugron[a], qui (secundum historiam D. de Compaigne, Aquensis civis et regii procuratoris), e monacho S. Severi factus est episcopus Aquensis anno 1080, scilicet post mortem Bernardi de Baso; unde huiusce Bernardi de Mugron annuntiabatur obitus in necrologio nostro : « VIII kalend. augusti, anno MXCVII[b], » qui tertius fuit e nostris episcopus Aquensis.

Suavius[c],—seu Suavinus, quintus S. Severi abbas ab huiusce monasterii restauratione, eximiæ pietatis et suavitatis vir fuit. Cuius mansuetudo, nomini eius conformis, fecit ut lites et discordias plures occasione bonorum temporalium exortas amicabiliter terminaverit, juri suo quandoque cedens, aut etiam pacem emens. Societatem iniit cum fratribus monasterii Sylvæ-maioris, ut supra vidimus b. 3. Is urbis S. Severi fundator existens, primas eius leges, consuetudines et fori statuta condidit; cunctis huiusce provinciæ proceribus ita charus, ut unanimi consilio omnes, in eius favorem, ad papam Paschalem II scripserint contra abbatem Sanctæ-Crucis, ut vidimus supra.

Raymundus [d] — Bernardi d'Arbocava, sextus

(a) obiit anno 1097.
(b) Litteris seu apicibus jam deletis, id non apparet amplius.
(c) Suavius etiam Suavinus quintus abbas, ab anno 1092 ad 1107, quo obiit.
(d) Raymundus Bernardi, seu d'Arbocava, episcopus Aginnensis, obiit anno 1128.

huius monasterii abbas, illustris absque dubio fuit et insignis meriti ; quod ipsum ad prælaturam Agennensem fecit assumi, anno circiter 1123, postquam cum archiepiscopo Burdegalensi concordavit, ut supra vidimus, pro ecclesia Mimizanensi; obiitque VII idus aprilis, anno 1128, ut diximus in catalogo abbatum. Eiusdem tempore

Raymundus(a), — huius monasterii monachus, electus est episcopus Lapurdensis seu Baionensis, et defunctus est Baionæ anno 1125 ; cuius ita fit mentio in antiquo necrologio nostro : « II kalend. maii, obiit B. memoriæ Raymundus episcopus Laburdensis ecclesiæ, et monachus congregationis nostræ, anno MCXXV. Ex pancarta autem donationem colligo monachos congregationis nostræ esse huius monasterii, non vero cum dicuntur societatis nostræ ; quia plura alia monasteria societate unita erant cum isto, ut supra dictum est sæpe. In alio autem nerologio recentiori huiusce monasterii, octavo kalend. februarii, seu die 15 januarii, fit mentio Raymundi episcopi Laburdensis, qui ibidem expresse dicitur monachus huius loci, id est huiusce monasterii.

Raymundus(b) — Sancius, undecimus huius monasterii abbas, inter viros illustres est merito computandus. Interfuit enim concilio de Nouguarol, ubi ventilata est quæstio et querimonia episcopi Adurensis Bonihominis pro ecclesia urbis Montis-Marsani ; cum quo idem subinde pacem fecit et terminavit querelam, ut supra vidimus l. 3. ad ann. 1141. Hic creditur episcopus Agennensis factus ; sed ego suspicor ipsum pro alio Raymundo Bernardi d'Arbocava acceptum ;

(a) Raymundus episcopus Lapurdensis seu Bayonensis ; obiit anno 1125
(b) Raymundus Sancius, anno 1140, etc.

idem enim necrologii locus pro utroque citatur VII idus aprilis, ut supra notavi in serie abbatum.

Raymundus (a) — alius, huius nominis quartus, et decimus tertius huius monasterii abbas, illustris adeo fuit et in tali habitus aestimatione, ut a cunctis provinciae proceribus electus fuerit, qui cum Arnaldo episcopo Oloronense(b) et Raymundo Lascurrensi ad Raymundum principem Arragoniae et comitem Barcinonensem deputatus proficisceretur anno 1154, ut supra dictum est in serie abbatum : ex quo licet conjicere quanta eius esset et crederetur virtus, authoritas et prudentia.

Arsius(c) — Seu Arsivus, decimus quintus huius monasterii abbas regularis, merito suae virtutis et doctrinae factus est episcopus Lascurrensis, et in utraque dignitate adfuit concilio a Navarro de Aquis Sanctae Sedis apostolicae legato hic congregato, anno 1208; nec tamen abbatis nomen, sed ministri solum assumpsit, quia non minor erat eius modestia et humilitas quam virtus et prudentia. De eo fit mentio a D. de Marça l. 6. Hist. Bearn, c. 19. n. 6. et in necrologio nostro antiquo sic : « III nonas aug. depositio domini Arsivi episcopi Lascurrensis et S. Severi ministri, anno D. MCCXII. »

Arnaldus(d) — huius nominis tertius, decimus sextus abbas S. Severi, dignus fuit Arsivi successor in utraque dignitate; non tamen episcopus fuit Lascurrensis immediate post Arsium, sed post Raymundum Arsivi successorem, nec Arsio cessit humilitate

---

(a) Raymundus, 13 abbas anno 1154.

(b) Arnaldus monachus cluniacensis, prior S. Fidis Morlanensis et episcopus Oloronensis.

(c) Arsius episcopus Lascurrensis circa annum 1208.

(d) Arnaldus episcopus Lascurrensis, anno circiter 1225 monasterii S. Severi provisor.

et modestia, qua se provisorem huiusce monasterii et procuratorem potius habuit, quam abbatem; ideoque talis etiam ei est attributa qualitas a tribus prælatis a summo pontifice Gregorio IX deputatis ad componendas querelas inter episcopum Adurensem et Capitulum seu Conventum huiusce monasterii exortas, in sententia quam super hoc protulere, anno 1231, quam referam libro sequenti.

Anraneus[a] — huius monasterii monachus, hinc ad archipræsulis infulam est assumptus, factus archiepiscopus Ausciensis; et de eo fit mentio in antiquo necrologio nostro sic : « III nonas februarii, depositio Domini Anranei [b] archiepiscopi Auchitanensis; » et in recentiori obituario : « octavo kalend. maii, » ubi dicitur Auraneus[c] archiepiscopus Auxitanensis et monachus huius cœnobii. Annus autem eius obitus expresse non indicatur; sed recens manus alicubi scripsit ann. 1227 vel 1262.

Raymundus[d] — e monacho huius cœnobii, tertius factus est e nostris archiepiscopus Auscitanus; nec ætas eius designata est in antiquo necrologio, in quo annuntiatur : « Kalendis octobris, depositio domni Raymundi Ausciensis archiepiscopi » et de eo fit mentio, ut fratris nostri, in recenti obituario kal. Julii.

Plurium[e] aliorum fit mentio in utroque necrologio præsulum, ut fratrum et huius monasterii monacho-

---

(a) Anraneus archiepiscopus Ausciensis, anno circiter 1227.
(b) Est Amanei.
(c) *Anraneus*, nomen male exscriptum videtur et est nobis omnino barbarum. Porro *Amaneus*, pro *Amandeus* (amans-Dei), vasconicum *Amaniou* refert et gallicum *Amanieu*. Jam vero *Auraneus* est vasconicum *aurañé*, vel *aulañé*, latine corylus.
(d) Raymundus archiepiscopus Ausciensis.
(e) Plures alii episcopi.

rum· talesque vocantur in recentiori obituario, quamvis quosdam ex his censeam solum affiliatos, non tamen fuisse monachos; sicuti, e. g. « Guillelmus seu Willelmus episcopus Adurensis, qui obiit anno 1115, Vitalis de S. Hermete, qui obiit anno 1120, » etc. Sic etiam fr. Petrus Pampilonensis episcopus nostræ congregationis dicitur; Gaillardus episcopus Aquensis; Bertrandus Lascurrensis[a]; Fortanerius item Aquensis; Willelmus Oloronensis, anno 1230; fr. Arsenius episcopus Lascurrensis; fr. Virimoaldus episcopus de Comenge, (Convenarum), etc. de quibus nil certi ausim affirmare. In antiquo necrologio fideliori et cui fides adhiberi firmior potest, annuntiantur obitus et depositiones abbatum quorumdam qui huiusce monasterii videntur fuisse monachi, v. g. « VI idus februarii, anno D. MCCLXXXIIII, obiit P..ymundus Arnaldus[b] de Caupena, abbas Sorduensis et monachus congregationis nostræ. » Nec tamen pro his velim litigare ut eos mordicus nostros fuisse contendam.

Arnaldus[c] — huius nominis quartus, et decimus septimus abbas huiusce monasterii S. Severi episcopus Aginnensis fieri meruit; et quia locorum distantia utrique non permittebat libere vacare prælaturæ, abbatis alterius consensit electioni. Hic autem fuit

Garsias[d] — Arnaldi de Navaliis, qui (licet antecessor eius obierit solum anno 1268), abbas erat anno 1262, ut constat ex charta concessionis translationis concharum super cimiterium supra relata. Illustris

---

(a) anno 1268.
(b) Arnaldus de Caupena, anno 1284.
(c) Arnaldus IV episcopus Aginnensis, anno 1260; obiit anno 1268.
(d) Garsias de Navaliis, anno 1262.

fuit hic noster decimus octavus abbas, magnoque in honore habitus ab ipsomet Eduardo I Angliæ rege, quem in pareagium admisit justitiæ et jurisdictionis S. Severi; et eius nomine Gastonem Bearnensem vicecomitem citavit, ut supra vidimus lib. 3; nec tamen minus eum suspexit et honoravit ipse Gasto, qui huiusce monasterii voluit esse familiaris.

Gaillardus(a) — huius cœnobii vigesimus primus abbas, antecessoribus suis non cessit prosapiæ nobilitate, virtutis merito et laude doctrinæ; ob quas eximias dotes carissimus fuit summo protifici Clementi V, ut ipsemet testatur in bulla, qua ei concessit, anno 1307, usum mithræ, annuli, aliorumque pontificalium ornamentorum et successoribus eius, abbatibus nempe regularibus.(b) Hanc bullam infra referam libro sequenti. Prioratus S. Petri de Monte, et S. Genesii de Vallibus univit prioratui Sanctæ Mariæ Magdalenæ Montis-Marsani, ut commodius conventus in eo degeret. In cuius ratificatione unionis, a priore conventuali S. Petri factæ anno 1308, Galhardus abbas dicitur Domini papæ Cappellanus; et certe, si eius modestia non tanta fuisset quanta meritum eius et doctrina, aut si mors immatura eum non tam cito sustulisset, non sine fundamento possumus opinari quod ad altiora promotus fuisset a pontifice, apud quem magno esset in pretio, quandoquidem

Petrus(c) — Arnaldi de Puyana (d) creatus est S. R. E. vicecancellarius et titulo S. Priscæ cardinalis, obiitque sub purpura anno 1370. Ab eodem

---

(a) Gaillardus, anno 1305.
(b) Testatur summus pontifex in bulla sua, Gaillardi tempore, regularem observantiam et morum innocentiam in hoc monasterio floruisse.
(c) Petrus de Puyanna, S. R. E. cardinalis, anno 1370.
(d) Stemmata illustris familiæ de Puyana: d'azur, a trois merlettes d'argent.

pontifice cardinalem hunc factum et creatum credidere qui eum, anno 1306, obiisse existimarunt; sed male et falso legerunt MCCCVI, cum vere sit scriptum MCCCLXX. Sic enim annuntiatur eius obitus in margine hagiologii nostri antiqui : « VIII idus septembris, anno Domini MCCCLXX tertia die introitus septembris, obiit D. Petrus Ardi[a] de Puihana, titulo S. Priscæ presbiter cardinalis, vicecancellarius S. Rom. ecclesiæ, et monachus S. Severi. Orate pro ipso; Pater noster. »

Monachorum merita abbatum meritis fuisse conformia probant prælaturæ et dignitates ad quas fuerunt assumpti, tempore nempe eiusdem Gaillardi prædicti, anno scilicet 1304.

Guillelmus[b] — de Podio-Artino, vulgo de Puyartin, e monacho S. Severi et priore de Mediano factus est episcopus Lascurrensis, etc.

Raymundus[c], — huius nominis quintus, et vigesimus quartus abbas S. Severi, factus est cardinalis a Joanne papa XX, anno 1316, quo conventus S. Severi Guillelmum de Podio episcopum Lascurrensem rogavit[d], ut abbatiæ regimen susciperet; quod ita suscepit, ut Lascurrensem dimiserit episcopatum, nec amplius episcopus dicitur in chartis nostris. Vir maiori certe laude dignus, nisi reddituum jam inchoatam divisionem continuasset; quæ etsi forte bona intentione cœpta, peculio tamen et proprietati subinde locum dedit, ruinæ spirituali et temporali monasterii et maxime commendarum introductioni; non enim

---

(a) Petrus Arnaldi. Quidam legerunt: archidiaconus; sed male.
(b) Guillelmus de Podio-Artino, 1316, episcopus Lascurrensis.
(c) Raymundus 5, S. R. E, cardinalis anno 1316.
(d) Ex Pontificio, seu ex actis et registris Pontificii Avenionensis, collectis a D. de Suares, et R. P. D. Claudio Stephanotio nostro, antiquitatis sagaci indagatore.

abbatiam in commendam quisquam hominum postulasset unquam, si bona et redditus proprios atque a cæteris discretos non habuisset.

Joannes(b) — de Calnario, vulgo de Caunar, ultimus e monachis abbas regularis huiusce monasterii, pius ac pacificus pastor, et rector illustris fuit generis nobilitate, vitæ merito, et doctrinæ capacitate; propter quam Martinus papa, huius nominis quintus, ipsum delegavit ut, eius nomine, litem inter archiepiscopum Burdegalensem et abbatem ac conventum S. Crucis exortam fine debito terminaret. Quod ita exequtus est, ut eius sententia, anno 1425 data, fuerit ex tunc plenariæ exequtioni mandata et usque nunc sine contradictione servata. Eius tempore, anno scilicet 1435, combustum et asolatam fuit hoc monasterium cum, pulsis Anglis, rex Franciæ Carolus VII has sibi regiones subdidit et subegit; sed illustris hic abbas monasterium suum quam citius potuit restauravit; cuius tamen ruina maior deinceps extitit per commendarum, post eius mortem, introductionem.

- (b) Joannes de Calnario, anno 1448, etc.

CAPUT II

DE VIRIS ILLUSTRIBUS HUIUSCE MONASTERII A COMMEN-
DARUM INTRODUCTIONE, AD EIUSDEM COENOBII REFORMA-
TIONEM.

In laudibus commendatariorum abbatum parum immoror, quippe qui nullatenus ad hoc monasterium pertinuerint, solo abbatis nomine et redditibus gaudentes; quorum promotioni sæpius favor aut quæstus maiorem sibi vindicaverint partem, potius quam meritum et virtus, et ex quibus multi ad hoc nunquam monasterium venerint, nec curam illius unquam ullam susceperint. Honori tamen cedit huiusce abbatiæ, quod plerique abbates eius commendatarii illustres fuerint genere et infularum dignitate; multi enim fuere episcopi, archiepiscopi et cardinales; nempe, anno 1464, Joannes de Fuxo abbatiæ administrator, episcopatum tenuit Aquensem et postea Convenarum. Anno 1516, Arnaldus Guillelmus de Aydia episcopus fuit Adurensis. Anno 1526, Gabriel de Gramont episcopus Tarbeiensis, S. R. E. cardinalis, abbas fuit commendatarius S. Severi; et post eum, Cardinalis Gibri, anno 1533. Philibertus de Bello-ludo episcopus Bethleemitanus, abbatiam tenuit anno 1536; et Hieronymus de Ruvera, archiepiscopus Taurinensis anno 1568; nec minus honorabile quod Gregorius papa XIV abbas S. Severi e vivis excessit, anno 1690; verumtamen hos quasi extraneos nec huius familiæ filios possumus recensere, computare non possumus ut domesticos.

Arnaldus Pros seu Prous, monasterii huius monachus et camerarius, abbas digne electus, anno 1466, merito probitatis inter illustres viros et veros abbates esset potius numerandus, licet intruso cedere coactus fuerit injuste.

Joannes d'Abadie, seu de Abbatia, inter abbates quoque esset merito computandus, sicut inter illustres huius monasterii viros, etsi locum eius alter acceperit, quem ipse electionis legitimæ titulo et pietatis ac doctrinæ merito debuerat possidere et occupare; nec minus ipse conventum modestia sua ædificavit, post demissionem, quam ipsum honoravit merito. Ita enim dilexit decorem domus Dei, ut redditus suos non in ditandis propinquis, sed in ornando templo consumpserit: organa enim propriis sumptibus ipse fecit conflari, quæ subinde hæretici sunt deprædati, quæ erant in navi ecclesiæ a latere epistolæ, ubi adhuc apparent lapides extra murum.

Inter illustres huius cœnobii viros omittere nefas est nobis eos qui, in hac ultima hæreticorum grassatione, generose martyrium subierunt; quorum nullus aut hæreticis junctus est libidinosæ vitæ seductus blanditiis, aut eorum territus et fractus crudelitate suppliciis cessit.[a]

Primi quos impetiit hæreticorum furor fuere tres monachi quorum hæc sunt nomina: Gratianus. d'Arnaudat, Joannes du Rou et Joannes Fossa[a], quos primo impetu trucidarunt non minus impii quam crudeles hæretici calvinistæ; quartus nomine Petrus d'Arance carceri mancipatus, ab iisdem ita ferociter

(a) Vide supra Processum verbalem, declarationem, notas B. d'Abadie, etc. l. 3.
(b) Joannes Fossa; alibi dicitur vicarius.

est tractatus, ut brevi post defunctus fuerit; vir modicæ alioquin sanitatis et valetudinis. Tres alii, tertio capti, libertatem appensa pecunia tertio redemerunt, scilicet Joannes de Saubaigner, Claudius de Prato (Du Prat) et Cosmas de Fita (de la Fite) quorum primus libertati suæ non diu supervixit, ita male habitus, ut accelerata mors eius fuerit a vinculis jam solutis. Alii, qua potuerunt, vitam apud amicos et propinquos fuga elapsi conservare conati sunt.

Nec minorem fidei constantiam et patientiæ generositatem hac in occasione demonstrarunt presbyteri sæculares, ecclesiæ nostræ abbatialis parochialis vicarii, seu præbendarii et cappellani. Inter quos Bernardus du Domerc, et Arnaldus sive Odetus de Lespiaut propriam sibi tumuli fossam præparare coacti sunt, ibidemque vivi ab hereticis sunt sepulti. Alius Petrus de Fita[a] nomine, fune ad collum alligato, ab hæreticis exagitatus et tractus fuit usque ad fluvium Aturris; quo cum pervenissent, plures in eum tormentarios globulos, laxatis rotis catapultarum, immisere; quibus tamen cum non potuisset occidi, in fluvium eum projecerunt; super cuius undas enatans, facie resupinus, cœlum aspiciens, junctis manibus fidem profitebatur et animam Deo commendabat: dum pertinaci rabie ac furore succensi hæretici, lapides in eum totis viribus projiciebant, ut citius submergeretur. Quartus alius sacerdos et præbendarius, Antonius du Martin, cum in domum paternam se recepisset in loco de Samadello[b], ibidem ab hæreticis captus est, et tum minis, tum blanditiis et promissis, postremo et suppliciis ac tormentis varie exagitatus

(a) De la Fite.
(b) Samadet.

et tentatus, constans semper in fide permansit : « Potestis, inquit, vitam auferre corporalem, fidem a me non auferetis ; vivet semper fides in anima, et ipsa in Deo meo, pro cuius nomine, ad omne supplicium perferendum paratus sum ; » ideoque ab eisdem trucidatus, sepultus fuit prope rivulum, unde corpus eius anno elapso, integrum et incorruptum repertum translatum est in ecclesiam eiusdem loci de Samadeto parrochialem, ubi pie cum consuetis precibus tumulatum fuit.

Duo alii sacerdotes et præbendarii seu ecclesiæ nostræ capellani Leonardus de la Chau et Matthæus du Barac ab hæreticis capti, amicis patrocinantibus et appensa ad redemptionem pecunia, liberati sunt et subinde monachi facti, defunctorum loca hic occuparunt. Justum est ut inter illustres viros locum habeant tales fidei confessores, ut et ipsis debitus honor reddatur, et eorum exemplis ad similem patientiam, constantiam et fidei defensionem posteri quique animentur.

Quamvis autem, ultimis his sæculis, multum torpuerit in hoc cœnobio observantia regularis, et monachi ab antiquorum patrum nostrorum pietate et doctrina longe defecerint, post hæreticorum maxime grassationem et monasterii huius ruinam, fuerunt tamen adhuc in eo monachi ita doctrina et probitate commendabiles, ut officialis et vicarii generalis munia et officia eis fuerint collata ; siquidem Petrus de Verubins huiusce monasterii monachus, officialis Adurensis fuit, obiitque, ut annotatur in necrologio nostro, III calend. februarii, anno 1588, ubi dicitur officialis Adurensis et monachus huius monasterii. Arnaldus quoque Vergnes prior claustralis huius cœnobii, eiusdem diœcesis Adurensis Vicarius generalis fuit, ut expresse dicitur in charta quadam anni 1594. Joannes item de Sales huius monasterii monachus, abbas erat monasterii Regulæ Sylvestrensis seu Reulæ Bearnensis, initio huius sæculi, ut constat ex pluribus chartis annorum 1612, 1615, 1618, etc, eodem tempore quo Guillelmus de Niort, prior de Buseto, Capitulum huius monasterii reparari fecit et instaurari.

Fatendum tamen est nec dissimulandum ruinam huiusce monasterii spiritualem non minorem fuisse quam temporalem, post bella hæreticorum; multaque utriusque ruinæ fuerunt testimonia, quæ melius est oblivioni sepelire, quam scripto posteris cognoscenda relinquere. Hoc unum dico, reformatione opus non fuisse, nisi antiqui monachi fuissent difformati. Non ergo reformationis advocandæ et adsciscendæ defuerunt causæ et rationes illustrissimo abbati commendatario D. D. Renato de Pontac, quem inter illustres, imo commendatariorum illustrissimum jure merito dicere possumus; quippe qui præ cunctis aliis profectum temporalem et spiritualem simul huius cœnobii procuravit, et utriusque ruinæ reparationem reformatorum patrum congregationis S. Mauri, promovit, ut supra dixi lib. 3. Cuius nomen et laus in mentibus nostris et cordibus, in chartis et lapidibus indelebiliter, Deo dante, perstabunt in sæcula sæculorum.

CAPUT III.

De viris illustribus huiusce monasterii ab eiusdem reformatione.

Laudandum non esse hominem in vita sua docent nos sacræ paginæ; ideoque non diu remorabitur me laus nostrorum, qui a reformationis nostræ introductione, in hoc monasterio commorati sunt, cum plerique adhuc vivant. Hoc tantum dixisse sufficiat ad gloriam Dei, ad laudem congregationis et posterorum nostrorum ædificationem, nunquam hic de fuisse pios et doctos viros congregationis S. Mauri monachos, quorum plerique (post superiores jam supra scriptos lib. 6). doctrina et virtute illustres fuere, scientias docuere, et per Octavas, Adventus et Quadragesimas prædicarunt; scilicet :

Lectores : Reverendus D. Joannes Cladiere docuit philosophiam in hoc cœnobio anno 1670, etc.

Rev. P. Domnus Paulus la Case docuit ibidem philosophiam, anno 1672, etc. subinde theologiam, anno 1675, etc.

Rev. P. Domnus Raymundus Foucaud docuit Positivam, seu Scripturæ Sacræ interpretationem, anno 1678.

Prædicatores :—Prædicarunt per Adventum et Quadragesimam in hac urbe ex nostris :

Rev. P. Domnus Anselmus Antheaume, annis 1648 et 1650;

Rev. P. D. Josephus de Limaignes, anno 1652;
Rev. P. D. Junianus Buisson, anno 1657;
Rev. P. D. Laurentius Fædy, anno 1659;
Rev. P. D. Antonius Loppes, anno 1665;
Rev. P. D. Joseph Metge, anno 1666;
Rev. P. D. Emmanuel Deschamps, anno 1668;
Rev. P. D. Ægidius Raisin, anno 1674;

Pudet me inter alios memetipsum annumerare, etsi docuerim hic nostris Rhetoricam, anno 1665; eodemque anno prædicaverim octavam SS. Sacramenti, et per Adventum et Quadragesimam anni 1669 et 1670, iterumque per Adventum anni 1679, et Quadragesimam 1680, et octavam eiusdem anni. De quibus omnibus, ut et de scriptis meis, tum in hac historia, tum in 43 aliis opusculis, sit soli Deo honor et gloria, mihi autem confusio et contemptus.

Pios plerosque magis et doctiores opto et exoro e nostris fore, in posterum, in hocce monasterio, quorum describendis nominibus spatium hic relinquo. Faxit Deus ut posterorum merita antecessorum valeant gloriam obscurare!

Unum hoc addendum hic censeo, nempe Nostrorum, non tam verbis quam exemplis, non parum hac in urbe S. Severi burgensium auctam fuisse pietatem; ita ut plures eiusdem loci juvenes religiones ingressi et in congregatione nostra Benedictino ordini adiuncti, non minus in litteris et virtute profecerint, quam alii bellis et armis strenuos sese idoneos et animosos demonstrarint.

Rev. Pater Domnus Joannes a S. Germano ad prædicandum, tempore proximi Adventus et Quadragesimæ, electus est et nominatus, pro anno scilicet 1681, et Quadragesimæ 1682. [a]

(a)' Hic in manuscripto pagina est vacua. (ɛᴅᴅ).

LIBER IX.

De juribus, Dominiis, Honoribus, privilegiis et ceremoniis commendabilioribus huiusce monasterii.

CAPUT I.

DE DOMINIIS, ET MAXIME DE DOMINIO PARTICULARI SEU DIRECTO IN URBEM ET PARROCHIAM S. SEVERI.

Certum est et nullo modo in dubium revocandum, tempore Willelmi Sancii comitis et filiorum eius, Vasconiæ comites omnino absolutos eiusdem fuisse dominos et ab omni alio rege et principe independentes, habuisseque alios comites et vicecomites sub se, tanquam sub Dominis supremis, inter Garumnam et Pyrenæos montes, a Burdegala inclusive usque ad Tholosam exclusive; ita tamen, ut etiam quæ sunt inter duo maria, seu inter Garumnam et Dordoniam, et vicecomitatus agennensis ab eodem comitum Vasconiæ dominio dependeret. Hæc satis constant ex charta Willelmi Sancii, qui ditionem suam vocat regnum suum, ex Aymoino; ex D. de Marca Hist. Bearn l. 3. c. 8. n. 6. et l. 4. c. 2. n. 1, aliisque. Ideoque hoc monasterium fundationis esse regalis omni tempore agnitum est a regibus et parlamentis.

Non minus certum est comitem Willelmum Sancium huiusce monasterii restauratorem et dotatorem eidem dando Castrum suum cum omnibus appendiciis, cum omni dominio et quæcumque essent inter duos fluvios ab Alpheano sive Aturri usque ad Gavasensem, abbatem dominum supremum ita constituisse, ut ab omni alio voluerit esse absolutum et independentem. « Abbatem, inquit, dominum huius loci constituo et fratres sub eo degentes; ad ultimum trado castrum Palestrion cum omnibus appendiciis, cum militibus et armicolis. » Ipsos etiam nobiles abbati submittit. « Omnia concedo quæ sunt inter duos fluvios. » Quæ verba de dominio triplici intelligenda esse videntur, nempe de publico, seu de jurisdictione et justitiæ exercitio; 2° de privato dominio, seu de directo et censuali et 3° de ipso etiam proprietatis dominio et possessione reali. Ita cuncta dedit ut nihil sibi nec suis successoribus reservaverit, ut satis clare sese explicat in sua charta fundationis. In secunda autem donationum charta lib. 7. supra relata sic ait: « et istud monasterium et ipsi monachi non habeant superiorem nisi Deum[a], sanctum Petrum Romæ et sanctum Severum. Nondum autem tunc erat urbs S. Severi, quæ anno tantum 1100 fuit fundata, ut supra dictum; ideoque de ea et de eius dominio nulla fit mentio in his primævis cartis, sed solum de castro Palestrione, quod oppidum fuit de Montlana; in chartis enim Bernardi et Sancionis filiorum Willelmi locus monasterii dicitur fuisse solitudo[b].

Confirmaverunt huiusce pleni dominii donum ple-

---

[a] Locum ab omni censu vult esse liberum. — In chartis quibusdam dicitur abbas regnare cum comite Vasconiæ.

[b] Charta Bernardi: « Genitor meus hanc emit solitudinem. »

num et absolutum filii Willelmi Sancii Bernardus et Sancio⁽ᵃ⁾ comites successores, et in chartis de superiori parte villæ Morganis supra relatis, monachi vocantur *Seniores* S. Severi, id est vulgo Seigneurs, domini. In statutis Suavii, seu legibus ab eo factis in urbis S. Severi fundatione, circa annum 1100, omnia sibi dominii pleni et absoluti jura reservat. Jura pedagii, clausuræ portarum et custodiæ clavium ejus; jus expeditionis et armamenti, jus fisci, et jurisdictionem omnimodam, ut ex ipsa statutorum supra relatorum lib. 3. satis patebit lectione.

Richardus I Angliæ rex hæc jura diplomate suo satis expresse confirmavit anno 1190⁽ᵇ⁾, et anno 1208 a concilio hic congregato agnita et declarata fuerunt. In charta concessionis translationis concharum super cimeterium, agnoscunt dominum abbatem S. Severi eiusdemque dominium villæ eiusdem, custodes seu consules et jurati', anno 1262. Ex charta pareagii, probatur indubie omne dominium habuisse conventum monasterii, cum reges Angliæ ad participationem justitiæ seu jurisdictionis admittant et dominium omne sibi directum reservent, ut in pareagii contractu videri potest. Post pactum et initum hunc contractum, homagium præstitit et reddidit abbas villæ S. Severi et omnis dominii eius, ut patet ex ipso homagio subinde referendo in fine huius capitis⁽ᶜ⁾. Reges pareagium confirmantes dominia in eo expressa confirmarunt simul

---

(a) In charta Sancionis: « milites mei seniorem recognoscunt abbatem. »

(b) Anno 1599, publicatum fuit monitorium sub censura excommunicationis contra usurpatores feudorum monasterii, post bella hæreticorum.

(c) De feudis fit mentio in charta anni 1348, cambii inter abbatem et camerarium; in charta divisionis reddituum anni 1359; et in alia transactione inter abbatem et conventum anni 1612, quo abbas dimittit feuda monachis, ab eis accipiens decimas de Caunar.

et approbarunt. Ipsi S. Severi Burgenses, in consuetudinibus quarum confirmationem subreptitiam obtinuerunt a Richardo II rege Angliæ, anno 1381, id expresse postularunt, ut scilicet abbas de novo creatus, ipsis jurare teneatur se bonum dominum futurum; sicque dominium eius sese agnoscere profitentur, licet ab eo in multis sese vellent subtrahere. Galliarum reges Ludovicus XI et frater eius Carolus dux Aquitaniæ, anno 1461 et 1470, fundationem et dotationem confirmantes, ut et Franciscus I anno 1539, et Carolus II anno 1547 idem dominium confirmarunt; nec minus Ludovicus XIII pareagium confirmando, anno 1611.

Ex quibus tale dominium indubium manere debet et incontestabile, de quo D. de Marca mentionem facit l. 3. Hist. Bearn. c. 8. n. 1. sic loquendo de Willelmi Sancii comitis donationibus : « A toutes ses liberalites il adioute son chateau Palestrion avec toutes ses appartenances, soit en rentes ou en hommages et vasselages. Encor aujourd'hui ce convent possede la jurisdiction de la ville de St-Sever, en consequence de cette charte. » [a] Extant adhuc, post tot incendia et ruinas, antiqua leznarum registra, vulgo lieves, bailletes et reconnaissances, seu feudorum et feudalium censuum eorumdemque solutionum libri, quibus satis apparet dominium directum totum possedisse Conventum, ut et rex Ludovicus XIII, initio sui diplomatis, dicit dominos in omni feudalitate fuisse religiosos seu monachos huiusce monasterii; nec quidquam alii legitime habere possunt directi dominii in urbe et appendiciis eius, nisi ab ipso conventu monasterii habuerint aut donatione,

---

[a] Arresto parlamenti Aquitaniæ anni 1669, declaratum est hoc dominium in totam parrochiam S. Severi. Talis enim debet esse eius extensio qualis et justiciæ monasterii seu jurisdictionis.

aut emptione, aut alia alienatione. Sed sola, ut satis probari potest, sibi arrogarunt usurpatione, nempe jurati et burgenses, post excisas nemorum arbores quæ ab abbate Suavio eis data fuerant, terras eorum in feudum dederunt, contra dantis intentionem; et sic facta est caveria de Mazeriis, ut ipsimet fatentur jurati, in homagio suo anni 1554, quo dicunt hanc caveriam esse de Sylva-inferiori *du bois de dessous* ou de *Mazères*.

Patres vero Dominicani, seu fratres Prædicatores, census secundos seu retro-feuda(a) obituaria volunt esse prima et primitiva; quasi vero dominium bonorum suorum directum dare potuerint, qui in bonis suis feuda de novo statuerunt in eorum favorem, cum expresse scriptum sit in consuetudinibus huius urbis et sedis senescalliæ, posse particulares quosque retro-feuda et secundos census in bonis et super bona sua de novo stabilire, absque præjudicio tamen directi dominii et jurium eius, etiam eo inscio et invito. Satisque patet nova imposita feuda in favorem eorumdem patrum super bona, quæ de nostro directo dominio clare constat semper fuisse.

Jura portuum, pedagiorum, transitus, pascuorum, molendinorum, piscationum, tegulariorum, fornacium, macelli, aliaque huic monasterio competere pluribus potest chartis probari. Comes Willelmus Sancius plenum in aquas Aturris et Gavasensis fluvii dedit; in pareagio, aqua nostra dicitur Aturris, ideoque et molendinum facere regi concedit hoc monaste-

---

(a) Retro-feuda obituaria etiam in favorem nostrum sunt stabilita, acbi prima debentur nobis; et sic in antiquo hagiologio legitur scriptum : « Nonis maii Debemus celebrare anniversarium isto die, pro Joanne de Fabre, qui dedit nobis duodecim solidos Morlanorum de feudis, in Rua de Pererio, prope villam istam. »

rium. De hoc jure fit mentio in homagio anni 1461, 1485, etc. Anno 1642, hoc jus agnitum et declaratum fuit supremi senatus Aquitaniæ arresto, seu decreto et judicio contradictorio pronunciato, quo jus positivum et negativum, prohibitivum et dispositivum in aquas Aturris declaratur; nempe quod possemus aggerem, nassam, molem vulgo *ecluse*, in tota latitudine fluvii facere et construere ad opus molendini nostri; rejectis contradictionibus Maioris et Juratorum loci de Granata, licet pro publico litigarent commercio et in navigii favorem. Anno 1651 D. de la Borde in sede S. Severi consiliarius, nassam construendi a nobis petiit licentiam et facultatem; quæ tamen ita ei concessa est, ut si quando hæc nassa destrueretur, eam rursus sine nova facultate non posset restaurare.

Anno 1665 decretum[a] seu sententiam dedit curia Thesaurariorum Aquitaniæ in favorem huiusce monasterii, qua jura in aquas pro nassis et molendinis atque piscationibus declarantur, contra D. J. Laborde de Meignos; eademque sententia confirmata est senatusconsulto parlamenti Aquitaniæ dato anno 1669. De jure piscationis sententia extat Navarri de Aquis legati, in actis concilii supra relatis, ad annum 1208.

In testimonium huiusce pleni dominii abbas et conventus juramenta fidelitatis et obedientiæ sibi præstita omni tempore receperunt 1° ab ipsa urbis communitate, in nova abbatis creatione, ut dicitur in pareagio; 2° a burgensium quolibet, in sua receptione, ut et quotannis quando recipiuntur in claustro nostro, juramentum præstare solent eodem tempore quo consules seu jurati. Olim autem burgenses omnes

---

(a) Declaratum fuit 7 die septembris 1665, et subinde 16 februarii 1669, jus positivum et prohibitivum.

jurati dicebantur ob illud juramentum, ut patet ex sententia legati, in concilio supra relato; ex diplomate Richardi primi, ubi dicuntur homines monachis jurati; et consules tunc dicti sunt qui nunc jurati, et subinde custodes a portarum custodia quam dederat eis abbas, cum jure mensuræ; de quibus supra satis jam dictum est; 3° ipsi consules seu jurati S. Severi, qui olim fiebant et creabantur ab abbate in festo S. Andræ, et subinde post pareagium, a rege et abbate in die S. Jacobi, (in cuius honorem quædam erat confratria seu confraternitas, cui debebatur vestis pretiosior cuiuslibet fœminæ morientis) ipsi, inquam, jurati qui nunc fiunt, a consilio et a rege et abbate confirmantur, prout obtinuerunt a Richardo II rege Angliæ anno 1381; juramentum præstant quotannis in die S. Jacobi in claustro nostro, regi et abbati, a quibus claves urbis accipiunt per manus senescalli seu eius locum tenentis et per manum bajuli abbatis seu ballivi; 4° Senescallus ipse Vasconiæ, qui senescallus Lannarum nunc dicitur, prima vice qua in hanc urbem venit, a monachis receptus et deductus ad pedes altaris, jurat et jurare tenetur se monasterii jura et bona conservaturum, super sacrosantis Dei evangeliis, alioque obstringebatur juramento in curia maiori præstando, ut patet ex pareagio; 5° Baiulus seu ballivus regis, seu præpositus, juramentum quoque præstare debet abbati et conventui, se monasterii jura et bona conservaturum, et justitiam simul cum ballivo abbatis administraturum fideliter; 6° Ipseque abbatis baiulus similiter facit et facere tenetur juramentum.

In signum eiusdem dominii, solent quotannis consules jurati cum cæteris burgensibus, in vigilia Nativitatis Domini, venire solemniter et brevi oratione salutare D. Abbatem, Priorem et Conventum, post vesperas, in capella Omnium Sanctorum; quod olim fieri solebat post Completorium in Capitulo, talisque visitatio et salutatio, in antiquis missalibus, homagium vocabatur. De quo infra referam scripta a D. d'Abadie.

Ipsum monasterii sigillum[a], eiusdem nota est dominii et jurisdictionis, scilicet : « manus dextera aperta et elevata, » quæ olim in sceptris regum authoritatem regiam et dominium significabat, simulque justitiam et jurisdictionem, sicut et magnificentiam et liberalitatem, atque clementiam. Hoc ergo sigillum olim forte fuerit usurpatum in memoriam S. Severi regis, vel ob plenum dominium ab ipso fundatore seu restauratore comite Willelmo Sancio datum. Refert autem D. de Marca Hist. Bearn. l. 6. c. 6. n. 4. quod anno 1173, Bearnenses, cum pati non valerent Bearnium a Maria hærede subdi homagio regi Arragoniæ præstando, adversus eam rebellasse, et principem sibi elegisse, primo quidem Bigorrensem equitem, et deinde Arvernum; quos paulo post occiderunt, ac subinde ad equitem Catalauniæ profectos, ut ab ipso unum ex duobus filiis gemellis, quos habuerat, in principem postularent; ipsumque legatos in cubiculum introduxisse, in quo tunc forte dormiebant hi duo juvenes, unus quidem apertis, alter vero clausis et strictis manibus; et quod, data legatis optandi et eligendi facultate, eum in princi-

(a) In hoc sigillo, locus S. Severi dicitur Caput, non in Capite Vasconiæ, quia scilicet erat caput olim, ob sedem comitum et ob curiæ totius Vasconiæ conventum. —* Ce sceau, de cinq centimètres de long sur trois de large, était elliptique et portait sur le champ : une main dextre, appaumée, en pal. Dans une bordure de quatre millimètres qui le contourne, on lit à senestre : † SIGILL. VENER. CAPITUL. MON; à dextre : S. SEVERI. CAPIT. VASCONIÆ. (EDD).

pem elegerunt qui manus haberet apertas : hinc bonum omen auspicantes magnificentiæ et liberalitatis.

Plura olim dominia cum omni jurisdictione habuisse olim hoc monasterium constat ex donationibus libro 7 supra relatis, et ex homagiis statim referendis, sicut ex divisione reddituum anni 1359; et plures adhuc possidet, etsi magna eorum pars bellorum et temporum injuriis alienata sint, aut ab aliis usurpata : Castra scilicet seu Castella, cum omni dominio de Marsiaco, de Morganis, de Capra-Mortua, vulgo la Crabe, de Susprossa, de Gotis (Gouts), etc; dominia, senioratus et caverias de Mugron, Artigabalda, Sancta Eulalia, vulgo Santerraille, de Aurissa, de Purruto seu Pourrut, de Setenis seu Senars, de Artiganova, de Giulos, de Sanguinet, Moncube, Meignos, Horsarrieu, Lopparol, d'Eyres, Carcasset, Guardans prope Nervis-Castet, de S. Germano d'Ester, de Baliren, Morres de Moreriis, de Casali-de-Prato (Casau-de-Prat), de S. Bartholomeo de Angladiis, de Cabos, de Castaignet, de la Barte, Monjau, etc; plures alias juridictiones, terras nobiles cum omni dominio, caverias seu militias et gentilitias, etc. in quibus etiam nunc plures sunt villulæ[a] monasterii 1 Augeron, 2 la Cazaque, 3 Guillem-bosc, 4 Pirée, 5 Morillon, 6 Malapet seu Pegine-de-haut, 7 Delaurens Pegine-de-Bas, 8 la Mouretto, 9 Au-Mene, 10 Jouandeu, 11 Baliden, 12 Mourrés, 13 Reautou Cap-de-Her, 14 le Baile, 15 la Gaillarde, 16 Priam.

Homagia subjicio ex quibus monasterii huius antiqua possunt agnosci dominia quæ in eis dinumeran-

[a] Alienatæ sunt villulæ de Coiton seu Coijton, du Ticq, etc. Molendinum de Lagastet, decimæ de Bahus-Jusan, S. Genesii prope Susprossam, campus dictus Lo Higues de l'Abat, prope Beignac, et Meignos, etc.

tur. Primum est homagium ab abbate Garsia Arnaldi, post pareagium, redditum Eduardo I Angliæ regi, regni eius anno primo, scilicet 1273, extractum ex registro feudorum in archivis curiæ thesaurariorum, seu ærarii regii præfectorum et feudorum regis, Burdegalæ asservato, cottato f. folio 67, sic :

« Dominus Garsias Arnaldi(a), abbas S. Severi juratus dixit, quod tenet abbatiam suam et ipse ac conventus, pro eo, de Domino rege Angliæ et duce Aquitaniæ, villam S. Severi et castrum de Montlane, cum omnibus pluribus(b), dominiis et justitiis altis et bassis ad dictum monasterium spectantibus, ratione dictorum locorum; et nominatim ac expresse, quidquid habent ipsi vel subditi sui et tenent inter fluvium de l'Ador et del Gavas; salva compositione facta inter eos ex parte una, et dominum Rogerium de Leyburnia nomine Domini regis(c); item affarium S. Germani de Santeralhe(d), et de Cassere, et de la Bartha, d'Anglades, de Carcasset, de Rocha, et de Lopparol, et quæ habent a Bausten et in parrochia de Baussiet de Brocars, et de S. Petro, et de S. Genesio, et alia quæ habent in Marsiano, cum suis pertinentiis; item, Castrum de Morgans et de la Craba cum suis pertinentiis, affarium de Mugron et de Gardans(e), et de Corsas, et prioratum de Nervis-Castet cum suis pertinentiis, et castrum de Souprosse cum pertinentiis, affarium seu locum de Artigabalda et de Sasbulas(f) et quidquid abbatia prædicta habet in affario de Gondossa, et decimam affarii de Campai-

(a) De Navaliis.
(b) Seu turribus, ut in alio exemplari.
(c) Ex altera.
(d) Sainte-Eulalie.
(e) Gardans, ubi nunc est oppidum de Mugron.
(f) Sansblans, Sazblanz, Casau-de-Prat —‘lege : Sans-Blas, S. Blasius.

gne, et quod habent in parrochia de Artiguenave, et de Aubaignan, de Giulos, et de Belin; quæ omnia dixit fore(a) in episcopatu Adurensi; et protestatur quod si plus sint ibi quæ teneant de rege, paratus est confiteri.

» Item in episcopatu Aquensi, Villam de Gottis, et S. Genesii, de Barns, et de Gaven, et de Marsiaco, et de Bras, et de Simbanera, villam de Masco et de Bisos cum omnibus pertinentiis prædictorum, et ecclesiam S. Georgii de Aurea-Valle cum tribus casalibus suis; item in episcopatu(b) Burdegalensi sunt prioratus de Mimisano, et S. Eulaliæ de Borno, et S. Michaelis de Biars; item in episcopatu Vasatensi, ecclesiam S. Laurentii de Roffiaco et aliquas terras, et pro eis debet idem abbas fidelitatem Domino regi, et mandare curiam(c) S. Severi, ut est consuetum, et exercitum de se et Burgensibus S. Severi, proviso de custodia villæ rationabiliter, et jus et legem de suis bonis temporalibus in curia S. Severi coram Domino(d) vel senescallo suo jurato, salva compositione facta cum Domino Rogerio, ut prædictum est. Pro situ et loco de Mimisano debet unum servientem de exercitu, et quinque solidos de sporla in mutatione Domini. Datum apud Sanctum-Severum, die dominica post festum beati Lucæ, anno Domini MCCLXX. »

In eodem registro scriptum est homagium Domini de Calnario eodem anno redditum, sic : « Dominus Arnaldus de Marcio(e) dixit quod tenet de Domino

(a)* Fore, i. e. esse.
(b) Archiepiscopatu.
(c) De curia-maiori.
(d) Rege.
(e) Arnaud de Marsan. — Arnaldus de Marciano dicitur in litteris citationis Gastonis comitis de Bearno ann. 1273. Hic Arnaldus de Marciano fundator fuit ff. Prædicatorum huius urbis.

rege castrum de Caunar[a]....... excepto castro de Mugron, et tenemento de Gardam, ubi modo est Castrum de Mugron; quæ dixit se tenere de abbate S. Severi, pro quibus debet homagium et fidelitatem et jus et legem in curia S. Severi, etc. »

Homagium præstitum et redditum Galliarum regi Ludovico XI anno 1461 : « Jean Hiscard d'Armaignac, comte de Comenge conseiller et premier chambelan du roy nostre Sire, marechal de France, lieutenant general du dit Seigneur, gouverneur de par luy de ses pays et duché de Guyenne et commissaire de par luy député en cette partie au senechal de Guyenne et des Lannes...... et aux procureurs et receveurs du dit Sire esdites senechaussées, et a leurs lieutenans et commis, salut et dilection. Scavoir vous faisons qu'auiourd'huy frère Arnaud Proux[b] religieux et moine de l'abbaye de S. Sever, au nom et comme procureur suffisant fondé de procuration de reverend père en Dieu messire Jean de Bearn administrateur perpetuel de l'abbaye dudit lieu de S. Sever et des religieux d'icelle, nous a fait les foy et hommage que les dits abbé et religieux sont tenus de faire au roy nostre dit Sire, pour raison et a cause de la temporalite qu'ils et chacun d'eux tiennent a cause de la dite abbaye assise en la prevoste de S. Sever, le tout tenu et mouvant en fief du dit Seigneur, a cause de son duché de Guyenne; ausquels nous, par vertu du pouvoir par le dit Sire a nous expressement sur ce donné, l'avons receu et recevons, sauf le droit du dit Sire et autruy : si, vous mandons et expressement enjoignons de par luy

---

(a) Ibidem vicecomes de Tartas declarat tenere a monasterio S. Severi molam de Arriaub, pro qua debet 5 solidos Morlanenses, etc.

(b) Prous.

et a chacun de vous, si comme a luy appartiendra, que pour cause dudit hommage non fait, vous ne faittes, mettes, ou donnes, ou souffries estre fait, mis, ou donne aus dits abbé et religieux aucun destourbier, ni empechement; mais si leur dite temporalite ou autres leurs biens estoient pour ce prins, saisis, arrestes ou aucunement empeches, les leur mettes, ou faites mettre incontinent et sans delay a pleine delivrance, pourveu qu'il fera appreuver et ratifier dedans demy-an prochain venant, et en suivant la datte de ces présentes, par le dit abbe et religieux. Ce qui a este fait par vertu de la procuration et qu'ils payeront les droits et devoirs accoutumés, si aucuns sont pour ce deubs, et que dedans le dit demy-an, ils bailleront leur denombrement. Donné à Acqx le vingt cinquiesme jour d'octobre mil quatre cens soixante et un. Signé par monseigneur le comte marechal lieutenant general et gouverneur de Vuôilleries, et scelle de cire rouge.

» Declaration[a] des biens noblement et roturierement tenus et possedes par les abbé et religieux de l'abbaye et monastere de la ville de S. Sever, ordre S. Benoit, que baille le seindit des dits abbe et religieux par devant vous, M. le senechal des Lannes ou M. vostre lieutenant au siège de S. Sever commissaire en cette partie, satisfaisant au mandement du roy nostre Sire, comme sensuit : Premierement dit et declare qu'ils tiennent et possedent noblement la la temporalite des seigneuries de la ville de S. Sever, des lieux de Souprosse, Gotz, Morganx, La Crabe, et sont de la dotation et fondation de la dite abbaye et monastere desquels et appartenances les dits abbé et

(a) Dénombrement.

religieux ont joui et jouissent depuis la dite fondation, et la haute et basse justice leur appartient, sauf en la dite ville de S. Sever qu'est par indivis avec le Roy nostre Sire en pareage en faisant, lequel les dits abbé et religieux, qui lors estoint, baillerent le Castera[a] et lieu appelé Morlanne, ou a present est basti le chateau du roy nostre Sire en soy reservant, en le dit lieu de Morlanne, deux places pour bâtir; et ausdits abbe et religieux fut baillée la taille du lieu de Memisan, aux Lanes, que lesdits religieux ont prins et prennent depuis ledit pariage, que se monte annuellement la somme de trente-six frans, valans autant que vingt et sept livres tournoises[b]. Et en les dites terres de St-Sever, Souprosse, Gouts, Morgans, la Crabe prennent les fiefs, herbaiges, pasturages, preparances et autres droits seigneuriaux comme seigneurs fonciers; et en les appartenances de St-Sever possedent deux afforets. En la dite ville de St-Sever est fonde leur monastere et abbaye, dans le circuit de laquele ont plusieurs maisons pour le service et habitation des dits abbe et religieux, et dehors le dit circuit du dit monastere joignant a iceluy, une grande place appellée l'Aire des Monges, pour battre et assembler leurs bleds; et aupres d'icelle, ont une grande maison pour mettre leurs fruits, confronte avec ladite place, rue publique, par dernier[c] et avec les murailles de la ville; et en l'autre coste de ladite place ont une petite maison avec un petit jardin au dernier[d]; et au dehors de la dite ville, ont un jardin dans lequel a une

---

(a) Castrum du Montlanna.
(b) 45 livres morlanoises valoint plus.
(c) Derriere.
(d) Proche de la porte des Pousoires, olim des Monges.

petite maison pour l'habitation du jardinier : et tout
ce dessus tiennent noblement, sauf la dite grande
maison, de laquelle payent taille(a) au roy et autres
charges. Et dans la dite ville de St-Sever, ont une
place vuide confrontant avec la dite Ayre et maison
de Guillem Boule et Caubin ; une autre place de
maison joignante au dit monastere et a la maison
appellée de l'Hoste ; une autre maison dite d'Abadie
confrontant avec maison de Serres et muraille de la
ville, desqueles places et maisons payent taille au
roy et autres charges.

» En le dit lieu de Souprosse, possedent une maison appellée la Sale de l'abbaye ; et en l'environ
d'icelle, deux maisons, deux places, deux vignes ;
aupres de l'une a une piece de terre, un jardin, et
dans iceluy a un petit oratoire ou chapelle ; et en la
ville de Souprosse ont une place vuide, ou sou-
loit estre l'establerie ; et aussy y possédent deux
moulins ; et en les dependances de Souprosse, ez
lieux de Marsan et Soubos, prennent les fiefs noblement et en les lieux de Montaut et Cauna, possedent
deux maisons pour colliger les dismes dont ils sont
generaux dixmiers, et des dites deux maisons payent
fiefs aux seigneurs fonciers, et la taille au roy notre
sire. Et en le lieu de Morganx, possedent une piece
de terre culte, une vigne et un pré francs de taille
et fief noblement. Item en la prevoste de St-Sever,
tiennent noblement les Seigneuries appelées de Mo-
rés, Baliren, Casau-de-prat, S. Barthomieu d'Anglade, de las Artigues, de Proyan, et Menhos, le
Haut-de-Castaignet, de Artiguenave, de Geulos, de
Sanguinet, de Moncube, et en prennent les profits

(a) Male et injuste tallia solvebatur, quæ ex parcagio et jure dominii solvi
non debet.

des eaux, afforets, herbages, pasturages et fiefs, estans dans les dites gentillesses, avec les maisons et metayers qu'ils y tiennent pour cultiver les dites terres, francs de tailles et autres charges; et pour raison de ce dessus, tenu par eux noblement, font hommage au roy nostre Sire au banc et riere-banc un homme d'armes. »

Homagium annorum 1485 et 1488, cui plura alia sunt conformia. « Scachent tous presens et advenir, que auiourd'huy, date des presentes, venerables et devots religieux messire Antoine Urban[a] prieur claustrier et autres religieux et convent du monastère de St-Sever de l'ordre de S. Benoit, ont confesse et advoué tenir du Roy nostre Sire a foy et homaige, a cause de la prevoste de St-Sever, c'est a scavoir, les gentillesses et caveries que cy apres s'ensuivent : et premierement[a], la gentillesse de Morers avec ses appartenances, boscaiges et herbaiges, qui baille chacun an de rente sept livres tournoises; item la gentillesse et Bedat de Balireng, deux livres tournoises; item la gentillesse de S. Bertholomieu, dix livres tourn. item la gentilles. de Casau-de-part, 27 sols tourn. item la terre de la Gele, 3 sols tourn. item la gentillesse de Artigues, 3 livres tourn. item la gentillesse de Castaignet, 8 livres tourn. item la gentillesse de Moncube, unze livres tourn. item la gentillesse de Sanguinet, 5 livres tourn. item la gentillesse de Artiguenave et Giulos, 5 livres tourn. item la Barthe de Meignos, 20 sols tourn. item la part de la gentillesse de Puyau, 6 sols tourn. item la gentillesse de Picairo, 15 sols tourn. item Labarthe Monyau, 16

(a) Urben.
(a) Nota quod hic nil dicitur de S. Severo, Morgans, Gots, Souprosse, quia abbas de his homagium ab hoc separatum tunc præstitit.

sols tourn. qui monte le tout 55 livres 7 sols tourn.

« Desquelles gentillesses, caveries et terres susdites, avec toutes et chacunes leurs appartenances, dependances et appendantes quelconques, soit hommes de foy, hommes levants et couchants, prez, bois, herbages, estangs, rivières et autres choses dependantes d'icelles les dits Prieur religieux et convent ont fait faire les dits foy et hommage qui estoint tenus faire au Roy nostre Sire, par frere Estienne de Capdeville moine chambrier et seindic du dit monastère, a haut et puissant seigneur Messire Odet d'Aude conseiller, lors lieutenant general et gouverneur du dit Sire en ses pays et duché de Guienne, et par luy commis et député a prendre et recevoir ses hommaiges; protestant toutefois que, s'il venoit a leur notice de tenir plus dudit Sire que cy-dessus n'a este specifie et declare, accrcitre, amender, specifier et declarer en temps et lieu, et d'y estre receus dedans an et jour; offre de payer les droits et devoirs qui, a cause de ce, se trouveront estre deubs et accoutumes payer, combien que les dites gentillesses et rentes susdites furent données par le fondateur du dit monastere, au temps qu'il fonda le dit monastere, et aussi au temps que le pariage fut fait entre le Roy nostre Sire, et M. l'abbe, prieur et convent dudit monastere, qui pour lors estoint, leurs predessesseurs, et que les dites gentillesses soint ainsy en mains mortes; et dont le dit abbe en fait, et a accoutume de faire le service au Roy nostre Sire par son bandin[a] de St-Sever, ainsy qu'il appert au dit pareage et autrement.

» En temoin desqueles choses susdites les dits

---

[a] Bayle.

sieurs prieur, religieux et convent baillent au dit seigneur et son recepveur ordinaire en ladite prevoste et senechaussée des Lannes, ce present adveu et denombrement par escrit. Signé a leur requestre par moy notaire cy-dessous nommé, et scellé du scel dudit monastere, le vingt sixieme jour du mois de mars, l'an mil quatre cens quatre vingts cinq. Par adveu et denombrement fait en ma presence. Datum pro copia. signé D'ARTIGANOVA not. R.

Homagium et dinumeratio bonorum monasterii, data anno 1640. « Le trentieme jour du mois de juillet mil six cens quarante, avant midy, dans les cloitres de l'abbaye, ordre S. Benoit, de la ville de St-Sever, lieu capitulaire; par devant moy notaire royal soussigné, presens les temoins bas nommes capitulairement assembles au son de la grande cloches, a la manière accoutumee, venerables et discretes personnes: Dom Estienne de Tauzin, prieur claustral; Bernardin de la Fite, chambrier; François Tuquoy, prieur de L'isle; S. George, infirmier; Christophle de Lartigue; François du Bernet; Jean de Salles, scindic et cellerier; Jean Grangier, et Bernard d'Abadie: les tous religieux profes de ladite abbaye, faisant tant pour eux que pour les autres sieurs religieux absens:

» Pour satisfaire aux ordonnances et reglemens de la chambre[a] souveraine establie par le Roy pour la liquidation des droits d'amortissement, ont donne et donnent par declaration que, de toute antiquité et auparavant l'an mil cinq cens vingt, le revenu dudit chapitre qu'ils possedent au diocese

---

(a) La seigneurie de St-Sever est appellée Baronie en plusieurs lieves et anciens actes.

d'Aire[a] et duquels ils payent decimes, consiste en plusieurs fiefs qu'ils prennent ou doivent prendre ez parroisses de St-Sever, Sainte Eulary[b], Benquet, Campaigne, Montgaillard, Moncube, Artiguenave, le Sanguinet, Proyan, Audignon et Horsarrieu, le tout scitué ez siege et prevosté de St-Sever, un fief qu'ils prennent annuellement sur la sauvetat de Mimisan, au diocèse de Bourdeaux, a raison du contract de pareage fait cy devant entre le Roy, l'Abbe et Convent qui est querrable; possedent aussy un moulin a trois meules qui est bâti sur la rivière de l'Adour, et la dixme d'un autre petit moulin qui est au dessous d'iceluy qui ne donne, il y a dix ans, aucun revenu; possedent aussy le peage de ladite ville et banlieue[c] d'icelle jusques a Thoulousette et St-Maurice, pour raison de quoy ils sont obligés d'entretenir de ponts et chemins qui absorbent la plus grande part du revenu de ce peage;

» Item, possedent aussy les seigneuries et caveries qui s'ensuivent : Premièrement les caveries de Moncube, Artiguenave, le Sanguinet et Giulos avec partie des dixmes qui sont en icelles; item possedent les caveries de St-Barthelemi d'Anglade, Casau-de-prat, Cabos, Balidein, Mourés et partie de la caverie d'Escoubés, item possedent la dixme de St-Sever par entier; item possedent la dixme de la Riviere, de Sainte-Eulary, excepté ce que les peres Jacobins de de la presente ville prennent au territoire de St-Germain et ce que le curé prend sur la dixme de la Rivière; item possedent partie des dixmes des par-

(a) L'abbe en a d'autres séparés de ceux des religieux, scavoir a Souprosse, Gouts, Morgans, Lacrabe, etc.
(b) Ste-Eulalie.
(c) Ballivia.

roisses de Benquet, Mauco et Aurice, et la dixme d'Estignos; item possedent la dixme de Projan, une partie de la dixme de Montaut, la quarte partie de la disme de Thoulousette, ensemble la dixme de St-Jean-du-Tour; item possedent la quarte de la dixme de St-Maurice; item la dixme de St-Pée [a] lez le Mont-de-Marsan, excepté ce que le prieur et escolain y pennent : tous lesquels fiefs, caveries et dixmes ils baillent par declaration, sans qu'ils aient rien acquis par donation ou autrement depuis la dite année mil cinq cents vingt; declarant neantmoins le dit Chapitre que, depuis le dit temps, le roy a vendu [b], pour subvenir aux frais de guerre qu'il a cy-devant faites contre les hérétiques, le moulin de la Gastet, la metairie de Coyton, la Bartouilhe, la Gele [c], ensemble la dixme de la Mothe, excepté la rente de quinze cents esqus que le chapitre jouit annuelement et le champ appellé de Prion [d] qui sont de grand et beau revenu, en consequence de ce que leurs tiltres et documents ont este ci-devant brules, ils declarent ce dessus pour s'en servir au proffit de leur église et chapitre, en cas qu'ils pussent treuver des tiltres plus recents, en vertu desquels ils puissent agir contre les detempteurs pour le recouvrement des dits revenus et fiefs, sans qu'ils scachent qu'il y ayt aucune chose subiette au dit droit d'amortisssement.

» Declare aussy le dit Chapitre, que les charges ausqueles il est suiet annuellement pour les biens qu'ils possèdent, sont scavoir: les decimes ordinaires et extraordinaires qu'ils payent au roy, l'entretien de

(a) S. Pierre.
(b) Biens alienés.
(c) Le bien de Sant-Erraille.
(d) Priam et Lou-Higue-de-l'Abat.

quatre chantres, la pension qu'ils baillent annuellement au sieur prieur de la dite abbaye, ensemble au sacristain, ouvrier, chambrier et a leur seindic, aux aumônes qu'il convient faire le long de l'année aux passants, l'entretien des ponts et chemins, gaiges des conseil, procureur et secretaire(a), Donat du Roy, l'entretien de l'horloge, les gaiges predicatur de S. Sever par entier, et la troisiemedu partie de gages du predicateur du Mont-de-Marsan, et partie des gaiges du vicaire perpetuel du dit S. Pée, et proces qu'il leur faut souffrir demandant leur bien; toutes lesqueles charges absorbent le tiers du revenu du dit chapitre.

» Lesqueles declarations les dits sieurs prieur, religieux et chapitre ont fait devant moy, notaire et secretaire des dits sieurs; et pour faire la dite declaration, les dits prieur et religieux et chapitre ont constitué leur procureur special..... auquel les dits sieurs constituans ont baillé pouvoir et puissance, par ces presens, de faire la dite declaration par devant..... et icelle declaration affirmer, moyennant serment, contenir verité et s'en purger sur l'ame des dits sieurs, constituants comme ils ont fait devant moy, dit notaire et temoins, promettant avoir pour fait et agreable tout ce que par leur dit procureur sera fait geré et negotié pour ce regard, et ne le revoquer, a peine de tous depens, domages et interets, sous obligation de leur revenu temporel qu'ils ont soumis aux rigueurs de tout juges ausquels la connaissance en appartiendra; et ainsi l'ont promis et juré, mettans leurs mains sur leurs poitrines, ez presences de Messire Bernard de Vinatier Escolain

---

(a) Medecin et chirurgien.

d'Audignon, et Guilhem de Poy chantre, habitans de la presente ville, qui se sont signés à l'original des presens avec lesdits sieurs religieux, de ce faire requis par moy. »   De BRETHOUS, not. roy.

Subiungo et transcribo scriptum quoddam de Juribus abbatis, etc., ex notis Bernardi d'Abadie, scriptis annno 1586; ubi de juramentis, de salutatione in vigilia natalis Domini, etc. Titulus est: « Droits de M. l'abbé de St-Sever, etc. »

« Premièrement, Monsieur l'abbé est seigneur[a] en toute justice, haute, moyenne et basse avec le roy, en la ville et baillage de St-Sever, c'est a scavoir en connaissance de toutes matières et actions tant civiles que criminelles, en premiere instance, sur tous et chacuns les manans et habitans de la dite ville et baillage indifferemment; laquelle justice, suivant ce, est excercée par le baillif que ledit sieur abbe constitue, avec le baillif appelle a present le prevost que le roy y constitue aussy de son costo; lesquels offices sont perpetuels, et avec les jurats[b] de la dite ville, qui sont constitués en chacune année par la communauté des bourgeois, voisins et habitans de la dite ville, et suivant ce, la dite justice est exercée par trois officiers conjointement.

A raison de la dite justice, les amandes qui sont adjugées par lesdits juges, soit par sentence portant condamnation de mort contre les criminels, ou par autre moindre cas dont punition corporele ne s'en ensuit, sont en comun et par moytié egalement au roy et au dit sieur abbe; la moitié desqueles amendes

---

(a) Ante pareagium, solus abbas et conventus plenum possidebat dominium.

(b) Les jurats obtinrent, en 1384, du roy Richard II d'estre presens aux actes de justice. Cela fut revoqué en 1385. Ils ont pourtant continué, et pour n'estre pas troublés en 1641, ils donnerent cent esqus a l'abbé dont ils ont payé le 8e denier l'an 1679; 40 livres.

adjugées au dit sieur abbe suivant ce dessus, sont a ses baile et procureur jurisdictionel pour leurs gages. Le dit sieur abbe ayant creé son bayle ou baillif en la dite jurisdiction, iceluy baillif est tenu de prester serment[a] au roy et a la communauté de la dite ville, de fidelement administrer la justice et obeir au Roy et au dit Seigneur Abbe, garder et conserver ses droits et authorites; lequel serment se doit prester ez mains du senechal pour le Roy en la dite ville de St-Sever. Semblablement le bailif ou prevost du Roy est tenu aussy faire serment au dit sieur abbe et a son bailif, de n'user en aucune maniere de la dite justice contre et au préjudice des droits et authorites du dit sieur abbe[b], et que loyaulment et en communité avec le dit bailif du dit sieur abbe; et en outre aydera et gardera le dit sieur abbe et le dit monastere, leurs serviteurs et domestiques de tort et de force, soit de soy ou d'autruy; ains loyal en compagnie du dit bailif sera et ne prendra rien des droits de justice, en l'absence du dit sieur abbe ou de son dit bailif.

Le sénéchal de Gascogne, appellé a present le senechal des Lannes, a la première fois qu'il viendra a St-Sever[c] doit jurer audit sieur abbe que loyaulment et fidelement, sans fraude, il le tiendera et gardera en ses franchises et authorites cy-dessus contenues, et autres declarées plus a plein au pareage sur ce fait entre le Roy et le dit sieur abbe en 1270; et par tel serment, le meme senechal n'est acquitté du serment qu'il doit faire au dit sieur abbé et au

(a) Serments, selon le pareage.
(b) Et de l'abbaye et monastere.
(c) Ex pareagio, duo juramenta solebat præstare senescallus, unum in ecclesia coram abbate et conventu, et aliud in claustro, coram iisdem et cœtu Curiæ-maioris Vasconiæ, de quâ infra.

convent du monastère de St-Sever, ainsy qu'est accoutumé. Le dit sieur abbe, une fois pour toute sa vie, a sa nouvelle creation et reception, doit jurer[a] au roy et au senechal a St-Sever d'entretenir et accomplir aussy le contenu au susdit pareage et association de la justice.

Toutes proclamations et cries publiques doivent estre faites selon le pareage de par la Roy et Monsieur l'abbe de St-Sever. Les clefs des portes de la dite ville, (qui estoint autrefois portées tous les soirs a l'abbe), sont gardées par les jurats de la dite ville, sous la main et nom du Roy et dudit sieur abbe; et suivant ce, les jurats, a la fin de leur année, les rendent et baillent es mains du dit senechal au nom du Roy, et ez mains du dit baillif du dit sieur abbe et au nom d'iceluy, lesquels suivant ce et par ensemble, les baillent pour l'autre année en suivant aux nouveaux jurats. Lesquels nouveaux jurats, a leur creation et reception, prestent le meme serment que le dit baillif ou prevost du Roy en commune assemblée, au Roy et au dit sieur abbe ez mains du dit senechal et du dit baillif du dit sieur abbe, sur la figure de la passion et croix de Jesus-Christ dans un livre messel, que le dit senechal ou son lieutenant et le dit baillif, estant assis l'un a coste de l'autre, tiennent sur leurs genoux[b].

» En la creation de chacun abbe, la commune de la dite ville doit jurer seigneurie et fidelite et loyauté au dit sieur abbe, comme il est accoutume faire a jamais. En chacun soir de la vigile de la feste de la

---

(a) Anno 1384, burgenses subrepticie obtinuerunt, ut supra dictum est, quod abbas juraret eis se fore bonum dominum, etc.

(b) Hoc fit singulis annis in claustro nostro, in festo S. Jacobi maioris, die 25 Julii.

Nativité de Nostre Seigneur Jesus-Christ, apres vespres ou complies et la salutation de la Vierge Marie sonnée, les jurats, officiers et bourgeois de la dite ville vont, en corps de jurade et bourgeoisie, avec flambeaux allumes devant eux, saluer[a] du bon soir et bonne feste le dit sieur abbe assiste de tous les religieux du dit monastere pour ce fait assembles dans la chappelle capitulaire : auquel sieur abbe le sacristain du dit monastere est tenu, en chacune annee et en chacune vigile de la dite feste de Noel, bailler au dit sieur abbe deux grands flambeaux de cire du poids de trois a quatre livres chacun pour le moins, lesquels flambeaux, a la venue des dits jurats et bourgeois, sont incontinent allumés et portés devant avec les autres des dits jurats. Et si le dit sieur abbe n'y est, ce dessus se fait en son nom et en son absence, parlant au prieur vicaire du dit sieur abbe et a son dit bailif, ausquels en ce cas le dit sacristain est tenu bailler les susdits flambeaux; et ce fait, le dit sieur abbe et religieux susdits, en corps et ordre, et apres eux les dits jurats et bourgeois vont conduire le dit sieur abbe, s'il y est présent en la chambre et sale abbatialle, et illec prennent la collation que le dit sieur abbe est tenu leur faire; et ce dessus s'observe, nonobstant l'absence du dit sieur abbe, par ses officiers. »

OBSERVATIO. — Hæc quæ ante monasterii destructionem fiebant post completorium, in capitulo subinde facta sunt; et fiunt quotannis, post vesperas, in cappella et coram altari Omnium Sanctorum, ad quam accedimus capellam cantando antiphonam *Alma Redemptoris*; qua finita et oratione dicta a

---

(a) Visite, salut ou homage.

priore nostro, qui ornamentis in sacristia relictis, redit cum cuculla, ad eum conversum accedent jurati, qui brevi oratione amicitiam et benevolentiam, seu etiam fidelitatem et subjectionem Abbati et Capitulo testantur per os primi ex juratis : quibus paucis vicissim respondet superior, Abbatis et Capituli nostri nomine benevolentiam demonstrando ; et deinde procedunt ad collationem paratam ab officiariis abbatis in cella hospitum maiore, prope januam monasterii, fratribus ad cellas suas se recipientibus ; pro quibus tenentur officiarii D. Abbatis bellaria quædam dare depositario, iisdem subinde in refectorio apponenda, quando superiori visum fuerit. Hæc autem salutatio olim sub homagii nomine reddebatur, quamvis nunc ab hocce nomine abhorreant burgenses, salutationis et visitationis nomine assumpto ad subjectionis signum aliquatenus minuendum.

Continuatio ex notis eiusdem B. d'Abadie de aliis juribus abbatis, sub hoc titulo : « Autres droits et authorités du dit sieur abbe en autres lieux et seigneuries dependantes de la dite abbaye, Morgans, La Crabe, etc. Le dit sieur abbe est seul et unique haut justicier au lieu et juridiction de Morgans et la Crabe dependants de la dite Abbaye ; et suivant ce, a, au dit lieu, tout droit de justice haute, basse et moyenne, et y constitue et crée tous et chacuns les officiers pour l'exercice d'icelle ; lesquels sont tenus prester le serment de administrer bien et legalement justice, sans dol ny fraude, obeir au dit sieur abbe, garder et conserver ses droits et autorites. Et les habitans et communaute de Souprosse sont tenus aussy prester serment de fidelite, obedience et loyaute de bons et fidelles emphitcotes.

« Pareillement le dit sieur abbe est seigneur justicier en basse et moyenne justice des lieux et jurisdictions de Souprosse et Goutz[a], c'est a scavoir, pour conoitre de toutes matieres et actions civiles ; et la haute justice appartient au Roy, c'est a scavoir, la connoissance de toutes matières criminelles ; et suivant ce, toutes amandes luy appartiennent. Il fait environ 30 ou 40 ans[b], que un Seigneur de Castetnau, lors eveque de Tarbe, ayant eu don du Roy de la haute justice de Souprosse et Goutz, il l'auraît baillee depuis par echange au dit sieur abbe, moyennant certaine disme qu'il avoit en la parroisse de Bahus Jusan[c] : toutefois depuis, les officiers du Roy procedans a la reunion du domaine du Roy qui estoit tenu par aucuns, la dite justice fut remise au dit domaine, sans que ledit sieur abbe ait este remis en la dite dixme, laquele est a present tenue par les prebendiers de la Trinité de Geaune, par acquisition qu'ils en ont fait.

« Lequel sieur abbe institue et cree tous les officiers esdits lieux qui sont tenus prester le serment que dessus, comme aussy les habitans et communaute. En chacun desquels lieux le dit sieur abbe est tenu aussy garder les dits habitans en leurs franchises et libertes ; en outre, donner la collation aux officiers et habitans du bourg et village de Souprosse, en chacune veille de Noel, qui sont a ces fins tenus aller saluer le dit sieur abbe en sa maison de Souprosse, et en son absence a son vicaire ou autre

---

(a) Souprosse et Goutz ou l'abbe devroit avoir la haute justice tout ayant este (réglé) par Sancion comte, etc.

(b) Hoc scriptum anno 1586 ; ergo 1540 vel 1550 hoc accidit.

(c) Dedit subinde abbas pro eadem alta justitia, quam tenet, decimas S. Gnesii prope Susprossam, quæ sic alienatæ sunt.

commis en son nom. Et a raison des dites places et seigneuries, le dit sieur abbe estoit tenu faire au Roy deux hommes d'armes ; toutefois, a cause des decimes qu'il paye au Roy, il en est quitte comme sont pareillement tous autres ecclesiastiques pour mesme cause.

» Entre autres biens de la dite abbaye, il a este vendu (a) et aliené, pour subvenir au Roy en ses guerres depuis 10 ou 12 ans en ça, le moulin de Mourgans et une des belles et plus revenantes metairies du territoire de Sainte-Arraille (b) lez St-Sever, avec un beau champ appelle lo Higua ou Higués-del'Abat, a vil prix et sans aucune reservation, au grand préjudice du dit sieur abbe; a raison de quoy, il faudroit obtenir lettres pour venir a l'estimation juste des dits biens, et restitution du supplement. Aussy a este expose en vente le territoire de St-Genes lez-Souprosse, pour payer cinq cents et tant d'escus sol que le dit sieur abbe a esté cottisé, pour subvenir aussy au Roy en ses guerres. »

Villula du Ticq vendita fuit a priore Arnaldo Vergnes pro trecentis nummis seu scutis, id est nongentis libris Turonensibus, ut puto ; cuius tamen summæ emptrix Domina de la Fite mediam sibi partem retinuit, eodem concedente et aliam apud se retinente, quædam aliis distribuendo, ut scripto reliquit F. Petrus du Busquet sacrista huius monasterii, post bella hæreticorum.

Subjicio quædam de jure piscationis, ex registris

(a) Ibidem: biens perdus et alienes.
(b) Sainte-Eulalie. Omnes villulæ eiusdem loci subinde fuerunt alienatæ, cum multis aliis, de quibus supra : Le Ticq, la Bartouilhe, Couiton, le moulin de la Gastet, etc. Hie non facit mentionem iste scriptor nisi de bonis abbatis, ut eius procurator : Capitulum alia alienavit ex suis.

et libris feudorum extracta. Ex secundo notato *seconde lieve*. « Memori sie⁽ᵃ⁾ aus presens et abiedors, que l'an MCCCC et 4, en lo mes de feurer, Mossen lo Vicari⁽ᵇ⁾ prior, et monges deu monester de Sent-Sever Cap-de-Gasconhe, tremetten au cosseilh de nostre subiran Seignor lo Rey et duc de Guyayne assistén en la ciutat de Bourdeu, que los plagoss' de mustrar au dit prior et scindic los privilegis, costumas et autes ordonences deu ducat de Guiayne sus lo feit de las aigues et riberes, ni que nul deben pescar en aqueres, par⁽ᶜ⁾ le voluntat deu seignor de la terre, ni ribere, o aygue passar, part sa voluntat; et cum se trouvec clarement que lo duc⁽ᵈ⁾ de Guiayne et sos descendens, qui fondan⁽ᵉ⁾ lodit moestier, donnan toute la seigneurie et aigues que abe en la baronie de Sent-Sever dedins los dex, et apres fo confermat per los papes et per los reys; et, en lodit an, si maugas⁽ᶠ⁾ augun debat per aucuns besins et habitans et autes circumbesins de la viele de Sent-Sever, en disen que eds deben et poden pescar au casselay et far trebesse, far nasse, par le voluntat deu dit moester; et lo moester lo contrari, que no deben ni poden pescar au casselay, ni far trabesse, ni far pau-nasse : et lo dit cosseilh deu Rey, mustré aus dits prior et scindic l'ordonense deu pescage quen⁽ᵍ⁾ se deu far, ni nulh ne deu pescar sigont lo priviletge deus⁽ʰ⁾ aygues, lo quoau s'ensec :

(a) Memoire soit, etc.
(b) Prior erat vicarius abbatis, ut constat per plures chartas, aut allius monachus.
(c) Par, part; pro a part, sine, contra.
(d) Non erat dux Aquitaniæ, Comes Vasconiæ Willelmus Sancius.
(e)* Subaudi : « Cum se trouvec que... en lo dit an si maugasse. »
(f) Se moviret, moveretur.
(g) Comment.
(h)* De las

» Sapin(a) tots que le present sedule beiran, que, deu feyt de las aigues deu dugat(b) de Guiayne, en tots temps es estat usat et de costume antique, que degun homi no deu pescar en ribere d'aygue, o en canau, ni fore de canau, (sino que au filat de mailhe), ni en beque d'ester(c); ni en autre part; ni deu plantar pau, ni cambers au trabers de l'aygue ni au long, ni far gorts, ni paisseres per prene negun peychs, chens congeyt et lexense(d) deu Rey o de son deputat, qui auge poder de luy o d'aquet qui appartiendra, o le Rey ly auré dounat e'n(e) l'auré feyt Seignor : sus la peine de une mealle d'argent, et de prendre lo baysset(f), et lo filat, et lo cos, a la merser(g) deu Rey o deu senhor a qui apartendré, per tots auts bets(h) cum sera troubat lo cas fasen. La presen sedule, per copi, estreite deus priviletges antics de Guiayne. Donnat a Bourdeu a VIII de feurer, l'an MCCCCLI.

» Et cum, longtemps per abant, agos agut debat enter mosseignor l'abat prior et monges deu moaster de St-Sever coma(i) seignors(j) de las aygues dedens los dex, ab los pesquedors besins et habitans de la viele de S. Sever, sus lo casselay que fasen los dits pesquedors au colac; tots autes espesquedors deu senhor abat et moester disen que no deben pescar ab trayne, ni far trabesse au trabes de l'aygue ni au long, schens congeyt deu seignor abat et moester,

(a) Sçachent.
(b) Duché.
(c) Estang.
(d) Licence.
(e)* E'n pro é en.
(f)* Bachet, barque.
(g)* lege : mercé, merci.
(h)* Bets, vices, fois.
(i)* Couma, cum, comme.
(j) Vide supra l. 3. sententiam legati in concilio, anno 1208.

coma seignors de las aygues et autres senhories, en la baronie de St-Sever, donnades per senhor duc de Guiayne, comte de Gasconhe, fondedor deu presen moester, et apres confirmades per lo senhor Rey : fe(a) accordat l'an MCCCC(b), et cinquante ans dabant, ab monseignor l'abat et son vicari prior et monges deu dit moester et ab los dits pesquedors, besins et habitans de la dite viele, que dessi-avant pusquen pescar au dit cassalay ab trayne, et far trabesse de pau a pescar colac et aubor per tots los dex de St-Sever, paguan au dit Seignor abat prior et monges lou nau(c) des coulacs et aubours que pesqueran dedens los dits dex, hort(d) que no pusquen far nasses ni nassots schens leixense deu moester. Et asso fo feyt et accordat en cosseilh et per dabant la perbost ; carte d'asso retengude per maestre Jehan de Noobs notari, l'an que dessus.

(a)* Fe, lege : fo, fuit.
(b) Anno 1400 factum fuit concordatum, ante hoc scriptum 50 annis; quia hoc scribebatur anno 1454.
(c) Le neuvieme.
(d)* Hòre que, *fors, si ce n'est, excepté*.

CAPUT II.

De dominio jurisdictionis, seu de justitia et de curia maiori Vasconiæ, dicta olim curia S. Severi.

Jurisdictionem et justitiæ exercitium plenum et absolutum, supremum et mixtum imperium, altam et bassam justitiam cum dominio directo datam patet et constat ex chartis comitis Willelmi Sancii et filiorum eius supra relatis. Vult enim prædictus fundator seu restaurator huiusce monasterii, ut nec comes quisquam hic de ulla re judicium capiat; clariusque donum suum et mentem ac voluntatem suam explicat filius eius Bernardus his verbis. « Nec aliquis comes, vel quisquam præpotens judiciariam exerceat potestatem. » Abbas Suavius, in statutis et legibus supra relatis, sibi de facto justitiæ exercitium retinet cum emendis[a] : abbas enim per seipsum justitiæ placita definiebat, quotiescumque ei videbatur; ideoque pœnam nullam mortis imponit etiam homicidis, quia

---

(a) Unde veniat participatio Juratorum justitiæ exercitio. Nota. Justitiam omnem solus olim abbatis præpositus seu ballivus exercebat; post pareagium, bajulus abbatis cum regis præposito. Subinde, anno 1381, obtinuerunt subrepticie burgenses, a Richardo II rege Angliæ, confirmationem novarum consuetudinum, inter quas postulabant ut Jurati adessent exercitio Justiciæ in causis criminalibus; et licet hæc confirmatio fuerit revocata anno 1385, Jurati tamen ab inceptis desistere noluerunt. Imo et pro causis civilibus, exercitio justitiæ sese immiscuerunt. Quia tamen, anno 1641, partem regis justitiæ expositam venditioni abbas redemerat trecentis quindecim libris appensis, timentes Jurati ne simul cum præposito regis arcerentur ab exercitio justitiæ, abbatem.......

scilicet Ecclesia abhorret a sanguine, nec licet ecclesiasticis judicibus pœna mortis reos mulctare.

Jurisdictio hæc agnita est in concilio hic congregato anno 1208; sic enim definitur per legati sententiam : « Justitiæ placita coram eo (scilicet abbate) vel suo præposito (sive baiulo)(a) diffiniantur. » Sed clarius apparet hæc jurisdictio ex pareagio(b), per quod mediam partem ipsius dant abbas et conventus regibus Angliæ; nec nisi in virtute eiusdem pareagii habent jurisdictionem reges Galliæ in ista urbe. Patet etiam abbatem, non nisi coram senescallo maiori Vasconiæ personaliter præsente, et post eius juramentum, in Curia maiori S. Severi per ipsum abbatem mandata, teneri respondere quacumque de causa; monachos vero, cappellanum seu vicarium perpetuum eorumque domesticos, nonnisi coram abbate : id enim clare et expresse dicitur in eodem pareagio. Et nunc quoque exercetur justitia jurisdictione ordinaria a regis præposito et abbatis ballivo communiter et indivisim. Qualiter autem obtinuerint burgenses ut Jurati adessent exercitio huius justitiæ dixi supra lib. 3. ubi de obtenta subrepticie confirmatione novarum consuetudinum.

Inter præcipuos huiusce monasterii honores juraque eius et privilegia magis commendabilia, computari debet jus Curiam-maiorem (c) totius Vasconiæ convocandi, et quoscumque in ea citandi; quod abbati huiusce monasterii competebat ab antiquo. Cum enim olim hic sedes(d) fuisset principum, et solerent

---

(a) Seu ballivo.
(b) Ex pareagio; ex confirmatione pareagii ab Eduardo II anno 1308, in curia S. Severi per dictum abbatem mandata.
(c) De Curia-maiori et superiori totius Vasconiæ.
(d) Ideo Caput Vasconiæ dictus hic locus.

hic congregari proceres omnes totius provinciæ, voluere comites huiusce monasterii fundatores et dotatores, ut in eodem celebrarentur comitia, et quod abbas eamdem Curiam mandaret, quoties opus esset pro maioribus causis ecclesiasticis et sæcularibus totius provinciæ et ipsorum procerum baronum et nobilium, qui ad eam conveniebant; dicebaturque Curia hæc maior Curia S. Severi. Ad quam, pro rebus ecclesiasticis, conveniebant prælati; et pro sæcularibus, proceres, barones seu nobiliores provinciæ cum officiariis curiarum particularium urbium singularum. Constat, ex sententia legati in concilio hic anno 1208 celebrato, illud jus abbatis et munus Curiam convocandi, ubi super quadam quæstione quam vult legatus in tali curia terminari, ait : « Abbas Curiam convocet. »

De eodem jure fit mentio in ipso pareagio supra, his verbis :[a] « Et es a saber que l'abas Sent-Sever et sui successor deven mandar la Cort a Sent-Sever, et aver entegramen sons gatges et defautas, per arradon de begueiria; per aissi cum sa-en-arreyre a accoustumat; et lo davandit abat no deu respondre davant aucun bailiu ni coman, si non a Sent-Sever en Cort mandada per lo deit abat, etc. » Erat igitur abbas viguiarius[b] seu vicarius comitis in hac curia et vicecomes; ideoque, post regem seu comitem et senescallum eius personaliter existentem, primum ipse locum tenebat et cœtui huic præsidebat; primusque, post senescallum, abbas nominatur in chartis multis a D. de Marca relatis, nempe in citatione Gastonis de Bearnio, ut refert D. de Marca H. B. l.

(a) Homag. 1273 supra: « Et mandare Curiam, etc. »
(b) Viguier-né.

7. c. 18. n. 2 et 3, et C. 19 n. 1, etc. « Universis præsentes litteras inspecturis : Nos abbas S. Severi(a); Arnaldus Seguini de Stan ; Arnaldus de Marciano, et Guillelmus de S. Albano, de Curia S. Severi(b); Aner Sancius de Cavomonte; Guillelmus Ramundus de Pinibus; Arnaldus de Marmanda, de curia Vasatensi; Senebrunus dominus Sparriæ; Ælias de Castillon, et Gaillardus de Sertorio, de curia Burdegalensi(c) maior S. Æmiliani ; maior Aquensis, etc. »

Arnaldus ille de Marciano, seu de Marsan, erat dominus de Calnario, de quo supra dictum est quod tenebat Mugron de abbate S. Severi. Arnaldus Seguin de Stan erat etiam nobilis, dominus plurium locorum, ut ex multis chartis patet; et de eo fit mentio in libro rubro Adurensi, etc. Sic et alii nobiles domini et barones erant, qui ad hanc curiam cum senescallo conveniebant; præ quibus, post senescallum, sedebat abbas S. Severi. Aliud ibidem testimonium producit illustris idem historiographus e tabulario Palensi, sic : « Domino Lucæ de Chanap, Senescallo Vasconiæ, Abbati et toti Curiæ S. Severi Gasto vicecomes Bearnii, salutem, » etc. Idem prælaudatus historiographus l. 3. c. 1. n. 2. sic ait: « Les assises ordinaires de la cour de Gascogne, composées des Seigneurs de la province, estoint tenues, meme du temps des Roys d'Angleterre, en la ville de St-Sever; de laquele cour l'abbe de ce convent estoit le viguier, pour indire les assemblees, et l. 7 c. 18. n. 3. Luc de Chanap(d) senechal tenoit la cour dans le cloitre de l'abbaye, etc. »

(a) Garsias Arnaldi de Navaliis.
(b) Nobiles olim judicabant et curiam tenebant.
(c) E tabulario burdegalensi.
(d) Lucas de Tany infra dicitur.

Ad hujusce capitis complementum, subjungo litteras privilegiorum baronibus Curiæ S. Severi concessorum, id est nobilibus qui in Curia-maiori solebant adunari; quarum talis est tenor in charta originali in archivis nostris asservata[a] :

« Universis præsentes litteras inspecturis R. permissione divina Bathonensis et Vellensis episcopus, et Otto de Guandissono[b] miles, illustrissimi domini nostri regis Angliæ vices gerentes in Vasconia, salutem in Domino. Noverit universitas vestra quod nos... ad supplicationem et requisitionem dilectorum baronum[c] domini nostri regis prædicti curiæ S. Severi, quos, ut fideles eiusdem domini nostri regis amplectimur et prosequimur favore speciali, volumus et concedimus eisdem baronibus, militibus et aliis subditis suis, vice et nomine dicti domini nostri regis, quod bastidæ novæ non fiant in locis propriis, vel in quibus iidem barones et eorum subditi altam justitiam habere noscuntur, sine voluntate eorum qui jus haberent ibidem ubi dictæ bastidæ construi deberent; et super jam factis bastidis, præcipimus et injungimus senescallo Vasconiæ, qui nunc est et qui pro tempore fuerit, quod eis, qui super hoc conqueri voluerint, faciat plenam justitiam sine mora, ordinato, pro domino rege, legitimo defensore; item quod homines prædictorum baronum et subditorum suorum questales[d], in bastidis domini nostri regis prædicti, de cætero non recipiantur sine prædictorum

(a) In membrana pergameni.
(b) Iidem, ex parte reginæ Angliæ, anno 1287 pacem fecerunt inter capitulum monasterii et pp. Dominicanos, ut patet ex charta infra relata in appendice.
(c) Baronum nomine intelliguntur vicecomites et alii nobiles domini, etc.
(d) Questales sunt vassalli ad quædam obligati feuda et onera specialia, vulgo Questaux.

dominorum consensu; et si qui recepti fuerint, in eisdem bastidis domini nostri regis, ignoranter vel per malitiam aut voluntatem ballivorum domini nostri regis, volumus et concedimus, vice regia, quod domini eorumdem hominum, qui eos tamquam questales repetere voluerint, audiantur(a) de plano ad repetendum eosdem quantum ad dominum nostrum regem pertinet; dum tamen per sufficientes probationes vel per testes fide dignos, non minus tribus, probare potuerint coram senescallo Vasconiæ homines huiusmodi esse suos questales; quo probato, ut præmissum est, et dominus vel senescallus eius vel alius nomine eiusdem, non debet prædictos homines in bastidis ipsius domini regis tenere, defendere vel recipere, sine speciali licentia dominorum repetentium eosdem; sed eos debent incontinenti licentiare, ut recedant cum omnibus bonis suis ab omnibus bastidis domini nostri regis in Vasconia. Per has autem ordinationes, conditioni et statui hominum prædictorum nolumus præjudicium generari. Super receptis autem, præcipimus quod eis maturum fiat justitiæ complementum. Item concedimus quod terræ et bona(b) baronum prædictorum, vassallorum seu aliorum subditorum eorumdem, per dominum regem vel suos in posterum non dentur seu concedantur bastidis(c) seu hominibus de bastidis, vel ipsi barones seu sui subditi non compellantur ad dandum terras et nemora sua bastidis seu hominibus antedictis. Item nolumus quod Senescallus Vasconiæ vel alii ballivi sui, in Vasconia, recipiant advocationes homi-

---

(a) Richardus I, anno 1190, idem dederat privilegium abbati et monachis S. Severi, ut nullus reciperet homines eis juratos, etc.

(b) Nemora.

(c) Bastidæ villagia, oppida.

num questalium dictorum, baronum vel aliorum subditorum suorum, et si qui fuerint recepti vel admissi tempore Domini Lucæ de Tany[a], nuper Senescalli Vasconiæ, hoc sufficienter probato per testes fide dignos, non minus tribus, quod questales essent coram Vasconiæ senescallo, talis advocatio revocetur et nullum, per ipsam advocationem, præjudicium generetur eisdem baronibus vel militibus seu eorum subditis.

« Item volumus quod senescallus Vasconiæ vel ballivi sui, qui pro tempore fuerint in Vasconia, per se vel per alios, alicui in rebus vel bonis suis nullam injuriosam faciant disseysmam. Item volumus, concedimus et mandamus, quod barones, milites et alii curiæ supradictæ vocentur[b], cum concorditer voluerint et petierint quod primogeniti eorum legitimi remaneant hæredes eorum in omnibus bonis suis, senescallus habeat potestatem hoc faciendi, salvo jure liberorum qui jam nati sunt; prohibemus etiam ne quis ballivus vel serviens[c] domini nostri regis prædicti, in justitiatu dictorum baronum et militum prædictorum, aliquid exerceant, nisi habeant litteras senescalli Vasconiæ vel eius locum-tenentis, vel nisi fuerit ballivus vel serviens semel in curia Vasconiæ præsentatus. Hanc autem liberalitatem et libertatem extendi volumus ad barones, milites et alios fideles domini nostri prædicti dictæ curiæ, de quorum servicio nos laudamus : et hæc omnia et singula prædicta præcipimus, volumus et mandamus, vice regis prædicti, baronibus et eorum subditis et successoribus eorumdem, abbati, senescallo, ballivis et aliis

(a) Seu de Chanap.
(b) Scilicet ab abbate convocentur, cum curiam mandaverit.
(c) Sergent.

officialibus domini nostri regis prædicti, qui pro tempore fuerint, in futurum inviolabiliter observari. In quorum omnium testimonium sigilla nostra, una cum sigillis Curiæ Vasconiæ sunt appensa. Datum apud Sanctum Sulpicium[a], decima sexta septembris, anno Domini MCCLXXVIII. » Sigillaria pendebant.

[a] Bituricensem, ut reor.

CAPUT III.

DE PRIVILEGIIS, JURIBUS, HONORIBUS SPIRITUALIBUS HUIUSCE CONVENTUS S. SEVERI.

Fuit hoc monasterium, ab ipsa eius fundatione seu restauratione, a comite Willelmo Sancio S. Sedi apostolicæ Romanæ immediate subditum, et ab omni alia jurisdictione exemptum; expresse enim super his sese explicat, cum dicit in charta sua : « Nec, in præfato loco, quisquam episcopus[a] potestatis licentiam habeat imperandi aut ordinationem aliquam, quamvis levissimam, faciendi. » Iisdem inhibet episcopis censum, vel receptum seu arceutum quærere, aut ullam monachis et eorum dependentiis molestiam generare; hanc autem exemptionem confirmari fecit ex tunc ab archiepiscopis Ausciensi et Burdegalensi, et episcopis totius Vasconiæ, imo et a summis pontificibus, quibus, in signum huiusce libertatis acceptæ, jussit quotanuis solvi ab hocce manasterio quinque solidos, quos de facto solvit abbas et conventus, quandiu collectores jurium suorum habuere pontifices in Galliis; pluresque apud nos extant solutionis eiusdem quittanciæ a collectoribus recipientibus datæ. De eadem exemptione mentionem fecerunt in chartis suis Bernardus et Sancius, Comitis Willelmi filii et successores, prout videre est supra in eorum litteris et diplomatibus. Extant adhuc

(a) Exemptio ab Ordinario. Si quid corrigendum, ad abbatem vult referri, etc.

apud nos plures bullæ summorum pontificum, quibus eamdem exemptionem confirmarunt, quas statim ex integro referam; et in exemptionis huius usu, possessione et privilegio Nostri semper, ab initio usque nunc, remansere.

Voluit quidem D. Adurensis episcopus, circa annum 1220, jus sibi visitationis et jurisdictionem in monasterium et monachos arrogare, ab eis processionem, receptum et procurationem exigens; sed recusantibus monachis privilegiorum suorum tenacissimis, res tota delata est ad summum pontificem Gregorium IX, qui anno 1227 archiepiscopum Ausciensem, episcopos Oloronensem et Lactorensem (a) commisit et delegavit, ut, auditis utrinque partibus earumque rationibus, justa litem definirent sententia : quod et factum est mense Decembri anni 1231; per quam eorumdem sententiam declarantur monasterium S. Severi et omnes monachi ab omni jurisdictone diœcesana prorsus liberi et exempti. Quam setentiam Clemens papa IV subinde confirmavit bulla data die 9 octobris anno 1266, verificata ab officiali Aquensi die 8 februarii anno 1437, ex commissione concilii Basileensis; eamdemque approbavit D. Jacobus a S. Juliano episcopus Adurensis, die 28 Martii, anni 1546. Cum enim ad ecclesiam nostram accessisset, receperunt illum ad eius januam maiorem monachi, eidemque suam exemptionem notam fecerunt; contra quam nil se attentare velle declaravit, ut constat ex actu seu charta juridica hac de re tunc confecta, cui ipse D. episcopus libens subscripsit; ideoque in chartis nostris hoc monasterium sæpe dicitur Romanæ ecclesiæ seu Sedi apostolicæ immediate subjectum.

(a) Iidem tunc delegati sunt pro unione S. Quiteriæ de Manso mensæ episcopali Adurensi; et ex tunc episcopus Adurensis dicitur etiam S. Quiteriæ, etc.

Non recens est talis exemptionis usus. Exemptio autem, ut dicitur in Glossa super cap. Olim, est libertas a jurisdictione Ordinarii, ubi aliqua conventualis ecclesia est immediate subiecta papæ. Vocatur autem privilegium, quod (ex Rebuff de Privil.) privilegia sint quasi privata legia, legem privatam generando propter aliquam utilitatem [a]. Data fuit autem exemptio, ex eodem authore, quia erant episcopi nimis dominantes in Clero. S. Gregorius olim ordini benedictino hanc concessit exemptionem, circa annum 600 seu 610 [b]. Cabassutius in Praxi juris canonici, et R. P. Meinbourg tom. 3. Hist. Arrianismi, tria refert concilia antiqua pro hac exemptione, nempe 1° Concilium Arelatense anni 455, ob discordiam inter Theodosium episcopum et Faustum abbatem Lerinensem congregatum, in quo talis fuit data et declarata exemptio, in favorem monasterii Lerinensis, et refertur t. I. Concil. Gallic. et tom. 4 edition. parisis. 2° concilium Carthaginense anni 525, sub Bonifacio, ob discordiam inter Petrum abbatem et Liberatum metropolitanum provinciæ Bisantinæ, ex t. 6. concil. P. Sirmundi edit. paris. p. 527; et 3° concilium Carthaginiensæ, sub Reparato, anno 584 to. 1. conc. p. 785, etc.

In tali et tanto honore erat abbas olim S. Severi, ut in chartis multis dicatur regnare cum Comite, et sæpe pontifex sit dictus, ut videre est supra in donationibus l. 7. relatis. Clemens papa V concessit [c] abbati Gaillardo et successoribus eius usum mithræ, annuli aliorumque ornamentorum pontificalium, bulla data anno 1307; et non sine fundamento suspicari

---

[a] L. Jus singulare; ff. de Legibus.
[b]* Dari non potuit anno 640 a S. Gregorio qui anno 604 mortuus est.
[c] Privilegium utendi mitra et annulo, etc.

possumus facultatem et potestatem conferendi minores ordines olim abbatibus nostris fuisse concessam, quandoquidem de ordinibus sacris dumtaxat loquuntur summi pontifices Paschalis II, et Innocentius III, cum dicunt eos ab episcopis monachos suscipere debere. Septima Synodus œcumenica, secunda Nicæna, canone 14, et Tridentinum concilium, sess. 23. c. 10 de hoc privilegio sic ait : « Abbatibus sacerdotibus benedictis permitti et concedi primam conferre tonsuram et minores ordines suis monachis, etc. »

In cunctis diœcesis huiusce cœtibus[a], semper post episcopum et Capitulum Adurense, Abbas et Capitulum S. Severi ante omnes alios locum habuit semper, advocaturque primum; et cappis induti sericis, in synodalibus congregationibus, ecclesiam ingrediebantur abbates nostri, ut patet ex Statutis synodalibus in Libro Rubro Adurensi relatis, in procemio ipsorum. Quoties D. Adurensis episcopus, a superiore nostro invitatus, in pontificalibus celebravit in hac nostra ecclesia, Capitulum nostrum ipsi pro Capitulo fuit et officiarios ac ministros sacros e monachis dedit et ministravit.

Licet autem abbatis electio[b] sit de jure naturali et capitulo seu conventui competat, voluit tamen ipse monasterii huius restaurator Willelmus Sancius comes expresse in charta sua id imperare, ut abbatem fratres habeant, non per vitium aut per favorem, sed secundum regulam S. Benedicti[c], ut videri potest in charta eius supra relata : vult ergo esse electivum, et monachum benedictinum, non commendatarium; quod a summis pontificibus et prælatis

(a) Honores.
(b) Jus electionis abbatis.
(c) Ex regula S. P. Benedicti.

fuit sæpius confirmatum; imo et in pareagio expresse dicitur, abbatiam ad regaliam non pertinere, cum vacaverit; cui tamen juri authoritas suprema derogavit, ut dictum est supra lib. 5.

Confert abbas(a), pleno et naturali jure, prioratus ab hoc monasterio dependentes, de quibus infra fusius dicemus libro sequenti. Præsentat autem ad curas et parrochias, in quibus ipse et capitulum huiusce monasterii jura habent, et honores curatorum, priorum et primitivorum, maxime in ecclesia abbatiali et parrochiali S. Severi, cuius parrochiæ cappellanus(b) nominatur et præsentatur a capitulo monasterii; habentque monachi, in processionibus aliisque cœtibus, honorabiliorem locum; procedunt namque : cappellanus maior seu vicarius perpetuus, et vicarii amobiles, aliique præbendarii sub crucis nostræ vexillo, et in choro post fratres omnes stant. Processiones autem tenentur postulare jurati urbis per seipsos, aut per syndicum et thesaurarium communitatis, aut certe per honestos burgenses ad id specialiter deputatos, in vigiliis dierum quibus fieri solent; proceduntque, in generalibus, primi alii religiosi qui ad nostram ecclesiam venire tenentur, ut ibidem incipiant et desinant processiones.

Statio prædicatoris, tempore Adventus, Quadragesimæ et octavæ SS. Sacramenti, est in nostra ecclesia abbatiali et parrochiali; et a capitulo monasterii nominatur(c) et præsentatur concionator, fitque huiusmodi præsentationis mentio in mandato D. Episcopi Adurensis. Nulla alia potest stabiliri communitas, ædificari ecclesia capella aut cimeterium, sine con-

(a) Jus prim. curator. etc.
(b) Sicut et alii cappellani et præbendarii l. 40 referendi.
(c) Nominatio et præsentatio prædicatoris.

sensu Capituli huiusce monasterii, ut dicitur in pareagio; habetque sacristia nostra mediam partem oblationum cappellarum S. Michaelis et S. Geruntii sicut et ecclesiæ nostræ, et quartam funebrem cereorum sepulturarum quæ fiunt apud PP. Dominicanos, ut supra dictum est. De prioratibus et officiis claustralibus libro sequenti dicemus, et capite sequenti, de censibus aliisque honoribus et homagiis; sed modo prius referendæ sunt bullæ supra citatæ, etc.

Bullæ summorum pontificum qui, Willelmi Sancii comitis et filiorum eius tempore, huiusce monasterii privilegia confirmarunt, temporum, bellorum, incendiorum injuriis perierunt. Bullæ Alexandri II et Gregorii VII transmissæ sunt Romam ab abbate Suavio, ut supra dictum est, nec inde remissæ, et ideo amissæ. Alias subdo.

Bulla Paschalis II[a] Romani pontificis, data anno 1104, confirmativa privilegiorum, etc.

« PASCHALIS episcopus, Servus servorum Dei, dilecto in Christo filio Suavio, monasterii S. Severi abbati eiusque successoribus regulariter promovendis in perpetuum. Piæ postulatio voluntatis effectu debet prosequente compleri, quatinus et devotionis sinceritas laudabiliter enitescat, et utilitas postulata vires indubitanter assumat. Quia igitur dilectio tua ad apostolicæ Sedis portum confugiens, eius tuitionem devotione debita requisivit, Nos supplicationi tuæ clementer annuimus, et beati Severi monasterium cui, Deo auctore, præsides et omnia ad ipsum pertinentia sub tutelam apostolicæ sedis excipimus; quod nimirum a bonæ memoriæ Guillelmo Sancii Guasconiæ

---

[a] Ex antiqua membrana pergameni, etc.— Aliam dedit bullam idem papa super lite inter abbatem S. Severi et abbatem S. Crucis, quæ non extat; de hac bulla fit mentio in sequenti Innocentii III.

comite fundatum, et beato Petro jure perpetuo oblatum est. Per præsentis igitur privilegii paginam, apostolica auctoritate statuimus, ut quæcunque ad idem cœnobium eiusdem comitis vel aliorum fidelium legitimis donationibus pertinere noscuntur, firma tibi tuisque successoribus et illibata permaneant, in quibus hæc propriis nominibus duximus exprimenda : in episcopatu Adurensi ecclesias [a], in episcopatu Aquensi ecclesias ; in episcopatu Burdegalensi ecclesias ; in episcopatu Basatensi ecclesias ; in episcopatu Agennensi ecclesias ; in episcopatu Lactorensi ecclesias ; in episcopatu Lascurrensi ecclesias ; in episcopatu Olorensi [b] ecclesias ; in episcopatu Pampilonensi ecclesias.

« Quidquid præterea idem monasterium in præsentiarum juste possidet, sive in futurum concessione Pontificum, liberalitate principum vel oblatione fidelium juste et canonice poterit adipisci, firmum tibi tuisque successoribus et illabatum servetur. Decernimus ergo, ut nulli omnino hominum liceat idem cœnobium temere perturbare, aut eius possessiones auferre, vel ablatas retinere, minuere, vel temerariis vexationibus fatigare ; sed omnia integra conserventur, eorum, pro quorum sustentatione et gubernatione concessa sunt; usibus omnimodis profutura. Missas sane publicas [c] in eodem monasterio per episcopum fieri, vel stationes celebrari, præter abbatis ac fratrum voluntatem, omnimodis prohibemus ne, in servorum Dei recessibus, popularibus occasio præbeatur ulla conventibus. Obeunte te nunc eius loci abbate, vel tuorum quolibet successorum, nullus ibi

[a] Optandum esset ut hæ singulæ ecclesiæ denominatæ fuissent.
[b] Et Lapurdensi.
[c] Exemptio, etc.

qualibet surreptionis astutia seu violentia præponatur, nisi quem fratres communi consensu[a], vel fratrum pars consilii sanioris, secundum Dei timorem et beati Benedicti regulam elegerint. Chrisma, Oleum sanctum, consecrationes altarium, sive basilicarum, ordinationes monachorum qui ad sacros fuerint ordines promovendi, ab episcopo[b], in cuius diœcesi estis, accipiatis, siquidem gratiam atque communionem apostolicæ Sedis habuerit, et si ea gratis ac sine pravitate voluerit exhibere; alioquin liceat vobis catholicum, quem malueritis, adire antistitem et ab eo consecrationum sacramenta suscipere.

« Ad hæc adjicimus, ut alicui personæ magnæ vel parvæ facultas non sit milites vel pedites de villis eidem cœnobio pertinentibus in hostem vel expeditionem ducere; nec de sylvis, pratis, landis, piscationibus, pinetis et vineis arceutum vel censum quærere. Adjicimus etiam, ut in cellis eiusdem monasterii, non alius, nisi S. Severi abbas, sicut hactenus noscitur institutum, clericos ponat[c]; nec episcopo, vel episcoporum ministris liceat novas consuetudines, præter abbatis voluntatem, vel exactiones quaslibet in eodem monasterio ponere. Hoc quoque subjungimus, ut idem monasterium, absque Romani pontificis licentia, interdicto vel excommunicationi minime subdatur. Ad indicium autem perceptæ a Romana ecclesia libertatis, Pictaviensis monetæ solidos quinque[d] quotannis Lateranensi palatio. persolvetis.

« Si qua sane ecclesiastica sæcularisve persona

(a) Abbas sit electivus, et regularis, et Benedictinus.
(b) Ordines sacri ab episcopo, minores ab abbate suscipi poterant.
(c) Cappellanorum seu vicariorum præsentatio.
(d) 5 Solidos, juxta chartam fundatoris.

hanc nostræ constitutionis paginam sciens, contra eam temere venire temptaverit, secundo tertiove commonita, si non satisfactione congrua emendaverit, potestatis honorisque sui dignitate careat, reamque se divino judicio existere de perpetrata iniquitate cognoscat, et a sacratissimo corpore ac sanguine Dei et redemptoris Domini nostri Jesu Christi aliena fiat, atque in extremo examine districtæ ultioni subjaceat. Cunctis autem eidem loco ista servantibus sit pax Domini nostri Jesu Christi, quatenus et hic fructum bonæ actionis percipiant, et apud districtum Judicem præmia æternæ pacis inveniant. Amen.

» Scriptum per manum Rainerii regionarii scriniarii et notarii sacri palatii. Ego PASCHALIS, catholicæ ecclesiæ episcopus, secundus. Datum Laterani, nonis Novembris[a], per manum Equitii agentis vicem cancellarii, Indictione XII, anno Dominicæ Incarnationis millesimo centesimo quarto, pontificatus autem Domini Paschalis secundi papæ, quinto. Suavio abbate ministrante in ecclesia S. Severi[b]. »

Fuit etiam controversia, huius pontificis tempore, inter Arnaldum archiepiscopum Burdegalensem et Raimundum abbatem S. Severi, Suavii successorem, pro ecclesia B. Maria de Mimisano, super qua rescripsit idem papa Paschalis II, ut patet in bulla Alexandri V supra relata ad annum 1409, lib. 3; quæ bulla rescripti Paschalis pro ecclesia Mimisanensi, sicut et bulla pro ecclesia de Solaco utraque in diœcesi Burdegalensi, non extant nec a rapinis seu

(a) 5 Novembris 1104.
(b)* La bulle ou sceau de Pascal II se compose d'un cercle coupé et parti par deux lignes en croix qui partagent le champ en quatre quartiers : au premier, *Sanctus Petrus*; au deuxième, *Sanctus Paulus*; au troisième, *Paschalis*; au quatrième, *pp. II*. Un cercle concentrique, formant bordure, contient cette légende : à senestre, † *verbo Domini cœli*, à dextre, *firmati sunt*. (EDD).

incendiis salva manserunt, aut cum aliis nondum restitutæ sunt nobis.

Bulla(a) Innocentii papæ III, data 20 die aprilis anni 1213, similiter confirmativa, etc.

« INNOCENTIUS Episcopus, servus servorum Dei, dilectis filiis abbati(b) monasterii S. Severi cum fratribus tam præsentibus, quam futuris regularem vitam professis, in perpetuum. Piæ postulatio voluntatis effectu debet prosequente compleri, quatinus et devotionis sinceritas laudabiliter enitescat, et utilitas postulata vires indubitanter assumat. Ea propter, dilecti in Domino filii, vestris justis postulationibus clementer annuimus, et præfatum monasterium beati Severi a bonæ memoriæ Willelmo Santii quondam Wasconiæ comite, fundatum et beato Petro ab eodem comite perpetuo jure oblatum, ad exemplar felicis memoriæ Paschalis et Alexandri(c) pontificum prædecessorum nostrorum, sub beati Petri et nostra protectione suscipimus, et præsentis scripti privilegio communimus; in primis siquidem statuentes, ut ordo monasticus, qui secundum Deum et beati Benedicti regulam, in eodem monasterio institutus esse dignoscitur, perpetuis ibidem temporibus inviolabiliter observetur; præterea quascumque possessiones, quæcunque bona idem monasterium in præsentiarum juste ac canonice possidet, aut in futurum concessione pontificum, largitione regum vel principum, oblatione fidelium seu aliis justis modis, præstante Domino, poterit adipisci, firma vobis vestrisque successoribus et illibata

---

(a) Bullam hanc ex ipso refero originali, quod etiam nunc apud nos est, præstante Deo.

(b) Erat Arsivus abbas et episcopus Lascurrensis. c. 8. n. 6. de hac bulla mentionem facit, quam ipse vidit, et ego præ oculis habeo in manibus.

(c) Imo Gregorii VII, et.

permaneant; in quibus hæc propriis duximus exprimenda vocabulis[a]: in episcopatu Adurensi, S. Petri, S. Joannis, S. Germani et S. Joannis, S. Laurentii, S. Mariæ, S. Eugeniæ et S. Mariæ, S. Vincentii, S. Martini et S. Vincentii, S. Medardi et aliam S. Medardi ecclesias; in episcopatu Aquensi S. Martini, S. Petri et S. Martini, S. Joannis, S. Leonis et S. Vincentii ecclesias; in episcopatu Burdegalensi, S. Mariæ, S. Eulaliæ et S. Mariæ, et S. Michaelis ecclesias; in episcopatu Basatensi, ecclesiam S. Laurentii; in episcopatu Agennensi, S. Fœlicis, S. Fidis, S. Quintillæ, S. Christophori, S. Petri et S. Joannis ecclesias.

» Chrisma vero, Oleum sanctum, consecrationes altarium seu basilicarum, ordinationes monachorum qui ad sacros ordines fuerint promovendi, a diœcesano suscipietis episcopo, si quidem catholicus fuerit et gratiam atque communionem apostolicæ sedis habuerit, et ea gratis et absque pravitate aliqua vobis voluerit exhibere; alioquin liceat vobis, quemcumque malueritis, catholicum adire antistitem gratiam et communionem apostolicæ sedis habentem, qui nostra fretus authoritate, vobis quod postulatur impendat. Missas sane publicas in eodem monasterio per episcopum fieri, vel stationes celebrari, præter abbatis ac fratrum voluntatem, omnimodis prohibemus, ne in servorum Dei recessibus, popularibus occasio præbeatur ulla conventibus. Ad hæc adjicimus ut alicui personæ magnæ, vel parvæ facultas non sit milites vel pedites de villis eidem cœnobio pertinentibus in hostem vel expeditionem ducere, nec de sylvis, pratis,

---

(a) Vide l. 7. donationes, et bullam sequentem Clementis IV, ubi hæ ecclesiæ designantur locorum nominabus adjunctis, et infra l. 10. — Non omnes hic sunt enumeratæ.

landis, piscationibus, pinetis et vineis censum quærere vel arceutum[a].

» In parrochialibus vero ecclesiis, quas habetis, liceat[b] vobis sacerdotes eligere et episcopo præsentare, quibus, si idonei inventi fuerint, episcopus curam animarum committat, et de plebis quidem cura episcopo, vobis autem de rebus temporalibus debeant respondere. Adjicimus etiam ut nec episcopo, vel episcoporum ministris liceat novas consuetudines, præter abbatis ac fratrum voluntatem, vel exactiones quaslibet in eodem monasterio ponere. Hoc quoque subjungimus, ut idem monasterium, absque Romani pontificis licentia, minime interdicto vel excommunicationi subdatur. Ad indicium autem huius a romana ecclesia libertatis perceptæ, quinque solidos Pictaviensis monetæ nobis nostrisque successoribus, annis singulis, persolvetis. Obeunte vero te nunc eiusdem loci abbate vel tuorum quolibet successorum, nullus ibi qualibet subreptionis astutia seu violentia præponatur, nisi quem fratres communi consensu vel fratrum pars consilii sanioris, secundum Dei timorem et beati Benedicti regulam, providerint eligendum. Decernimus ergo ut nulli omnino hominum liceat præfatum monasterium temere perturbare, aut eius possessiones auferre, vel ablatas retinere, minuere, seu quibuslibet vexationibus fatigare; sed omnia integra conserventur, eorum, pro quorum gubernatione ac sustentatione concessa sunt, usibus omnimodis profutura, salva Sedis apostolicæ authoritate.

» Si qua igitur in futurum ecclesiastica sæcularisvæ

(a) Arceutum, receptum; *arceber*, id est, recipere, vasconica lingua.
(b) Jus cappellanos, seu vicarios et parochos præsentandi ad curas.

persona hanc nostræ constitutionis paginam sciens, contra eam temere venire temptaverit, secundo tertiove commonita, nisi reatum suum congrua satisfactione correxerit, potestatis honorisque sui dignitate careat, reamque se divino judicio existere de perpetrata iniquitate cognoscat, et a sacratissimo corpore ac sanguine Dei et Domini redemptoris nostri Jesu Christi aliena fiat, atque in extremo examine districtæ ultioni subjaceat. Cunctis autem eidem loco sua jura servantibus sit pax Domini nostri Jesu Christi, quatinus et hic fructum bonæ actionis percipiant, et apud districtum Judicem præmia æternæ pacis inveniant. Amen. Amen. Amen.

» Ego INNOCENTIUS catholicæ Ecclesiæ episcopus.

Subjicio signa cardinalium et episcorum qui subscripserunt et signum S. Crucis apposuerunt propria manu, in ipsa originali bulla, quæ apud nos extat : eorumque crucis signa cuiuslibet manu picta hic imitando exprimo, ut eorum agnoscatur differentia[a].

» Ego Cinthius titulo S. Laurentii in Lucina, presbiter cardinalis.

» Ego Cencius, sanctorum Joannis et Pauli titulo Pammachii pbr. Cardinalis.

» Ego Petrus titulo Sancti Marcelli presbiter Cardinalis.

Ego Benedictus titulo Sanctæ Susannæ presbiter Cardinalis.

» Ego Leo tt° (titulo) Sanctæ Crucis in Jerushalem, presbiter Cardinalis.

» Ego Petrus Sanctæ Pudentianæ titulo Pastoris, presbiter Cardinalis.

(a)* Ces signatures, ces croix et ces paraphes, soigneusement copiés par l'auteur, ne peuvent être reproduits par l'impression. (EDR.)

» Ego Guala (a) Sancti Martini presbiter Cardinalis tt° Equitii.

» Ego Pelagius titulo Sanctæ Cæciliæ, presbiter Cardinalis. »

Inter Cardinalium presbiterorum et cardinalium diaconorum signa, in medio sunt signa et subscriptiones quorumdam episcoporum in latitudine membranæ disposita sic : « Signa Cardinal. presbiter. signa episcoporum. signa Cardinal. diaconorum.

« Ego Joannes Sabinensis episcopus.

» Ego Nicholaus Tusculanus episcopus.

» Ego Guido Prænestinus episcopus.

» Ego Hugo Hostiensis et Velletrensis episcopus.

» Ego Guido Sancti Nicolai in Caiaxce (b) tull. diaconus Cardinalis.

» Ego Joannes Sanctæ Mariæ in Via-lata diaconus Cardinalis.

» Ego Johannes Sanctorum Cosmæ et Damiani diaconus Cardinalis.

» Ego Octavianus SS. Sergii et Bacchi diaconus Cardinalis.

» Dat. Lateran. per manus Johannis Sanctæ Mariæ in Cosmidin diaconi Cardinalis, Sanctæ Romanæ ecclesiæ Cancellarii, XII Calendas Maii, Indictione XV, Incarnationis dominicæ anno MCCXIII, pontificatus vero Domini Innocentii pp. III anno quintodecimo. » Sigillum (c) in plumbo pendebat in calce, utmoris est.

Bullam subjicio Clementis papæ IIII datam 18 decembris anni 1266, pontificatus ejus secundo anno,

---

(a)* Vel Suala.

(b) Caiaxce; lege: « in Carcere Tulliano.»

(c) Le sceau d'Innocent III est semblable à celui de Pascal II; seulement le nom du pape se partage ainsi: au 3e, *Inno pp.* au 4e, *centius* III. La légende est: *Fac mecum, Domine, signum in bonum.*

quam extraxi et descripsi ex transsumptis, vidimatis 1° a magistro Joanne de Serris, canonico ecclesiæ collegiatæ S. Geruntii, rectore ecclesiæ parrochialis de Benqueto et officiali generali forensi Adurensis diœcesis, pro RR. in Christo p. DD. Ludovico de Labreto Sanctæ Sedis apostolicæ prothonotario et administratore perpetuo ecclesiæ cathedralis Adurensis, constituto et deputato, etc. die tertia mensis aprilis anni 1451; 2° a magistro Bertrando de In-Campis, presbytero officiali Adurensi forano, pro R. in Christo p. DD. Petro de Fuxo S. Sedis apostolicæ prothonotario et administratore perpetuo ecclesiæ cathedralis Adurensis, die 21 novembris anni 1476; 3° a magistro Antonio de Tillio locum tenente Domini Senescalli Landarum in sede S. Severi, die 23 februarii anni 1486; ex ipsis vidimatis duplis quæ apud nos extant, et ex registris curiæ senescalliæ Lannarum in sede S. Severi, in quibus hæc ultima vidimatio fuit inserta anno 1486, etc.

« CLEMENS episcopus, servus servorum Dei, dilectis filiis abbati[a] monasterii S. Severi, in Vasconia, eiusque fratribus tam præsentibus quam futuris, regularem vitam professis, in perpetuum. Religiosam vitam eligentibus apostolicum convenit adesse præsidium, ne forte cuiuslibet temeritatis incursus aut eos a proposito revocet, aut robur (quod absit !) sacræ religionis infringat. Ea propter, dilecti in Domino filii, vestris justis postulationibus clementer annuimus, et monasterium Sancti Severi in Vasconia Adurensis diœcesis, in quo divino estis obsequio mancipati sub beati Petri et nostra protectione, suscipimus, et præsentis scripti privilegio communimus;

(a) Arnaldo IV abbati S. Severi et episcopo Aginnensi.

in primis siquidem statuentes ut ordo monasticus, qui secundum Deum et beati Benedicti regulam in eodem monasterio institutus esse dignoscitur, perpetuis ibidem temporibus inviolabiliter observetur.

» Præterea, quascumque possessiones, quæcumque bona idem monasterium in præsentiarum juste et canonice possidet aut in futurum concessione pontificum, largitione regum vel principum, oblatione fidelium seu aliis justis modis, præstante Domino poterit adipisci, firma vobis vestrisque successoribus et illibata permaneant; in quibus hæc propriis duximus exprimenda vocabulis : Locum ipsum in quo præfatum monasterium situm est, cum omnibus pertinentiis suis[a], in diœcesi Adurensi; S. Petri de Roqua, S. Angeli[b], S. Martini de Villa-dominica ecclesias, cum decimis et omnibus pertinentiis earumdem S. Mariæ de Bausten[c], S. Mariæ de Baussiet, S. Petri de Monte[d], S. Mariæ Magdalenæ[e], S. Genesii de Vallibus, S. Joannis de Brocars et S. Laurentii ecclesias, cum decimis et omnibus pertinentiis earumdem; S. Saturnini de Canet, S. Medardi de Gelos[f], S. Mariæ d'Albaisam[g], S. Mariæ de Artiganova, S. Eugeniæ de Morganis, S. Martini de Liraco, S. Vincentii de Capra, S. Martini de Gelos[h], S. Medardi de Sornihon[i], S. Petri de Nervis-Castet[j], S. Joannis de Projan,

[a] Dominium S. Severi.
[b] S. Angeli de Nervis-castet.
[c] Balesten.
[d] Mont-de-Marsan.
[e] S. M. Magdalena, parochia urbis M.-Marsani.
[f] Giulos, ou Gelous.
[g] D'Albayac.
[h] S. Martinus et S. Medardus sunt patroni de Gelous.
[i] Sorin, Sorinhon, prope S. Martinum de Oüers et Omnes.
[j] S. Petri de Nervis : est matrix ecclesia parrochialis de Mugron.

S. Quitteriæ(a) de Caunar ecclesias cum decimis et omnibus pertinentiis earumdem; cappellam S. Jacobi de Mugron cum pertinentiis suis, S. Petri de Souprossa, S. Eulaliæ et S. Germani de Ester(b), S. Bartholomæi de Angladiis ecclesias cum decimis et omnibus pertinentiis ipsarum; S. Pantaleonis de Campania, S. Vincentii de Hiluy(c) et S. Vincentii de las-Vedelhes (d) ecclesias cum decimis et omnibus pertinentiis earumdem; ecclesiam S. Mariæ de Ruperforti cum omnibus pertinentiis suis: Monte-Marsani, Ruperforti, S. Angeli, Nerbis-Castet, S. Genesii et de Roca prioratus(e), cum pertinentiis suis de Montlana, de Capra-mortua, et de Morganis, et de Souprossa castra cum pertinentiis suis.

» In diœcesi Aquensi, S. Georgii(f) de Aurea-Valle, S. Stephani de Baorse(g), S. Martini de Insula, S. Martini de Marciaço, S. Martini, S. Johannis, S. Petri, S. Leonnis de Gotis(h) et S. Martini de Canenx ecclesias, cum decimis et omnibus pertinentiis earumdem.

» In diœcesi Burdegalensi, S. Mariæ de Mimisano, S. Eulaliæ de Borno, S. Michaelis de Biars, et S. Martini de Ponteys(i) ecclesias cum decimis et omnibus pertinentiis earumdem; prioratum de Mimisano cum pertinentiis suis.

» In diœcesi Agennensi(j), S. Quintillæ, S. Fidis

(a) S. Quiteriæ: nunc de Tholosetta; olim annexa et dependentia de Calnario.
(b) Ester i. e. de Stagno quod ibi olim erat.
(c) Hiluy, f. Li-Luy, le Luy, prope Motham.
(d) Veseilhes.
(e) Prioratus sex conventuales in hac diœcesi.
(f) S. Geours-d'Auribat.
(g) Barrosse et Garrosse.
(h) Goutz.
(i) Pontechs, Ponteins.
(j) Nunc Condomensi.

de Buzeto, S. Christophori de Toneinx, S. Fœlicis de Urscasa⁽ᵃ⁾, S. Johannis de Villanova, S. Petri de Nepeyas⁽ᵇ⁾ ecclesias, cum decimis et omnibus pertinentiis earumdem; prioratus de Buzeto cum pertinentiis suis.

» In diœcesi Vasatensi, S. Laurentii de Ruffiaco ecclesiam, cum decimis et omnibus pertinentiis suis, cum terris, pratis, vineis, nemoribus, usuagiis et pascuis in bosto⁽ᶜ⁾ et plano, in aquis, molendinis, in viis et semitis et omnibus aliis libertatibus et immunitatibus suis.⁽ᵈ⁾

» Sane novalium vestrorum, quæ propriis manibus aut sumptibus colitis, de quibus aliquis hactenus non percepit, sive de vestrorum animalium nutrimentis, nullus a vobis decimas exigere vel extorquere præsumat; liceat quoque vobis clericos, vel laicos liberos et absolutos e sæculo fugientes ad conversionem recipere, et eos absque contradictione aliqua retinere. Prohibemus insuper ut nulli fratrum vestrorum, post factam in monasterio vestro professionem, fas sit sine abbatis sui licentia, nisi religionis arctioris obtentu, de eodem loco discedere; discedentem vero absque communium litterarum vestrarum cautione nullus audeat retinere. Cum autem generale interdictum terræ fuerit, liceat vobis, clausis januis, exclusis excommunicatis et interdictis, non pulsatis campanis, suppressa voce divina officia celebrare, dummodo causam non dederitis interdicto.

» Chrisma vero, Oleum-sanctum consecrationes

(a) Urtcasa, Viscasa, Boscasa.
(b) Trepeyas, Tepeias.
(c) Bosco; i. e. cultis et incultis, montibus et vallibus.
(d) S. Georgii de Aurea valle cum tribus casalibus suis, scil. de Caunade, de Ecclesia et de Cultura.—* hoc refer ad notam f, p. 306.

altarium seu basilicarum, ordinationes clericorum, qui ad ordines fuerint promovendi, a diœcesano suscipietis episcopo, si quidem catholicus fuerit et gratiam et communionem sacrosanctæ Romanæ Sedis habuerit, et ea vobis voluerit sine pravitate aliqua exhibere. Prohibemus insuper ut, infra fines parrochiæ vestræ, si eam habetis, nullus sine assensu diœcesani episcopi et vestro cappellam, sive oratorium de novo construere audeat, salvis privilegiis Romanorum Pontificum. Ad hæc, novas et indebitas exactiones ab archiepiscopis, episcopis, archidiaconis seu decanis aliisque omnibus ecclesiasticis sæcularibusve personis a vobis omnino fieri prohibemus. Sepulturam quoque ipsius loci liberam esse decernimus, ut eorum devotioni et extremæ voluntati, qui se illic sepeliri deliberaverint (nisi forte excommunicati vel interdicti sint, aut etiam publici usurarii) nullus obsistat; salva tamen justitia illarum ecclesiarum a quibus mortuorum corpora assumuntur. Decimas præterea et possessiones ad jus ecclesiarum vestrarum spectantes, quæ a laicis detinentur, redimendi et legitime liberandi de manibus eorum et ad ecclesias, ad quas pertinent, revocandi libera sit vobis de nostra authoritate facultas.

» Obeunte vero te nunc eiusdem loci abbate vel tuorum quolibet successorum, nullus ibi qualibet subreptionis astutia seu violentia præponatur, nisi quem fratres communi consensu vel fratrum maior pars consilii sanioris, secundum Deum et beati Benedicti regulam, providerint eligendum. Paci quoque et tranquillitati vestræ paterna, in posterum, sollicitudine providere volentes, authoritate apostolica prohibemus, ut infra clausuras locorum seu grangiarum vestrarum nullus rapinam, seu furtum facere, ignem apponere, sanguinem fundere, hominem temere capere, vel interficere, seu violentiam audeat exercere. Præterea omnes libertates et immunitates a prædecessoribus nostris Romanis pontificibus monasterio vestro concessas, necnon libertates et exemptiones sæcularium exactionum a regibus et principibus vel aliis Christi fidelibus rationabiliter vobis indultas, athoritate apostolica confirmamus et præsentis scripti patrocinio[a] communimus. Decernimus ergo ut nulli omnino hominum liceat præfatum monasterium temere perturbare, aut eius possessiones auferre, vel ablatas retinere, minuere, seu quibuslibet vexationibus fatigare; sed omnia integra conserventur eorum, pro quorum gubernatione et sustentatione concessa sunt, usibus omnimodis profutura; salva Sedis apostolicæ authoritate et diœcesani episcopi canonica justitia, ac in prædictis decimis moderatione concilii generalis.

» Si qua igitur in futurum ecclesiastica sæcularisve persona hanc nostræ constitutionis paginam sciens, contra eam temere venire temptaverit, secundo tertiove commonita, nisi reatum suum congrua satisfactione correxerit, potestatis honorisque sui careat dignitate, reamque se divino judicio existere de perpetrata iniquitate cognoscat, et a sacratissimo corpore ac sanguine Dei et Domini redemptoris nostri Jesu Christi aliena fiat, atque in extremo examine districtæ ultioni subjaceat. Cunctis autem eidem loco sua jura servantibus sit pax Domini nostri Jesu Christi, quatinus hic fructum bonæ actionis percipiant, et apud districtum Judicem præmia æter-

(a) Privilegio.

næ pacis inveniant. Amen. Amen. Ego Clemens, catholicæ ecclesiæ episcopus [a].

» † Ego Ancherius..... presbiter cardinalis.

» † Ego Ambaldus Basilius titulo XII apostolorum presbyter cardinalis.

» † Ego Octavianus S. Mariæ..... cardinalis.

» † Ego Joannes Sancti... Truslens. diaconus cardinalis.

» † Ego Goard..... S. Georgii ad velum aureum, diaconus cardinalis.

» † Ego........................

» † Ego Stephanus Prænestinus episcopus.

» † Ego frater Joannes Portuensis et S. Rufinæ episcopus.

» † Ego Henricus Hostiensis et Velletrensis episcopus.

» Datum Viterbii, per manum magistri Michaelis S. Romanæ Ecclesiæ vicecancellarii, XV kalend. januarii [b], Indictione X, Incarnationis dominicæ anno MCCLXVI, pontificatus vero domini Clementis papæ quarti anno secundo. »

Quæ in subscriptionibus desunt legi non possunt, obliterata jam charta et corrosa membrana pergameni, præ vetustate transsumpti vidimati anno 1476, in quo solo hæ referuntur subscriptiones ex ipsa bulla originali extractæ; in aliis vero duplis et vidimatis non relatæ sunt subscriptiones, nec signa expresssa cardinalium et episcoporum.

Bulla Gregorii X papæ, confirmativa, etc.

« GREGORIUS episcopus, servus servorum Dei, dilec-

(a)* Le sceau de Clément IV est absolument semblable à celui d'Innocent III, sauf le mot *Cle-mens* partagé entre le 3e et le 4e. La légende est : *Oculi mei semper ad Dominum.*

(b) 18 décemb. 1266.

tis filiis Abbati et Conventui monasterii S. Severi in Vasconia, ad Romanam ecclesiam nullo medio pertinentis, ordinis S. Benedicti, Adurensis diœcesis, salutem et apostolicam benedictionem. Justis petentium desideriis dignum est nos facilem præbere consensum, et vota quæ a rationis tramite non discordant effectu prosequente complere. Ea propter, dilecti in Domino filii, vestris justis postulationibus grato concurrentes assensu, personas vestras et locum in quo divino estis officio mancipati, cum omnibus bonis quæ in præsentiarum rationabiliter possidet aut in futurum justis modis, prestante Domino, poterit adipici, sub beati Petri et nostra protectione suscipimus; specialiter autem, redditus, terras, domos, possesssiones, vineas et alia bona vestra ac jura omnia, quæ juste et pacifice possidetis, vobis et per vos monasterio vestro auctoritate apostolica confirmamus ac præsentis scripti privilegio communimus. Nulli ergo omnino hominum liceat hanc paginam nostræ constitutionis et confirmationis infringere, vel ei ausu temerario contraire. Si quis autem hoc attentare præsumpserit, indignationem omnipotentis Dei et beatorum Petri et Pauli apostolorum eius se noverit incursurum. Datum apud Urbem-Veterem[a], sexto calendas maii, pontificatus nostri anno secundo. » Id est : 26 die aprilis, anno 1273. Sigillum plumbeum pendet in calce, ut moris est.

Bullam subjicio quam invenio notatam Clementis VI, datam anno 1342, eamque transcribo ex transsumpto facto per manum publici notarii, vidimato a D. Joanne de Fis præposito S. Severi et Anto-

[a] Civita Vecchia.

nio de Serris baiulo seu ballivo, ac discretis viris Joanne de Sorte et Joanne de Fortanerio juratis seu consulibus villæ S. Severi; quorum authoritate et in quorum præsentia factum fuit illud transsumptum, die penultima mensis maii anni 1457, actu retento seu instrumento publico a Petro de Brocar publico notario; et eiusdem extractum seu transsumptum factum est ex registris Curiæ senecalliæ Lannarum, in sede S. Severi, (quibus inserta fuerat hæc bulla), die 28 junii anno 1588. Non exprimitur autem in vidimatis cuius Clementis hæc bulla fuerit, nec quo anno data, et Clementis V potius quam VI eam fuisse citius crediderim; dicitur enim quod duodecim vicini episcopi, cum ipso summo pontifice, usurpatores anathematisasse [a]; quod potest solum convenire Clementi V, qui personaliter in his partibus præsens fuit, ut ex aliis eius bullis anno 1307 datis potest dignosci; cum enim esset Vasatensis, patriam voluit suam invisere, Burdegalam, aliaque vicinia. Immo ex processu-verbali præpositi, baiuli et juratorum coram quibus transsumptum istud factum est, constare mihi videtur non tam esse hic specialem bullam relatam et transcriptam, quam privilegiorum *omnium summam*, ex fundatione, dotationibus et earum diplomatibus ac summorum pontificum bullis conflatam et extractam atque in unum collectam; maxime cum in hoc processu-verbali fiat mentio bullarum Paschalis II, Alexandri, Innocentii III, Clementis IV et Clementis V, non vero Clementis sexti: unde perperam et falso adscriptam existimo Clementi VI hanc bullam; quæ bullarum est quasi conflatorium aut

---

[a]· Hic nonnihil laborat constructio: « quod vicini anathematisasse. » Lege: « quod vicini... anathematizaverint. »

certe Clementis V potius bulla erat, quam VI, cuius exemplar primarium periit nobis cum multis aliis chartis et diplomatibus.

« CLEMENS episcopus, servus servorum Dei, dilectis filiis abbati monasterii S. Severi in Vasconia eiusque fratribus tam præsentibus quam futuris, regularem vitam professis, ad nos et nostram romanam ecclesiam sine ullo medio pertinentis, salutem et apostolicam benedictionem. Religiosam vitam eligentibus apostolicum convenit adesse præsidium ne forte cuiuslibet temeritatis incursus aut eos a proposito revocet, aut robur (quod absit!) sacræ religionis infringat. Ea propter, dilecti in Domino filii, vestris justis postulationibus clementer annuimus et præfatum monasterium S. Severi, diœcesis Adurensis, a bonæ memoriæ Guillelmo Sanctii quondam Vasconiæ comite, et beato Petro ab eodem comite perpetuo jure oblatum, ad exemplar fœlicis memoriæ Paschalis, Alexandri et cæterorum[a] Romanorum pontificum prædecessorum nostrorum, sub beati Petri et nostra protectione suscipimus et præsentis scripti privilegio communimus.

» In primis siquidem statuentes, ut ordo monasticus qui, secundum Deum et beati Benedicti regulam in eodem monasterio institutus esse dignoscitur, perpetuis ibidem temporibus inviolabiliter observetur. Præterea, quascumque possessiones, quæcumque bona idem monasterium in præsentiarum juste et canonice possidet, aut in futurum, concessione pontificum, largitione regum vel principum, oblatione fidelium, aut aliis justis modis, præstante Domino, poterit adipisci, firma vobis vestrisque successoribus et illibata perma-

---

[a] Sic in bulla Innocentii III supra, et Clementis IV.

neant; in quibus hæc duximus propriis exprimenda vocabulis: In diœcesi Adurensi, etc.(a) ..... Ne ergo aliquis prosequtor, dæmoniaco instigatus furore, aliquid ex supradictis rebus vel bonis rapere conarétur, Dominus papa, deinde alii duodecim episcopi e vicino degentes eiusdem loci, excommunicant et anathematisant dicentes: Si..., etc.

» Si ulli malefactorum ex supradictis facultatibus rapuerint et abstulerint, aut consentientes fuerint, et non ita emendaverint ut placeat abbati et monachis eiusdem loci, maledicti sint(b), maledicti dormientes, maledicti vigilantes, maledicti sedentes, maledicti ambulantes, maledicti tacentes, maledicti loquentes, maledicti in agro, maledicti in domo, maledicti in via, maledicti in semita, maledicti in civitate, maledicti in solitudine, maledicti in domibus et locis in quibus habitaverint; fiat habitatio eorum deserta, et in tabernaculis eorum non sit qui inhabitet; fiant dies eorum pauci et honores eorum accipiant alteri; fiant filii eorum orphani et uxores eorum viduæ; non sit illis adjutor Deus, nec sit qui misereatur filiis eorum; dilexerunt maledictionem, et veniat eis; noluerunt benedictionem, et elongetur ab eis; induant maledictionem sicut vestimentum, et intret maledictio sicut aqua in interioribus eorum; confundantur, et revereantur, et erubescant valde velociter, et sint anathema et Maran atha(c), et pereant in secundo adventu Domini, iramque Dei omnipotentis et principis apostolorum Petri sanctique Severi

(a) Reliqua hic subticentur in transsumpto, i. e. dinumeratio ecclesiarum, etc, quæ in bullis. Inn. III et Clem. IV referuntur.

(b) Maledictiones in sacris Scripturis contentæ. Hæc anathemata ex chartis dotationis extracta fuisse videntur.

(c) Maran et Atha non in malam partem explicant interpretes multi. —* Et quidem recte; nam sensus horum verborum est: Dominus noster venit. (EDD).

martyris incurrant, et cum Dathan et Abiron, quos terra vivos absorbuit, et cum Juda traditore, Pilato, Anna et Caïpha pereant; fiat, fiat.

» Concedimus[a] etiam eidem monasterio, ut nullus archiepiscopus, nec episcopus, nec aliqua potens persona in futurum, post multorum annorum curricula, præsumat de redditibus vel de terris jam fati monasterii, aut de cellis, aut villis, aut ecclesiis quæ ad eum locum pertinent, quocumque modo occasiones movere, vel dolos, vel immissiones aliquas facere, nec in hostem nec in caballicationem esse ducturos milites vel pedites, nec in foro nec in mercatu de omnibus pertinentiis ad ipsum sacratissimum locum, neque quisquam hominum judicium capiat, vel in appendiciis eius aliquam calumniam facere præsumat; scilicet in prioratibus, in ecclesiis, in primitiis, in oblationibus, in decimis, in cimiteriis, in villis, in aquis, in molendinis, in sylvis, in pratis, in landis, in piscationibus, in pinetis sive in vineis, nec arceutum inde per vim, nec censum aliquod quærere, nec clericos in ecclesiis villarum præfati Sancti audeat ullam molestiam inferre, vel de hiis omnibus, quæ ipse sacratissimus locus, adquisitis vel datis aut adquirendis, adquisierit, nullus episcoporum aut clericorum aut laicorum inibi Deo servientium audeat inquietare; sed si quid fuerit corrigendum, ad abbatem vel ad quos ipse voluerit referatur.

» Neque, in præfato loco, quisquam episcopus audeat cathedram collocare, vel quamlibet potestatis licentiam habeat imperandi vel excommunicandi, nec aliquam ordinationem, quamvis levissimam, faciendi, nisi cum voluntate et consilio et permissione abbatis

---

(a) Hæc ex chartis comitum Vasconiæ dotatorum extracta.

ipso sacratissimo loco præsidentis; sed sint omnimodis liberi, et absque ulla calumnia et inquietudine securi. Omnes vero episcopi qui modo adsunt, vel qui in perpetuum futuri sunt, ibi hospitare non audeant; censum vero aut tributum aliquod non requirant, absque voluntate, ut præfati sumus, abbatis.

» Fratribus autem non permittimus abbatem habere per munus aliquod, nec per vitium, nec per favorem, neque per adulationem pompæ rei sæcularis, nisi quem fratres communi consensu vel fratrum pars consilii sanioris, secundum Dei timorem et beati Benedicti regulam, providerint eligendum. Chrisma vero, oleum sanctum, consecrationes altarium seu basilicarum, ordinationes monachorum, qui ad sacros ordines fuerint promovendi, a diœcesano suscipietis episcopo, siquidem catholicus fuerit et gratiam ac communionem apostolicæ Sedis habuerit, et ea gratis et absque pravitate aliqua vobis voluerit exhibere : alioquin, liceat vobis, quemcumque malueritis, catholicum adire antistitem gratiam et communionem apostolicæ Sedis habentem, qui nostra fretus authoritate, vobis quod postulatur impendat. Missas sane publicas in eodem monasterio per episcopum fieri, vel stationes in eodem loco celebrari, præter abbatis ac fratrum voluntatem, omnimodis prohibemus; ne in servorum Dei recessibus, popularibus occasio præbeatur ulla conventibus. Ad hæc adjicimus, ut alicui personæ magnæ, vel parvæ facultas non sit milites vel pedites de villis eidem cœnobio pertinentibus in hostem vel in expeditionem ducere, nec de sylvis, pratis, landis, piscationibus, pinetis et vineis vel aliis bonis vestris censum quærere vel arceutum. In parrochialibus vero ecclesiis quas habetis, liceat vobis sacerdotes eligere et episcopo præsentare, quibus, si idonei inventi fuerint, episcopus curam animarum committat; et de plebis quidem cura episcopo, vobis autem de rebus temporalibus debeant respondere.

» Adjicimus etiam ut nec episcopo, archidiacono, vel ipsorum ministris liceat novas consuetudines, præter abbatis ac fratrum voluntatem, vel exactiones quaslibet in eodem loco et monasterio ponere. Hoc quoque subjungimus, ut idem monasterium nec fratres eiusdem, absque Romani pontificis licentia, minime interdicto vel excommunicationi subdantur. Ad indicium autem huius a romana ecclesia libertatis perceptæ, quinque solidos Pictaviensis monetæ nobis nostrisque successoribus, annis singulis, persolvetis. Paci quoque et tranquilitati vestræ paterna in posterum sollicitudine providere volentes, authoritate apostolica prohibemus, ut infra clausuras locorum seu grangiarum vestrarum, nullus rapinam seu furtum facere, ignem apponere, sanguinem fundere, hominem temere capere vel interficere, seu violentiam audeat exercere. Præterea omnes libertates et immunitates a prædecessoribus nostris Romanis pontificibus monasterio vestro concessas, necnon libertates et exemptiones sæcularium exactionum a regibus et principibus vel aliis Christi fidelibus rationabiliter vobis indultas authoritate apostolica confirmamus, et præsentis scripti privilegio communimus. Decernimus ergo, ut nulli omnino hominum liceat præfatum monasterium temere perturbare, aut eius possessiones auferre, vel ablatas retinere, minuere, seu quibuslibet vexationibus fatigare; sed omnia integra conserventur eorum, pro quorum gubernatione ac sustentatione concessa sunt, usibus omnimodis profutura. Concedimus, etiam, ut quicumque illuc fugiens pervenerit, nemo intra terminos illius monasterii præsumat illum insectari, cum a nullo libertas monasterii debeat violari. Si vero a quocumque forte, per vim vel aliquo contemptu, monasterium violatum fuerit, damnum vel malum quod intulerit in quadruplum restituat, septemque libras auri monasterio componat. Si qua igitur in futurum ecclesiastica sæcularisve persona hanc nostræ constitutionis paginam sciens, contra eam temere venire temptaverit, nisi reatum suum congrua satisfactione correxerit, potestatis honorisque sui careat dignitate reumque se divino judicio existere de perpetrata iniquitate cognoscat, et a sacratissimo corpore ac sanguine Dei et Domini redemptoris nostri Jesu Christi aliena fiat, atque in extremo examine districtæ subjaceat ultioni. Cunctis autem eidem loco sua jura servantibus sit pax Domini nostri Jesu Christi, quatinus et hic fructum bonæ actionis percipiant, et apud districtum Judicem præmia æternæ pacis inveniant, amen. »

Bulla Nicolai pp. V confirmativa privilegiorum monasterii S. Severi.

« Nicolaus episcopus, servus servorum Dei, dilectis filiis abbati et Conventui monasterii S. Severi de S. Severo, ordinis S. Benedicti, Adurensis diœcesis, salutem et apostolicam benedictionem. Cum a nobis petitur quod justum est et honestum, tam vigor æquitatis quam ordo exigit rationis, ut id, per sollicitudinem officii nostri, ad debitum perducatur effectum. Ea propter, dilecti in Domino filii, vestris justis postulationibus grato concurrentes assensu, omnes libertates et immunitates a prædecessoribus nostris Romanis pontificibus, sive privilegia, vel alias indulgentias vobis et monasterio vestro concessas, necnon libertates et exemptiones sæcularium exactionum a regibus et principibus aut aliis Christi fidelibus rationabiliter vobis et dicto monasterio indultas, specialiter autem, decimas, terras, domos, possessiones, prata et pascua, jura, jurisdictiones, aliaque mobilia et immobilia bona ad dictum monasterium spectantia, sicuti juste possidetis, vobis et pro vobis eidem monasterio apostolica authoritate confirmamus, et præsentis scripti patrocinio communimus; salva, in prædictis, declaratione, moderatione concilii generalis. Nulli ergo hominum omnino liceat hanc paginam nostræ confirmationis et communitionis infringere, vel ei ausu temerario contraire; si quis autem hoc attentare præsumpserit, indignationem omnipotentis Dei et beatorum Petri et Pauli apostolorum eius se noverit incursurum. Datum Romæ, apud sanctum Petrum, anno Incarnationis dominicæ millesimo quadringentesimo quinquagesimo secundo, calendis aprilis[a], pontificatus nostri sexto.

» L. THERMUDA, etc. »

Bulla Clementis pp. V, qua concedit abbati S. Severi uti ornamentis pontificalibus, mithra, annulo, etc.

« CLEMENS episcopus, servus servorum Dei, dilecto filio Gualhardo[b] abbati monasterii de S. Severo, ad Romanam ecclesiam nullo medio pertinentis, ordinis S. Benedictis, Adurensis diœcesis, salutem et apostolicam benedictionem. Ad ecclesiastici decoris

---

(a) I die aprilis, 1452.
(b) Gaillardus abbas tunc erat. Vide seriem abbatum. Cappellanus D. papæ fuit hic abbas.

augmentum reperta sunt insignia dignitatum, quæ sacrosancta romana ecclesia, congrua in singulos liberalitate, distribuit et devotis filiis, prout dignum existimat, obtinenda concedit. Hinc est quod nos, dum laudandæ religionis fervorem, conversationis et vitæ munditiam aliaque virtutum insignia, quæ in monasterio tuo vigere percipimus, attenta meditatione pensamus; et dum eminentis scientiæ virtus tuaque grandia merita probitatis, quæ te nostris aspectibus pergrato devotionis obsequio reddunt amabilem et acceptum, se nostris obtutibus repræsentant, dignum et rationi conveniens arbitramur, ut tuam personam ac monasterium ipsum, præcipue ob reverentiam S. Severi cuius idem monasterium vocabulo fore dignoscitur insignitum, favoribus prosequamur eximiis et specialibus gratiis honoremus. Tuis itaque devotis supplicationibus inclinati, tibi et successoribus tuis abbatibus[a] eiusdem monasterii, qui pro tempore fuerint, utendi mitra et annulo, sandaliis et aliis ornamentis episcopalibus, in missarum solemniis et aliis divinis officiis, et benedictionem populo largiendi; dummodo legatus Sedis apostolicæ aut aliquis archiepiscopus vel episcopus præsens in eadem benedictione non fuerit, authoritate præsentium indulgemus. Nulli ergo omnino hominum liceat hanc paginam nostræ concessionis infringere, vel ei ausu temerario contraire. Si quis autem hoc attemptare præsumpserit, indignationem omnipotentis Dei et beatorum Petri et Pauli apostolorum eius se noverit incursurum. Datum Pictavis, calendis aprilis[b], pontificatus nostri anno tertio. »

---

[a] Scilicet regularibus, ut ipse regularis erat.
[b] I die aprilis, 1307.

Sigillum in calce plumbeum pendet, ut moris est, ipsa enim adhuc originalis bulla apud nos extat.

Subjicio judicium et sententiam præsulum a summo pontifice Gregorio nono ad hoc specialiter deputatorum(a), per bullam quam refero, ut nimirum controversiam inter D. Adurensem episcopum et Conventum monasterii S. Severi, super visitatione et jurisdictione exortam, fine debito terminarent. Transsumptum juridice et judicialiter factum apud nos extat, in quo processus-verbalis, bulla Gregorii et sententia trium prælatorum, simul etiam bulla Clementis papæ quarti, sententiæ eiusdem confirmativa, referuntur. Factumque fuit hoc transsumptum coram nobili Bernardo de Furso locum tenente nobilis Lupati de Bearnio præpositi S. Severi, et nobili Arnaldo Domino de Coffino, ac Guillelmo Raymundo de Lobardo, juratis seu consulibus villæ S. Severi, die 24 julii, anni Domini 1454, scriptumque est in membrana pergameni e qua pendent sigilla, etc.

» In nomine Domini nostri Jesu Christi; Nos A.(b) Dei gratia archiepiscopus Auxitanus. H(c) Bigorrensis et R(d) Olorensis Episcopi(e), universis præsentem paginam inspecturis volumus fieri manifestum, quod cum controversia verteretur inter A.(f) Episcopum et

---

(a) Iidem tunc præsules commissarii deputati fuerunt pro unione abbatiæ S. Quiteriæ de Manso sedi episcopali Adurensi.

(b)* Forsitan Arnaldus.

(c) Henricus Bigorrensis, i. e. Tarbiensis vel Lectorensis.

(d) Reverendissimus.

(e) In libro rubro Adurensi, hi tres prælati commissi ab eodem papa pro unione abbatiæ S. Quitteriæ de Manso cathedræ episcopali, sic nominantur A. Auxiensis, H. Bigorritanus et Rev. Olorensis.

(f) i. e. Augerium episcopum Adurensem, qui postea huic sese monasterio affiliavit, et inter fratres congregationis nominatur in recentiori nostro necrologio. In antiquo vero, de eo fit mentio, die obitus eius : « *IX kal. aug.* depositio domni Augerii episcopi Adurens. eccles. bon. memor. anno MCCXXXVII.»

Capitulum Adurensem ex una parte, et Priorem ac Conventum monasterii S. Severi ex altera, super subjectione quam in eodem monasterio, tam in capite quam in membris, ratione diœcesanæ jurisdictionis, asserebat idem episcopus se habere, eo quod sit in diœcesi sua situm, causa fuit nobis commissa a Sede apostolica sub hac forma :

» GREGORIUS episcopus[a], servus servorum Dei, venerandis fratribus achiepiscopo Auxitano, Bigorrensi et Olorensi episcopis salutem et apostolicam benedictionem. Conquestus est nobis venerabilis frater noster episcopus Adurensis quod Prior et Conventus[b] S. Severi, Adurensis diœcesis, ipsum ad eorum ecclesiam accedentem processionaliter recipere ac procurationem[c] et alia sibi debita renuunt exhibere. Ideoque fraternitati vestræ, per apostolica scripta, mandamus præcipiendo, quatenus partibus convocatis, audiatis causam; et appellatione remota, fine canonico terminetis, facientes, quod decreveritis, per censuram ecclesiasticam firmiter observari. Testes autem qui fuerint nominati, si se gratia, odio, vel timore subtraxerint, per censuram eamdem, appellatione cessante, compellatis veritati testimonium perhibere. Quod si non omnes his perquirendis potueritis interesse, duo vestrum ea nihilominus exequantur. Datum Laterani, decimo sexto calendas januarii, pontificatus nostri anno primo[d].

» Partibus igitur in nostra præsentia constitutis,

(a) Bulla Gregorii IX.
(b) Procurationem, arceutum, receptum, pro eodem; id est, dare hospitium, alimenta.
(c) Non fit hic mentio abbatis, quia factus erat episcopus Lascurrensis, ut infra dicetur.
(d) I. e. die 17 decembris, anno 1227.

petiit episcopus Adurensis processionem, procurationem et alia jura episcopalia quæ habent episcopi in monasteriis sibi subjectis. E contra vero pars altera respondebat : a prima ipsius monasterii fundatione, tam in capite quam in membris, ab omni jurisdictione diœcesana se prorsus liberam et exemptam ; ad hoc probandum, exemptionis privilegium apostolicæ Sedis ostendens, in quo manifestius continetur ipsum monasterium Sanctæ Romanæ ecclesiæ esse censuale in quinque solidis Pictaviensibus, in signum perceptæ libertatis; asserens nichilominus hac libertate inconcusse se usam a tanto tempore cuius memoria non exstabat. Tandem itaque post altercationes multiplices, ab utraque parte in nos fuit unanimiter et concorditer compromissum, præsentibus et consentientibus A. (a) episcopo Lascurrensi, prædicti monasterii tunc temporis provisore (b) ac eiusdem loci Conventu et Capitulo Adurensi, taliter scilicet, ut quidquid nos super præmissis arbitraremur, esset ab utraque parte receptum, Sedis apostolicæ et privilegiorum monasterii per omnia salvo jure : quod compromissum in nos unanimiter factum recepimus, delegata tamen nobis jurisdictione retenta. Post hoc autem ad monasterium S. Severi convenientes in unum, partibus præsentibus, intellectis diligenter rationibus utriusque partis ac tenore privilegiorum, necnon litteris fundatoris inspectis, de consilio prudentum virorum taliter fuimus arbitrati. Quod monasterium S. Severi et omnes monachi eiusdem, ubicumque sint (c) in diœcesi Adurensi, sive in prioratibus,

---

(a) Arnaldo, III huius nominis, abbate S. Severi et episcopo Lascurrensi.
(b) Ideo provisor dicitur, quasi procurator et defensor.
(c) Scilicet in prioratibus eiusdem conventualibus, ubi sub priore ab abbate ponebantur.

sive alibi, ab omni jurisdictione diœcesana sint prorsus liberi et exempti. Cappellanum(a) vero abbas et conventus S. Severi in cappellania monasterii sui ponant, præsentantes eumdem episcopo Adurensi cui obedientiam promittat, et ab ipso curam recipiat animarum; ipsum tamen episcopum non tenebitur procurare, nec aliquod servitium ei ex debito exhibere. Omnes alii prioratuum cappellani(b) reddent procurationem episcopo supradicto, ita tamen quod episcopus septem equitum et totidem peditum numerum non excedat, non tamen in domibus prioratuum, nisi de assensu Prioris. Cappellanum quoque de Monte(c) ad ipsum episcopum procurandum cognovimus non teneri, ratione cuiusdam transactionis sive compositionis nobis ostensæ, quæ super hoc intervenerat, longe ante, inter abbatem S. Severi et episcopum Adurensem. Ipsorum autem prioratuum cappellani et omnium ecclesiarum quas in ipsa diœcesi habent, per Abbatem et Conventum episcopo præsententur, ac eidem sint lege diœcesana subjecti. In aliis vero ecclesiis parrochialibus, oportet procurationem hanc competentem esse secundum quod uniuscuiusque ecclesiæ suppetunt facultates. Huiusmodi vero arbitrium sic probatum a nobis ab utraque parte approbatum fuit unanimiter ac receptum, præsentibus venerabilibus patribus G.(d) episcopo Aquensi et O.(e) abbate Generensi, abbatibus Pendulensi(f) et S. Geruntii, magistro Roge-

(a) Capellani seu vicarii præsentatio.
(b) In libro rubro Adurensi, sacerdotes sunt parrochi, et cappellani sunt vicarii etiam perpetui.
(c) Marsano.
(d) Forte Guillelmo vel Garsia.
(e) Forte Odone abbate S. Petri de Genereso.
(f)* De Pendulo, de Pimbo.

rio et magistro P. Alamanni canonicis aquensibus, magistro G. de Rama canonico Vasatensi ac pluribus aliis bonis-viris. et ne super hoc in posterum valeat dubitari, præsens instrumentum sigillorum nostrorum robore fecimus communiri. Actum hoc in refectorio S. Severi, anno Verbi incarnati millesimo ducentesimo trigesimo primo (1231) mense decembri. »

Post hoc judicium, sententia sic probata transmissa fuit Romam ad summum pontificem, ut a Sede apostolica confirmaretur; et de facto, a papa Clemente IV confirmata fuit anno 1266, bulla data expresse confirmativa huius sententiæ, quam hic refero ex ipso eius originali extractam; extat enim originale exemplar etiam nunc apud nos, ipsaque ex integro refertur in eodem transsumpto judicii supra scripti, vidimato anno 1454, et in eiusdem bullæ verificatione facta die 8 februarii anni 1437 ab officiali Aquensi, ex commissione ei data a concilio Basileensi. Cuius bullæ talis est tenor :

» CLEMENS episcopus[a], servus servorum Dei, dilectis filiis Abbati et Conventui monasterii S. Severi, ordinis S. Benedicti, Adurensis diocesis, salutem et apostolicam benedictionem. Ea quæ judicio et concordia terminantur firma debent et illibata persistere; et ne in recidivæ contentionis scrupulum [b] relabantur, apostolico convenit præsidio communiri. Exhibita siquidem nobis vestra petitio continebat quod, cum bonæ memoriæ A.[c] episcopus Adurensis, asserens quod Prior et Conventus vestri monasterii eum accedentem ad illud, processionaliter, ut tene-

---

(a) Bulla Clementis IV.
(b) Seu scopulum.
(c) Augerius.

bantur, recipere ac exhibere sibi procurationem et alia jura ei debita renuebant, ipsos super his coram bonæ memoriæ Auxitanensi archiepiscopo, Bigorrensi et Olorensi episcopis authoritate apostolica traxisset in causam; tandem dictus Adurensis episcopus ac Prior et Conventus prædicti, ad id Capituli Adurensis et bonæ memoriæ A.[a] Lascurrensis episcopi, tunc ipsius monasterii provisoris accedente consensu, in eosdem judices tanquam in arbitros, super his sponte et concorditer compromittere curaverunt; iidem vero judices demum æquum tulerunt arbitrium inter partes, quod ab utraque parte unanimiter acceptatum extitit, et coram approbatum, prout in publico instrumento inde confecto sigillato sigillis dictorum judicum plenius dicitur contineri. Quare pro parte vestra humiliter petebatur a nobis, ut arbitrium ipsum apostolico curaremus munimine roborare. Nos itaque vestris supplicationibus inclinati, dictum arbitrium, sicut proinde latum est, a partibus acceptatum, ratum et firmum habentes, illud authoritate apostolica confirmamus et præsentis scripti patrocinio communimus. Nulli ergo omnino hominum liceat hanc paginam nostræ confirmationis infringere, vel ei ausu temerario contraire. Si quis autem hoc attemptare præsumpserit, indignationem omnipotentis Dei et beatorum Petri et Pauli apostolorum eius se noverit incursurum. Datum Viterbii, septimo idus octobris[b], pontificatus nostri anno secundo. » Sigillum plumbeum pendet, ut moris est, ex ipsa originali bulla.

(a) Arnaldus abbas S. Severi, Lascurrensis episcopus, monasterii defensor et patronus.
(b) 9 octob. ann. 1266.

CAPUT IV.

DE JURIBUS, CENSIBUS, REDDITIBUS EX BONIS ET BENEFICIIS ALIENATIS, ALIISQUE DEBITIS AUT REDDI SOLITIS.

Ex bonis beneficiisque alienatis plura adhuc debent homagia, census redditusque huic præstare et reddere monasterio, Abbati aut Conventui sive conjunctim, sive divisim. Aliaque sunt minutiora jura huius coenobii, quæ in hoc referre capite non pigebit.

Vidimus supra possessorem loci de Mugron et de Guardams, in homagio suo, hunc locum ab abbate S. Severi tenere se confessum; nempe hic locus erat de prioratu S. Petri de Nervis-Casteto dependente ab hoc monasterio, datumque fuit Castrum de Mugron ab abbate Domino de Calnario sub homagio abbati reddendo, imo et cum onere caballicandi pro eo, cum mandaretur ab ipso. — Ex homagio Arnaldi de Marciano D. de Calnar, anno 1273.

Vicecomes Tartasii debet annuatim dare quinque solidos Morlanenses, in festo S. Martini, pro mola seu molendino d'Arriabib[a] quod tenet ab hoc monasterio. — Ex divisione reddituum anni 1359.

Dominus de Riora[b] Aginnensis diœcesis, (seu Condomensis), debet homagium pro terra quam tenet de hoc monasterio, abbati S. Severi. — Ex eadem charta, et ex registris feudorum.

(a) Arriaub.
(b) De la Riore.

Dominus Dux Aguillonii(a), diocesis Aginnensis, debet homagium abbati huius monasterii noviter creato, et triginta solidos Chapotenses census annui, in festo S. Michaelis, die 29 septembris, pro terris quas tenet de hoc monasterio. — Ex eadem transactione divisionis reddituum anni 1359, etc.

Dominus S. Mauritii(b), diocesis huius Adurensis, supra Aturrim, debet quotannis dare decem solidos Morlanenses, pro terra dicta Camgran, id est Campus-Magnus, quam tenet de hoc monasterio, pertinetque ad caveriam S. Bartholomæi de Angladiis; habemusque ibidem jus pascuorum, herbagiorum et carnelagii, etc. — Ex registris censuum et feudorum, etc.

Cives Mimisanenses(c), diocesis Burdegalensis, dant quotannis et dare tenentur quindecim libras Morlanenses, quas illa Salvitas solvebat olim pro tallia regibus Angliæ(d); qui easdem nobis dederunt in pareagio, quarum partem sumebat abbas, et aliam conventus; nunc vero totas sumit a paucis annis abbas, 27 libras Turonenses et decem asses, contractu inito inter nos, per quem cessimus ei partem nostram pro nemore quodam quod ipse nobis reliquit prope istam urbem S. Severi. — Vide pareagium, transactionem anni 1369, et contractum 1619, etc.

Abbas S. Martini de Liraco (sive sit prior nunc de Leyraco (e), diocesis Condomensis, supra Garumnam, sive possessor S. Martini de Liraco huius Adurensis diocesis in archipresbiteratu Sylocensi), debet quotan-

(a) d'Aiguillon.
(b) S. Maurice.
(c) Mimisan.
(d) Ducibus Aquitaniæ.
(e) Lirac seu Leyrac.

nis unum arceutum seu receptum, prandium et hospitium abbati S. Severi. — Ex charta anni 1359, etc.

Prior de Monhurt[a], olim Maniort (dependens ex abbatia B. Mariæ Sylvæ-maioris, diœcesis Condomensis, in archipresbiteratu de Bruch et parrochia S. Christophori de Lano), debet dare quotannis, in festo Omnium Sanctorum, quatuor solidos Burdegalenses huic monasterio seu priori de Buseto, ut dependentiæ huius monasterii.— Ex contractu super hoc inito inter abbatem Suavium et abbatem Sylvæ Gaufredum, etc. — Ex chartulario monasterii Sylvæ-maioris, et ex nostris, etc. Ob ecclesiam de Monhurt, etc. quam tenet de hoc monasterio.

Abbas Pontis-Alti[b], ordinis cisterciensis, huius diœcesis, debet dare singulis annis quindecim solidos Morlanenses, pro terra seu ecclesia S. Vincentii deu Luy seu de Hiluy[c], prope parrochiam S. Hippolyti de Motha, quam tenet ex hoc monasterio. — Ex charta divisionis reddituum anni 1359; ex registris feudorum.

Abbas seu conventus monasterii S. Joannis de Castela[d], ordinis, olim S. Benedicti, nunc Præmonstratensium, debet dare singulis annis, in festo Omnium Sanctorum, duos solidos Morlanenses pro ecclesia et decimis S. Martini seu S. Vincentii de las Vedelhes seu Veseilhes, quam tenet de hoc monasterio S. Severi.—Ex charta divisionis, et ex registris censuum et feudorum, etc.

Abbas S. Ægidii Montis-Gaillardi[e] et prior eius-

(a) Monhurt, Maniort.
(b) Pontbant.
(c) Hiluy, le Luy.
(d) La Castelle.
(e) S. Giles de Montgaillard.

dem loci debent dare quilibet duos solidos morlanenses annuatim huic monasterio, a quo tenent suas decimas, etc. — Ex charta anni 1359.

Præceptor S. Spiritus[a], prope S. Severum, debet dare annuatim decem solidos Morlanenses, pro terra et molendino S. Spiritus, quæ tenet de hoc monasterio. — Ex eadem charta, etc.

Prior de Ponthonis[b], (dependet ex monasterio S. Petri de Regula; possident canonici Aquenses) debet dare quotannis quindecim solidos Morlanenses camerario, pro nemore deu Brac, quod tenet de hoc monasterio, et viginti solidos Morlanenses abbati in festo Omnium-Sanctorum. — Ex divisione anni 1359, et registris feudorum, vulgo *lièves*, etc.

Prior S. Petri de Nervis-Casteto[c] dare debet triginta solidos Morlanenses, singulis annis, in die Ascensionis Domini; et tringinta conchas frumenti, mense septembri cuiusque anni cellerario huius monasterio pro conventu, ob dependentiam huiusce prioratus ab hoc cœnobio. — Ex eadem supradicta divisione reddituum anni 1359, etc.

Prior B. Mariæ de Mimisano[d] debet dare septem libras Morlanenses, singulis annis, huic monasterio, in festo penthecostes, pro dependentia huiusce prioratus. — Et ex charta anni 1359, etc.

Prior S. Petri Sanctæque Fidis de Busello seu Buzeto[e], diœcesis olim Aginnensis, nunc Condomensis, debet dare singulis annis 25 libras Turonenses, in vigilia S. Joannis-Baptistæ, pro dependentia illius

---

[a] Commandeur du S. Esprit.
[b] Ponthous, Pontonx.
[c] Nervis-Castet.
[d] Mimisan.
[e] Buset.

prioratus ab hoc cœnobio. — Ex contractibus decimarum, etc. Solvi solebant hæ 25 libræ usque ad tempus reformationis, etc.

Prior S. Mariæ Magdalenæ de Monte-Marsano[a] solvere tenebatur quotannis et dare, in vigilia Omnium Sanctorum, quadraginta placentulas albas et rodatas (seu, 40 planches d'hosties ou oublies arrondies), pro dependentia, seu in signum dependentiæ eiusdem prioratus ab hoc monasterio.

Præbendarii S. Trinitatis Montis-Marsani, seu de Brisqueto[b] dicti a Brisqueto eorum fundatore, dant et dare tenentur singulis annis, in die dominica *Lætare* seu quarta Quadragesimæ, quatuor libras Morlanenses, seu duodecim Turonenses, aut sexdecim Burdegalenses, pro decimis S. Pantaleonis de Campania, quas tenet de hoc monasterio, etc. — Ex chartis multis et registris feudorum. Solebantque distribui hæ duodecim libræ Turonenses monachis qui eadem die aderant officio Missæ solemnis et Vesperarum.

Præbendarius seu Cappellanus S. Nicolai[c], (confratriæ olim fundatæ in ecclesia nostra) debet dare, singulis annis, decem solidos Morlanenses huic monasterio, pro tertia parte decimarum parrochiæ B. Mariæ de Aurissa, quam tenet ab hoc monasterio. — Ex chartis multis et registris feudorum, etc.

Cappellanus seu vicarius perpetuus S. Georgii[d] de Aurea-valle, diœcesis Aquensis, debet dare duo arceuta, seu duo prandia, singulis annis abbati S. Severi. — Ex charta anni 1359.

(a) Mont-de-Marsan.
(b) Brisquet.
(c) S. Nicolas.
(d) S. Geors, ou S. Jours.

Cappellanus[a] maior (Caperan-maior) seu vicarius perpetuus S. Severi, dictus in bullis Cappellanus monasterii, debet dare abbati huiusce monasterii, quoties sibi faciet sanguinem minuere, tres solidos Morlanenses; et totidem ei debent dare sacrista et operarius huiusce monasterii. — Ex Divisione anni 1359.

Idem Cappellanus debet dare, singulis annis, decem solidos Morlanenses monasterio et quinque conchas frumenti cum dimidia, in feria quarta Cinerum, seu prima die Quadragesimæ, pro ornamentis sacristiæ et aliis deveriis Cappellani seu Cappellæ. — Sic ex Divisione anni 1359, ex chartis anterioribus et posterioribus, seu sententia abbatis, registris feudorum, etc.

Religiosi S. Dominici[b], seu fratres Prædicatores debent dare, singulis annis, in festo Omnium-Sanctorum, tres libras cum solidis quibusdam, pro feudis et censibus soli, in quo situs est eorum conventus; et homagium quoddam quotannis reddere solent in eodem festo Omnium Sanctorum, triginta scilicet denariorum, quos unus ex fratribus eorum Conventus portat et deponit super altare ad offertorium missæ solemnis. Debent etiam dare quinque solidos Morlanenses pro parte decimæ S. Germani d'Ester [c] prope Aturrim, quam tenent de hoc monasterio. — Ex chartis multis et registris feudorum, etc.

Religiosi Capucini[d] dant, singulis annis, duas prædicationes in gratiarum actionem consensus

---

(a) Ex proœmio Statutorum synodalium, in Libro-Rubro Aduransi, sacerdotes, parochi, curati et cappellani sunt vicarii eorumdem.
(b) FF. Prêcheurs.
(c) S. Germain d'Ester.
(d) Capucins.

quem dederunt patres nostri eorum stabilitioni, scilicet in die festo Translationis S. Patris Benedicti, quo ad ecclesiam nostram processionaliter veniunt; et in die dominica infra octavam SS. Sacramenti, qua ad eorum pergimus ecclesiam, ubi solemne missæ sacrificum celebramus in maiori eorum altari. Quantum ad census et jura feudalia fundi in quo situs est eorum conventus, partim eis gratis concessimus, partim obligationem D. de l'Espes acceptavimus, qui pro iis sese et bona sua obstrinxit et obligavit, ut videre est supra in charta seu contractu de hoc inito, anno 1624.

Religiosæ seu moniales S. Ursulæ[a] huius urbis, singulis annis decem libras Turonenses dant et appendunt nobis, et quosdam solidos, pro feudis et censibus soli, in quo situs est eorum conventus, et hortis ac domibus adquisitis; in festo S. Benedicti, etc.

Jus vina externa[b] in urbem et monasterium introducendi adquisitum est nobis jure dominii, et sententiis super hoc datis contra juratos et burgenses huiusce juris invidos aggressores. Ex D. de Marca H. B. l. 4, c. 17 n. 8, jus vulgo dictum *mayade*, est proprium dominorum jus, ratione dominii posse vendere vina sua in mense maio, etc.

Tegularum et laterum fornaces[c] earumque figuli intra parrochiam S. Severi existentes, debent dare, singulis annis, duodecim currus plenos tegularum canalium, pro tegumento ecclesiæ huiusce monasterii. — Ex transactione anni 1612, et supra, inter abbatem et conventum, etc.

(a) Religieuses de Ste Ursule.
(b) Vins etrangers.
(c) Tuileries.

Mercator[a] quilibet pannos vendens laneos debet dare, singulis annis, decem et octo solidos morlanenses, pro jure dominii et venditione tali ac pedagio mercaturæ. — Ex charta anni 1359.

Quilibet censualis et tenentiarius, domum habens, in quo focus[b] vivus fiat intra parrochias S. Severi, S. Eulaliæ et loca de Moncube et Sanguinet, etc. debent annuatim unam, aut duas gallinas de censu, etc. — Ex registris feudorum et censuum, etc.

Quilibet textor[c] parrochiæ et urbis S. Severi debet dare sex denarios Morlanenses annuatim, et quælibet textrix tres, in festo S. Cæciliæ. — Ex Divisione anni 1359, etc.

Quilibet cerdo[d], seu sutor calceorum, debet dare tres denarios Morlanenses annuatim cellerario monasterii, etc. — Ex eadem charta Divisionis bonorum et reddituum monasterii.

Quilibet carnifex macellarius[e] debet dare annuatim quatuor denarios Morlanenses seu decem Turonenses, pro quolibet bove, seu qualibet vacca quam occidet et vendet; in una hebdomada ante festum Nativitatis Domini, cum tibia dextra porci, etc. — Ex eadem charta, etc.

Jus plassagii[f] et mercati, seu lezna, olim de omnibus solvebatur monasterio quæ in mercato portabantur et vendebantur; jus autem plassagii sibi arrogarunt et usurparunt jurati seu consules et burgenses huius urbis, a tempore quo cemeterium in

---

(a) Marchands.
(b) Droit de fouage.
(c) Tisserans.
(d) Cordonniers.
(e) Bouchers.
(f) Plassage et péage.

plateam mutatum est, post concharum in illud translationem; et communis domus Burgesiæ in eo fuit ædificata, non tam concedentibus, quam negligentibus et non impedientibus monachis nostris, ob proximitatem et affinitatem eorum cum burgensibus. Sic enim plura sunt monasterii jura ab ipsis usurpata et a monasterio perdita et amissa. Jus autem pedagii adhuc solvitur nobis, et de eo fit mentio in statutis abbatis Suavii, in pareagio, in divisione reddituum anni 1359. Solvitur autem pedagium et passagium de rebus quæ portantur, transeunt, aut venduntur : salis, ferri, piscium, etc.

Advertant officiales quod jurium solutiones et quittanciæ dari debent per manum notarii, et scribi ab eodem in libro ad hoc deputato, ut, successu temporis, tot sint tituli jura firmantes.

LIBER X.

De officiis huiusce monasterii et beneficiis ab eo dependentibus, abbatiis, prioratibus, curis seu parrochiis, et præbendis seu cappellaniis.

CAPUT I.

DE OFFICIIS [a] CLAUSTRALIBUS HUIUS COENOBII.

Abbatia insignis et illustris fuit a sua fundatione primaria hoc monasterium, ab omni alia independens, et Sedi apostolicæ seu romano pontifici immediate subjecta. Abbas autem eius benedictinus, regularis et electivus fuit, ex institutione ipsiusmet fundatoris, ex jure a´natura ipsa monachis acquisito, et ex concessione summorum pontificum ac principum, qui huiusce monasterii fundationem ac dotationem confirmavere, ut sæpe supra vidimus. Fuere autem ab abbate (cui legitima competit coenobii sui dispositio libera et absoluta, si regularis sit et superior legitimus) quinque officia in hoc monasterio instituta, ab ipsa eius restauratione, aut non multo

---

[a] De officiis fit mentio in charta anni 1268 et in pareagio.

post, quam in charta redemptionis medietatis decimarum S. Petri de Mazeriis anni 1268, officiales claustrales legantur denominatim, quamvis non omnes in ea reperiantur expressi. Hi autem sunt scilicet: 1 *Prior* claustralis; 2 *Sacrista*; 3 *Operarius*; 4 *Camerarius* seu *Vestiarius*, et 5 *Infirmarius* seu *Hospitalarius*. In chartis quibusdam additur *Pittanciarius*, qui a Cellerario non fuit discretus. Unde inter officiales claustri non dinumeratur, quia cellerarius non erat perpetuus, sed electivus, sicut et syndicus seu procurator. Sæpe etiam duo erant simul cellerarii, bona toti conventui communia administrantes, seu grossam communem, de victu fratrum curam habentes, negotia gerentes, distributiones facientes, et locationes bonorum, reddituumque communium partitiones : hæc communia bona toti conventui, ad clavim cellerarii pertinere dicuntur et dinumerantur in Divisione reddituum facta anno 1359. Cum ergo officia Cellerarii seu Pittantiarii et etiam Syndici seu Procuratoris litibus intendentis, essent quandoque divisa, quandoque unita, et annua plerumque non perpetua, inter officia perpetua non inveniuntur enumerata, nec speciales eis erant redditus assignati, sed solummodo communium bonorum administratio commissa. His nos adjungimus sub-Cellerarium, qui curam gerat specierum frumenti, vini et olei, etc. et Depositarium, qui proprie Pittanciarius est, victus fratrum curam habens et expensas faciens, etc. Alii in aliis sunt officiales instituti monasteriis, scilicet Caput-Chori, Cantores et Eleemosinarii, etc.

Prior hujusce monasterii, secundum officii nomen, primam post abbatem semper obtinuit dignitatem; nec tamen redditus proprios habuit speciales, sicut abbas. Imo nec abbas initio, nec cæteri officiales redditus habuere ita singillatim suis usibus aut oneribus officiorum assignatos, ut plena eis esset de iisdem disponendi facultas; quæ subinde cum data sit, peculii et proprietatis vitio occasionem dedit. Quamvis ergo ab initio officia hæc fuerint monachis assignata, eorum tamen oneribus ex communibus bonis in communi administratis providebatur, ut nunc fit in reformatione et congregatione nostra; sed circa finem sæculi XIII, cœperunt redditus separari et mensas[a] Abbatis et Conventus secerni, et officialibus specialia bona distribui et assignari, ut dicitur in chartis annorum 1317, 1318, 1359. Scriptas tamen non invenimus fuisse huius-modi divisiones, nisi sæculo XIII; nec ante has hic citatas divisionum chartas, alias reperimus per manum publicam in formam authenticam redactas, (quamvis aliæ longe ante in his fuisse dicantur bonorum divisiones) et de eis particulares et privatas scripturas. Bona quidem abbati eiusque mensæ destinata et attributa leguntur ex integro in charta Divisionis reddituum anno 1359 factæ; sed Priori claustrali nulla in particulari sunt data, sed solummodo portio duplex in communibus distributionibus, cum præsens adesset, abbas vero duplicem, etiam absens, habebat portionem in distributione communium bonorum, quæ a cellerariis administrabantur, præter specialium sibi assignatorum bonorum redditus, ut dicitur in eadem transactione. Claustralis autem Prior monasterii dicebatur ad distinctionem Priorum Conventualium, qui prioratibus ab abbate præficiebantur, ut infra dicetur sequenti capite.

(a)' Lege : mensæ.

Sacristæ nomen et officium jam olim fuisse in prima huius monasterii fundatione novimus, ex ipsa historia translationis sacratissimi Capitis S. Severi, quod a Sacrista inventum fuit super altare angelicis manibus reportatum. Munus sacristæ semper fuit sacrorum cura, scilicet ecclesiæ, altarium, sacristiæ, sacrarum reliquiarum, vasorum, ornamentorum, etc. Ad huiusmodi onera supportanda assignati sunt primitiarum redditus, quos sacrista huius monasterii percipiebat, ut patet ex chartis multis.

(a) Sub ejus autem manu fuit semper Cappellanus monasterii, seu Vicarius perpetuus, cui et parrochiis, aliique am   vicarii et præbendarii. Vicarius enim perpetuus, qui in bullis dicitur cappellanus, est
             a conventu et capitulo nostro præsentatur et nominatur, unum cum illis? corpus efficit sub eadem cruce; et quindecimum? monachi locum tenet: ideo et accipit monachalis præbendæ redditus, etiam de fructibus aliarum parrochiarum in quibus sacramenta non administrat; unde eis? renunciare teneretur, si novalia postularet; in
parrochiæ S. Severi reclusus et v...o congrua vicario compositione? contentus. Ad arrestum? seu supremi senatus Aquitaniæ decretum, quo obedientiam in re(bus)?   siam nostram concernunt, capitulo præstare tenetur, etc. — Sacrista autem ex consuetudine tenetur quotannis candelulas cereas seu cereolos distribuere capitibus familiarum
parrochiæ, benedictos in festo Purificationis B. V. Mariæ, et hostiarum seu oblationum partem?
           sto Penthecosten, pro jure primitiarum sibi attributo et assignato.

(a)* Quæ sequuntur, ita abrasa et deleta sunt, ut vix ac ne vix quidem legi possint. (EDD).

Operarius, idem qui Fabricator et Fabricanus dictus est, scilicet ecclesiæ et monasterii curam habens, sarta tecta aliasque reparationes procurans; ideo ei assignatæ fuerunt duæ tertiæ partes decimarum et reddituum prioratus Montis-Marsani et S. Petri de Monte, S. Genesii de Vallibus et S. Mariæ Magdalenæ urbis Montis-Marciani. Eleemosynas vero et panum distributionem, quæ fit singulis annis in ecclesia, feria quinta in Cœna Domini, ipse Operarius faciebat, eique ideo dabatur annonæ mensura, ut dicitur in concordato antiquarum (Decimarum)? nobiscum inito, anno 1041?

Camerarii officium quandoque idem fuit quod et Vestiarii, quandoque ab eo fuit discretum, ut in multis aliis monasteriis. In charta Divisionis reddituum anni 1359, videntur duo fuisse officia separata et disjuncta, quibus etiam diversa assignata sunt bona et redditus separati. In transactione vero anni 1612, in unum sunt officium hæc duo conjuncta et unita. Camerarii erat cameras monasterii ornare debita supellectili, speciatim cellas fratrum, utpote cui specialis dormitorii cura erat demandata. Vestiarius vero, ut eius nomen sonat, fratribus cunctis de necessariis vestibus providere tenebatur; ideoque plures eidem assignati sunt redditus in chartis citatis, nec tot pro aliis officiis inveniuntur chartæ vel tam antiquæ, sicut pro Camerario seu Vestiario. Chartas supra retuli libro III, annorum 1318, 1359 et 1612. Chartam primariam, in favorem Camerarii, factam hic refero, scriptam nempe anno 1317, cuius talis est tenor :

« Noverint universi præsentes pariter et futuri, quod venerabilis, discretus et religiosus vir

Dominus Guillelmus de Podio-Artino, Dei et S. Sedis apostolicæ gratia abbas monasterii S. Severi, ordinis S. Benedicti, diocesis Adurensis, ad romanam ecclesiam nullo medio pertinentis, in mei notarii ac testium infra scriptorum præsentia personaliter constitutus, non coactus, non deceptus, non dolo vel fraude aliqua ad hoc inductus, sed sua mere pura libera et spontanea voluntate, ad supplicationem et instantiam venerabilium et religiosorum virorum..... et monasterii S. Severi recognovit et fuit in......(a)

(a)* Periit unum folium, id est paginæ 471 et 472; quibus in paginis erat finis primi capitis et initium secundi. (EDD).

CAPUT II.

DE BENEFICIIS DEPENDENTIBUS AB HOC MONASTERIO.

. . . .
. . . .
. . . .
. . . .

.....(a) Adde, quod rationi magis apparet conforme, ecclesiam a baronibus seu vicecomitibus de Saltu datam eorum dominio proximam aut etiam inclusam fuisse, potius quam ecclesiam ab eorum terris et dominiis multum distantem. Quarto, proximitas locorum et ecclesiarum S. Eugeniæ de Morganis et S. Vincentii de Capra, quæ ad abbatem S. Severi pertinent, movet me ut ecclesiam S. Martini de Liraco iisdem poximam, hanc esse existimem, quæ olim abbatia dicta fuerit, a vicecomitibus de Saltu abbati S. Severi data; ubi monachos positos fuisse non lego, nec existimo; sed abbatiæ nomen cum aliis multis commune habuisse, in quibus abbas etiam laicus erat, ecclesiæ eiusdem decimas et oblationes suscipiens, abusu tunc satis usitato; aut forte idem sacerdos deserviens, eiusdem abbas dicebatur; plures enim in hisce partibus ecclesiæ, imo et terræ sine ecclesiis,

---

(a)' Disserit auctor de quatuor ecclesiis quæ abbatiarum inani nomine gaudebant. Prima excidit; hic vero agitur de S. Martino de Liraco, cui secundus locus in manuscripto obtigerat. (EDD.)

nomen olim impositum habuere abbatiæ, sine cœnobio et monachis sub abbate degentibus.

Ecclesiam S. Salvatoris(a) Asiturri, sive de Asturri seu Asturriis, eiusdem fuisse categoriæ censeo; quandoquidem unus in ea deserviens nominatur abbas, Rocenarius presbiter; nec quidquam de eius situ et redditibus seu qualitatibus dicere nobis licet, amissis penitus chartis et monimentis, præter memoriale supra relatum lib. 7.

Similis pene fuit abbatia S. Martini(b) de Monte-Gaillardo; domini enim terræ, et decimarum possessores laici et maritati, abbatis nomen sumpserant et portabant, usque ad Bernardum sine liberis defunctum. Post cuius mortem, hæres eius et successor decimas abbati et monachis S. Severi vendidit, et sic nomen abbatis et abbatiæ extinctum fuit. Chartam venditionis supra retuli lib. 7. Ecclesiam autem hanc S. Martini de Monte-Gaillardo intra terminos parrochiæ aut senioratus et dominii de Monte-Gaillardo sitam fuisse constat; attamen jam locus ignoratur. Eamdem quidam fuisse censent cum ecclesia S. Martini de Geulos seu Giulos; sed repugnat quod ecclesia S. Martini de Giulos jam longe ante data fuerit huic monasterio et possessæ et perceptæ eiusdem decimæ, quam emerentur decimæ S. Martini de Monte-Gaillardo. Nec confundendæ sunt eiusdem decimæ ecclesiæ cum decimis S. Joannis de Tort seu du Tour, cum ex diversis ecclesiis satis sint diversæ, et ex diversa acquisitione ab eisdem eodem tempore facta; nempe venditæ fuerant decimæ S. Martini ab eisdem a quibus datæ sunt decimæ S. Joannis, sub

---

(a) Abb. III. S. Salvatoris de Asiturri.
(b) Abb. IV. S. Martini de Monte-Gaillardo, empta anno 1369.

obligatione anniversarii in perpetuum celebrandi. Hæc de abbatiis dicta sufficiant. Nunc de prioratibus est agendum.

De Prioratibus. — Duplicis sunt generis prioratus: alii enim conventuales fuere, in quibus conventus erat monachorum, sub Prioris regimine, ab abbatia et abbate dependentium. Alii vero prioratus sunt forani, in quibus vicarius perpetuus administrationem habet sacramentorum et curam animarum, quam olim habebant monachi, qui intra monasterium sese recipientes, honores sibi Priorum retinuere, partem decimarum seu portionem et pensionem congruam Cappellano seu vicario perpetuo tribuentes; tales sunt prioratus de Morganis, de Ruffiaco, etc.

Prioratus autem conventuales[a] plures fuerunt[b], et nunc usque sunt, ab hoc monasterio dependentes, in quibus tamen jam a multo tempore non est conventus; imo nec in titulum a monachis possidentur, licet ex natura sint regulares; sed abbatiæ sortem ut supra dixi, sequuta sunt hæc membra infœlicia, commendis similiter supposita. Non tamen, nisi ab uno sæculo, in commendam dari cœperunt. Hæc autem sunt horum prioratuum nomina in bulla Clementis IV papæ expressa.

I. In diœcesi Adurensi est prioratus S. Petri de Nervis-Castello seu Casteto[c], (erat enim ibidem Castellum), qui non longe distat a S. Severo; dataque fuit eius ecclesia cum decimis et pertinentiis suis ab ipsomet restauratore Willelmo Sancio comite: inter

---

(a) In necrologiis, plures nominantur monachi priores horum prioratuum conventualium, usque ad sæculum decimum sex (tum?).

(b) S. Eugeniæ de Morganis diœcesis Adurensis, S. Laurentii de Ruffiaco diœcesis Vasatensis prioratus dicitur in bulla Clem. IV.

(c) S. Petri de Nervis prioratus dicitur in bulla Clementis IV.

cuius dependentias erat castrum et oppidum de Mugron, et territorium de Gardans seu de Guardam, quod subinde datum fuit ab abbate domino de Calnario sub homagio, ut supra dictum est. Prioratus hic conventualis fuit, et sufficientes adhuc habet redditus ad conventus modici saltem sustentationem : ablato etiam conventu, diu regularis fuit hic prioratus, a monachis in titulum possessus; nunc vero tenetur in commendam, debeturque a priore census quidam annuus huic monasterio triginta solidorum Morlanensium et triginta concharum frumenti, ut patet ex Divisione reddituum anni 1359, etc; sed a commendatario non solvitur.

II. In eadem diœcesi et vicecomitatu Marcianensi, est prioratus S. Petri de Monte et S. Genesii de Vallibus(a). Licet enim quandoque divisim enuntientur et duo discreti possent censeri prioratus fuisse, tamen re diligentius examinata, has duas ecclesias unicum censeo fecisse prioratum conventualem, supra montem et juxta ecclesiam S. Petri de Monte situm.

III. Tertius fuit prioratus conventualis in urbe Montis-Marsani in ecclesia et juxta ecclesiam parochialem S. Mariæ Magdalenæ(b), cuius abbas S. Severi fundator extitit, eodem tempore quo Petrus vicecomes urbem seu castrum fundavit et habitatores parrochiarum S. Petri et S. Genesii inde ad novam urbem transtulit, cum consensu Raymundi Sancii abbatis S. Severi, qui prioratum ædificavit et in eo monachos sub priore locavit, ut supra dictum est libro III, ad annum Christi 1141. Circa annum vero

(a) S. Petri de Monte et S. Genesii de Vallibus.
(b) S. M. Magdalenæ de Monte-Marsano.

1305, videns abbas Gaillardus modicos esse redditus prioratus huiusce S. Mariæ Magdalenæ villæ Montis-Marciani, concessit unionem prioratus S. Petri et S. Genesii, ut ex duobus unus fieret, ut facilius posset in eo conventus sustentari; factaque est hæc unio authoritate episcopi Adurensis et cum consensu prioris S. Petri-de Monte, ut ex chartis tunc factis patet. Conventu successu temporis extincto, prioratus in titulum beneficii fuit erectus, eratque parrochus ipse Prior, curam habens animarum et sacramenta administrans; constat enim ex charta pacis factæ inter episcopum et capitulum Adurensis ecclesiæ, et abbatem ac conventum S. Severi, omnes hinc clericos gurpuisse ipsumque etiam cappellanum, in favorem monachorum; sed subinde Prior curam animarum commisit sacerdoti cappellano, seu vicario sæculari, et tandem in commendam decidit prioratus; qui nostris ad ultimum temporibus, in manus devenit monialium benedictinarum Burdegalensium, cum expresso consensu nostro, in favorem sororis domini D. Renati de Pontac abbatis nostri commendatarii, earumdem monialium priorissæ; harum autem monasterio unitus fuit hic prioratus anno 1665; cui unitus ante fuerat etiam prioratus de Rupe-Forti, qui

IV. Quartus est prioratus, in hac diœcesi Adurensi, ab hoc monasterio dependens, in eodem vicecomitatu Marcianensi, in ecclesia B. Mariæ de de Rupe-Forti [a], vulgo Roquefort; qui regularis adhuc erat in fine ultimi sæculi, a monacho huiusce monasterii possessus; nunc vero ad iisdem prædictis monialibus possidetur.

V et VI. — Quintum invenio in eadem bulla Cle-

(a) B. Mariæ de Rupe-forti.

mentis quarti expressum et S. Petri de Roca⁽ᵃ⁾ seu de Roqua dictum, invenio, item et S. Genesii de Roca vocatum; et sextum alium S. Angeli in eadem diœcesi Adurensi, de quibus nullum aliud reperio monimentum. Unde et ab aliis discretos forte non fuisse censeo, sed solum aliis nominibus nuncupatos; quia tamen in bulla prædicta separatim nominantur, ideo et divisim eos hic refero.

VII. — Prioratus S. Mariæ de Mimisano⁽ᵇ⁾, in diœcesi Burdegalensi, conventualis fuit; subinde titularis, sed regularis; nunc vero tenetur in commendam.

VIII. — Prioratus similiter S. Fidis, seu S. Petri⁽ᶜ⁾ de Buseto, a quo dependent ecclesiæ S. Fœlicis de Urscase et S. Quintillæ, conventualis fuit, postea regularis, in titulum, quem initio huius sæculi possidebat Guillelmus de Niort huiusce monasterii monachus; nunc vero illum tenet prior commendatarius. Olim erat diœcesis Aginnensis, nunc autem est Condomensis, eiusque adhuc redditus ad conventum sustentandum essent sufficientes.

(a) S. Petri de Roca et S. Angeli.
(b) S. Mariæ de Mimisano.
(c) S. Petri et S. Fidis de Buseto.

CAPUT III.

De ecclesiis parrochialibus ab hoc monasterio dependentibus, et aliis olim vel nunc possessis; seu quarum cappellani et vicarii ab abbate seu capitulo nominantur et præsentantur[a].

Plures olim ecclesias [b] possidebat hæc abbatia S. Severi in diœcesi, Pampilonensi, quæ caput erat regni Navarræ et antiquæ Vasconiæ; in diœcesi etiam Lascurrensi; in diœcesi quoque Lapurdensi seu Bayonensi[c], quarum amissa sunt documenta: unde eas solum refero quæ in bullis Innocentii tertii et Clementis quarti enuntiantur.

Bulla Innocentii designatur per B. I, et bulla Clementis per B. C., quæ loca designat ecclesiarum; non Bulla Innocentii.

In diœcesi Burdegalensi :

B. I. B. C. — S. Mariæ de Mimisano; cuius Cappellanus a priore nominatur, ut supra dictum est, l. 3.

B. C. — 2. S. Michaelis de Bias.

B. C. — 3. S. Eulaliæ de Borno.

B. C. — 4. S. Martini de Ponteys seu Ponteins (Pontenx).

B. I. — 5. Olim, B. Mariæ de Solaco.

(a) Harum tamen plures jam ab episcopo conferuntur pleno jure adquisito per præscriptionem, etc.
(b) Ex bulla Paschalis II.
(c) Lectorensi, Olorensi, etc.

In diœcesi Vasatensi :

B. I. B. C. — 1. S. Laurentii de Ruffiaco.

In diœcesi Aginnensi :

B. I. B. C. — 1. S. Christophori de Toneinx.

B. I. B. C. — 2. S. Joannis de Villanova.

B. I. B. C. — 3. S. Petri de Trepeyas.

In diœcesi Condomensi nunc, olim Aginnensi :

B. I. B. C. — 1. S. Christophori de Lano, nunc dependens a prioratu de Monhurt dependente ab abbatia B. Mariæ Sylvæ-maioris.

B. I. B. C. — 2. S. Fidis, seu S. Petri de Busello seu Buzeto.

B. I. B. C. — 3. S. Fœlicis de Urcase, seu Urscase.

B. I. B. C. — 4 S. Quintillæ seu Quintiliæ.

In diœcesi Aquensi :

B. C. — 1. S. Georgii de Aurea-valle, S. Geours.

B. C. — 2. S. Stephani de Garrossa, seu Baorse.

B. I. B. C. — 3. S. Martini de Insula.

B. I. B. C. — 4. S. Martini de Marciaco seu Marsaco.

B. I. B. C. — S. Martini de Canenx.

B. I. B. C. — S. Martini de Gottis, Goutz; cujus erant aliæ ecclesiæ annexæ seu dependentiæ, S. Petri, S. Joannis sanctique Leonis.

In diœsesi Adurensi :

B. I. B. C. — 1. Ecclesia S. Severi; cujus cappellanus, seu vicarius perpetuus a capitulo hujusce monasterii præsentatur, olim in ejus nominatione(a). Duas voces habebat abbas, quas cessit et dimisit capitulo, etc. Intra hanc parochiam annexæ quædam olim erant S. Hippolyti de Meignos(b) et S. Petri de

(a) Ex libro rubro Adurensi, cappellanus S. Severi est nominationis capituli S. Severi.

(b) Ecclesia exstat S. Medardi de Meignos seu Menignos in archipresbyteratu de Plano.

Mazeriis, de quibus nulla fit mentio in bullis, quia etsi quibusdam in chartis parochiæ dicantur, non erant tamen ecclesiæ parochiales a parochia S. Severi distinctæ, nec vicarii in illis erant perpetui et titulares, etc. Fit tamen mentio in bullis quarumdam ecclesiarum inter istas, quæ solum erant oratoria seu capellæ, non veræ parrochiæ, quia in illis nomina ecclesiarum exprimuntur quæ tunc a monasterio possidebantur quocumque titulo. Et forte tunc nondum ædificatæ erant hæ capellæ S. Petri et S. Hippolyti, de quibus etiam nulla fit mentio in Libro-rubro Adurensi, in catalogo ecclesiarum hujus diœceseos. — Capellæ duæ sunt in hac parrochia, scilicet S. Michaelis et S. Geruntii, ab hoc monasterio dependentes, seu oratoria, non ecclesiæ parrochiales.

B. C. — 2. S. Petri de Monte, in Marciano [a].

B. C. — 3. S. Genesii de Vallibus, in Marciano [b].

B. C. — 4. S. Mariæ Magdalenæ urbis Montis-Marsani.

B. C. — 5. Beatæ Mariæ de Rupeforti, in Marciano.

B. I. B. C. — 6. S. Petri de Roca et S. Genesii.

B. C. — 7. S. Martini de Villa-Dominica et S. Petri.

B. I. B. C. — 8. B. Mariæ de Balesteno, Bausten. (ex lib. rub. Adur.).

B. I. B. C. — 9. B. Mariæ de Baussiet [c].

B. C. — 10. S. Quiteriæ de Calnario, parrochia de Tholosetta.

B. C. — 11. S. Petri de Nervis-Casteto B. I et S. Angeli, B. C.

B. C. — 12. Cappella S. Jacobi de Mugron, a priore

(a) Ex Libro-rubro Adurensi, est de nominatione S. Severi.
(b) Ex Libro-rubro Adurensi, a prioratu depend (ens).
(c) Ex processu verbali anni 1572.

de Nervis dependents. (Lib. rub. Adur.)

B. I. B. C. — 13. S. Eulaliæ seu *Sant-Erraille*, nunc annexa B. M. de Aûrissa (ex proc. verb. anni 1672).

B. I. B. C. — 14. S. Germani d'Ester, olim annexa S. Eulaliæ.

B. C. — 15. S. Bartholomæi de Angladiis; nunc non extat; ab hæreticis eversa.

B. C. — 16. S. Petri de Susprossa, *Souprosse* (ex lib. rub. Adur.)

B. I. B. C. — 17. S. Joannis de Brocas, seu S. Laurentii et S. Babili (ex Lib. rub. Adur. et ex process. verb.)

B. I. B. C. — 18 S. Joannis de Proiano. Jam non extat, ab hæreticis eversa ecclesia.

B. C. — 19. S. Saturnini de Canet.

B. I. B. C. — 20. S. Medardi de Gelous et S. Martini (tenentur a præbendariis de Brisqueto, sub annuo censu 12 lib. Turon.)

B. C. — 21. S. Pantaleonis de Campania.

B. C. — 22. B. Mariæ d'Albayac, seu d'Albaisan.

B. C. — 23. B. Mariæ de Artiganova, nunc cappella parrochialis S. Bartholomæi de Eriis, d'Eyres.

B. I. B. C. — 24. S. Eugeniæ de Morganis, Mourgans[a].

B. I. B. C. — 25. S. Vincentii de Capra-Mortua, Lacrabe (ex Lib rub. adur.)

B. C. — 26 S. Martini de Liraco.

B. C. — 27. S. Martini de Giulos. Jam non extat.

B. C. — 28. S. Medardi de Sornihon. Non extat.

29. S. Martini d'Oüers, seu de Hoerds et Onnes. Non extat.

[a] Ex Lib. rub. Adur.

B. I. B. C. — 30 S. Vincentii d'Eules[a], seu deu Luy, seu de Hiluy, prope Motham. Nunc dependet a monasterio de Ponte-alto ordinis Cisterciensis.

31. S. Vincentii, seu S. Martini de las Vedelhes seu Veseilhes. Nunc dependet a monasterio S. Joannis de Castella, etc.

Aliæ multæ huic numero addi possunt, etsi expressa de eis non fiat mentio in bullis; quia nempe bullæ dant jus cappellanos præsentandi in parrochiis quæ a monasterio possidentur. Sed nunc, etiam ad eas hic in bullis enuntiatas cappellanos præsentare non concedunt episcopi, paucis exceptis; quia per præscriptionem, et abbatum absentiam aut negligentiam, pleno jure hæc beneficia contulerunt episcopi. Ex transactione enim anni 1612, relicta est abbati nominatio et præsentatio ad curas seu parrochias vicariorum seu cappellanorum. Abbates[b].....

<hr>

(a)* d'Eules. Scribendum f. deu-Les; ac sic videtur historicus nonnihil errasse, qui deu-Les idem esse ac deu-Luy perperam crediderit. Cæterum adhuc visitur perantiqua ecclesia d'au-Les inter Brocas et Doazit. Atqui Doazit et Brócas primitus a monachis S. Severi possidebantur; unde non ita peccaveris, si ecclesiolam Aulès, quæ nunc est annexa Doazit, eam esse dixeris quam Noster Eulès nuncupat. (EDD).

(b)* Cætera desunt.

APPENDIX

APPENDIX

L'auteur de cet ouvrage renvoie souvent à un *Appendix*, où de nombreuses chartes doivent être citées in-extenso et mêmes traduites en français. Nous ne savons si, depuis 1681, époque où il s'arrêta dans son manuscrit, D. Daniel a réellement ajouté ces pièces justificatives à son histoire du monastère de S. Sever; dans tous les cas, ces pièces ont péri. Toutefois, pour que rien ne manque à cet important ouvrage, nous avons cru devoir imprimer ici des documents précieux, dont plusieurs inédits; nous les devons à l'obligeance du R. P. Labat S. J., professeur au Grand Séminaire d'Aire, qui les a patiemment et savamment recueillis (EDD.)

APPENDIX AD VITAS S. SEVERI ET EJUS COMITUM.

I. DE SANCTIS SEVERO ET GERUNTIO.

Ex proprio Ausciensi.—Severus et Geruntius, cum quibusdam sociis, juxta antiqua Vasconiæ monumenta, missi sunt ut huic regioni Christi fidem prædicarent. A barbaris qui, imperante Honorio, initio quinti sæculi, maximas in illis partibus clades intulerunt, trucidati sunt in odium fidei christianæ. Sanguinem fuderunt in territorio Adurensi, in quo celebre exstabat monasterium nomine Sancti Severi insignitum, et sub ejus invocatione antiquitus constructum. Ibi Severus ut Martyr et totius regionis vir apostolicus magna solemnitate recolitur. Non longe a monasterio Sancti Severi exstitit olim monasterium Sancti Geruntii nomine cognitum, cujus basilica multum exornata et in sacra supellectili dives, a Calvinistis exspoliata fuit.

Ex proprio Tarbiensi. — Severus et Geruntius, a Vandalis oriundi, cum quibusdam sociis, juxta antiqua Vasconiæ monumenta, missi sunt ut huic regioni Christi fidem prædicarent. A Barbaris qui, imperante Honorio, initio quinti sæculi, maximas in illis partibus clades intulerunt, trucidati sunt in odium fidei Christianæ. Sanguinem fuderunt in territorio Adurensi, in quo celebre extat monasterium nomine Sancti Severi insignitum, et sub ejus invocatione antiquitus constructum; cui adjacet civitas quæ ex celebritate loci videtur accrevisse, et caput Vasconiæ nominatur. Ibi Severus ut Martyr et totius regionis vir apostolicus magna solemnitate recolitur.

In Martyrologio ejusdem Abbatiæ festivitas sancti Geruntii Martyris notatur quinto Idus Decembris. Extitit olim intra fines Diœcesis monasterium celebre, sancti Geruntii nomine cognitum, cujus basilica multum exornata, et in sacra supellectili dives, a calvinistis expoliata fuit anno millesimo quingentesimo sexagesimo nono.

EX BREVIARIO MANUSC. XIII SÆCULI.(a)

In natali S. Gerontii Oratio.—Omnipotens sempiterne Deus, qui gloriose triumphantem beatum Gerontium martyrem tuum hodierna die cœlesti sublimasti in curia, populum tuum eo opitulante ad te converte propitius: ut qui peccatorum pondere premimur, patrocinari apud misericordiam tuam ejus precibus sentiamus, Per.

Incipit passio S. Gerontii, M. Post passionem et resurrectionem Jesu Christi cœlique ascensionem, exiit inter Gallias a Juliano impiissimo decretum ut nullus esset christianorum qui Jesum Christum adoraret. — Nec fateretur Filium Dei esse verum. Obediebant itaque Wandali præceptis illius. Elegerunt itaque in tempore illo septem viros fortes in fide et efficaces ex opere. — Ex supra dicta Vandalorum gente semetipsos ad martyrium sponte tradere ut possent æternam

---

(a) Ce manuscrit appartient à la bibliothèque du grand séminaire d'Aire.

remunerationem à Domino accipere et absque termino
cum cœlestibus civibus triumphando regnare. — Qui pru-
denter inter se tractantes et ad invicem colloquentes
in divino servitio cœperunt fervere devoti fideles, uti septem
præfulgidæ lampades supplicio martyrii æstuantes, cœperunt ferre multa pro Christo, quo cum illo gauderent in
cœlesti regno. Quorum nomina in terris stylo exarata, in
cœlesti aula perenni credimus esse conscripta. — Primus,
ut anteriores apices tradunt, fuit Domino dignus sanctissi-
mus Gerontius, cute nitidus, aspectu rutilus, honestate
præclarus, bonitate conspicuus, castitate adornatus.

EX LITANIIS SANCTORUM

..... S. Stephane, S. Saturnine, *S. Severe*, S. Line, S. Lau-
renti, S. Vincenti, S. Christophore, S. Georgi, S. Ambrosi,
S. Ysidore, S. Augustine, S. Hieronyme, S. Benedicte,
S. Maure, S. Placide, S. Columbane, *S. Orienti*, *S. Geni*,
S. Geralde, *S. Lebori*, S. Nemphasi, S. Aredi, S. Antoni,
S. Dominice, S. Francisce, etc.

EX PROPRIO AUSCIENSI.

Severus et Geruntius, cum quibusdam sociis, juxta antiqua Vasconiæ monumenta, missi sunt ut huic regioni
Christi fidem prædicarent. A barbaris qui, imperante Honorio, initio quinti sæculi, maximas in illis partibus clades
intulerunt, trucidati sunt in odium fidei christianæ. Sanguinem fuderunt in territorio Adurensi, in quo celebre
exstabat monasterium nomine Sancti Severi insignitum,
et sub ejus invocatione antiquitus constructum. Ibi Severus
ut Martyr et totius regionis vir apostolicus magna solemnitate recolitur. Non longe a monasterio Sancti Severi
exstitit olim monasterium Sancti Geruntii nomine cognitum, cujus basilica multum exornata et in sacra supellectili
dives, a Calvinistis exspoliata fuit.

EX PROPRIO TARBIENSI.

Severus et Geruntius, a Vandalis oriundi, cum quibusdam sociis, juxta antiqua Vasconiæ monumenta, missi sunt ut huic regioni Christi fidem prædicarent. A Barbaris qui, imperante Honorio, initio quinti sæculi, maximas in illis partibus clades intulerunt, trucidati sunt in odium fidei Christianæ. Sanguinem fuderunt in territorio Adurensi, in quo celebre extat monasterium nomine Sancti Severi insignitum, et sub ejus invocatione antiquitus constructum; cui adjacet civitas quæ ex celebritate loci videtur accrevisse, et caput Vasconiæ nominatur. Ibi Severus ut Martyr et totius regionis vir apostolicus magna solemnitate recolitur.

In Martyrologio ejusdem Abbatiæ festivitas sancti Geruntii Martyris notatur quinto Idus Decembris. Extitit olim intra fines Diœcesis monasterium celebre, sancti Geruntii nomine cognitum, cujus basilica multum exornata, et in sacra supellectili dives, a Calvinistis expoliata fuit anno millesimo quingentesimo sexagesimo nono.

EX VITA B. GERUNTII[a].

Tempore Juliani Apostate, inter Gallias decretum ab ipso exiit ut nullus Christum adoraret. Obediebant Vuandali; ex quibus septem viri fortes in fide elegerunt semet ipsos ad interitum sponte tradere, ut possent æternam à Deo remunerationem accipere; qui in Dei servitio cœperunt esse devoti fideles, suppliciis martyrii estuantes, cœperuntque ferre multa pro Christo. Primus fuit S. Geruntius charitate fervidus et omni virtute clarus, secundus Justinus, tertius Clarus; quartus Severus, quintus Polycarpus, sextus Joannes, septimus Chrispinus; qui cum deambularent ad portum, qui vocatur Adaron juxta littus maris, ascenderunt proram

---

[a] Extrait du manuscrit du P. Mongaillard, S. J., feuilles 1108-9-10-11. Voir sur le P. Mongaillard : Bulletin du comité d'histoire et d'archéologie de la Province ecclésiastique d'Auch, tom. 1., p. 16.

navis. Nautæ petierunt centum denarios; sed gloriosi milites terrena respuentes cupiunt cœlestia. Geruntius clam dedit mille denarios. Quadraginta et septem dierum spatio, Dei ope, transnavigaverunt maria, et pervenerunt Joppem, et perambulaverunt dies 123. Tunc ingressi in aliam navim, ad aquilonarem partem exierunt ad portum; et procurrentes regionem illam, nullum repererunt qui eos interrogaret de re quam in pectore habebant. Circuibant civitates et castella ut invenirent aliquem, qui eis, per martyrii pœnam, redonaret gloriæ palmam. Et Justinus ad beatum Geruntium dixit: Quare non pergimus Romam? Cui B. Geruntius: Tunc, inquit, oportuisset hæc fieri, quando primum ex regione nostra fuimus egressi. S. Severus sodales tunc est alloquutus (ce mot est ainsi écrit dans le manuscrit) dicens: B. Saturninus e regione nostra egressus, apostolorum extitit discipulus, ab apostolo Petro episcopus ordinatus, ad prædicandum Tolosam missus est; eamus igitur Romam ad apostolorum suffragia poscenda, et post, ad tantum martyrem Saturninum obnixe orandum. Eugenius itaque tunc summus Pontifex, cum vidisset viros strenuissimos Dei famulos, ait: In veritate comperimus vos esse Dei testes; vitam autem, quam miseram putatis, brevi finietis, et bravium æternæ hæreditatis, quod avide quæritis, celeriter invenietis. Animadverte, o tu Gerunti, et esto in omnibus adiutor B. Severi, hoc sciens pro certo quia, sicut ille desiderat Christum imitari, ita te oportet per passionis trophæum eum sequi. Manserunt itaque Romæ anno uno et hebdomada, jubente Eugenio; deinde egressi in partes Galliarum cœperunt quisque per singulas provincias prædicare. Tunc B. Geruntius quandam provinciam ingressus est: ibat per civitates et castella prædicans, et dicens: «Audite omnes qui adoratis idola, etc. Admoneo vos ut relinquatis errorem et adoretis Deum.» Cœperunt currere ad eum audiendum, Christi iugum sumpserunt et fana sua et idola destruxerunt; eos baptisavit, ecclesias ædificavit et multa miracula fecit. Erat ut lucerna in domo Dei accensa, non sub modio sed super candelabrum posita; misericordiæ operibus vacabat et...Aliquanto autem temporis transacto, venit gens Vuandalorum contra castellum Cæsaris vocatum Pagastrion, ubi erat S. Severus una cum rege Adriano, iam ab ipso sanato a cruciatu dæmonum et baptisato. Venit autem multitudo Vuandalorum ad portam Castelli; et videns B. Severus turbam, inclinavit caput suum propter Christum ad martyrium; cui caput amputaverunt una cum rege et aliis plurimis. Cuius corpus, ut fertur, ex acie se erigens, manu propria caput suum abscissum apprehendens, stabili gressu ad locum quem vir sanctus elegerat deportavit. Quæ omnia quidam nuntiavit B. Geruntio in partibus Tolosanis prædicanti; quæ ut audivit, statim cum omni alacritate convocat Justinum et Clarum cum cæteris sodalibus et ait eis: «Audite me, fratres et commilitiones, quia vos estis sanguine Christi redempti, fide ditati; et pro nihilo ducite dicta tyranni, et vosmetipsos dantes in sacrificium Deo, pro illo non dubitetis mori. Scitote quia unus ex fratribus nostris B. Severus, in partibus oceani, a Vuandalis martyrio est coronatus, et iam regnat cum Deo. Eamus et nos ubi fuerit gentilium turba, ut deposita carnis trabea, mereamur regna cœlestia. Et cœperunt ire festinantes; quibus adiuncta est ingens Christianorum turba, quasi viginti millia, parati subire tormenta: et cum venissent, iverunt ubi corpus B. Severi iacebat, et invenerunt eum jam terræ humatum. Quem multum fleverunt, non quod mortuus esset, sed quia eos martyrio antecessisset. Die autem 4^d idus novembris, aggravatum est bellum, et obscuratus est sol et mortui sunt Christiani. Tunc B. Geruntius ab impiis percussus est gladio in inguine, 4° idus novembris. Cum vero aspexissent Justinus et Clarus B. Geruntium fortiter vulneratum, fecerunt ei feretrum et desuper posuerunt eum, et portaverunt eum ad locum qui fertur situs juxta fluvium auxensem, spatio duorum millium ab Auxea civitate, ubi corpus fuit humatum. Postea corpus B. Geruntii a consodalibus suis Justino videlicet et Claro et aliis quamplurimis caute ac religiose de tumulo relevatum, in Cos eranensi, favente Deo, translatum est infra alpes, in loco qui dicitur Sousvico, juxta fluvium Salau; ibique eum reposuerunt decoratum multis miraculis. Postquam vulneratus est B. Geruntius, vixit dies triginta; denique complevit Deus certamen eius et propter vulnera mortuus est 5° Idus decembris.

Notæ in præcedentem S. Geruntii vitam. Adeo inepte scripta hæc vita, ut D. Geruntii sanctitati faciat injuriam, præclaris martyris meritis abroget fidem. Qui enim Juliani tempus imperantis anno 350, [a] cum Eugenii tempore sedentis anno 633 conveniat? Qui Vuandali Gallias occupasse ante tempus Juliani dicantur; cum nonnisi 50 post annis, id est anno Christi 406, occupasse Galliam testetur Cassiodorus? Qui Consorani ad radices Alpium [b] sistantur, cum montes incolant Pyrenæos?

DE SANCTO CLARO.

Ex breviariis antiquis burdegalensi et vazatensi, aliisque monumentis.

Clarus, cum sex aliis Sociis, doctrina et sanctitate præstantibus, Justino, Geruntio, Severo, Polycarpo, Joanne et Babylio, patriam, parentes, suaque omnia, propagandi Evangelii causa, traditur reliquisse. Hinc Romam veniens, ibidem episcopali dignitate insignitus, superna miseratione directus est in Gallias in quas spargebatur rumor generosos undique christianos ad martyrium, pro fidei tuitione, convenire. Itaque Clarus cum sociis Gallias ingressus, ubique suæ charitatis pro salute animarum manifesta relinquit vestigia.

Tandem in Aquitaniam divino instinctu accersitur, ut ibi de thesauro cœlesti, quo affatim dives erat, promat nova et

---

[a] Julien fut nommé César en 355; il devint empereur en 361.
[b] Le mot Alpis ou Alpes a été souvent employé pour signifier *montagnes* en général.

vetera. Mirum quam libenter, exemplo Apostoli, et impendat, et superimpendatur. Intentatæ minæ, carceres, cruces, ferrum, mors denique ipsa præ oculis, ne tantillum quidem sanctum Pontificem impediunt quominus idola undique evertat, et idololatriæ vesaniam totis viribus et palam insectetur, et profliget. Benignus vero Dominus multitudine miraculorum, tamquam certis auctoritatis suæ sigillis, doctrinam servi sui muniebat. Cæcis visus, ut habent antiqua de eo scripta, reddebatur, surdis auditus; integrabantur debiles, et per ista dæmonum cultus ad nihilum reducebatur.

Lacoram (quæ nunc Lectora dicitur, fuitque sedes episcopalis usque ad nefandos dies perturbationis Galliarum) profectus, ut ibidem solitas cœlestis ignis, quo ardebat, scintillas spargeret, ab idolorum sacrificulis in carcerem traditur. Unde post varia gravissimaque supplicia eductus, jubetur simulacro, quod Dianæ fuisse dicunt, immolare. Verum ad Sancti conspectum, statim idolum, quod sublimi admodum loco situm erat, corruit, evanuitque in pulverem. Idololatræ in furorem versi, insiliunt in servum Dei, cæsumque crudelissime et pene dilaceratum iterum incarcerant. At noctu ab Angelo invisitur et fovetur, ac instantis sui martyrii gratissimum suscipit nuntium; quod revera sequenti die, mira fortitudine et ardore pertulit. Passos fuisse similiter sex illius Socios traditio est; atque ut in vita conjuncti fuerant, sic eorum sacræ reliquæ in ecclesia Sanctæ Eulaliæ Burdigalæ, in eadem capella recumbunt, illuc a Carolo Magno, ut ex veteri scripto, lapidi ejusdem basilicæ insculpto, legitur, allatæ. Natalis sancti Clari dies Kalendis Junii celebratur, maximo Burdigalensium applausu, et aliorum qui ex vicis et pagis eo quotannis solent accurrere, pellecti beneficiis quæ per ejusdem suffragia consequi solent. *(Brev. burdeg.)*

Le P. Daniel, à la page 3 du premier volume, nous donne un abrégé de la vie du saint martyr, et il accompagne de notes critiques les trois biographies inédites qu'il a insérées dans son ouvrage. Après les documents nouveaux que nous venons de donner dans l'Appendix, il nous paraît utile de revenir sur la question et de la résumer en français, dans l'intérêt des lecteurs que fatigue le latin.

La première vie (tom. 1. p. 6.) est moins une biographie, qu'une sorte d'éloge historique prononcé devant l'assemblée des moines et se terminant par une péroraison fort étudiée. Le savant Bénédictin nous parle de la simplicité du bon vieux temps (p. 33) ; mais certes, rien n'est moins simple que cette prose du onzième au douzième siècle. Outre qu'on y trouve la rime, comme dans les chants des trouvères et dans la prose poétique des Arabes, rarement l'auteur emploie le mot propre, et ses amplifications verbeuses sont pleines d'expressions et de tournures alambiquées : il a la prétention de se montrer éloquent, et il croit l'être en adoptant les feintises de la rhétorique vulgaire. De plus, le narrateur brouille tout ; il fait mourir saint Girons le premier ; il oublie Toulouse et saint Saturnin ; il ne dit mot de la prédication commune à Sos, et trop pressé de donner sa péroraison, il se tait sur la mort de saint Sever.

La troisième vie (p. 51), beaucoup plus ancienne, est aussi plus complète, plus sobre, plus rapprochée par son style des temps carlovingiens. L'auteur s'est trompé naturellement en plaçant aux premières années du cinquième siècle et dans notre Novempopulanie, la terrible persécution des Vandales qui n'étaient point païens en général, mais hérétiques : cette persécution célèbre eut lieu une vingtaine d'années plus tard dans les provinces africaines, quand les Vandales gênés, en Espagne, par les Suèves et appelés par le comte Boniface, se déterminèrent à passer le détroit et s'établirent dans les colonies romaines. On sait qu'en 430 saint Augustin mourut à Hippone, assiégé par ces rudes conquérants.

Nous ne parlerons point de la SECONDE VIE en vers léonins, parce qu'elle ne fait que résumer pauvrement la première. Mais nous ferons remarquer combien les nouveaux documents de l'Appendix, quoique pris à des sources diverses, confirment cependant les faits énoncés dans la biographie qu'on peut lire à la page 51 du premier volume. Nous appelons particulièrement l'attention du lecteur sur la légende fournie par le P. Mongaillard : elle nous fait connaître la marche de la prédication évangélique dans nos contrées du Midi, au cinquième siècle.

Malgré des erreurs inévitables à l'époque où remonte la troisième vie, c'est-à-dire au neuvième siècle, le fond des choses est tellement vrai, qu'il serait absurde, en bonne critique, de reléguer l'apostolat de saint Sever parmi les légendes imaginées après coup.

1º CHRONOLOGIE. — D'abord, le temps où vécut notre saint est clairement déterminé : c'est l'avènement à l'empire de Julien l'apostat, avènement qui eut lieu en 360. Sévère, fort jeune alors (on peut lui donner de dix-huit à vingt ans), chrétien et dégagé des liens du mariage, succédait à la royauté de son père; mais ses sujets étant païens, on peut croire qu'il abdiqua pour ne pas suivre, en 362, le restaurateur fanatique du paganisme dans sa fatale expédition contre les Perses. Avec six compagnons, il se retire au désert; mais bientôt, aspirant au martyre qui semble toujours fuir devant lui, il se dévoue à la prédication, s'embarque à Accaron, aborde à Joppé, parcourt la Syrie et peut-être la Cilicie, et de là se rend à Rome, vers 392, auprès du pape saint Sirice (385-398). Il est vrai que le pape est nommé Eugène, ou Hygin par erreur; mais le nom d'Eugène est pour nous une indication précieuse. C'était le nom du rhéteur, secrétaire d'Arbogaste, que ce dernier affubla de la pourpre, après avoir assassiné Valentinien II en 392. Le nom d'un empereur gaulois créé par le gaulois Arbogaste devait faire plus de bruit que celui du Pape dans la Gaule toujours remuante, et il n'est pas étonnant que, quatre siècles plus tard, on l'ait confondu avec celui de Sirice. Ainsi l'année 392 qui fixe l'arrivée à Rome de Severus et de ses compagnons, est pour nous comme un point lumineux qui éclaire tout le reste : en effet, de Rome à Toulouse, à Sos et à Palestriou, jusqu'à l'invasion des Vandales, tout marche régulièrement.

2' Patrie de Severus. — Ici règne la plus grande confusion. Les uns appellent notre saint Vandale, sans se demander pourquoi et comment il s'embarquait à Accaron; d'autres le font venir de la Scythie, d'autres de l'Afrique, etc. Remarquons avant tout que les noms de Severus et de ses compagnons n'ont rien de Scythe ni de Vandale : Severus, Justinus et Clarus appartiennent au latin; Geruntius et Polycarpus au grec; Joannes et Babilus à la langue araméenne. Severus a donc dû naître dans une région où le latin, le grec et l'idiome sémitique avaient à la fois le droit de bourgeoisie : cette région est désignée dans les vies; mais le nom est évidemment estropié; car tantôt on l'écrit Amplicania qui ne signifie rien, tantôt Amblygonia qui signifie en grec *obtusangle*. Cherchons donc un nom qui se rapproche de celui-là, qui soit bien connu et qui indique un païs où les trois langues aient pu régner également à cette époque. Ce nom est celui d'Abila (en Hébreu Abel[a]), ville de Syrie au nord-ouest de Damas. De ce nom de ville, les Grecs, au temps de la prédication de saint Jean-Baptiste (Luc. 3. 1.), avaient dérivé le nom de païs Abilene, dont la forme latine est Abilania, ou Ablinia. Ce point une fois admis, tout s'explique naturellement.

(a) On trouve d'autres Abel ou Abila dans la terre Sainte, en particulier Abella dans la demi-tribu de Manassé. Si l'Abila de Lysanias ne plaît pas, rien n'empêche de choisir l'Abella de l'Est du Jourdain.

Severus, né ou élevé à Abila, régnait sur les Arabes scénites[a] campés à l'est d'Abila et de Damas, du côté de Tadmor ou Palmyre. Il n'était pas bien loin d'Antioche, et l'on sait qu'en 362, Julien fit séjour dans cette capitale, où furent convoquées les troupes auxiliaires qui le suivirent dans son expédition contre les Perses. On comprend facilement que Severus chrétien et civilisé, pour ne point marcher à la tête de ses Bédouins barbares et idolâtres, renonce à la royauté, et prenne, avec six compagnons, le chemin du désert : il n'avait pour cela qu'à s'enfoncer dans l'Arabie qui s'ouvrait large et longue devant ses pas. Or dans le style de ce temps, la solitude et le désert, c'était les innombrables monastères établis dans presque toutes les oasis, au sein de la plaine rocailleuse qui partant de l'est de Damas, descend vers la Mer-Morte, contourne l'Idumée et va joindre l'isthme de Suez. Les hommes pieux, à cette époque agitée, aimaient à parcourir en pèlerins les différentes laures qu'on trouvait en Egypte et à l'est du Jourdain, et les moines eux-mêmes, dont plusieurs étaient gyrovagues, passaient leur vie à se visiter les uns les autres. Ainsi de station en station, Severus était parvenu à Tabathe, patrie de saint Hilarion, assez près de Gaza ; et remontant la côte, il s'embarque à Accaron. Les quarante jours qu'il met pour aller de cette ville à Joppé s'expliquent facilement par une tempête qui le rejeta sur le rivage Syrien dont il voulait s'éloigner. Près de Joppé, le mont *Golmentanus*, dont parle la légende, ne saurait être une invention du narrateur : c'est une corruption de *Galmoud* ou *Golmoud* qui, en hébreu, signifie rocailleux et stérile.

3° ROYAUTÉ DE SEVERUS. Le titre de roi porté par notre saint ne saurait faire difficulté. Sans doute ce nom était odieux aux Romains depuis l'établissement des consuls ; mais Rome même l'honorait chez les étrangers et l'octroyait

---

(a) TOM. I, p. 45 *Scitice* paraît être pour *Scinice* ou Scenicæ.

volontiers aux chefs des peuples tributaires et soumis. Tout chef suprême s'appelait roi, et les Grecs ne se gênaient point pour nommer Βασιλεὺς celui qu'à Rome on nommait *imperator*. De là vient que, dans les provinces reculées de l'empire, on prodiguait le nom de roi presque au hasard ; et par suite d'un usage plusieurs fois séculaire, on l'appliquait, vers 400, au gallo-romain Adrianus qui siégeait à Palestrion, et plus tard, à plusieurs princes francs compagnons de Clovis. Severus est donc appelé roi parce qu'il était cheik héréditaire d'une ou de plusieurs tribus aux environs d'Abila.

Après ces explications, on peut résumer ainsi les divers documents contenus au premier volume et dans l'Appendix.

VIE ABRÉGÉE DE S. SEVER.

Severus dont le nom peut se dériver de l'hébreu *Sour* ou *Sver* (branche, rejeton), paraît être né dans l'Abilanie ou l'Abilène, en Syrie : il était fort jeune encore, quand son père le laissa héritier du titre de roi. C'était à l'époque où Julien l'apostat rassemblait, dans la ville d'Antioche, les divers corps de l'armée qu'il devait conduire contre les Perses (361, 362). Severus, chrétien fervent, abdiqua la couronne, malgré les instances de ses sujets la plupart barbares et païens ; et suivant l'usage des hommes pieux de cette époque, il prit le chemin du désert, avec six compagnons de son choix, dont les noms sont renfermés dans ces deux vers :

    Justinus, Clarus, Geruntius ac Polycarpus ;
    His meritoque pares Babilius atque Joannes.

Après avoir parcouru les nombreux monastères échelonnés dans l'Arabie déserte ou sur le littoral de la Méditerranée et peut-être même visité les moines de la haute et basse Egypte ; dévoré du désir d'annoncer J.-C. aux infidèles et de verser son sang pour la foi, il s'embarquait au port d'Accaron pour une destination inconnue ; mais après quarante jours d'une navigation orageuse, il fut rejeté sur la plage de Joppé. Là commence pour Severus la carrière de la prédication; mais tandis qu'il prêche dans tout le nord de la Syrie, un de ses compagnons lui fait observer qu'ils auraient dû, avant tout, aller à Rome, pour visiter le tombeau des saints apôtres Pierre et Paul. Dès ce moment, le voyage est décidé, et ils arrivent dans la capitale du monde chrétien, à l'époque où l'usurpateur Eugène, qui marchait sur Milan, forçait saint Ambroise à s'en exiler. (392, 393).

Le pape saint Sirice, un grand pape très-zélé pour la discipline et la propagation de l'Evangile, reçoit Severus et ses compagnons à bras ouverts; et reconnaissant en eux des envoyés de Dieu même, il les destine à l'apostolat de la Gaule méridionale. Il les garde une année entière pour les former à leur mission, et probablement confère à Severus et à Geruntius l'ordination épiscopale, avec le titre d'évêques régionnaires. Huit jours après la fin de l'année, les missionnaires partent, évangélisant les peuples sur leur chemin. Ils durent suivre le littoral de l'Italie et de la Ligurie, pour entrer dans la Province romaine et s'en aller vénérer à Toulouse les reliques de saint Saturnin.

Ils trouvèrent, dans cette ville religieuse, un clergé régulièrement constitué qui leur accorda, quoique avec beaucoup de peine, les deux mains du grand martyr. Riches de ce trésor, ils se dirigent vers la Novempopulanie où ils entrent, comme autrefois Crassus, par la cité des Sotiates. Parvenus enfin au but définitif de leurs courses, ils évangélisent en commun la ville de Sos où tout, à ce qu'il paraît, était à faire; car on les voit bâtir un oratoire où sont déposées les reliques de saint Saturnin, et laisser, à l'exemple des apôtres, un clergé indigène à la tête de cette église naissante : tous ces travaux durent demander un temps assez considérable, et l'on peut croire que saint Clair, dont la dignité épiscopale n'est point contestée, se détacha dèslors de la troupe et resta quelque temps à Sos pour attendre le moment de Dieu.

Aire avait-il un évêque à cette époque ? Cela est possible ; car Severus et ses compagnons laissant à gauche l'Atursan, marchèrent droit à Palestrion, capitale de la Chalosse, où régnait le gallo-romain Adrianus malade depuis sept ans. Pour arriver à Palestrion, il fallait traverser l'Alpheanus plus connu sous le nom d'Atur (Adour); mais les eaux du fleuve étaient grosses et agitées : aucun bateau n'était là pour passer à l'autre bord. A cette vue, les compagnons de Severus se découragent; mais lui, plein de confiance, fait sa prière à Dieu. Aussitôt, les eaux s'entrouvrant comme celles du Jourdain, ils traversent à pied le lit du fleuve sous les regards de tout un peuple étonné. Adrianus à qui la voix publique rapporte ce miracle, appelle auprès de lui les étrangers et leur demande sa guérison. Severus, qu'on voit toujours à la tête, annonce l'Evangile au roi, le baptise, le guérit et fait de lui un ardent propagateur de la foi.

Depuis ce jour, on ne parle plus des autres collègues de Severus : il est probable qu'ils se séparèrent alors pour aller chacun où l'Esprit de Dieu les poussait, hormis Geruntius que le pape avait donné pour coadjuteur principal à Severus et qui devait, bientôt après, être martyrisé près de Hagetmau. Babilus est honoré à Brocas et Justinus a donné son nom à la ville de St-Justin.

Les habitants de Palestrion étant tous solidement convertis, Severus pénétra dans l'intérieur de la Chalosse, et déjà la foi se répandait au loin, quand on apprit l'approche des Vandales (406. 407). Au lieu de fuir le danger, le généreux athlète se hâta de rentrer dans la capitale du païs. Après avoir encouragé Adrianus et les fidèles au martyre, il descendit seul vers les barbares qui, en l'immolant pour Dieu, comblèrent les désirs de toute sa vie. On dit que de l'endroit où il fut frappé, il remonta, tenant sa tête dans les mains, jusqu'au lieu où son corps fut religieusement déposé. En supposant qu'il ait renoncé au trône dans sa vingtième année, en 362, il mourut âgé de 65 ans en 407.

APPENDIX

Tom. I., p. 16. — St-Sever Cap-de-Gascogne est une jolie petite ville de 5000 habitants, située sur un mamelon qui domine la vallée de l'Adour dans une étendue de plus de 60 kilomètres. Du sommet de la vieille tour romane de la Basilique, la vue embrasse toute la Chalosse, les premières collines du Béarn, et plus de 150 kilomètres de la chaîne des Pyrénées. Les habitants sont intelligents et hospitaliers, et, de toute la Gascogne, c'est bien un des lieux les plus agréables, et celui qui a gardé le mieux les mœurs et la physionomie du vieux temps. C'est là qu'on trouve le Gascon de la meilleure eau.

Découronnée par la Révolution de son titre de capitale de la Gascogne, cette ville a été écrasée par la jalousie des cités voisines que les divers gouvernements se sont plu à favoriser à ses dépens. Sans commerce, sans industrie et dans une contrée des plus riches du bassin Pyrénéen, elle a été privée par calcul de toute voie de communication rapide, qui lui aurait assuré une facile prééminence sur ses rivales. Aussi est-ce une vraie ville du Moyen-Age.

Le château Palestrion était bâti sur le plateau où se trouve aujourd'hui la superbe promenade Morlanne. Il était à peu-près debout encore vers le milieu du dernier siècle; le roi en donna les matériaux au lieutenant-général de Basquiat qui le fit démolir pour construire ses villas de Cauhapé, de Horsarrieu et sa maison en ville. Si des fouilles intelligentes étaient pratiquées sur ce sol, on y rencontrerait certainement des débris précieux. Il suffit de le gratter pour mettre à nu des morceaux de plaques de marbres magnifiques. Un habitant de ce plateau, glissant, il y a 40 ans, le long du talus du nord, se heurta à une pierre qui le blessa; armé de sa pioche, il voulut arracher cette pierre qui se trouva être une superbe tête de statue en marbre, que M. le vicomte de Poudenx paya 50 fr.

P. 378. — Le couvent de Ste-Ursule situé au nord-est de la ville, subit le sort des établissements religieux en France. Devenu bien national, on y installa le Tribunal

Civil, la prison et la gendarmerie. Les jardins qui en dépendaient appartiennent aujourd'hui à Mademoiselle Dulau et à M. Capdeville.

Le couvent des Dominicains vient d'être parfaitement restauré. Il est au levant de la ville où il formait rempart. Depuis que les Religieux l'ont quittté, il n'a pas cessé d'appartenir à la Ville.

On y installa, sous l'Empire, une école centrale, qui céda le pas à un collége d'instruction secondaire, sous la direction de M. l'abbé Jourdan. Aujourd'hui, ce collége a été converti en annexe du Lycée de Mont-de-Marsan.

Le couvent des Capucins, qui se trouvait sur la même ligne que le précédent, mais en dehors des murs de l'enceinte primitive, a été conservé en parfait état par la Ville qui en a fait un hôpital.

Le couvent des Bénédictins, le plus vaste et le plus riche des quatre monastères de St-Sever, est debout encore. La Ville s'est attribué toute la partie méridionale; l'aile du couchant a été vendue à des propriétaires divers, et celle du levant est affectée au service de l'archiprêtre, comme presbytère. Les jardins qui en dépendaient ont été morcelés et les granges vendues.

P. 38. — La chapelle de St-Girons dépendait du monastère des Bénédictines fondé par l'abbaye. En ces derniers temps c'était et c'est encore une grange dépendante de la maison Lalanne, acquise par M. Séverin Lemée. Il y a trente ans à peine, qu'on y voyait l'abside parfaitement conservée, et la grille de communion en place. Le mur latéral du midi repose sur des sarcophages, tandis que le mur latéral du nord est une partie presque intacte du mur d'enceinte de la Ville, en magnifique appareil du XIIe siècle. Il suffit de visiter l'école des Frères pour le voir à gauche, en entrant dans la cour.

P. 42. — S. Pierre de Mazères se trouve sur le côté droit de la route qui conduit de St-Sever à Toulouzette. L'emplacement que cette église occupait et ses dépendances appartiennent à M. François Madray. Les ruines en étaient apparentes encore, il y a plusieurs années.

Dans les environs, des fouilles récentes ont mis à découvert des mosaïques dont nous savions l'existence, et que M. Léopold Capdeville a acquises en partie, pour en parer sa demeure.

P. 75. — La tradition dit que S. Sever eut la tête tranchée sur le banc de pierre qu'on rencontre à mi-côte *de Brille*, à droite, et en face d'une croix récemment élevée en ce lieu. On attribuait à la source qui coule dans le creux de ce rocher une vertu miraculeuse pour les maladies des yeux.

Cette côte était, jusques vers le milieu du dernier siècle, la seule entrée de St-Sever du côté du nord.

P. 178. — La partie de la Ville qui survécut à sa destruction était le côté des tours, *Turrium*, dont on a fait *Touron* plus tard : *Téron*, *Turon* et *Touron* signifiaient au Moyen-Age lieu fortifié.

L'une des tours existe encore ; elle appartient à M. Félix Hontang. On la voit de l'établissement des Frères, dont elle n'est séparée que de quelques mètres, comme suspendue sur un abîme.

Le plateau du Touron commence en effet du côté du nord à cette tour, pour finir à une autre tour d'angle, qui se trouvait après le jardin de M. de Toulouzette, au midi. Dans l'espace compris entre ces deux points, et à son centre, ouvrait une porte de la ville, la seule qui existe encore. On voit à droite et à gauche de cette porte, et sur toute l'étendue de la ligne de défense de l'ouest, de larges pans de murs d'enceinte contre lesquels sont adossées plusieurs maisons de la Ville.

De la tour du sud-ouest, le mur d'enceinte se prolongeait en ligne droite jusqu'à la tour du sud-est. Cette tour appartient à M. Lasserre. C'est le côté de la Ville où les traces des fortifications ont le plus disparu.

La tour du sud-est était reliée à la tour du nord-ouest par le mur de défense dont on rencontre encore des ruines au collége, dans le jardin de l'ancien couvent des Ursulines, à la prison, et dans le pâté des maisons au couchant de la gendarmerie. En ce lieu et jusqu'à la tour Hontang, la place était séparée de Morlanne par un profond ravin qu'on traversait sur un pont-levis. Ce ravin a été comblé après la construction d'un canal souterrain destiné à recueillir les eaux du fossé de l'est. Il part du quartier Bellocq et aboutit derrière la maison Lacaze.

P. 193. — La rue *des Monges* existe encore, ainsi que la porte de las Pousoires (sorcières). Elle conduit à la fontaine du Touron. Les anciens jardins des moines sont divisés entre plusieurs propriétaires, et sont les meilleurs jardins de la Ville.

La porte de Pontils, aujourd'hui Pontix (petits ponts) n'existe plus. Elle ouvrait sur le fossé du sud où l'on avait construit un petit pont qui remplaça le pont-levis. Ce pont existe encore au point où l'on tourne pour aller de la rue de Pontix à la rue d'Espagne.

La Gale a perdu ses anciens maîtres, et conserve son nom.

P. 193-94. — Le nom de Laloubère est attaché aujourd'hui à une métairie qui appartenait à la noble famille des de Batz; elle est située presque sur le versant de la colline qui domine la vallée du Gabas, à quelques mètres de la côte d'Abany.

Le Bourg-neuf porte aujourd'hui le nom de rue de la Guillerie. Il se limitait au bout de cette rue, où il était protégé par un fort, bâti sur la petite place, qui conserve le nom de *Castalet* (petit château fort).

Tome II, p. 100.— Derniers abbés commendataires :
Antoine Anselme, de 1699 au 18 août 1737.
Grossoles de Flamarens, de 1738 au 8 Juin 1751.
François de Berthier, de 1768 à 1773.
Bareau de Girac, de 1768 à 1773.
De La Ferronays, de 1773 à 1780.
Dulau d'Aleman, de 1780 à 1791.

GLOSSAIRE

Dans l'ouvrage du savant Bénédictin, on trouve de longues chartes gasconnes, une foule de termes de droit et même quelques mots empruntés à la langue grecque. Comme la plupart de ces expressions sont expliquées dans les notes placées au bas des pages, nous n'y reviendrons point ici. Toutefois, pour que le lecteur ne soit pas obligé à chaque pas, de faire des recherches pénibles et trop souvent infructueuses, nous avons cru devoir joindre à cet Appendice un petit glossaire des mots gascons, grecs et latins qui peuvent offrir quelque difficulté. Une bonne partie de ce travail ingrat appartient à M. Labeyrie, (1) qui devait à ses études spéciales et à sa position une profonde connaissance de la jurisprudence ancienne et moderne. En lui payant notre dette de reconnaissance, nous espérons que nos lecteurs nous permettront d'exprimer ici les vifs regrets que nous cause sa mort.

A

Prononciation. — Le son de cette voyelle est *a* simple et ouvert ; jamais *â* (pâte).

Combinaisons. — A préaccentué forme, avec *u* (*ou* franç.) et *i*, les diphththongues *au* (aou) et *ai* (aï) inconnues aux Français du Nord. Ainsi *Daune* se prononce absolument comme l'anglais *down*. — A postaccentué forme les diphthon-

---

(1) M. Labeyrie, ancien Directeur du Contentieux au ministère des Finances, est mort chrétiennement à Aire le 24 septembre 1876. Il a laissé des manuscrits très-intéressants sur l'histoire du païs.

gues *ia* et *ua* (oua). — Avec *u* et *i* avant et après, on a les triphthongues *uau* et *iai*, qui se prononcent par une seule émission de voix : *quau* (couaou) *espia-i* (espiaï).

Mutations.—A précédé de l'accent est remplacé aujourd'hui par l'*e* muet dans les désinences féminines : port*a*, port*e*. Quelquefois, suivant les dialectes, A se permute avec é : *pache-pêche*; *tach-tech*. Enfin la diphthongue *ëi* s'emploie souvent pour *ai* : aima-ëima.

A. prép. devant une voyelle AD, comme en italien; à fr.

AB. ou D'AB, prép. avec. De *ab* et *que* (ab-que) vient avéque, avec.

ABADIE, fém. abbaye. De là les noms propres : Abbadie, Dabadie, Labadie.

ABAT ou ABBAT, masc. abbé. De là quelquefois : *L'Abat*, nom propre. Voyez *Bat*.

AC, AG, AT, pronom neutre, complément direct; le, cela. Abrégé d'*Aco*.

ACTIUM, Tom. I p. 56. «Non ACTIUM breviter colligere, il ne vaut pas la peine de résumer brièvement.» Expression grecque mal transcrite, qu'on est étonné de trouver ici. Rien n'est plus commun en grec que ces mots : οὐκ ἄξιον, non est dignum, opportunum; non expedit, avec un infinitif.

ADARE, adv. maintenant.- V. *Are*.

ADOPUS, V. *Ops*.

AFENATGE, m. I. 236. d'après D. du Buisson : dominium directum. En Anglais *avenage* se dit pour redevance d'avoine. *Afenatge* signifierait donc : redevance de *foin*. (Lab.)

AFFARIUM, neutre. Néol. Terre *à faire*, c. à. d. à cultiver. v. Terratorium.

AFFIEBAT, participe de *affiebar*; mis en fief, fieffé. Du franç. fief.

AFFILIO, v. act. Néol. affilier. Expression dérivée de *filius* et parfaitement à sa place dans les monastères, où les chefs s'appelaient *abbés* c. à. d. *pères*, et les sujets, *fils*.

APPENDIX 377

AGRADÉ, m. AGRADÈRE, f. adj. agréable. R. ad-gratus.

AIUDAR, ou AJUDAR, v. act. aider. R. adjuvare... *Loy aïudant*, loi aidant? V. avidant.

ALLODIUM, n. alleu. De *ad* et *leude*; terre de leude, libre et franche.

ALPHEANUS, m. nom moderne et inconnu de l'Adour, appelé, dès le siècle d'Auguste, Atur, Atyr, Aturrus, Adurrus.

ALVUS corrup*tus* est, soléc. pour corrup*ta*. 11,131

ANGLADA, fém. vieux mot; angle, coin, canton. De là : Anglade, d'Anglade, L'anglade.

ANS, adv. Bien plus, mais. F. ains; It. anzi. R. ante.

ANOUILLÉ, ÉRE, adj. de l'année, d'un an. R. anniculus.

AOÏLHE, f. prononcer : *aouille*; brebis. R. ovicula.

APICES, plur. d'APEX; propr. traits, linéaments d'écriture. Au IVe siècle ce mot s'emploie pour *litteræ*, ou écrit.

APPARTIENT, m. appartenance.

APPERA, p. APPELA, v. appeler. Changement de liquides.

AQUÉS-ÉSTE, adj. dém. celui-ci, celle-ci. It. questo.

AQUÉT-ÉRE, adj. dém. celui-là, celle-là. It. quello.

AQUI, adv. là. DE'QUI, p. *de aqui*; de là. En Esp. *aqui* signifie, ici.

ARE, ARES, adv. maintenant. Avec *ad*, *adare*. Esp. aora; It. ora. R. ad-horam.

A RCEBE, pour AR-RECEBE, recipere; racine d'*Arceut*.

A RCEUT, m. réception, hébergement. Pour : ar-receut; en latin, Receptus.

ARCEUTUS, m. Néol. v. Arceut.

ARCHIFF, m. synonyme d'Arceut ou Arcieut. « Redevance que les abbés laïques payaient à l'évêque pour leur droit de visite.» (Lab.)

ARMANGUE, lisez *ar-remangue*, remaneat.

ARNAVIR, lisez *ar-renavir*, v. act. rénouveler; renovare. V. Nau.

ARRADON, f. Bordel. pour *ar-raison*, raison. R. Ratio. « Per *arrezon* de *peis*, pour raison de paix. 11,207.» (Lab.)

ARRÉ I, f. pour Ré, rien, chose. *Nulha arré, nulha ré*, aucune chose. R. Res.

APPENDIX

Arré II, pour Re, particule inséparable, exprimant la réitération et le rebours. *En arré*, en arrière; adj. *d'arré-ére*, dernier-ère.

Arresenson, pour *redenson*, redemptio; rachat, rançon.

Arriaut, m. p. *arriou-haout*, ruisseau haut placé.

Arros, Arous, m. propr. rosée, arrosement. Tom. I. 320.«*Degudes d'Aïgue et d'Arros*, servitudes d'eau ou de puisage, et d'irrigation. (Lab.) *Bestiars de bouques* d'arros, bestiaux de boucherie et de labourage?» (Lab.)—En ponctuant bien et fesant rapporter *bouque* et *arros* à *padouen*, et non à *bestiars*, le premier sens est préférable. Page 315: agen padouen, (ab lous bestiars), de bouque et d'arros. Page 320 : padouen, (ab los dits bestiars de toute peis-pét), de bouque et d'arros. Ibidem : padouen, (en las dites caveries degudes), d'aïgue et d'arros... Droit de faire paître (bouque) et d'abreuver (arros) les bestiaux. R. Ros, rosée, eau courante, breuvage.

Ar-rossin, m. roussin, cheval; pour Rossin.

Ar-roumenau, adj. pour *roumenau* ou *roumiou*; de pélerin. R. Romanus. v. Roumenau.

Arseut, faute d'orthographe. v. *Arcebe*, *Arceut*.

Artengue, pour *arretengue*, v. act. retenir.

Artiga, f. artigal, m. Défrichement, novale. Esp. artiga, d'où le verbe artigar. On dit aujourd'hui: echartiga, en franç. essarter. On trouve aussi au masc. *Artic*, d'où Artix (Artics). De là une foule de noms propres : Artigue, L'Artigue, d'Artigue; l'Artigau; Artigue-nave, etc.

Assi, mieux *Aci*, adv. ici.

Assides, 11,215 revenus? redevances?

Assolare, v. Néol. pour *solo æquare*, renverser, raser. R. ad solum.

Attent, atténte, partic. français, que nous écrivons: atteint, atteinte.

Ats, pour *à lous, aous*; aux (à les).

Aubar (*aouba*) m. proprement, *aubier*, bois blanc. Comme essence, *saule*, en général; plus particulièrement, *saule* à feuilles courtes et ovales, différant du *sqous*, saule à feuilles d'osier. R. albus. De là, Daubas.

AUBARÈDE, f. bois d'*aubas* ou de saules en têtards, pour fournir des échalas. De là, Lobarède, Laubadère.

AUBOR (*aoubour*) m. aubour, espèce de cyprin. R. Alburnus, mal traduit par *ablette*.

AUCGUA, AUQUA, f. eau. Esp. agua; Ital. acqua. Lat. aqua.

AUMONIER, m. tronc pour les aumônes.

AUROM (*aouroum*) pour *aouloum*, m. ormeau. R. ulmus.

AUTANT, m. AUTANTE, f. adj. égal, équivalent en nombre ou en quantité.

AUTRÉI, m. concession légale, octroi, prescription.

AUTRÉIA, act. concéder, octroyer, autoriser, consentir. On devrait écrire *auctroi*, *auctroyer*, du latin, auctorare.

AVENIDUR, prononcer: avenidour, m. avenidoure f. adj. à venir, futur. On trouve plus souvent abiedor, m. abiédore f.

AVIDANT (*loi*) : exception légale, que nous ne comprenons pas. *Loi avidant*, loi *annullant?* — «En renuncian, suber so, au benefici de dret a la loi *a vidant*, signifie, peut-être : En renonçant, à cet égard, au bénéfice de la loi *à venir*. Le mot n'aurait-il pas été mal transcrit par le copiste, *avidant* pour avienedor? J'ose vous affirmer que le mot avidant ne fut jamais français, ni roman, ni latin, et qu'il ne fut jamais employé dans le langage de pratique ou de procédure.» (Lab.) v. Aïudar.

B

Prononciation. —. Le son de cette labiale est le même qu'en latin et en français : *bibo*, *bébé*.

Mutations. — Dans certains dialectes, le *b* se change en *u* (ou) : *bébe-béoue*, boire; et vice-versa.

Dérivation. — Le *p* s'adoucit souvent en *b* : *capere* lat. *cabe*, gasc.

BAÏLE, BAILIU, BALLÉS, primitiv. porteur, messager; du latin *bajulus*. De là le diminutif *baïlet*, en fr. valet. Plus tard, officier de *justice délégué*, bailli... Noms propres : Bayle, Bailly, Labayle.

BAILHAR, v. act. propr. faire l'office de baïle; apporter, bailler, donner.

BANDOUILLER, m. qui fait partie d'une *bande*.

BANIR, v. act. crier, proclamer, publier, mettre à l'encan. Ital. bandire.

BANNUM, n. Néol. en franç. et en gasc. Ban, criée, ordre officiel donné à son de trompe.

BADÉT, pl. BADÉDS, p. Badéts, m. diminutif de Bat; vallon.

BALLIVUS, m. Néol. v. Baïle

BARRAT, m. clôture, enclos. Partic. du v. *barra*, fermer, clore.

BAT, m. et f. forme gasconne du mot *val*. *De-bat*, en aval, en dessous. De là : Labat-Laval, Bats, Bat-bedat, etc. R. Vallis.

BAUZIE, BAUDIE, f. tromperie. Du vieux roman *Baudar*. *En baoudes*, en vain.

BEDAT, fém. BEDADE, défendu, prohibé; partic. passé du verbe *Bedar*, lat. vetare. Se disait des lieux où la dépaissance était interdite, ainsi que des temps prohibés.

BEDOUT, m. bouleau. De là, Bedouch, Du-bedout.

BEDOURET, m. BEDORÉDE, f. boulaie, bois de bouleaux. De là, Bédorède, Laboulaie.

BEGUER, m. vicaire, viguier. R. Vicarius

BEGUERIA, *Begueiria*, f. viguerie.

BÉQUE *d'ester*, bec, bouche ou extrémité d'étang ? 11,280.

BERN, m. vergne, ou aulne.

BERNÉT, m. BERNÉDE, f. aulnaie.

BETERÉ, m. BETÉRÈRE f. adj. qui a, ou qui peut avoir un veau.

BETÉT, BEDÉT, m. BETÈRE f. veau, génisse. R. Vitulus.

BIULEMENT, m. violence, violation, attentat. R. violare.

BOERIA (Boueria), BOÏERIA, BOÏRIA, BEÏRIA, f. terre labourée par des *bœufs*, ferme. De là : Boéres, Béirie, Labouyrie, Labeyrie. Ce dernier est mal traduit par *Verrières*, parce qu'il ne vient pas de *béire*, mais de *béirie*, pour *bouïrie*.

Boer (Boué); bouvier. De là, *bouya*, labourer. n. prop. Boyer.
Borda, f. métairie, ferme. De là, Borda, Bordes, Desbordes, Laborde, Labourdette, Borde-soule, Bordenave, etc.
Bordé, m. **Bordère**, f. métayer, métayère.
Bouque, f. bouche. v. Arros.
Burgensis, m. et f. Néol. bourgeois.

C

Prononciation. — Cette gutturale, devant *a, o, ou, u*, a le son de *k*. Devant *e, i*, elle se prononce *s* : ciptadan, citoyen (sitoyen), cédule (sédule), comme en français et en anglais : de là une grande incertitude dans l'orthographe de certains mots.

Mutations. — *C* ou *k* s'adoucit souvent en *g*, surtout dans les dérivations : pec m. pégue f; pacare, pagar.

Caballicare, v. n. Néol. chevaucher.
Caballicatio, f. Néol. chevauchée, expédition à cheval.
Caiche (prononcer : cache) f. caisse, châsse. R. capsa.
Canettes, pl. f. burettes : diminitif de *canon* de vin. R. canna, roseau, tube. I. 348.
Car. conj. du latin *quare* (caré). *Per-ço-car*, parce que.
Casterar, *Castera*, m. château-fort. Esp. Castelar. R. Castellum. L changé en R.
Castain, **Castaigner**, m. châtaigner. De là, Castaing, Ducastaing, Castagnos, Castagnède, etc.
Casso, m. chêne. De là, Casse, ou Cassou, Ducasse.
Casselay, m. peut-être, abrégé de *casse-l'aygue*. «*Chausse* ou *chosson*, espèce de filet. Ordon. de 1669, tit. 31, art. 10.» (Lab.) — Peut-être, le filet appelé à Aire *Tire-arriou*. (M. Ducasse, not.)
Casale, n. **Casallus**, m. maison rustique avec jardin. Aujourd'hui, *jardin* seulement. R. casa. De là, Cazeaux, Cazalis, Cazautet, Cazau-bon, etc.
Cap, m. tête, chef, capitale, R. Caput.

CAP-CASAU, m. maison-chef, c.-à-d. imposable.

CAP-MAS, m. CAP-MASURE, f. v. Mas, Masure. De là, Camesure.

CAPSONDS, lisez: Capsouds, Capsos.

CAPSOS, ou CAP-SOS, pl. m. Capita-solida, mieux, Capita-soli, chefs de sol. Maisons et propriétés qui ne pouvaient être vendues sans payer un droit au Seigneur. Droit sur les ventes immobilières, remplacé aujourd'hui par le droit d'enregistrement. Probabl. en français, *lods et ventes*.

CAP-DE-VILLE, v. Capduilh.

CAPDUILH, m. corruption de Cap-de-ville. De là, Capdeville, Capdevielle. angl., Townsend; Basque, Hiraboure. — *Capduilh* est écrit *Capduelh* dans le Gloss. occit. où on lui donne le sens de: donjon, château, *chef-lieu*, maison principale d'un domaine, *Capitole*. Mais Capitole ne saurait venir de Cap-de-ville, *Cap-d'uilh*; son origine paraît plutôt être Capitulum, *chapitre*, *conseil*, d'où dérive naturellement le nom de *capitoul*, c.-à-d. conseiller.

CAUFAGE, m. mieux, *cauhage*; chauffage. R. Calfacio, en gasc. cauha.

CAMBERS, m. pl. probabl. jambages, piquets. R. *cambe* ou *came*, jambe. Ital. gamba, dimin. Gambetta

CAUSSARIN, mot mal transcrit; peut-être pour *cauqua ré*, quelque chose.

CAVER, m. *cavier*; abrégé de cavalier; tenancier d'une terre noble, soumise à la Caballicatio. v. ce mot.

CAVERIA, f. *caverie*, terre noble et assujétie au service militaire.

CAPERAN, pour *capélan*, m. chapelain. Changement de liquide: capére, pour capéle, chapelle.

CERERI, p. *celéri*, m. cellerier. R. cella, cellier. De là, Cère, Duseré.

CÈDE, f. cédule, acte notarié, minute, original. R. grec. lat. scheda, schedula.

CIMITERIUM, n. prononciation grecque de cœmeterium.

CIPTADAN, m. pour ciutadan; citoyen. R. ciutat, cité, de Civitas.

Coman, m. mandataire, officier. R. cum-mando.
Comun, Communau, m. Communitat, f. commune. R. commune. Cic. Hor. v. Universitat.
Comprar (aujourd'hui : croumpa, par metathèse), v. act. acheter. Esp. comprar; Ital. comprare. Lat. comparare.
Concada, f. terre où l'on sème une *conca* de grain.
Conca, Conqua, f. conque, mesure pour le grain. R. concha.
Conquet, m. diminutif de conque.
Conquesta, f. acquisition, conquêt.
Constaverit, barbar. pour constiterit.
Contrast, m. opposition. Esp. contraste.
Cors, cos, m. corps. Lat. corpus.
Corarius, m. Néol. charroyeur. R. currere.
Cosmus, m. mot grec, κόσμος; monde.
Creston, m. jeune mouton. R. castrare, en gasc. cresta.
Crouts, f. pour Croucs (crux); croix. Ainsi : pats (pax); luts (lux); nots (nux).
Cultura, Coutura, Coudure, f. synonyme de Artiga. De là, Coudures, Couturier.
Cum (*coum*) conj. comme.
Curtis, f. 11,130 basse-cour, ferme. R. Chors. Ce mot, dans le nord, termine une foule de noms propres : Vignan-court, Clignan-court, etc.

CH

Prononciation. — Cette articulation, inconnue des Grecs et des Latins, n'a pas trouvé, dans leur alphabet, un signe ou lettre unique pour la représenter; de là vient la bizarrerie de l'orthographe adoptée par les peuples modernes de l'Occident: Franç. *ch*., (chien); Ital. *sce, sci* (scemare, sciocco); allem. *sch*; angl. *sh*, et même *ti, si* (nation, mansion). *Ch*, en Espagnol et en anglais, est précédé d'un *t* qui se fait entendre, quoique on ne l'écrive pas : chief, muchacho, (tchif, moutchatcho). En gascon, on suit cette dernière prononciation dans certains dialectes : chic, tchic (Ital. ce, ci). Dans ce cas, *ch* (tche) peut avoir le son de *t* ou *k* mouillé, comme dans l'anglais : Tube, nature.

Le *ch*, au commencement des mots gascons, vient assez souvent de l'imitation française : charitat-caritat ; chapéou-capét.

Mutation.—En Gascon, comme en Hébreu, le son chuintat *ch* se permute avec la sifflante *s*, suivant les dialectes. Comme *ch* n'est que le son fort de J, voyez cette lettre.

CHAPOTENSES, s. entendu *solidi*, Néol. « Sols *chapotins*; dérivé de *chati pictavienses*, chats poitevins. Cette monnaie venant du Poitou, était usitée dans le diocèse d'Agen, de même que celle des *Arnaudins*. » (Lab.)

D

Prononciation. — Le son de cette dentale douce est connu : Dens, lat. Dent, fr. Dente, It. diente, Esp.

Mutations. — Dans les participes et la dérivation, *d* remplace *t* : cantat, fém. cantade; perdut, fém. perdude; bertat-bertadé. — Dans les noms en *age* le *d* se fait entendre avant *ge*, quoique il ne s'écrive pas toujours : Damnage-damnadge; courage-couradge. Ainsi, en italien, agio; en anglais, carriage.

Dialectes. — Dans le langage de la haute Lande qui se rapproche de Bordeaux, le *d* remplace assez souvent *s* ou *z* : coudine, pour couzine ou cousine, etc. Par contre, dans le Tursan, le Marsan et le Gabardan, le *z* se substitue assez souvent au *d* : béze, créze, p. béde, créde; malaouze, pour malaoude.

DAMI, m. dommage. R. damnum.

DAUNE, DONE, f. dame, maîtresse de maison. R. Domina. It. donna; Esp. dueña.

DEBAN, pour dé-ABAN, prép. adv. devant, auparavant. R. De-ab-ante.

DEC, m. DECQS et DEX, plur. vieux mot roman signifiant: marque, *taquet*, *signe* de convention. Employé au pluriel, il indique les *bornes* ou *limites* d'une circonscription. v. Saubetat. Roman, Dexar (Decsar), dessiner, marquer. R. δείκτης, indicateur. — Cf. Italien, *Tecca* ou *Tacca*, coche, entaille, marque-*tache*. De là, at-*taccare*, joindre, at-*tacher*, en gascon Es-*taca*, proprement en-cocher; et dans le double sens de *coche* et de *tache*, Staccare (dé-cocher) dé-*tacher*, des-*taca*, qui signifient à la fois disjoindre, et enlever une tache ou marque. Enfin, dans le vieux roman, estaca (estaque) s'employait pour pilier, poteau ; de là estacade.

DECEBE, v. act. tromper, décevoir. R. decipere.

DEFFALHA, fém. défaut, manque. v. Falha.

DEFAUTAS, DEFAUSTAS, fém. pluriel. comme Deffalha.

DEGUN, DIGUN, adj. pron. quelqu'un, aucun.

DEGUT-UDE, part. passé de *Deuguer* ou *Deber*, devoir. *Caveries degudes*, Caveries engagées, ou soumises à une servitude.

DEJUS, adv. prép. sous, dessous... *Dejus-part*, locut. adv. ci-dessous. v. Jus.

DÉPENDRE, v. act. vieux verbe français, signifiant: dépenser. R. de-pendere p. expendere : de là, dépense.

DESME, DEXME, fém. dîme, décime.

DESEMPARAR, v. act. déposséder. v. Emparar.

DESTOR, mieux DESTORN, m. renversement, ruine, trouble, embarras. Des-tourna renverser. R. Tornare.

DESTRECT, m. contrainte. R. districtus. Vieux roman, *Destreg*, pressé; *Destregner*, contraindre.

DETIEDOR, ou DETIENEDOR, détenteur. R. detinere.

DETS, num. dix. Esp. diez ; It. dieci.

DEVER, DEBER m. proprement, devoir; terre ou maison assujétie à quelque redevance.

DEVERIUM, n. Néol. traduction lat. de Dever.

DIFFORMIS, adj. barbar. pour Deformis.

DIMENGE, m. dimanche; dies-dominica.

DIE, m. jour. R. dies. Se dit encore dans le Béarn.

DIE, pour *dizi*, qu'il dise. En vieux français : quoi qu'on *die*.

Dîsabte, m. samedi. Dies sabbati. Samedi p. Sabbe-di.
Dixen, prononcer : *dichoun*, ils dirent. v. X.
Donat, ou Doat, m. soldat ou laïque *donné*, c.-à-d. imposé comme pensionnaire à un couvent. *Oblat*, même sens.
Donedor, nom-adj. donateur.
Domencarius, a, um, adj. Néol. domanial, seigneurial.
Dreituria, f. droit, justice.
Dreiturier, m. droit légitime. R. Directus.

E

Prononciation.—Ce seul signe représente trois sons bien différents : le premier est ce qu'on appelle en français l'*é* fermé ; le second est l'*è* ouvert, qui équivaut, en français comme en latin et en grec, aux fausses diphthongues *ai* et *œ* ; le troisième est le son *eu* (oe, ö des Allemands) et l'*e* anglais à la fin des mots en *er* (reporter).

Ce dernier son est bref ou long ; bref, c'est le scheva rabbinique ; long, il reproduit exactement la prononciation des mots français : *je* et *jeu*, *peu*, etc.

Mutations. — Le scheva ou *e* muet, remplace, depuis longtemps, dans une partie de la Gascogne, l'*a* final caractéristique des noms ou adjectifs féminins, comme dans cette phrase : Conegud*a* caus*a* si*a*, qui se prononce aujourd'hui : counegud*e* caous*e* si*e*. Toutefois cette désinence n'est pas la seule qui suive, comme en français, la syllabe accentuée ; car le mot qui signifie *bélier* en gascon, peut se prononcer suivant les lieux : mar're, mar'ré, mar'ri, mar'ro, mar'rou, sans que l'accent tonique change de place.

Dialectes. — Le son *eu* ou *ö* domine dans le dialecte que nous appelons *landais* proprement dit, ou bayonnais, parce que partant de Bayonne, il suit l'Adour et la Midouze jusqu'à Tartas ; d'où on peut tracer une ligne de démarcation passant par Ygos, Sabres, Luxey, Sore, etc. Tout le païs compris entre cette ligne et l'océan prononce généralement *eu*.

Enfin les mots qui commencent en latin par *sp* et *sc*, prennent un *e* initial : sponsus-espous; stare-esta.

Egua, egue, f. cavale, jument. R. Equa. Esp. yegua.

Emenda, f. amende. Proprement, correction, réparation.

Emendar ou Emmendar, (Esp. Enmendar), propr. corriger, amender. Imposer ou payer une amende, une taxe, une compensation.

Emparar, v. act. acquérir, s'emparer; quelquefois, remparer.

Empero, adv. mais, cependant, c'est pourquoi. Esp. empero. v. Pero.

En, prép. en, dans. Quelquefois pour *E'n*, *é-én*, et dans. R. In.

En, m. na, fém. Seigneur, Dame; titre honorifique préposé au nom des personnages nobles. Devant une voyelle, *e* se supprime, et l'on écrit : 'n Audoard (Edouard). Cette espèce de particule paraît-être une abréviation de dom*n*us et dom*na*.

Enganar, v. act. tromper, engeigner. It. ingannare; Esp. engañar.

Enségui's, v. pronom. s'ensuivre. R. Insequi.

Ensems, ensement, adv. ensemble. R. in-simul.

Enta, ente, prép. pour, vers.

Entro, ad. jusqu'à. R. intra hoc.

Equet, pour *aquet*, adj. déterm. ce.

Escambia, v. act. échanger. R. ex-cambia.

Escambi, m. (orthographe bizarre : *Escampnhe*, *Escampee*, prononcer : Escam'ye); échange, contract.

Escogos, probabl. *Escorgos*, bois écorcés. R. excorior et decortico, d'où écorcer et écorcher.

Esporle, f. « droit de rachat ou de relief, qui s'ouvrait quand un fief changeait de main : il consistait dans le revenu d'une année du fief, que le seigneur recevait du vassal, en nature ou en argent. » (Lab.)

Ester, m. étang, bassin d'un moulin. R. Stare.

Eu (*é'ou*) pour *é lou*, et le. Pour *en lou*, dans le; cette contraction ne se fait plus.

F

Prononciation. — Cette labiale aspirée n'est pas naturelle aux Gascons pas plus qu'aux Basques, lesquels ne l'ont adoptée qu'assez tard et seulement dans les mots empruntés au français.

Mutations. — F est la forte de V, et ces deux aspirées se permutent ensemble. — Le Gascon, le Basque et l'Espagnol décomposent F. en PH. voyez H. et PH.

FADÉN, pour Fazén, participe-gérondif de Far, faire. Dialecte landais.

FALHA, fém. faute, défaut, manque. De là, faille, c.-à-d. manque ou dérangement d'un filon, produit par une fracture dans les roches.

FARGAR, v. act. pour Fauregar; fabriquer, forger. De là, Fargues, Subéhargues (suber-fargues) Lafargue, Lafarge.

FASSEDOR, pour *Hazedou-re*, nom-adj. faiseur-se

FAU(R); forgeron: auj. *Haoure* et *Haou*. R. Faber. De là Dufaure, Faure, Dufau.

FAURIE, FABERIE, f. fabrique, forge. R. Fabrica (Faurica). De là, Farges, Forge, Faurie, Lafaurie, Lafaberie.

FAURETS, mot franç. pour *forêts*; faute d'orthographe.

FEU, pour *feud*, m. rare en gascon. v. Fiu.

FEUDUM, ou FEODUM, n. Néol. fief. R. *felde*, p. *fedele*. Ital. vassal, affidé. De là, féal, féodal. v. Fiu.

FERM-E, adj. assuré, certain, affirmatif. R. Firmus. v. Fréme.

FEUGAR, m. (1. 321) « fouage. R. focus. » (Lab.) — C'est plutôt une *fougeraie*; de Felgarium, Falgarium, Néol. en bon latin, Filicetum. Les fougeraies, destinées à fournir la litière, s'appellent aujourd'hui *Touyas*. v. Soustre. De là, Heugas, Houga, Dufalgar.

FITA, f. pour *ficta* terra, terre façonnée, ferme, métairie. Ital. Fitta, d'où fittajuolo, fermier. De là, Fittes, Lafitte, Lafiton, v. Hite.

Fɪᴜ (Fiou), fief. Ce mot, resté dans la langue du païs d'Albret, signifie aujourd'hui *pignada*, ou toute terre *perprise*, à titre de fief, pour être mise en nature, avant 1789. v. Questa.

Fʀᴇ́ᴍᴇ, pour *ferme*; témoin, garant, signataire. (Lab.) Ital. firma, signature.

Fʀᴇɪᴄʜᴇ, ꜰʀᴀᴄʜᴇ, m. frêne. R. fraxinus. v. Rèche, Rache. De là, Frêche, Frayssinet, Freycinet, Frayssinous.

Fᴏᴇᴄ (auj. Houec), m. feu. R. Focus.

Fᴏᴏs, p. *fors*; *r* supprimé. v. Fori.

Fᴏʀɪ, m. pl. de *forus* ou *forum*; fors, droits civils. De là : *cum for es*, comme droit est, comme de droit.

Fᴏʀɪs-Fᴀᴄᴛᴜᴍ, n. Néol. proprem. acte public. De là *forfait* qui signifie 1° faute grave avec *flagrant-délit* ; 2° entreprise faite, *comme à l'encan*, et sans devis.

Fᴏʀɢᴜᴇs, pour Fargues. v. Fargar. De là, Laforgue.

Fᴇᴜɢᴀʀ, m. (1.321) « fouage. R. focus » (Lab.)— C'est plutôt une *fougeraie*, dé *Felgarium*, Falgarium, Néol. en latin, Filicetum. Les fougeraies destinées à fournir la litière, s'appellent aujourd'hui *Touyas*, v. Soustre. De là, Heugas, Houga, Dufalgar.

Φορθο ΤΤ Χρυη: signature singulière que le P. Du Buisson traduit: Fortho, testis *Christi*. Mais outre que ce Forthon n'était point martyr, il est impossible de trouver Χριστοῦ dans Χρυη. Faute de mieux, on peut voir là le sigle de cette phrase: X Χριστὸς, ρυ ῥυτὴρ ἡμῶν, c.-à-d. Christus redemptor nostri.

Fᴏʀsᴀ, ꜰᴏʀᴄᴇ, f. attentat, force-majeure; synonyme de Biulement.

Fᴜsᴛ, m. fût; futaie, tronc. R. Fustis.

G

Prononciation.—Devant *a, o, u, ou*, c'est la gutturale douce commune; mais devant *e* et *i*, le *g* représente : 1° le J français; 2° le Djim arabe, italien, anglais : gemere (djemere), gin (djin). Ainsi dans les mots terminés en *age*, *ège, ige, oge, uge, ouge*, on prononce en gascon *dje* ; *meinage*-meinadje ; *courage*-couradje.

Mutations. — Le K (C. Q.) s'adoucit parfois en *g* dans la dérivation romane et néolatine : caricare, it. carga, gasc. secare, lat. sega, gasc.

Dialectes. v. J.

GAUDÉNCE, f. jouissance.
GAUDIR, v. n. jouir. R. Gaudere.
GASTE, ou BASTE, f. ajonc, lande. R. vastus. De là, Gastes, Lagastet. cf. guasta, gâter.
GENTES *consilii*, Néol. les gens du conseil. 11,222.
GENTILESSA, f. gentillesse, c.-à-d. terre noble : terra gentilitia.
GENTIU, nom-adj. noble, gentilhomme. R. gentilis, gens.
GERT, m. lande. De là, gerde. R. all. Erde, synon. de Land.
GIÉ, ou *jé*, m. janvier.
GLISIE, pour églisi, f. ecclesia. De là, Glise.
GORT, m. Gord, piquetage formant un entonnoir, au bout duquel est un filet. (Lab.)
GRANGIA, f. Néol. grange. Bénéfice où certaines abbayes recueillaient leur grains, et où résidaient quelques moines appelés grangers. Ce bénéfice était moindre qu'une Celle ou Prieuré. De là, Lagrange. R. Granum.
GREILH, m. probablement, Grillon. De là, Augreil, c.-à-d. *au* lieu dit *Greil*. Cf. Aulès (au Lès). De là, Greil, Daugreil, Daugareil. R. grillus ?

H

Prononciation. — Cette lettre n'existe en Français, en Italien et en Espagnol que pour les yeux ; mais en Gascon, c'est une articulation sensible, ou plutôt une expiration forte qui affecte la voyelle sur laquelle elle tombe. Les Basques, les Allemands et les Anglais la prononcent comme nous : *Hiri*, basq, *Herr*, all. *Hill*, angl. *Hille*, gasc. Cette lettre, au commencement et au milieu des mots, résulte presque toujours de la décomposition du F. Voyez Ph.

Quoique les Espagnols ne prononcent pas le H, ils l'écrivent cependant comme nous : les gascons ne l'écrivent que pour le prononcer ; et c'est là un des caractères spéciaux qui distinguent notre idiome du Languedocien et du Provençal : calfa, caufa. gasc. cau*h*a.

Le *h* gascon est le *Heth* des Hébreux et l'esprit (aspiration) rude des grecs ; le H français est le нÊ des Sémites et l'esprit *doux* des Hellènes, mais tellement doux qu'il est insensible.

HAUT, (haout), m. HAUTE, fém. adj. haut. Dans les composés, le *h* disparaît : Arriaut, p. arriu-haut ; Montaut, p. Monthaut ; Lugaut, p. Luc-haut ; Pontaut, p. Pont-haut ; Pouyloaut (Pouy-lou-haout). R. altus, *l* changé en *au*.

HAY, m. ou HAÏ, hêtre, fouteau. R. Fagus.

HAYÉT, m. bois de hêtres, foutelaie. R. Fagetum. De là, Faget, Hagét-mau.

HERÉT, HERETÁ, fém. ÉRE. nom-adj. héritier-ère ; aujourd'hui, *erté*. R. Hæres.

HITE, f. v. Fita. De là, Lahite, Lahitoun, Lahitéte.

HOERS, pl. m. orthographe vicieuse du mot français *Hoirs*, où la diphthongue *oi* se prononce indifféremment *ouè, ouà*.

HOMO, m. homme. c.-à-d. sujet, vassal. De là *hommage*, ou acte du sujétion.

HONOR, m. possession, propriété, domaine, prérogative.

I

Prononciation. — I commun. v. J. Conserve toujours sa prononciation devant *n* ; *in*, comme dans *in*effable.

Mutations. — Dans les noms latins qui finissent en *ea*, E se change souvent en I ; et alors, si L précède *ia*, il se mouille : palea (palia) paille. Le T, en pareil cas, s'adoucit en *s* ou *ce* : platea, lat. (plasia) placia-place. En général, I suivi d'une voyelle, est la source des sons mouillés et adoucis.

Dialectes. Dans l'usage ordinaire, *i* et *e* se permutent suivant les lieux.

I, conj. pour *et*. Esp. y: rare en gascon.

I ASSIASSO QUE; lisez : *ia sie aço que*, jam sit hoc, quod; en français, *jaçoit que* (pour, *ja soit que*): supposons que, quand même, quoique.

J

Prononciation.—Cette lettre, en gascon, peut se prononcer de deux manières : 1° comme le J français dans jamais-*jamé*. Les Anglais et les Arabes le font précéder d'un *d* qui ne s'écrit pas : jockey (djocki); 2° cette consonne se prononce encore comme le *j* italien et le *iod* initial des Hébreux, qui forment une véritable articulation, *d'ie*, *d'ye*. Ainsi *jamais* peut conserver le son du J français ou prendre celui de *diamé*, *yamé*. — Comme le *g*, devant *e*, *i*, se confond avec *j*, il reçoit cette double prononciation, et dans les noms terminés en *age*, *ege*, *ige*, *uge*, *ouge*, un *d* ou *t* bien sensible se fait entendre : *couradge-ye*; *pedge-ye*, piége; *hidge-ye*, foie; *herudge-ye* ou *heroudge-ye*, sauvage.

Dialectes. — Cette chuintante douce (la forte est *ch*), se prononce différemment, suivant les lieux, chez les Basques et les Gascons. Ainsi dans la Soule (B. Pyr.) et dans le Tursan, Marsan, Gabardan (Landes), le *j* français domine; ailleurs, c'est le *ye*.

Jé, m. Janvier.
JORNATA. f. Néol. en gascon *journade*, journée. R. Diurnus.
JORNALE, n. Néol. en gasc. *Journaou*, journal : terre qu'une paire de bœufs laboure en un jour.
Jus, ou *jous*, prép. adv. sous. *Dejus*, dessous; *jus-escriout*, écrit ci-dessous. De là, Jusforgues.
JUSAN, ou JUZAN, adj. inférieur, par opposition à *soubiran*, supérieur. Bahus-Juzan

K

Lettre inusitée en Gascon, qui n'offre aucune difficulté. Notons seulement que cette gutturale également représentée par *q* et *c* dur, se mouille quelquefois et se confond alors avec le *t* mouillé, comme en anglais *cube* et *tube :* c'est le son que les bretons donnent à *cœur, quai* (tieur, tié). Chez les Grecs, (au moins aujourd'hui), le K se prononce de cette dernière manière, devant *e, ai, i*; et il est probable qu'il en était de même chez les anciens latins ; car le son de *c* varie, dans ce cas, suivant les païs. Prenons pour exemple le mot Cicero : Ital. Tchitchero ; Franç. Angl. Sisero; All. Tsitsero ; Esp. Zizero, c.-à-d. Θιθερο.

L

Prononciation. — Cette lettre, dont le son est bien connu, est la première des quatre *liquides* des grammairiens grecs : *L, M, N, R.*

L et R palatales, se permutent très-souvent en gascon ; M labiale-nasale s'arrange avec ses congénères B, P, F, V; N dentale subit plusieurs modifications. v. N. En général, ces *liquides* ou *glissantes* sont sujettes à la métathèse ou transposition; ainsi, *paraoule* (parole) devient *palaoure*, comme dans l'espagnol palabra ; caprea-crabe; comparare-croumpa.

Mutations. — On sait que L final se change souvent en *au* (aou) tant en français qu'en gascon ; seulement cette mutation, à la fin des mots, ne se fait souvent qu'au pluriel en français, tandis qu'en gascon elle se fait également au singulier et au pluriel : Hôpital-aux; Espitaou-s. Quelquefois le L radical changé en *aou* au masculin réparaît au féminin et dans les dérivés ou composés : maou (malus), male, f. malaïe, malestruc. Dans les mots français où *el* radical devient *eau*, le gascon met *t* pour le masculin et *re* pour le féminin : bel, beau-bét, fém. bére; agnel, agneau-agnet-ère.

L mouillé, v. LL.

Lector, m. professeur; terme académique.

Léiau, adj. légal, loyal. R. Léi, loi. « *Léiau cos* de *promesse*, titre légal d'obligation.» (Lab).

Leigne, ou Légne, f. bûche, bois à brûler. It. legno; Esp. leño. R. Lignum.

Leixence, Lexence, f. prononcer *Lechense*; licence, permission. R. Licentia.

Levant et colquant, est traduit (11,267) par : hommes levants et couchants, c.-à-d. domiciliés : en effet, *colcar* veut dire coucher; sou-couc (coulc), soleil couché. «Tout se qui se lève et se *récolte?* » (Lab.)

Lesna, ou plus souvent Lezna, f. Droit d'entrée ou de transit en ville dans les marchés. La racine de ce mot paraît être le vieux verbe roman *Lezer* (loisir), être permis. De là le mot Lésina, ou Lézina (cf. pour la forme, *sérvina* de servire, et *débine, saisine*) : l'accent placé sur la première syllabe fait tomber l'i mitoyen, comme dans *décima*-desme, et il reste Lezna. c.-à-d. licence.

Lezer, Leser, vieux Roman; en franç. loisir, être permis ou loisible. R. Licere.

Liadje, m. lignage. R. linea.

Lièves, mot français; *relevé* de terrier; extrait ou copie de dénombrement de fiefs.

Ligeus et Ligius, adj. Néol. lige, lié, engagé; homme de foy.

Lobère, prononcer: Loubère, Néol. Lupara; en francais, Louvre. Ce mot qui signifie *séjour des loups*, (comme Gahuzère, séjour des hiboux; Tachoére, séjour des blaireaux), est très commun dans la Gascogne. De là, Loubère, Laloubère.

Lots (lods) *et* ventes. v. Capsos. Le mot *lod* ou *lot* semble venir de al-*lodium*, terre non imposable par le roi, mais sur laquelle le seigneur local conservait tous les droits régaliens, par conséquent, tous les droits de mutation. De là probablement *lot* et *lottir* : «C'est mon lod ou lot, et non celui du suzerain.»

LL

Prononciation. — L, placé devant *i* suivi d'une autre voyelle (lia, lie, lii, lio, liou, liu), se mouille, c.-à-d. prend un son particulier, commun aux langues néolatines, mais peu connu aujourd'hui dans le Nord, où les uns ne savent pas le prononcer, les autres l'estropient en le confondant avec *ye*. Les Français expriment ce son par *i* suivi de deux *ll* et quelquefois seulement d'un seul (portail, soleil); les Espagnols emploient deux *ll*; les Portugais, *lh*; les Italiens, *gli*. Ainsi le mot suivant, synonyme de combat, peut s'écrire : Bataille, batalla, batalha, battaglia. Ces diverses orthographes sont quelquefois mêlées et confondues dans le même document. En français les noms en *ail*, *eil* et *il* ne sortent pas de la règle générale, parce que dans le radical latin ou dans la latinisation d'un mot vulgaire, on trouve toujours *li* suivi d'une autre voyelle : ail-allium ; portail-portalium, épousailles-sponsalia. Comme les Espagnols, auxquels nous empruntons *ll*, les Gascons ont des mots qui commencent par cette articulation.

LLEBA, v. act. pour Levar. R. Levare.
LLÉIT, m. lit; pour le distinguer de *Léit*, lait. R. Lectum.
LLOÏ-E, adj. sot, niais. v. ñoï.

M

Prononciation. — Cette liquide labio-nasale ne perd jamais le son qui lui est propre; ainsi, *embita*, *tèmple* ne doivent pas se prononcer *ein*-bita, *tan*-ple, mais *ème*-bita, *tème*-ple.

MACIPI, lisez MANCIPI, pupille, en tutelle. R. mancipium.
  (Lab). — Dans le vieux roman, *massip* ou *mancip*, jeune garçon; *mancipa*, jeune fille.
MAÉS, MAS, conj. mais. Esp. Mas; Ital. ma. R. magis.
MALESSA, f. malice, méchanceté, acte mauvais. R. malitia.

Man, m. mandataire, officier; ordonnance, ordre. R. mandare.

Mans, pour mants, pron. pl. maints, plusieurs. Au sing. avec le numéral *un*, *mant'un*, plus d'un; *mantuns*, m. *mantues* f. plusieurs. R. many, Angl.

Mansa f. mansio, f. mansum, n. mansura, f. mansus m. maza, f. demeure, maison (mansio.) R. *Maneo*, d'où manant, manoir; du supin *mansum* dérivent tous les autres. — Le mot *mansus*, pris collectivement, signifie groupe d'habitations rurales, village, et se trouve dans tout le midi transformé en Mas (mangs-maas-mas). De là, Dumas, etc..... Très-souvent, en français, *manse* (séjour) se confond avec mense (table-revenu).

Mansura, v. Mansa. De là, Masure, Desmazures, Masurier.

Maou, mau, m. male, f. adj. mauvais, irrité, piquant. R. malus.

Marteroo, prononcez marterouh; forme béarnaise de *marteroun;* du latin, festum *martyrum*, fête des Martyrs, la Toussaint.

Masnil, m. vieux rom. en franç. *mesnil*, v. Mansa. De là Dumesnil, Mesnil-montant.

Mate ou mathe, f. forme plus particulièrement gasconne de motte. De là, Lamathe.

Mata, f. prénom; pour Amata, Aimée.

Maymament, adv. du français *mêmement*. Le mot gascon serait *medichamén, medissemén*.

Maynada, f. collectif, réunion de manants, famille, troupe. Ital. Masnada. R. Mayne.

Maynat, maynadge, m. garçon; Maynade, f. fille. C'est l'équivalent du latin *puer, puella*, c.-à-d. enfant né dans le *mayne*: en latin, verna.

Mayne, ou maïne, m. demeure, champ, ferme. v. Mansa. R. maneo.

Maza, f. v. Mansa. De là, mazadje, village. Maze. n. propre

Mazét, m. cheval, mazette; proprement, animal dompté, ruiné. En gascon, Mazera, dompter; du latin Macerare.

MEDAILLE, f. MEALHE, MAILLE, petite pièce de monnaie. R. metallum.

MEDEIS, MEDEISSE, vieux rom. ou MEDIS, m. MEDISSE, f. ou MEDIX, m. MEDIXE f. (prononcer : medich-e; encore usité) même. Ital. medesimo; Esp. mismo. R. *met* (ego-*met*, ipse-*met*), d'où le superlatif populaire *metissimus*.

MEMORIA, f. en grec, Μνήμη, Μνημεῖον, souvenir, monument. Ce mot, à l'époque de S. Augustin et de notre S. Sever, signifiait la châsse ou le tombeau d'un martyr, placé ordinairement sur le lieu même où s'était accompli le *Martyrium* (témoignage) ou *Confessio*. Sur une table de pierre, comme dans les catacombes, était gravée l'épitaphe avec le nom du saint, *Titulus*. Pour conserver le tombeau, qui était un autel, on l'entourait d'une *ædicula* ou petite chapelle, qu'on nomma plus tard *ecclesiola* ou *ecclesiuncula*. L'Afrique était couverte de ces *memoriæ*, et les fidèles ne manquaient pas de s'y rendre au jour anniversaire du martyre, pour assister aux instructions et au saint sacrifice qu'on célébrait sur le tombeau. S. Saturnin, à la fin du IV° siècle, n'avait point d'autre église à Toulouse; c'est une pareille *memoria* que S. Sever lui éleva à Sos, et le premier temple de notre martyr lui-même, à Palestrion, fut long-temps une simple *ecclesiola*.

M ENIC, prénom; pour DOMENIC, Dominique. Le diminutif est *Menicoun*, *Menigoun*; l'augmentatif, *Menigas*.

MERCATUM, n. marché. Néol. Dans la bonne latinité, on dit mercatus. En gascon, Marcat.

MERQUE, f. ou MARQUE, propr. ligne frontière, limites, marque. De là, marche, marquis, Lamarque, Lamarcade. R. Germ. Merken, Mark.

MESSION, fém. mot français, peut-être, vacation; «dépense, frais.» (Lab.)

MAS, m. voyez Mansa. De là, Mazères, comme Cazères de casa; Bordères, de borda; Loubère, de loup.

MINGA p. MINJA, v. act. Ital. mangiare, manger. R. manducare, manu-ducere.

MONACHARE, v. act. Néol. faire moine.

MONGE (pronon. mounje) m. moine. R. μονιας. De là, Monge.

MOSSÉN (pronon. moussén) m. abréviation de moun-señe; messire, monseigneur.

MOTA, f. Néol. motte, mamelon. Voyez Mata. R. meta... On donnait, dans le pais, le nom de Motte à une simple fortification qui consistait en un donjon placé sur une *motte* ou tumulus hémisphérique; le tout entouré d'une palissade avec un fossé circulaire. De là le nom si commun de Lamothe, Mottes.

MUSTRA, v. act. montrer. R. monstrare.

N

Prononciation. — Cette liquide dentale a trois prononciations : 1° N sonnant ou commun; 2° N naso-guttural (ἄγγελος des Grecs) surtout à la fin des mots, comme ca*n* (cang), chien; gascou*n* (g), etc. Ce son s'écrit en anglais *ng*; ainsi le mot *Hastingues*, en gascon, se prononce comme l'anglais Hastings.

Le troisième son de N est *gne*. Voyez ñ.

Mutations. — A la fin des mots, le N sonnant, qui a rejeté le T ou D radical au masculin, le reprend au féminin et dans les dérivations: bagan(t), bagante; marchan(d), marchande, marcandéïa. Mais lorsque, dans un mot, il n'y a point de D ou T radical, le féminin ne le prend pas : péisan-ne, soubiran-ne. Le *ng* naso-guttural disparaît assez souvent dans les féminins et autres dérivations : *Un* (*g*), un, masculin; féminin *ue*, (Maransin, ùoue, ioue; d'où le Bayonnais ibe); *besin* (g) fém. *besie, besiadje*. La même chose a lieu dans quelques mots qui ressemblent à des féminins de noms inusités en *ing* : *garie*, pour *garine*, gallina; *harie*, p. *harine*, farina; d'où *harious*, farineux.

Dialectes. — Les Béarnais n'aiment pas le son guttural *ng* : ils le remplacent par une inflexion qui se rapproche un peu des nasales françaises, mais le *n* désislentiel finit par disparaître à mesure qu'on se rapproche des montagnes et de la Garonne. Exemples : Lat. *panis*; gasc. *pan* (g); Béarn. *paah; pa*. Manus, Lat. *Man* (g), Gasc. *Maah*, Béarn. *Ma*, etc.

Naci, ou Nassi f. portée, fruit, race. R. natio, (nacio) propr. ce qui naît, reproduction.

Naou, Nau, m. nabe, f. neuf. De là, *Nabét-bère*, nouveau, nouvelle; *Naballte*, novale. Dans *naou* la diphthongue *aou* est pour *oou*. R. Novus. Voyez Nou. De là, Naves, Navailles, Noailles.

Naou, pour Noou, num. neuf. r. novem.

Nassa, f. nasse. En gascon on appelle *nasse*, non pas précisément l'engin de pêche connu sous ce nom en latin et en français, mais un barrage ou palis contre lequel les nasses d'osier (bimiades) sont appliquées.

Nengun, m. Nengune, f. adj. pronom négatif, aucun. Esp. ninguno. R. nec-unus.

Ni, adv. ni. Ce mot, dans les actes, s'emploie affirmativement, comme en français, pour les conjonctions *et*, *ou*.

Nommadament, adv. nommément. R. noumat, f. noumade.

Nou (Noou), de novus, ne se dit guère; mais dans les chartes, on trouve le diminutif *noet*, ou *nouet*, f. *nouère*. Mais *Naou* et *Nabét* dominent, et entrent dans une foule de mots composés : Ville-nave, Artigue-nave, Castet-nau, Bourg-nau.

Nongun, Nongune, V. Nengun. R. non-unus.

Nulh, Nulhe, nul. Employé affirmativement, il signifie: quelque, quelqu'un, R. nullus, pour ullus: *nulha arré*, ou *nulha ré*, quelque chose.

Nullo medio, Néol. Sans intermédiaire, immédiatement.

Prononciation. — Nous empruntons ce signe aux Espagnols. Comme le son ñ se rencontre parfois au commencement des mots et qu'il forme une articulation parfaitement distincte, nos voisins ont eu le bon esprit de le représenter, dans tous les cas, par un *n* surmonté d'un tildé. Les Italiens prononcent *gn* comme ñ, même en latin : agnus, magnificat, añous, mañificat. Les Français, autrefois, fesaient précéder le *gn* d'un *i* : Gascoigne, Montaigne, pour Gascogne, montagne.

Le ñ résulte parmi nous de *n*, *gn* et *ng* suivis de *e* ou *i* : Vasconia, *Gascoñe*; agnellus. *añét*; plangere, *plañe*. Quand le *n*, à la fin d'un radical, a le son de *ng*, tous les dérivés se changent en ñ : *can*(g), chien; *cañe*, chienne; cañot, cañouta, cañarrade. Les exceptions sont rares.

Ñaca, v. mordre; Ñac, morsure, morceau; ñacoutéia, v. mordiller.

Ñaspa, v. mâcher.

Ñaoula, v. miauler.

Ñoï, m. Noïe, f. sot, sotte.

O

Prononciation. — En Gascon, comme en Espagnol, toujours O ouvert et commun, *porte;* jamais *au*, *ô* comme dans *côte*, *cause*.

Cette voyelle se prononce *ou* français, à la fin des mots en *or* et en *on* : Ador-Adour; Gascon-Gascoun. — Dans les verbes et la dérivation générale, si l'o est accentué, comme par exemple le présent *tròbi* (je trouve), et qu'il vienne à perdre l'accent, il se prononce *ou* : Tròbi, imp. troubàbi; parf. troubài; fut. troubaréi; gérondif. troubàn; part. p. troubatàde, inf. troubà. Voilà pourquoi, à la première personne du pluriel troubàm, on doit prononcer tròbem, si l'accent reste sur la première syllabe. Dans les dérivés, trobadòr doit se prononcer troubadour; bòsc, dimin. bousquét; cordé-courdé; clòche-clouché. Cette règle est générale.

Omi, ou Home, m. homme, vassal, sujet. Dimin. *Oumiot, oumiarrot;* augm. *Oumias, Oumiarras*.

Ops, Op, m. besoin. R. Opus. *Ad-ops* (ad opus) pour, en faveur de.

Ordén (prononcer ourdén) ordre, intendant, mandataire. R. Ordino. Ordén est un abrégé de ordenador, ordenaire. On le trouve écrit *hordén*; faute d'orthographe.

OU

Ou est une voyelle véritable, et non pas une diphthongue : c'est l'*u* ordinaire des Latins, des Italiens, des Espagnols, des Allemands, etc. Les Français du Nord, en adoptant l'*u* pour rendre l'*ü* des Germains, se sont rabattus sur l'orthographe vicieuse des Grecs, ou; mais les méridionaux écrivent habituellement *o* et même quelquefois *u* (cum—coum). Ce n'est que par imitation des Français et au hazard qu'on trouve parfois *ou* dans les vieilles chartes; car en gascon, *ou* est une véritable diphthongue qui se prononce òou : hòu, (hoou) fou. Suivant les lieux, cette diphthongue remplace souvent *au* (àou) dans la prononciation.

Ouvrier, mot français, en gascon, Obré (oubré). Ce mot est synonyme de Fabricien.

P

Prononciation. — Le son de cette labiale est connu.

Mutations. — Le P se change assez souvent en B dans la dérivation : *Cap*, chef ; *acaba*, achever; recipere, recebe. — Mais comme le B remplace habituellement le *v* (*u*), il suit de là que le P adouci en B peut, à son tour, devenir *u* et former une diphthongue. Ainsi le mot Arceut (arceout) se décompose de cette manière : Receptus, lat. *Arrecebt*, *arcebt*, *arceut*. Cf. Esp. bautismo, p. babtismo, baptismo.

Pachét, m. pieu, échalas. R. paxillus ; *x* prononcé comme *ch*. Le roman commun serait *Pachel*.

Padouan, Padouen, Padouven, m. droit de pacage, de litière et de ramée dans les bois et les friches. R. pastus, pâtis.

Padouir, Padouer, v. n. user du droit de padouan.

Paga, Pague, f. paie, paiement. *En pagues.* en retour.

Pagar, v. act. payer, R. pacare, pacifier. Cf. quitte, acquitter, de *quietus*, tranquille.

Pagastrion, V. Palestrion.

Pagesius-a, Néol. *Pagés,* c.-à-d. paysan, bourgeois. R. Pagus. De là, Pagès.

Paissera, ou **Pachére,** f. proprem. palis, piquetage. Ce mot s'entend d'un barrage piqueté (pachét) et clayonné.

Palaure, f. Esp. **Palabra,** pour paraule, parole. R. parabola.

Palestrion, mieux **Palæstrion,** proprem. palestre, gymnase. C'est le nom primitif du château de St-Sever. Les Grecs se servent ordinairement de παλαίστρα; mais παλαίστριον ou παλαιστραῖον est plus expressif dans le sens de gymnase. Ce mot est parfaitement traduit par *luctatorium.*

Pancarta, f. Pancarte c.-à-d. charte générale qui résume, confirme et augmente les chartes précédentes. R. πᾶν-Χάρτης, charte universelle.

Pareagium, n. Néol. Paréage, pariage. Acte qui donne à deux suzerains les mêmes droits par individis; parité de droits et de pouvoirs. R. par.

Parriatge, m. forme gasconne du mot Pareagium.

Parrochia, en gascon, *parroqui,* ou *parropi;* paroisse. C'est à tort qu'on écrit ce mot avec deux *rr*; en grec, il n'y en a qu'un, *parochos.* Dans le Moyen-Age, on a confondu *parochos* avec πάροικος, voisin d'une ville; παροικία, paroisse, veut dire banlieue, bourgades circonvoisines; mais παροχία est un barbarisme.

Parroquian, Parropian-ne, m. f. paroissien-ne.

Pedagium, n. Néol. nom formé du français péage, en gascon pagadge. v. Pagar.

Peis, tom. 1. p. 320 peut-être pour *petch* ou *pét,* peau: *bestiars de toute péis,* bêtes de tout poil. v. T.

Peis, peix (pech), dépaissance: de Peche, ou Pache. R. Pascere.

PERNISSION (11,216) pour *permission*, ou *promission*?

PERO adv. *Per*, pour; *o*, neutre (hoc), cela. C'est pourquoi, cependant, mais. v. Empero.

PERPRENDRE, v. act. prendre, dans les terrains vagues d'une commune, certaines portions, pour les mettre en nature ou les exploiter. De là, perprise.

PERPRISE, f. perprise, c.-à-d. terrain pris, ou droit de perprendre. *Dans la Lande, l'Albret, le Brassenx et ailleurs*, pour favoriser le peuplement et l'exploitation du païs, le suzerain laissait aux communes le droit d'occupation et de clôture des terres de leur circonscription, moyennant un faible droit fixé pour toujours, qu'on appelait *quête*. v. Questa.

PEY, PÉ, m. Pierre; nom propre, abrégé de Peyre. R. Petra, Petrus. De là, St-Pé, Sem-pé, Pey-Bernat, Pé-Martin, Péboué, Peytic, Peyrot, Peyrouton, etc.

PLASSAGIUM, n. Néol. plaçage.

PLASSIA, f. ou PLACEA. néol. barbar. pour *platea*, qui changé en *platia*, se prononce *placia*, place.

PLÉIT, m. PLÉITE, f. plaid, procès. De là pléitéia, plaider. R. placitum.

PODESSIR, v. act. mettre en possession. R. potesse, pour posse.

POMATIUM, n. Néol. en gascon, *poumade*, cidre ou piquette de pommes.

PONTAGIUM, n. Néol. pontage, ou pontonnage; droit d'établir des ponts ou des bacs (ponto) pour le passage des rivières.

PONTILLUS, m. Néol. dimin. de Pons. De là Pontils ou Pontix (pountic, petit pont).

POUDAR, v. act. couper, tailler. R. putare (vitem).

POURQUÉ, ÈRE; n. adj. porcher, ère. *Pourqué affermat*, porcher en titre.

POUSOIRES, orthographe française (oi=ouè) du mot *Pousouère*, sorcière. Ce nom-adjectif a les deux genres: m. *Pousoué*, sorcier: il est la traduction exacte du latin veneficus-ca; car il dérive de poison (potio), *pousoun* en gascon, comme veneficus de *venenum*, breuvage.

PRÉPARANCE, f. droit de préférence, de prélation. (Lab.)

PRÆCONO, v. act. pour PRÆCONOR, proclamer, publier. R. præco.

PRESBYTERIUM, n. proprem. le collége des prêtres assesseurs de l'évêque: par extension, l'hémicycle ou apside des églises romanes, où se trouvaient les siéges des prêtres, derrière l'autel : chevet, chœur et sanctuaire.

PRIM, PRIME, adj. premier: joint au mot Torner. v. ce mot. Aujourd'hui, mince, effilé.

PRO, PROU, adv. assez, beaucoup. R. probe.

PROUS, PROUSSE, adj. bon, brave, doux. R. probus. Cf. pro, Ital. preux, franç.

PURRUT, m. ou POURRUTE, f. tourterelle. On dit plus communément, *tourte*, du lat. turtur.

PH

Prononciation. — Les grammairiens latins ont enrichi leur orthographe de ce double signe, pour rendre le Φ des Grecs, d'ailleurs exactement représenté par le digamma F. Les Gascons et les Basques ne connaissaient point, à l'origine, cette articulation; mais ils avaient PH qu'ils prononçaient en séparant P et H, comme dans le mot anglais Shepherd. Quand la langue latine leur arriva, ils essayèrent de rendre le F par PH ; mais la dureté de cette articulation, surtout au commencement des mots, fit disparaître le P, et il ne resta que le H aspiré : Fames (phames) hami ; Furnus, (phurnus) Hourn; Femina (phemina) hémne.

PHARNACENSES, pl. m. mot rare, qui semble dérivé de *Fara* synonyme d'*affarium* : il doit signifier colons, métayers, laboureurs attachés à la glèbe. (Lab.) En espagnol, *hacienda (facienda terra)* veut dire champ, domaine; et dans certains lieux on appelle encore Hazandés (en français faisandiers), des colons salariés qui cultivent les champs et les vignes pour le compte du proprétaire.

Q

Prononciation. — Cette lettre, assez inutile chez les Latins, se plaçait toujours devant U quand U, c.-à-d. OU, formait une diphthongue post-accentuée avec la voyelle suivante : *quà* (couà), *que* (coué), *qui* (coui), *quo* (couo), *quum* (couoùm-coum).

Chez les Français, comme le C devant E, I se prononce S, on a été obligé de prendre le Q avec son U inséparable, pour figurer le son du C dur ou K : chac-un; mais chaque, parce que chace=chasse. Bien plus, les scribes et les tabellions flanquent souvent le Q de son homophone C : chacquun, pecq, etc.

Quantes a, adv. quant à, prononcer; Couàntes a.

Questa, fém. quête. Prononcer Késta.—*Dans toute la Lande*, la *Quête* était une redevance légère que le seigneur souverain du sol imposait aux *communes* en leur accordant le droit de perprise (voyez ce mot). Cette redevance communale restait toujours la même, quel que fût le nombre et l'étendue des perprises; seulement les perpreneurs devaient se cotiser pour faire la somme voulue, et l'un d'entre eux était chargé de la *quête* ou collecte de cet impôt. Chaque terre perprise devenait un *fiu* ou fief. La vaste commune d'Escource payait une quête de 3 livres et quelque peu de miel. R. quæsitus.

Questalis ou Quæstalis, adj. sujet à la quête, vassal.

Questans, lisez questaus, pluriel de l'adj. questau, traduction gasconne de quæstalis.

R

Prononciation. — Cette liquide ou glissante a une prononciation douce et une prononciation forte, comme en grec. Quand le R est doux, il s'écrit seul : apera, aguére;

quand il est fort, il est de règle de le doubler: terre, guerre, qui équivalent à : té-hre, gué-hre. Les Grecs doublaient aussi le ρ pour exprimer ce son, au milieu des mots; au commencement, ils le représentaient par un seul ρ avec l'esprit rude, par exemple ῥήτωρ, qui équivaut à *hretor*. Les Latins, dans leur transcription, se sont trompés en plaçant le *h* après le *r* (rhetor), parce qu'il est impossible de faire entendre un *h* après le *r*, tandis que mis en tête, le *h* aspiré donne au *r* doux un son plus énergique. — Les Parisiens et les Créoles qui grasseyent, confondent aujourd'hui ces deux sons, et font rimer *terre* avec *délétère*; ce qui est contraire aux bonnes règles et à l'ancienne prononciation.

Les Gascons et les Basques ont toujours eu quelques difficulté à prononcer le *r* fort au commencement des mots; voilà pourquoi ils font précéder le radical en *r* de la syllabe explétive *ar*, ou *er*: Roman, ar-Roman, res, ré, ar-Rés, ar-Ré; renega, ar-Rénéga, ar-nega. Les Basques disent également : ar-Ranta ou er-Renta; er-Régiña.

Dans les mots qui commencent par *fr*, on n'écrit pas le *h* résultant de la décomposition du F : Frumentum-Roumén, p. hRoumén; Fraxinus-Rache, et non hRache.

Mutations. — R et L se mettent souvent l'un pour l'autre : gallina, lat. garie, gasc. Dans les noms en *èt* pour *el* (v. L.), le féminin et la dérivation sont en *r* : agnellus-agnèt; fém. agnère, agneroun, agnera. — Le propre des Gascons, aujourd'hui comme autrefois, est de supprimer presque partout le *r* final dans les désinences des mots et même des radicaux latins : porr-um, por-po; for-um, for-fo; canta, bede, fini, p. cantar, beder, finir. Mais le *r* supprimé au masculin reparaît au féminin dans les mots des deux genres : permé-ère; pastou-re.

RACHAPT, vieille orthographe de Rachat. R. Re-captare; ainsi acheter (achepter) vient de ad-captare.

RACHO, p. FRACHO, HRACHO, m. frêne. R. fraxinus, *x* prononcé *ch*. v. X.

Raza, f. pour radia-raia. raie, rayon, sillon? mieux peut-être, *Rauza*, roseau, canne-mesure.

Recho, m. le même que Racho. De là, le Frêche.

Redditus, mauvaise orthographe, pour *Reditus*.

Regnalia, fém. Néol. régale, droits régaliens.

Roda, f. plus communément ar-roda, f. roue. R. Rota.

Rodatus, participe. Néol. barb. p. rotatus-rotundus; rond, circulaire.

Roncinus, m. (p 222. tom I.) Néol. probablement, baguette, gaule, branche. En vieux roman, *Ronses*, *Frondilha*, taillis. R. Ronsinus paraît être un dimin. gascon de *hrons*, pour *frons*. — Roncinus, roussin?

Rossin, m. v. Arrossin. R. germ. Ross, d'où l'anglais, horse.

Roumenaou (ar-roumenaou) adj. (du latin barbare, *romanalis*, de Rome). Avec *camin*, le mot *roumenau* signifiait, dans le païs, chemin de St-Jacques; car *Roumiu, Roumieu* veut dire pèlerin en général. On dit encore aujourd'hui camin *roumiou*. *Ana roumiou roumiou*, aller à pas de pèlerin, à pas comptés. Au Moyen-Age, du reste, le mot de *pèlerinage* se disait : Romania, Romansia, Romivatge, Raumaria, Romavia; toujours *Rome*, lors même qu'on pérégrinait ailleurs. Ainsi on n'est pas fondé à traduire *camin roumiou* par *voie romaine :* pour exprimer cette nuance de l'adjectif, on aurait dit en gascon : camin roum*an*, et non roum*iou*.

S

Prononciation.—Cette sifflante a un son bien connu. Entre deux voyelles, elle s'adoucit en *z*, comme en français; voilà pourquoi on trouve également écrit : Plaze ou plase, caze, ou case. Mais si le *s* doit garder le son qui lui est propre, alors il se double, ou bien on le remplace par *c* devant *e, i* : *plasse* ou *place*. Devant *a, o, u, ou*, on met la cédille sous le *c* : so-ço, asso-aço.

Mutations. — La sifflante *s* est parfois remplacée par la chuintante *ch* : sioulet, chioulet. A la fin des mots, et quelquefois au milieu, cette lettre, sans se supprimer, prend le son du *h* aspiré : *Toutes las hémnes, touteh lah hémnes; gascoun-gahcoun*. On sait que les vieux Latins prononçaient ainsi, et depuis Ennius jusqu'à Lucrèce, on a pu faire un dactyle de *plenus fidei*, en remplacant le *s* par l'aspiration *h*, *plenuh fidei*. Cette prononciation vulgaire, continuée chez les Gallo-Romains, nous a fait perdre le *s* final devant les consonnes et à la fin d'une phrase : Toute(s) le(s) femme(s).

SA, ou ÇA, adv. *sa-en-arreyre*, m. à m. ça-en-arrière; dès-lors, antérieurement, autrefois.

SAGERA, v. act. sceller, signer; pour sagela. *Pendén-sagerades*, marquées d'un sceau pendant.

SAGÉT, m. sceau, signature. R. sigillum. On l'écrit aussi sajét, sayét.

SALIGUE, f. lieu planté de saules, saussaie. R. salictum.

SALVITAS, f. Néol. sauveté, droit d'asile. R. salvus.

SANGUIN, m. bourdaine, arbuste. De là, Sanguinét, Sanguinéde.

SAOUB, ou SAUP, m. SAOUBE, f. adj. sauf-ve.

SAOUBAR, SAUBAR, v. act. sauver.

SAOUBAT-ADE, participe passé de saouba. v. Saoub.

SAUBETAT, SAOUVETAT, trad. gasc. de Salvitas. Mimizan était une *Saoubetat*, c.-à-d. un asile où l'on était hors d'atteinte, pourvu que l'on ne sortît point de certaines limites (decs), déterminées par des croix placées sur des stèles. Le monastère de St-Sever jouissait de ce même droit.

SCRIUT-E, participe, pour *escriout*, écrit. R. scribere.

SECGLAR, pour SECLAR-E, adj. séculier. R. sæcularis.

SEGON, prép. Bayon. SIGOUN, selon. R. secundum.

SENGLE, SENGLES, adj. un pour chacun. R. singuli.

SEGREMENT, ou SAGRAMENT, m. serment. R. sacramentum.

SENHAU, prononcer SEGNAOU, m. sceau. R. (signale) signum.

SENIOR, m. Seigneur. SENIORATUS, m. seigneurie.

SENHOR, m. SENHORE, fém. Pour segnou-re. *nh*=*gne*.

SENHORIR, v. act. rendre seigneur, investir.

SENS, SEN, CHENS, prép. Sans. Ital. senza. Esp. sin. R. sine.

SERÉ, pour CERÉ, m. cellier, grange; *l* changé en *r*. R. cellarium.

SERMENAGE, m. probabl. toiture, faîtage. Ce mot difficile, qu'on peut dériver du latin *sarcimen*, semble signifier *faîtage* (en gascon, sirmén-chermén), parce que toute la toiture se lie et se *coud*, pour ainsi dire, à cette pièce supérieure. Ainsi le sermenage ou faîtage serait simplement la permission de bâtir quelque part, permission qui entraînait avec elle un droit de redevance envers le suzerain.

SERP, f. ou SERPÉN, m. serpent.

SERÉE, f. en Esp. *sierra;* suite de crêtes, chaîne de montagnes ou de collines. R. serra, scie, vertèbres ou colonne vertébrale. Ce mot est encore très-usité. De là, Serres-lous, Serres-Gaston, Lasserre.

SERVIMÉNT, m. ou SÉRVINA, f. service, servitude, état de serf. Pour la forme en *ind*, cf. le franç. *débine, suisine*.

SERVITORIUM, n. Néol. (11,535) collectif; réunion ou famille de serfs, domaine exploité par des serfs.

SETÉME, m. septembre.

SIHA, pour SIA, SIE, qu'il soit, subj. de *estn*, être. R. sit.

SIBEN, effacer la virgule et lire : *que sie en las plasses*, etc. Tom. I, p. 322.

SISTERNUS (et non, cisternus) pour Sexternus, ou mieux Sexternio m. Néol. feuille pliée en six. Cf. Ternio, quaternio. (Lab.)

SO ou ÇO, neutre; ce, ceci. P. 318, lisez : *so feyt fo*, ceci fut fait.

SOMAIRE decred, décret sommaire.

SOTULARES, m. Néol. mot populaire, peut-être le même que *sols*, *sos*, sous. R. solidus.

SOUBERAN, SOUBIRAN, m. SOUBIRANE, fém. adj. souverain, supérieur. R. superanus, b. lat. Bahus-Soubiran, (haut-Bahus).

Souds (et non sounds) pour sols, (le *l* changé en *ou*) : ajouté à Cap. v. Cap-sos.

Soustrar, verbe dénominé de Soustre. Couper de la bruyère ou de l'ajonc pour litière.

Soustre, m. pour soubstre; litière. R. Substratum (soubstratoum).

Sporla, fém. v. Esporle.

Suber, souber, sobre, prép. sur. R. super. Suber-Fargues, aujourd'hui Subé-Hargues (haut-Fargues).

Superfuit multis, « il fut au-dessus de plusieurs. » Dans le sens ordinaire, superfuit veut dire : il survécut.

T

Prononciation. — Le T, dentale forte, se change en S dans les désinences en *ia* et *ion*! : platea (platia) plasse, ou place; natio, nàssi ou nàci.

Quelquefois, devant *ié*, le T se prononce *tche*; exemple : *tién*, (il tient) *tchén*, dans certains dialectes; ce qui fait que dans d'autres endroits on mouille le T, en lui donnant le son de K mouillé. v. K et CH. Au sud de Dax, les désinences *at*, *ét* prennent ce son : debat-debatch; coutét-couétch. De là cette étrange orthographe : Baigts pour Bats; nabeigt, pour nabét; arbaig, p. arbat.

Mutations. — Dans les noms en *ét* (en latin *etum*), le T se change en D au fém. Castagnét-éde; Bernét-éde.

Talle, f. probablement, pousse, jet, talle. *Talles de bladars*, talles des champs de blé, qu'on livre quelquefois à une demi-pâture.—Autrement, Tale *(Tala*, roman et espagnol), ravage, dégât.

Tallia, Talia ; f. Néol. taille, impôt.

Tailh, ou Dailh m. instrument pour *tailler* ou couper l'ajonc et la bruyère. Ital. Taglio.

Tant-entro, p. entro-tant, adv. conj. jusqu'à ce que.

Tapia, f. torchis, bâtisse en torchis. Esp. tapia. De là, Latapie, Latàppy.

Tenementum, n. Néol. tènement. v. Tinel.

Ternio-onis, m. feuille pliée en trois, à trois feuillets. v. Quaternio.

Terratium, n. ou Terratorium, n. Néol. synonyme d'Affarium.

Testimoni, m. proprem. témoignage; dans les actes, témoin. R. Testimonium.

Tinel, ou Tinéou m. primitivement, tènement, métairie; mais depuis longtemps, maison, salle, ménage. R. Gasc. tine, pour tiéne; Lat. tenere. *Cap-de-tinéou*, maître ou maîtresse de maison.

Tinelcasa, m. ménage-maison; maison avec ménage. Il est possible que ces deux mots, à peu-près synonymes, soient une glose l'un de l'autre.

Titulus, m. de Τίθημι, poser. Cippe, stèle ou plaque où l'on gravait le nom d'un mort. v. Memoria.

Toque-toucant, adv. en se touchant, sans s'écarter.

Torner-ére, nom. adj. Celui ou celle à qui *retourne* un bien, à défaut d'héritier direct; héritier collatéral.

Tota-arré, écrivez : *tota ré*, toute chose.

Trabesse, f. barrage en travers.

Trayne, f. filet, ou pêche à la traîne; traînelle. Cf. Ital. strasinare.

Trouge, trouje, fém. truie.

U

Prononciation. — Cette voyelle, que les Latins prononçaient *ou* et qu'ils ne distinguaient point de la consonne V dans l'écriture, est ordinairement employée par les Gascons pour rendre le son *ü* des Allemands. Toutefois l'*u* est, dans certaines circonstances, encore usité pour *ou*; de là certaines bizarreries d'orthographe.

Mutations.—*U* prononcé *ou*, forme 1° les diphthongues préaccentuées suivantes : *au* (àou), *éu* (éou), *iu* (ìou), *ou* (òou) *ùu* (ùou); 2° les diphthongues postaccentuées : *uà* (ouà), *uè* (ouè), *ui* (oui); 3° les triphthongues ou interaccentuées : *uàu* (ouàou), *uéu* (ouéou), *uìu* (oulou). — U prononcé *ü*, forme les dipththongues : *uà*, *uè*, *uì*, diphthongues postaccentuées, dont la dernière est commune en français : puis, appui, cuire, etc.

Dialectes. — Notre prononciation de l'*ü* a dû exister primitivement chez les Grecs et les Latins; mais de l'*ü* on passa vite à l'*i*; comme cela se fait en allemand, suivant les dialectes : ὑπέρ-ἰπέρ; über-iber; maximus-maximus, Sulla-Sylla. La même chose a lieu en gascon pour les désinences féminines en *une* : Luna, lüe, *luoue-lioue-libe;* lacuna, lat. lagüe, *laguioue*-laguibe; una, lat. üe, *uoue-ioue;* dues, (deux f.) *duoues-dioues-dibes*.

UNIVERSITAT, f. université, c.-à-d. commune. v. Comun. Ensemble des voisins, (c.-à-d. citoyens) jouissant du droit de cité.

V

Prononciation. — La labiale demi-aspirée V, aussi bien que sa forte F sont naturellement inconnues aux Gascons, et ne se trouvent chez eux que comme importation française ou latine.

Mutations. — Lors même que nos pères écrivaient le V, ils le prononçaient B (P), comme aujourd'hui; quelquefois même *ou* : videre (Ital. vedere) *beder;* vivere, *biber*-bioue; *ciptadan*-cioutadan; *civitas*-ciutat. Ce son de l'*ou*, donné au V, au commencement des mots, a peu-à-peu amené en français et en gascon un *g* préfixe, parce que nos pères se fesaient difficilement à la prononciation initiale du W anglais : William-Guillem; *vadum*, gua (goua) gué; *vastare*, guasta-gâter; *Vascania*-Gascogne, etc.

VASSALUS-A, nom-adj. vassal-e. Ce mot pourrait bien être une des nombreuses transformations de *bajulus* (bazulus, vazalus). v. Baïle.

Vedin, pour bezin, f. bezine et besie; voisin, citoyen. Le *d*, pour *s* ou *z*, appartient au nord des Landes. R. vicinus, qui est du même *vic* ou rue.

Veraï, fém. verage, veraje; adj. vrai, vraie.

Verdiarium, n. Néol. pour viridarium. Ce mot nous amène à *verger*, *ver-djar-ium*.

Via, vie, f. voie, chemin. Aujourd'hui : *a-biar*, *dar la bie*, lancer, lâcher; *abiade*, élan, essor.

Viar, v. n. faire route. Participe présent *viant*, passant.

Vidimus (nous avons vu), mot sacramentel pour authentiquer une copie; d'où, vidimare.

Vilagium, n. Néol. groupe d'habitations rurales autour d'une villa.

Villa, f. en gasc. vile, viele, viole; proprem. maison de maître, maison domaniale entourée de constructions diverses pour l'exploitation. Quand ces constructions alignées formaient une rue, le lieu s'appelait *vic* : de là Vic-Bigorre, Vic-Fesensac, etc. La *villa* est devenue *ville* avec le temps; mais sa signification primitive est restée au mot *vilain*, villanus, campagnard. De là, Laville, Deville, Vielle, Lavielle, Duviella, Fondeviolle (Fond de ville), Minvielle.

Viscambium, n. Néol. échange ou paréage. Ce mot paraît dérivé de *bis* et *cambium*, contrat bi-latéral.

Volentat, f. volonté; mot formé du participe *volén*, boulén.

X

Prononciation. — Cette lettre double (cs) était un peu difficile à prononcer pour les vieux Gascons, qui remplacent volontiers le *cs* par *ts* ou *tz* : exemplum-etzémple; excitare-etsita.

Mutations. — Pour éviter cette rencontre d'articulations, nous transposons instinctivement *cs* en *sc* dans la dérivation latine, surtout devant *e*, *i* ; alors *sc* se prononce à l'italienne, c.-à-d. *che*, *chi* français : axis (ac-sis, ascis) *ach*, essieu ; Taxio (tacsio-tascio) *tach, tech*, taisson ; plexus (plecsus-plescius) *plech*, haie tressée. Cette prononciation italienne a lieu encore devant *sci*, *sce* latin : Piscis, ital. *pesce* (péché) gascon, *pech*; conoscere, it. *counéche*, gasc. Cf. les mots français : taxe, taxer (tasce, tascer), devenant *tâche, tâcher.*

De là vient que les Catalans se servent généralement de X pour exprimer *ch*; et dans certaines chartes gasconnes, on trouve écrit medix, au lieu de medich ; dans les noms propres, Dupleix, Duteix, Texoères, p. Duplech, Dutech, Techoeres, etc.

Y

Prononciation. — Cette lettre, d'ailleurs inutile, a été employée quelquefois en gascon, pour rendre l'articulation dentale *d-ie* (Ba-yonne, yamé) remplacée par *j* dans certains dialectes gascons, et basques : jauna, yauna. v. J.

Z

Prononciation. — Cette lettre est le *z* doux français et même grec, quoi qu'en pensent les Allemands. Le *s* entre deux voyelles prend le son du z : méisoun (mansio) meizoun, etc. Il faut prendre garde de prononcer le *z* comme les Italiens.

ZIPHRUS, m. C'est le mot *chiffre* tristement latinisé. R. sepher, Héb.

TABLE DES NOMS DE LIEUX

(L'astérisque devant un chiffre, indique le second volume)

A

Abadie (maison d'), à St-Sever *265.
Adour, Aturris, Alpheanus, Adura, 4.
Aire, Adura, vicojulium, vicus Julii, 1.
Aire des Monges, à St-Sever, 192.
Albaiac, Albayac (église d') *182.
Alboos *127.
Ambligonie, Amplicanie (probablement Abylène), 3, 9.
Ambdat (ou Condat) près de Libourne, 258.
Anglades (S. Barthélemy d'), 282.
Arberuct (forêt dans la paroisse de St-Sarrian, près de Ste-Eulalie), 288.
Arcet, 285.
Argert, *180.
Arriaub, Arriabib (moulin d'), 284.
Artiguebaude, 283.
Artiguenaye (Ste-Marie d'), 280.
Artiguères, 298.
Artigues (las), *265.
Artz (Ste-Quiterie ou Quintille d') [diocèse d'Auch], 190.
Asturies (église de St-Sauveur des) de Asturri, Asiturri, *154.
Augeron, *259.
Augreilh (hameau de St-Sever), 296.
Aurice, Aurissa, Orissa, 286.
Au-Mene, *259.

B

Bahus-Jusanz, *259.
Baile (le), *259.
Baliden, Balirench, Balirei, 280.
Balsaner (église de), *125.
Balsum (S. Médard de) *170.
Banise, Banisia, *152.
Barros, Garrosse, Baorse (S. Etiende) *306.
Barte (la), *259.
Barthe-Moniau (dans la paroisse d'Audignon), 287.
Bartouilhe (la), *270.
Bars, 261.
Bascons, Bascos, Bascoos, Vascons, *194.
Beaussiet, Baussiet (annexe de Mazerolles, près Mont-de-Marsan) 284.
Beaustens, Bostens, Bausten, Balesten, (dans le canton de Roquefort) 284.
Bedat (forêt), 219.
Bedeilhes, Beseilles (las), 290.

Bedeisan (église de), Benissanis, Betissanis, *127.
Beirac, Bezac, *149.
Belin, *260. 26\
Benavie, (près de Cadillac, Gironde), *193.
Benquet, 286.
Bergons, Bergossas, *170.
Bernede, Berneda, Bereda, *148.
Betbezer, Betbeder, *181.
Biac, Brac (forêt).
Bios, 284.
Bisgos, Bilgos, Bingos, Bisos, *167.
Boluc, *180.
Bordil, *169.
Bost (seigneurie de la), 297.
Bougue, 314.
Bourgnau (près de la Loubère à St-Sever), 194, 307.
Bras, 261.
Brocas, Brocars (S. Jean de), 284.
Buset (forêt de), de Busello, Busetto, *135.

C

Cabanes, *190.
Cabos, *259.
Cam-gran, *190.
Campagne (église de), *169.
Canenx, Canegns, 284.
Canet (S. Saturnin de), caput villæ, 165.
Cap-de-ville, à St-Sever.
Carpactum, *158.
Carpanetum, *158.
Cartie, Cartia (moulin de), 287.
Casadis, Casaldels, *182.
Casalon (ruisseau de), *163.
Casau-de-Prat, Casale de prato, 280.
Casau-de-prat, *260.

Castaignet, *259.
Castelnau, Castetnau, Castrum novum, 343.
Castera, (Caverie, etc), 328.
Casterar (église de St-Martin), de *181.
Cauna (château de), *262.
Cauna, Caunar, Calnarium (St-Barthélemy de) 286.
Caunade (Casal de), près l'église de St-Geours, 283.
Cavus (rivus), *152.
Caza-Dei, *112.
Cazaque (la) *259.
Cenon (église de S. Christophe de), *148.
Cisa, près de Morlanne, à St-Sever, *155.
Cohin, Coffin, 281.
Coiton, Coijton, *259.
Corbleu, Corblut (commune de Pouydesseaux), 284.
Culture (Casal de), près de l'église de St-Geours, 283.

D

Dax, Acqs, 131.
Delaurens, ou Pegine-de-bas, *259.
Doumenge, *183.
Duretat, 350.

E

Eause, Elusa, patrie de S. Philibert, 124.
Espaigne (Caverie, etc). 329.
Estignoux, 297.
Eyres (S. Barthélemy d') 280.
Eules (St-Vincent d'), *352.
Eysse (abbaye d') en Agénois, *13.

F

Florac (monastère de), 139.
Fort (St-Jean du) ou Tour, près de Montgaillard, *211,
Fossadils (église de S. Orientius de), *169.
Fourc (le), Forcum, *158.

G

Gabas (le), Gabarsua, 158.
Gaillarde (la), *259.
Gairolle, près de St-Germain, 365.
Gale (la), à St-Sever, 193.
Galsoy, *153.
Garbay (le), près de l'église de St-Pierre de Lotner, *158.
Garrosse, Baorse (S. Etienne de), *349.
Gascogne, Vasconia, 40.
Gault, Gualt (lande de), *185.
Gaven, *261.
Geaune, v. Pantagnan.
Gèle (la), Caverie, etc., 328.
Geloux, Gelos (S. Médard de), 284.
Generès (St-Pierre de), 136.
Getz, Ges, 286.
Giloca, *149.
Gimol, *170.
Giulos, près de Montgaillard, 287.
Gleisias, Gleisiau, 366.
Gouts, Goutz, Gotz (de Gottis), 283 — *135.
Grenade, Granata, *256.
Guardans (Mugron), près de Nerbis, *259.
Guillem-bosc, *259.
Guillerie (la), à St-Sever, 381.
Guîtres (Séminaire de), *23.
Gusbi, *149.

H

Haut-de-Castaignet, *265.
Herbauges, Herbatilio, près de Nantes, 121.
Herbes, 247.
Herbesentaux, dans la paroisse de Goudosse, 286.
Higué-de-l'Abat, champ près de Beignac, 259.
Hoos, 284.
Horsarrieu, *259.
Houze (la), Caverie, etc, 328.

I

Iscurras (métaire du monastère de St-Sever), *183.
Isosse, (métairie du monastère de St-Sever, *180.

J

Janconte (maison dans la paroisse de Ste-Eulalie), *117.
Jocton (St-André de), *211.
Jouandeu, *259.

L

Labarthe, (Caverie, etc.) 328.
Labrit, 368.
La Castelle (abbaye de St-Jean de), *161.
Lacrabe, Crabe-morte, Capra mortua, 282.
Lacrabe (ruisseau de), *163.
Lagastet (moulin de), *270.
Lagastet (Ste-Marie de), 289.
Lalaure, 314.

Lamothe (S. Hippolyte de), Motha, 289.
La Rivière, 298.
La Sale (palais de) à Bordeaux *160
Las Bedeilhes, Beseilles, Vedeles, Veseilhes (église de), *168.
Layhêle (terre et verger de), 308.
Lazols, Lazozis (lande de), *162.
L'Hoste (maison de), à S-Sever, *265
Lirac, Alirac (église de), dans l'archiprêtré de Chalosse, près de Lacrabe et de Morganx, *171.
Lormont, Laurmont, Laureus Mons, près de Bordeaux, 248.
Lotner, Loc-ner, locus niger, *135.
Loubère (la), à St-Sever, 193.
Louvignon, Luvinio (lande de), *153.

M

Maignort, Maignurt, Monhurt, Maniort, 187.
Malapet ou Pegine-de-haut, *259.
Malaval, *180.
Marchiennes, sur la Scarpe (monastère de), 123.
Marsac, 284.
Masco (église de), diocèse de Dax, *127.
Masco, 283.
Mas-d'Aire (monastère du), 351.
Mauras, Maurans, dans la paroisse de Brocas, *191.
Maurum, *156.
Mazères, 232, 280.
Meignos, Menhos (S. Hippolyte de), 232.
Mespled, *187.
Mimisan, Memisan, Mimisanum, 204, 206, 284.

Minhos, *199.
Molias, dans la paroisse de Cauna, 286.
Moncube, 286.
Monjau, *259.
Monmas, Momans, *135.
Monspinis, *148.
Montaut, Mons-Altus, 285.
Mont-de-Marsan, Mons Martianus, Marcianus, Marsanus, 208.
Montgaillard, Mons Gaillardus, 288
Monte Sicco (église de St-Jean de), *148.
Moreris, maison à Lagastet, *120.
Morganx (Ste-Eugénie de), de Morganis, 282.
Morillon, *259.
Morlaas (prieuré de Ste-Foi de), *68.
Morlane, Montlanne, Mons Lannarum, Palestrion, 164.
Motis (prébende de), 380.
Mouretto (la), *259.
Mourras, Moreria, 280.
Mugron, *260.

N

Navarrenx, 358.
Nepeyas, Trepeyas, Tepeias (St-Pierre de), *307.
Nerbis, Nervis-Castet (prieuré de), 349.
Nogaro, Noguerol, Nouguerol, Nougarot, 209.
Novempopulanie, 39.

O

Onnés (Caverie d'), 328.
Orthez, 273.
Oruch (archiprêtré d'), 187.
Ouërs, Hoërds, *168.

P

Palestrium, Castrum Cæsaris, Morlane, etc., 41, 63, 177.
Pantagnan, Geaune, 150.
Parentis, 276.
Parincus, ruisseau *152.
Pehine (maison de), à St-Maurice, *120.
Perquie, Perquerium, Parcherium, Parquerium, 209, 213.
Picairo, *266.
Pimbo, 363.
Piré, maison à S. Maurice, *117.
Pirée, *259.
Plan (château du), II.
Podius (mons), *152.
Pontaut, Pons altus, *90.
Pontenx, Ponteins, Pontechs, Ponteys, *306.
Pontils, porte de S. Sever, 193.
Pontix (vigne de), 308.
Pourrut (le), près de Mauco, *167.
Pousoires (porte de las), à St-Sever, 193.
Prat (rue du), à St-Sever, 192.
Priam, *259.
Proyan (St-Jean de), 281.
Puyo (château de), 363.

R

Réaut, maison à Lagastet, *120.
Réauton Cap-de-her, *259.
Réole, Reule, Regula (St-Pierre de la), 136.
Rochelle, Rupella, 121.
Roquefort (prieuré de), de Ruperforti, 342.
Rufflac (église de), *149.

S

Saint-Babile-de-Brocas, 349.
Saint-Chinan de la Corne (monastère de), 369.
Saint-Christau-de-Benquet, *170.
Saint-Christophe-de-Lane, 187.
Sainte-Croix (monastère de), 183.
Saint-Denis (abbaye de), *18.
Sainte-Eulalie, Sainte-Erraille, Sant-Erraille, 280.
Sainte-Eulalie-en-Born, *127.
Sainte-Foi-de-Buzet (église de), *146.
Sainte-Madeleine de Mont-de-Marsan, 209.
Sainte-Quintille (église de), *127.
Saint-Esprit (moulin de), près de St-Sever, 290.
Saint-Genès-des-Vallées, 208.
Saint-Genius, à Lectoure, 157.
Saint-Geours-d'Auribat (S. G. de Aurea Valle), 283.
Saint-Germain-de-Bordeaux (église de), *135.
Saint-Germain-des-Prés (abbaye de), *14.
Saint-Germain d'Ester, annexe de Ste-Eulalie, 154.
Saint-Julien, près de Samadet, 372.
Saint-Laurent (église de), *148.
Saint-Martin-de-Fets, Gots ou Gouts, 349.
Saint-Martin-de-Hinx (église de), *127.
Saint-Martin-d'Ones (d'Oney), 286.
Saint-Maurice, 297.
Saint-Michel-de-Biars (prieuré de), diocèse de Bordeaux, *261.
Saint-Mont (abbaye de), près de Nogaro, *158.

Saint-Pierre-de-Generès, Generensis, de Genereso, Generoso, diocèse de Tarbes, *151.
Saint-Pierre-du-Mont, 208.
Saint-Sever (église et monastère de), 163, etc.
Saint-Sever, Cap de Gascogne, 178, etc.
Saint-Vincent-de-Luco, 188.
Saint-Vincent-de-Marsac, de Marciaco (église de), *157.
Saleizac, près de Ste-Croix de Bordeaux, *183.
Salle de l'abbaye, maison à Souprosse, *265.
Sancts (Ste-Quitterie de), Toulousette, 285.
Sanguinet, 297.
Sarbazan (St-Pierre de), *211.
Sasbulas, Sausblans, Sasblans,
Saugue (la), 287.
Segodinius (mons),
Seignanx, Seignan (de Signanis), *148.
Selve (grande), abbaye, *67.
Selve-belle, Selva-bela, *149.
Senas (Caverie de), de Setenis, en Mauco, *133.
Sengresse, Sigerissa, *149.
Seré (Raymond G. du), 318.
Serres, maison à St-Sever, *265.
Sever-de-Rustan (S) ,[monastère de] 1.
Silgos, Singos, 283.
Simbanères, Salboneras, *149.
Sorde (St-Jean de), 125.
Sornihon, Sornuhon, Sorihon (S. Médard de), 286.
Sorroilhe, Sorrele, *196.
Sos, Sots, Sotium, Sotrium, I.
Soubos, *265.

Soulac, 157.
Souprosse (Castel de), *149.
Souprosse, Susprossa, 283.
Soustras, 298.
Squirs (monastère de), 144.

T

Teron (le), à St-Sever, 193.
Ticq, *259.
Tincq, *220.
Tinelcasa, *140.
Tonneins, Toneinx, *307.
Torreson, Torroson, Troson, 286.
Toulouse, Tholosa, 130.
Toulousette, Tholosetta, 285.
Tournesol, Tour-du-sou, place de St-Sever, 368.

U

Urgons, 276.
Urtcase, Urscasa, Urtcasa (église d'), *148.

V

Vacca, ville d'Espagne, non loin de Pampelune, 125.
Vendôme (monastère de la Ste-Trinité de), 15.
Vieles (S. Martin de las), 280.
Villa-Donati, *149.
Villanova (St-Joann. de), *139, *307.
Vulpiac (église de), *148.

W

West-Monaster, 335.

Y

Yeu (île d'), Oya, 121.

TABLE DES NOMS DE PERSONNES

A

Abadie (Bernard d'), 99, etc.
Abadie (Bernard-Charles d'), fils de Bernard.
Abadie (Jean d') abbé de St-Sever. *245.
Abadie (Jean d'), grand'père de Bernard.
Abadie (Jean-Pierre d'), moine de St.-Sever, fils de Bernard-Charles.
Abadie (Guillaume de l'), surnommé Adiroc, *195.
Abbadie d'Arbocave (Bernard d'), évêque de Dax, *112.
Achelin, fils de Goscelin de Listrac, *143.
Achelin de Cauna, Aquelinus de Calonar, 159.
Acqs (Arnaud Loup d'), 143.
Acqs (Navarrus d'), évêque de Conserans, *70.
Adalbald époux de Ste-Rictrude 123
Adalbert, apôtre de la Hongrie etc, 121.
Ademar, évêque de Périgueux, *204
Adrien, roi de Novempopulanie, 4, 15. probabl. Saints-Arrian.
Adon, Odon, archevêque d'Auch, 145.
Agest (Arnaud de), *172.

Agud-Puei, Agut-Pouy (Ar-gil ou Arnaud-Guillaume d'); actuellement Jupouy près de Geaune, *164.
Aiginhan, duc et gouverneur de Gascogne, 127.
Aiguillon (duc d'), de Aguilbono, diocèse d'Agen, *13.
Aimon, prieur de l'église de Mimisan. *196.
Aire (Guillaume Garsie d'), *72.
Aladez, sœur de Bernard et de Raymond de Lamothe, *168.
Alamannus, chanoine de Dax, *325.
Albañag, Albayac (Garcié d'), *182
Albayac (Eicar d'), *186.
Albatengue, 370.
Albornelle (Moïse), *170.
Alehem, Achelin, de S. Germain, *181.
Aleman (Pierre d'), *118.
Alexandre V, 205.
Alfred, 38ᵉ abbé régulier de St-Sever, *83.
Alphonse, roi de Castille, 265.
Amand (S.), apôtre des Belges et des Gascons, 121, etc.
Amand, duc et gouverneur de Gascogne, 127.
Amaneus (Guillaume), *191.
Ambaldus (Basilius), cardinal, *328.

28

Amat, évêque d'Oloron, 183, *235.
Amos (Arnaud d'), 306.
Ancherius, cardinal, *310.
Andron, doyen de St-André de Bordeaux, *184.
Aner d'Oloron, 150.
Anerio Forti, *153.
Annerius de Larrusuins, 31ᵉ abbé régulier de St-Sever, *82.
Anraneus, archevêque d'Auch, *239
Antheaume (Anselme), *249.
Antoine (Anselme), 21ᵉ abbé commentaire de St-Sever, *100.
Antoine (Arnaud), 10ᵉ prieur réformé de St-Sever, *105.
Antoine (S), 175.
Arance (Pierre d'), *245.
Arblade (Rernard d'), 254.
Arcet (Guillaume d'), *199.
Archange de Lyon, capucin, 382.
Archange de la Reule, capucin, 382
Argagnon (Guillaume), 357.
Armagnac (Jean Hiscard d'), *262.
Arnaud, prieur de Ste-Foi de Morlaas, évêque d'Oloron, *68.
Arnaud (Auricula), 9ᵉ abbé régulier de St-Sever, *65.
Arnaud, archevêque de Bordeaux, 204, *298.
Arnaud III, 16ᵉ abbé régulier de St-Sever, évêque de Lescar, *70.
Arnaud IV, 17ᵒ abbé régulier de St-Sever, évêque d'Agen, *71.
Arnaud V, 19ᵉ abbé régulier de St-Sever, *74.
Arnaud VI (Guillaume d'Aidie), 6ᵉ abbé commend. de St-Sever, *90.
Arnaud de Tresgeit, abbé régulier de St-Sever, *83.
Arnaud d'Estios, 4ᵉ abbé de St-Sever, 184, *61.

Arnaudat (Gratien d'), *245.
Arrimbers (Bernard d'), *155.
Arrimbles (Jean Dufau d') 313.
Arroca (Parade et Lapie de), *184.
Arsenius, évêque de Lescar, *240.
Arsius, Arsivus, 15ᵉ abbé régulier de St-Sever, *69.
Arsius, Arsivus, évêque de Bayonne, *231.
Artaud, chanoine de St-Severin, *184.
Artigue, 347.
Artigues (Bernard d'), Artigas, *187.
Aste (d'), *92.
Atil (Sancion), *150.
Aubagnan Aubaniang (L. d') *164.
Aubaignan (Menaud d'), 307.
Aubans (Bernard d'), 308.
Aucerepe (René d'), *118.
Aude (Odet d'), *267.
Auffuld (S) martyr, 176.
Auger, évêque d'Aire, *166.
Auger, vicomte de Miremond, *186
Augreih (Arnaud Guillem d'), 381.
Augustin (S.), apôtre des Anglais, 121.
Aure (d'), *92.
Auria, vicomtesse de Dax, *167.
Aurice (Ricard d'), *192.
Aurice (Fortis d'), 192.
Aurisse (Aneloup d'), 318.
Aurisse (Franqua d'), 328.
Auricula (Arnaud), 9ᵉ abbé régulier de St-Sever, *65.
Auriol (Sanche de Faget), 150
Azellus (Elzi) de Samadet, 150.
Azenarius comte de Gascogne 133.
Azenarius (Elsi), 141, 149.
Azor (Acelin), *150.

B

Babile (S.), 38. v. l'Addenda.
Balerin (Fort Garsie de) Baladin, Balazin, *192.
Balestrio (Vital de), notaire, 309.
Balirei (Annaud de), *178.
Bilirei (Anerius de) *178.
Bandel (Grégoire), 3ᵉ prieur réformé de St-Sever, *103.
Banos (Pierre de), 254.
Banos (Raymond de), *172.
Barac (Mathieu du), *247.
Baradot (François), 299.
Baran, Beran (Pierre de), 1ᵉʳ abbé commendataire de St-Sever, *86.
Barberes (Bernard), *177.
Barbier (François), 353.
Barnabé (S), 175.
Barreau (Guiraud de), 313.
Barry (de), préfet général de la Sénéchaussée des Landes, 151.
Barteris (Romain), 7ᵉ prieur réformé de St-Sever, *104.
Barthe (Fortaner de la), 283.
Barthélemy, 176.
Bascon (Ramond de), 313.
Bascons (Guillaume de), Bascoor, *198.
Baslade (Bernard de), *180.
Basquiat (Bernard de), *225.
Basquiat de Cahope, *225.
Basquiat (Pierre du), *45.
Bataille (Hugues), *20.
Batz (Joseph de), 358.
Batz (Pierre de), seigneur de Lamothe, *43.
Bausten (Forto de), *184.
Bazet (Peyrot de), 338.
Bazo (Bernard de) évêque de Dax et de Lescar, *235.

Bearn (Lupat de), *321.
Beaurepaire (Benoit), *47.
Beaujeu (Philibert de), de Bello Ludo, 9ᵉ abbé commentaire de St-Sever, évêque de Bethléem *92
Bedat (Biuraud, Guirauld de), 327.
Bedoret (Jean du), 318.
Beguerie (de), 242.
Beliard, épouse de Guillaume Amaneus, *191.
Belloc, Bet-loc, (Arnaud de), 254.
Belloc, Bedloc (Guillaume de), *208.
Benac-Navailles (Marguerite de), *226.
Bénétrix, épouse de Pierre, vicomte de Bigorre, *196.
Benoit (S.) Gislolfe, 139.
Benoit (S.), apôtre de la Hongrie, etc, 121.
Benoit, cardinal, *302.
Benquet (Arnaud Aleman de), 254.
Berard (Vital de), 279.
Beraud, Beraldus, archevêque d'Auch, *205.
Berengarius ou Berlengerius, comte de Gascogne, 181, *157.
Bergons (Pierre de), Bergossa, *192
Bernadine (Bidau), 329.
Bernard II, 23ᵉ abbé régulier de St-Sever *75.
Bernard III, prieur de Roquefort, 26ᵉ abbé régulier de St-Sever, *77
Bernard IV, 28ᵉ abbé régulier de St-Sever, *78.
Bernard, abbé de St-Martin, *212.
Bernard, comte d'Armagnac, *205.
Bernard de Basso, évêque de Lescar et de Dax, 183.
Bernard de Born, 14ᵉ abbé régulier de St-Sever, *69.

424 APPENDIX

Bernard, fils de Guillaume Sanche, 135, *135.
Bernède (Dodon de), *197.
Beros (Raymond Arnaud de), *189.
Bertegs, Berteñes (Exandrie de), *179.
Bertin (Jean), *45.
Bertons (Daudet Bernard de), Seigneur de Badets, 254.
Bertrand de Incampis, 204.
Bertrand, évêque de Lescar, *240.
Bertrand, évêque d'Agen, *205.
Besiat (Pierre), 2e prieur réformé de St-Sever, *102.
Bezon (Arnaud de), archevêque de Bordeaux, *117.
Beynac (Marchion de), *54.
Bidon, *208.
Blaise (S.), 175.
Blanquefort (Almavivus de), *198.
Bocquet (Vulfran), 1er prieur réformé de St-Sever, *102.
Boëres (Vital de), évêque, *177.
Bognères (Vital de), 254.
Bolig (Guillaume Bertrand de), *195.
Boneu (Arnaud du), *208.
Bonhomme, évêque d'Aire, 209.
Boniface (S.) apôtre des Germains, 121.
Bonnecaze (Arnaud), *120.
Bonnafus, chanoine, 205.
Borda (Géraud de), 258, 295.
Bordeaux (Pierre de), *198.
Bordeaux, Bourdeaux (Michel de), *94.
Bordeu (Vital de), 308.
Bougue, Bouge, Bogue (Arnaud Loup de), *197.
Boulin (Cenebrun de), *155.
Bourg (Vital du), 279.

Bourgeois (André), prieur du Mas-d'Aire, 349.
Bousquet (Pierre du), *30.
Bouthelier (Sébastien), 382.
Brenier (Bernard, *7.
Brethous (de) notaire royal *17, etc.
Bris (Milon de), 205.
Brisce, fille de Guillaume Sanche, 148.
Brocas (Guiraut de), *207.
Brocas (Guillaume Arnaud de), 328.
Brulart, 351.
Brulhon (Pierre de), 308.
Brunelin (Sanche), vicomte de Marenne en Médoc, *178.
Brustau (Guillaume du), 327.
Bruvier (Arnaud de), 308.
Buis (Arnaud de), Bins, Bogio, Buy, chanoine de S. Séverin de Bordeaux, 246, 256.
Buisson (Junian), 4e prieur réformé de St-Sever, *103.
Busto (Jean de), 256.
Buziet (Jean de), 299.

C

Cahors (Pierre de), 308.
Cairenes (Etienne de), *187.
Camgran (Guillaume de), *208.
Candalle (Christophe de Foix de), évêque d'Aire, 352.
Candalle (François de Foix de), frère de Christophe, 353.
Capdeville (Etienne de) *267.
Captan (Bernard), 384.
Carem (Arnaud de), prieur de Mont-de-Marsan, *196.
Caribert, frère de Dagobert Ier, 130.
Carpophore (S), 105.
Carthie (Jean de), 313.

Cartie (Pierre de), 228.
Cartirio (Guillaume Auriol de) *134
Casade (Bernard), *217.
Casade (Jean), praticien, 379.
Casadis (Garcie Raymond de) *182
Casaubon (Arnaud de), 279.
Casenave (Forem ou Forner de), maire de Bordeaux, 253.
Cassaigne, 307.
Cassalong (Jean), 299.
Casseuil, moine, 347.
Cassien (S.), confesseur, 174.
Cassiet (Arnaud de), 254.
Casso (Jean de), 358.
Castelnau (Giraud de), 254, 279.
Castelnau (S. de), évêque de Tarbes, *277.
Castera (Bernadon de), 328.
Castillon (Elie de), 274.
Catherine (Ste), 175.
Caumont (Aner Sanche de), 274.
Caumont (Etienne de), 189, *198.
Cauna (Jean de), 36e abbé régulier de St-Sever, *80.
Caupenne (Arnaud de), abbé de Sorde *24.
Caupenne (Léonard de) *113.
Caupenne (Raymond-Guillaume de), seigneur de Mées, *219.
Cauréac (Sanz-Adil de), Seureau, *191.
Cazade (Jean), 379.
Cazaux (Arnauton de), 323.
Cazenave (André de), 349.
Cazenave (Jean de), *24.
Cella (Hélie de), sénéchal de Gascogne, *205.
Cencius, cardinal, *302.
Cenebrun de Boulin, *155.
Centule, Gaston, vicomte de Bearn, *150.

Cerase (Jean de), 353.
Cerres (B. de), *208.
Ceta (Bernard de), 349.
Cetros (Sanche Bergui de), *192.
Chalvet, Marc, prieur de St-Sever, *117.
Chambre (Claude de la), abbé commendataire de St-Sever, *93.
Chanap ou Tany (Luc de), sénéchal de Gascogne, 256.
Charlemagne, 131.
Charles, frère de Louis XI, duc d'Aquitaine, 271.
Charles VII, roi de France.
Charles-Martel, 130.
Chelien St-), apôtre de la Franconie, 121.
Christophe (S.), 175.
Cinthius, cardinal, *302.
Cladière (Jean), *249.
Clair (S.), 37.
Clar (Raymond de), notaire, *213.
Clarac (Arnaud de), *190.
Claude (S.), mrtyr, 105.
Claverie (Garsie de), moine de St-Sever, 305.
Clément IV, pape.
Clément V, pape, 102, 275.
Clément VI, pape,
Clément VII, pape.
Clodovée II, 130.
Clotaire III, 130.
Coffin (Arnaud de), *321.
Coudroy (Arnaud de), 347, 356.
Coudures (Pierre de), 307.
Courrege-longue, prieur de St-Sever. 253.
Courtiade (Pierre de la), 304.
Crassus, général Romain.
Cucullo (Raymond de), *179.
Culherio (Dominique de), 279.

Cuquererio (Bernard de), 279.
Curso-Dato, *155.
Curtis (Garsie), *172.

D

Dabadie (Bernard), moine, *21.
Dado (Doat de), ouvrier, 254, *208.
Dagobert II, 130.
Dama (Gilles), *4.
Daniel, religieux capucin, 379.
Darance (Pierre), moine, 347.
Darnaudat (Gratien), moine, 347.
Datulo (Raymond de), *172.
D'Auga (Jean), *226.
Davaneé (Jean), moine, 347.
David archevêque de Bordeaux *80
Dax (Navarrus de), évêque de Cousserans, *206.
Delachaux (Léonard), prêtre, 347.
Delos (Arnaud), 380.
Derderin (P.), 254.
Deschamps (Emmanuel), *250.
Desclaux, notaire royal, 304.
Dessus-le-moustier (Pierre de), *17
Dezest (Arnaud), 379.
D'Iris (Jean), de Boulogne, *31.
Dolly (Pierre), *20.
Domec (Arnaud de), 279.
Domerc (Bernard du), 347, *246.
Domingu (Bernard de), *172.
Dotin (Arnaud), 323.
Douasit (Bernard de), *164.
Douasit (Donat Garsie de) 159 *132.
Du Barat (Mathieu), 376.
Dubernet (Arnaud), prieur de St-Sever, 347.
Dubernet (Etienne), moine, *26.
Dubusquet (Martin), moine, 347.
Ducasse, chanoine, 357.
Ducasse (Peyran), 327.

Dufau (Jean), notaire, *217.
Dufau, seigneur d'Arrimbles, 314, 328.
Du Martin (Antoine), de Samadet, *246.
Dume (Seigneur de), *219.
Du Pourtau (F) *62.
Dupouy (Bernard), 305, 347.
Du Pouy (Pierre), 258.
Du Poy (Guillaume), 381.
Dupuy (Simon), *47.
Duprat (Claude), moine, 374.
Durou (Jean), 347.
Du Soulier (Pierre) *13.
Dussaud (Pierre), 324.
Du Tausin (Etienne), *21.
Du Tilh, 381.
Du Viergier (Placide), prieur de St-Sever.
Du Vignau (Pierre), *20.

E

Edouard I d'Angleterre, 231, 255, 266.
Edouard II, 254, 256, 273.
Edouard III, 254, 257.
Eires (Arnaud d'), *187.
Eitius, curé de Cauna, *177.
Eizeta, fille d'Eicar de La Mothe, *169.
Eléonore d'Aquitaine, 265.
Eléonore, épouse d'Edouard Ier, roi d'Angleterre, 274.
Emilien (S.), 138.
Eracleus, archevêque d'Auch, 180.
Espagne (Jean d'), 329.
Esparre (Achelin Guillaume de l'), *205.
Espinasse (Antoine), prieur de Ste-Croix de Bordeaux, *6, *36.

APPENDIX. 427

Estignos (d'), 373.
Estios (Arnaud d'), abbé de St-Sever.
Etienne (St-), apôtre des Teutons, 121.
Etienne, évêque de Préneste, *310
Etoupignan, 347.
Eucher (S.), apôtre des Danois, 121
Eudes, duc d'Aquitaine, 131.
Eugène I, pape.
Evald (S), apôtre des Saxons, 121

F

Fabro (Jean de), notaire, 295.
Fædy (Laurent), *250.
Faget (Auriol Celse de), *132.
Faget (Gassie de) fils d'Auriol *134
Faget (Guillaume Arnaud de) 188.
Faloppe (Dom Maur), prieur de La Réole, *16.
Farbos (Sauzorsa de), *169.
Fargis (Bertrand de), 309.
Fargues (Guillaume Raymond de), *217.
Faure (Vincent), 370.
Félix (S.), martyr, 176.
Feuilha (Louis), prieur de St-Sever, *113.
Filhucat (Bernard de), 374.
Fis (Jean de), *311.
Fite (Arnaud Orguelius de la) *195
Fite (Jean), 307.
Fite (Pierre de la), 279.
Flandrin (Jean) archevêque d'Auch 330.
Foexe (Jean de), 308.
Fontanas (Bonel de), *184.
Fontas (Fortaner de), *197.
Fontauzin (Pierre de), 327.
Fontellus, abbé de St-Sever, *82.

Forcerius, abbé de St-Sever, 188, *67
Forcoal, *35.
Fort de Ste-Marie, *185.
Fortaner, Forteius, abbé de St-Sever, *67.
Fortaner, évêque de Dax, *240.
Fortaner (Jean de), *312.
Forti (Anerio), *153.
Fortius d'Aspe, abbé de St-Sever, *83.
Forto, moine, *134.
Forto, de Condom, 190.
Fossa (Jean), moine, 347.
Fossad (Bernard de), *192.
Foucaud (Raymond), *249.
Fourcade (Pierre de la), 347.
Fournier (Pierre), 369.
Franqua, seigneur d'Aurice, *328.
Fromentières (Jean-Louis de), évêque d'Aire *100.
Fronquières (Pierre de), *191.
Fronsiac (Guillaume-Ameneu de), *205.
Fumette, Pierre, prêtre, 304.
Furca (Guillaume de), *183.
Furso (Bernard de), *321.
Fuxo (Jean de), évêque de Dax, etc., *244.

G

Gaillard, abbé de St-Sever, 102.
Gaillard, évêque de Dax *240.
Gamardès (Guyon), 347.
Ganger, Jean, *16.
Garsie archevêque d'Auch, 145.
Garsie de Navailles, abbé de St-Sever, 234, *71.
Garcie Mancius de Bergiu, 159.
Garnyt (Marie de), *226.
Garrosse (Eitius de), *169.

Garsibrasseus, *184.
Garsie Aner de Pantagnan, 150.
Garsie (Arnaud), vicomte de Dax, *167.
Garsie, évêque d'Aire, 276.
Garsie Loup de Soubestre, 150.
Gascons, 40, 125.
Gaston Centule, vicomte de Béarn, 150.
Gavanet (Pierre de), 220.
Genest (André), prieur de St-Sever, *110.
Genial, duc de Gascogne, 127.
Genius (S.), confesseur, 157.
Geoffroy, 4° abbé de la Grande-Selve, *187.
Geoffroy, 6° abbé de la grande-Selve, *67.
Geoffroy Guy, comte de Poitou et duc d'Aquitaine, 160, *159.
George (St), 175.
Gérard (St), Ier abbé de la Grande-Selve, 187.
Gerg (Menaud du), 318.
Girod, François, prieur de St-Sever, *105.
Girons, Géronce (St) confesseur 39.
Girons, Géronce (St-) martyr, 37, 38, etc.
Godefroy, archevêque de Bordeaux 159, *150.
Grabassat (Arnaud-Guillaume de), *207.
Gramont (Gabriel de), évêque de Tarbes, cardinal, abbé commendataire de St-Sever, *91.
Gramont, Charles, frère de Gabriel, archevêque de Bordeaux, abbé commendataire de Sorde *91
Grégoire, abbé de St-Sever, *59.
Grégoire IX, pape, *322.

Grégoire X, pape, *310.
Grégoire XIV, pape, abbé de St-Sever, *244.
Grenier, notaire, *13.
Grians (Bertrand de), 318.
Grians (Odet de), 328.
Guala de St-Martin, cardinal, *303.
Guandissono (Otto de), *286.
Guarderas (Forto Garsie de), *170.
Guassendis, cousine germ. de Guillaume Raymond de Sault, *170.
Gueitas (Guillaume Donat de), *185
Guido de St-Nicolas, cardinal diacre, *303.
Guido, évêque de Préneste, *303.
Guido, sénéchal de Gascogne, 257
Guilherm, archevêque d'Auch, 213
Guillaume, évêque d'Aire, *240.
Guillaume I, abbé de St-Sever, *74
Guillaume II, abbé de St-Sever, *75
Guillaume de Poyartin, abbé de St-Sever, évêque de Lescar, *76.
Guillaume, moine de St-Sever, archevêque d'Auch, *183, 234.
Guillaume, évêque d'Oloron, *240.
Guillaume-le-Bon, comte de Bordeaux, 183.
Guillaume, Loup, vicomte de Marsan, *143, *150.
Guillaume Sanche, comte de Gascogne, 136, 152, *126.
Guillaume IV, duc d'Aquitaine et comte du Poitou, 148.
Guillaume V, comte de Poitiers, duc d'Aquitaine et comte de Gascogne, *193.
Guillaume VI, duc d'Aquitaine, etc., 265.
Guillette, Pierre, cordelier, 369.
Gombaud, évêque de Gascogne 144
Gusiert (Lop-Doat de), *184.

H

Henri, évêque d'Ostie et de Velletri, *310.
Henri II, roi d'Angleterre, 265.
Henri III, roi d'Angleterre, 231, 266
Henri IV, roi d'Angleterre, 269.
Henri V, roi d'Angleterre, 269.
Henri VI, sacré roi de France, 269.
Herbelay, conseiller du roi, *33.
Hilaret, Guillaume, procureur *10.
Hugo, évêque d'Ostie et de Velletri, *303.
Hugues, abbé de Cluny, 148.
Hugues Capet, 138.
Hunald, abbé de Moissac, *173.
Hugues d'Espagne, abbé commendataire *88.

I

Incampis (Bertrand d'), *304.
Innocent III, pape, *299.

J

Jean-Baptiste (St), 175.
Jean, cardinal diacre, *303.
Jean de Béarn, abbé commendataire de St-Sever, *86.
Jean II, de Geneste, abbé de St-Sever, *82.
Jean de Ste-Marie in via Lata, cardinal-diacre, *395.
Jean, évêque de Porto, *310.
Jean, évêque de Sabine, *303.
Jean-Sans-Terre, 265.
Jeanne d'Arc, 260.
Julien l'apostat, 7, 33.
Justin (S.) compagnon de S. Sever 2, 37.

K

Karitas, fille de Bernard de Lamothe, *168.

L

Labarte (Guillaume-Arnaud de), *208.
Labarthe (Taliud de), *193.
Labat (Mathieu de), 299.
La Sorde (Jeanne de), *54.
La Sorde (de), religieux, *25.
La Sorde (S. de), conseiller à St-Sever, *256.
Labret (Louis de), protonotaire apostolique, *304.
Lacaze (Paul), prieur de St-Sever, *108.
La Charte (Louis Claude de), abbé commendataire de St-Sever, *100.
La Chau (Léonard de), *247.
Lacome (Jean de), 327.
Lacoste (Pierre de), moine, 347.
Lacouture (André de), 349.
Lacrabe (Fortaner de), *188.
Ladins (Bertrand de), citoyen de Basas, 246, 256.
Lafite (Côme de), moine, 347.
La Fite (dame de), *220.
La Fite (Pierre de), *246.
La Font (Jean de), *36.
La Forcade (Antoine de), 374.
La Lane (B de), *208.
La Lane (Fortaner de), 318.
Lamaide (Guillemot de), 307.
La Marque (Dominique de), prêtre, *41.
La Marque (Mengos de), prêtre, 304
Lamothe (Bertrand), 254.

Lamothe (Bernard-Raymond de), *167.
Lamothe (Guillaume de), *168.
Lamothe (Othon de), *191.
Lamothe (P. de), 254.
Lamothe (Roger de), 256.
Lanemeyac (Pierre de), *184.
Lanevey (Pèlerin de), 208.
Lanugs (Roger de), *190.
Larguer (Guilhem de), 307.
Larguier (Jeanne de), 370.
La Roque (Joseph), prieur de St-Sever, *104.
Lartigal (Forto de), *61.
Lartigue (Christophe de), 30, *268.
Lartigue (Guillaume de), 307.
La Salle (Jean de) 357.
La Serre (Jean de), 343.
Lauradet (Renaud de), 299.
Lauratet (de), 381.
Laurent (S.), 175.
Laussianum (Guillaume-Bernard de), *152.
Laval (Jean-Pierre de), *227.
La Vie (Charles-Armand de), prieur de St-Sever, *114.
L'Eau (Bernard de), *187.
Le Moyne, *7.
Le Moustier (notaire), *16.
Léon, cardinal, *302.
Léon (S.) évêque de Bayonne, 124, 169.
Lepède (Arnaud de), *164.
Lescun, 176, 268.
Lespès (sieur de), *383.
Lespiaud (Arnaud de), *246.
Lespiaud (Pierre de), moine, 347.
Libourne (Roger de), 246, 255.
Limaignes (Joseph de), *250.
Lissa (Geraud de), *195.
Listrac (B. de), 254.

Listrac (Goscelin de), *143.
Livinone (Forto Sanche de), 154.
Lobaner (fils d'Aneloup de Loron), *143.
Lobaner, vicomte de Marsan, 143.
Lobard (Guillaume-Raymond de), *321.
Lobart (Bidonat de), 328.
Lobart (Jean de), *208.
Loppes, Antoine, *250.
Loppes (Pichon de), 305.
Loron ou Oloron (Aneloup de)*143.
Louis VIII, roi d'Angleterre, 266.
Louis IX, roi de France, 266.
Louis XI, roi de France, 271.
Louis XIII, roi de France, 259.
Louis Ier le Débonnaire, roi d'Aquitaine, 131.
Loup, abbé de St-Sever, *83.
Loup, duc de Gascogne, 127.
Luc de Chanap ou Tany, 273.
Luguial (Raymond Aneri de), *172.
Lusignan (Raymond de), *127.
Lydenace (Guillaume-Bidon de), 256.

M

Macaire, évêque de Dax, 181, 182.
Manil (Marquesia et Prosia d'Au), 308.
Mans (Jean de), 327.
Manzescad (Forto de), *196.
Marcel, receveur général du clergé de France, 349.
Marcland (Gabriel), prieur de St-Sever, *111.
Maréchal (Jean), *18.
Maremne (Sanche Auriol de),
Marie, mère de S. Jacques, 175.
Marie,... Salomé, 175.

APPENDIX. 431

Marmande (Arnaud de), 274.
Marquade (Vidon de), 323.
Marquevisan (Peyran), 338.
Marra (Garcia), *157.
Marreing (Jacques de), 318.
Marsa (Malfred de), *172.
Marsan (Arnaud de), seigneur de Cauna, 274, *73.
Marsan (Arnaud-Guillaume de), *177.
Marsan (Etienne de), *24
Marsan (Géraud de), *183.
Martin (S.), 176.
Martin (Nicolas Du), 279.
Martin V, pape, 80.
Mascho (Arnaud de), 307.
Masco (Bernard de), 318.
Mauléon (Pierre de), 220.
Maupel (Paul), prieur de la Grande Selve, *119.
Maurontus, moine bénédictin, fils de Ste Rictrude, 123.
Mayol (S.), abbé de Cluny, 148.
Merrin (Bernard de), *174.
Metge (Joseph), *250.
Meyrigni (de), *25.
Michau de Bordeaux, 346.
Mirémont (Auger de), *164, 186.
Miron (de), 349.
Mitarra (Sanche), 136.
Modulo (Brasc de)
Modulo (Raymond de), *193.
Momuy (Bernard de), *164.
Mondied (Guillaume de), *208.
Monein (Bernard de), abbé de St-Sever, 293.
Monéns (Géraud de), *205.
Monmarche (François), *18.
Monmorin (Joseph-Gaspard de), évêque d'Aire, *116.
Monnenx (Martin de), moine, 247.

Monnet (Antoine), *118.
Monplesir (de), *38.
Monstior (Bernard de), *174.
Montamat (de), 374.
Montbel (Olivier de), *161.
Montdouet (de), 346.
Montelar (vicomte de), 377.
Monte Petroso (Anedil de), *155.
Montesquieu (Arsius de), *189.
Montferrant (Etienne de), 256.
Montgaillard (Gaillard de), *211.
Montgaillard (Pierre de), *211.
Montgommery, 347.
Montorcier, *25.
Morianis (Pierre de), chanoine de St-Girons, 295.
Morontus, fils de Ste Rictrude, 123
Mugron (Bernard de), évêque de Dax, *236.
Mugron (Fort de), *164.
Mugron (Guillaume-Auriol de), 143
Mus (S. Pierre du), 327.

N

Napine (Marie de), 308.
Naserene (R. B. de), *209.
Navailles (Arsius de), *190.
Navailles (Gassiat de), 228, *71.
Navailles (Marguerite de Beñac de), *73.
Navarrus de Dax, évêque de Couserans, 215.
Naymet (Jean de), *13.
Neuilla (Jean de), 233.
Neuville (Jean de), *77.
Nichostrate (S), martyr, 105.
Nicolas (S) apôtre de la Norvège 121
Nicolas, évêque de Tusculum, *303.
Nicolas V, pape, *31.

Niort (Guillaume), prieur de Buzet, 299.
Nolibos (Arnaude de), 374.
Nolibois (Gaillard de), notaire, 295.
Noobs (Jean de), notaire, *281.

O

Ocenarius, abbé, *154.
Octavien, cardinal-diacre, *303.
Odilon, (S.) abbé de Cluny.
Odoat, abbé de St-Sever, *82.
Odon (S). abbé de Cluny, 148.
Odon, archevêque d'Auch, 159.
Odon, fils de Guillaume IV, comte d'Aquitaine, 181, *157.
Olbion (Arnaud Garsie d'), *179.
Olbion (Arsius d'), *192.
Olbion (Bertrand d'), *192.
Olbion (Pierre d'), *192.
Olœda (Guillaume Arnaud d'), *179.
Omet (Bernard), *195.
Orau d'Omnes (Bertrand d')
Ordano (Al. de), 258.
Orota (Simon de), 258.
Otdat vicomte d'Armagnac, etc, 157
Othon de Riore, 285.
Otton (Raymond), *190.

P

Pace (Guillaume Bernard de), 255, 258.
Pans (Guillaume Raymond de) *205
Paras (Pierre Guiraud de), 228.
Pascal II, pape.
Peda (Arnaud de)*174.
Peyrany (Augustin), prieur de St-Sever, *108.
Pelage, cardinal, *302.
Perè (Arnaud de), 323.

Peyrère (Arnaud de La) 308.
Philibaud, père de S. Philibert, et évêque d'Aire, 124.
Philibert (S.) 123.
Philippe II, roi de France, 266.
Philippeaux, 263.
Pie V, pape, *94.
Pierre II, abbé de St-Sever, *78.
Pierre III, de Lescun, abbé de S. Sever, *79.
Pierre, cardinal, du titre de S. Marcel, *302.
Pierre, cardinal, du titre de Ste-Pudentienne, *302.
Pierre de Gouts, abbé de S. Sever, *65.
Pierre, évêque d'Aire, 180.
Pierre, évêque de Pampelune, *240
Pierre, vicomte de Marsan, etc, 208, 212.
Pinibus (Guill. R. de), 274.
Podio-Betone (Bern. de), 305.
Poisegur (Jean de), 348.
Poisagur (Bernard de), 357.
Pomède (Jean), 349.
Pontac (Jacques de), abbé commend. de S. Sever, *97.
Pontac (Jean de) conseiller du roi *7
Pontac (Pierre de), abbé commend. de St-Sever, *97, *15.
Pontac (René de), abbé commend. de St-Sever, *99, *7.
Porcilgues (Raymond de), *189.
Porta (Philippa de), de Roquefort, *211.
Poseneis (Sanzan de), *164.
Poudens (Bernard de), *162.
Pouillon (Geralda de), 307.
Poussepin, 263.
Poy (Raymond de), *208.
Poy (Guillaume du), chantre, *17.

Poyanne (Pierre de), moine de St-Sever, cardinal, 242.
Poyartin (Guillaume de), évêque de Lescar 276, 305.
Poyferré (Arnaud de), 376.
Poymeihan (Gaisie de), de Sarraziet, *212.
Poymeihan (Pierre de), *213.
Prous, abbé de St-Sever. *87.
Provence (Etienne de), 246.
Prueret (Jean de), 358.
Puchs (Daudet P. de), 254.
Puyo (Arnaud de), *198.

Q

Quatecassos (Guillaume Sanche), *192.

R

Rainaut (P. A.), 254.
Rainsant (Firmin), *15.
Raisin (Egide), *250.
Rama (G. de), chanoine de Bazas.
Rasteau (Placide), *47.
Raymond d'Arboucave, abbé de S. Sever, etc, *63.
Raymond II, abbé de St-Sever, *66.
Raymond III, abbé de St-Sever, *66.
Raymond IV, abbé de St-Sever, *68.
Raymond V, abbé de St-Sever, cardinal, *75.
Raymond VI d'Aidie, abbé commend. de St-Sever, *89.
Raymond archevêque d'Auch *239
Raymond comte de Barcelonne, *68
Raymond évêque de Bayonne, *237
Raymond, évêque de Gascogne, *150.
Raymond, évêque de Lescar, *68.

Richard II, roi d'Angleterre, 269, 332.
Richard Cœur-de-lion, 265.
Richelieu (cardinal duc de), *24.
Rictrude (Ste), 122.
Rimbez (Jean de), 318.
Rimbles (Bernard de), 199.
Robert, abbé de St-Sever *65.
Robert, vicomte de Dax, *167.
Robert (P. A.), 254.
Roca (Arnaud de), *184.
Rohefoucauld (Jean de la), abbé commend. de St-Sever, *92.
Rochet (Salomon), *48.
Roger, chanoine de Dax, *325.
Roger d'Apremont, abbé de St-Sever, 83.
Romat (Arnaud de), prêtre 309.
Roquère (Laurens), *47.
Rosec, 349.
Rovère (Jérôme de la), archevêque de Turin, abbé commendataire de St-Sever, *93.

S

Saint-Alban (Guillaume de), 274.
Saint-Aubin, 373.
Saint-Chéron (de), *92.
Saint-Christophe (Guillaume A. de) *169.
Sainte-Eulalie (Dodon de), *195.
Sainte-Exlalie (Guillaume Bernard de), *172.
Sainte-Eulalie (Lobaner de), *175.
Sainte-Marie (Fortus de), *185.
Saint-Genès Bernard de), 304.
Saint-Genius, confesseur, *127.
Saint-Germain, 373.
Saint-Germain (Alehem de), *181.
Saint-Germain (Jean de), *250.

Saint-Germain (Pélerin de), prieur de Buzet, 254.
Saint-Hermès (Vital de), évêque d'Aire, *197.
Saint-Hilaire (Lomans de), *143.
Saint-Jean (Guillaume de), prieur de Mont-de-Marsan, *198.
Saint-Julien, gouverneur, 347.
Saint-Julien (de), 373.
Saint-Loubouer, 373.
Saint-Martin (Bernard de), *214.
Saint-Martin (Menaud de), *214.
Saint-Martin (Pierre de), *214.
Saint Médard, 373.
Saint Pardulfe (Garsie de), *169.
Saint Sevin, 373.
Saint Siart (Bernard de), 254.
Salause (Antoine), prieur de St-Sever, *106.
Sales (Jean de), *248.
Salle (Jean de), prêtre, 357.
Salvator, 1er abbé de S-Sever, 142, *57
Samadet (Azinelus Elzi de), 159.
Sanche, abbé de St-Sever, *59.
Sanche Bergomius, 135, 149.
Sanche, curé de Gault, *185.
Sanche, fils de Guillaume Sanche, 136.
Sancion, comte de Gascogne, *144.
Sanguinede, (Fertaner de) prieur de Mont-de-Marsan, 254.
Sans (Pierre), *170.
Saturnin (S.) évêque de Toulouse.
Saubagner (Jean), moine, 347, *246
Sault (Azerilis de), *143.
Sault (Bruno de), *174.
Sault (Forto de), *164.
Sault (Jean de), jurisconsulte, 295.
Sault (Pierre de), 313.
Sebastinus, duc de Gascogne, 127, *125.

Sedermed (Bernard), 186.
Sedrinet (Bernard de), *193.
Segar (Arnaud de), *64.
Segar (Guillaume de), prêtre, 309.
Segor (Porcellus de), *185.
Seguin, archevêque d'Auch, 145.
Senarius, *157.
Senebrun, 274.
Sensag (Guillaume-Raymond de), *198.
Serbeut (Guillaume), viguier de Marsan, *197.
Serres (Bernard Gaston de), *164.
Serres (Pierre de), Seigneur d'Onnès, 328.
Serris (Jean de), curé de Benquet *304.
Sertorio (Gaillard de), 274.
Sever(St),1, etc,
Sever (St) de Tarbes, 1.
Severien(St), 105.
Sfondrat (Nicolas), cardinal, évêque de Crémone, pape sous le nom de Grégoire XIV, abbé commendataire de St-Sever, *95.
Silgos (Bruneton de), *192,
Simplicius (S) martyr, 105.
Soler (Laelius Philibert de) abbé de St-Sever, *96.
Solerio (Guillaume de), 305.
Solomé (Joseph), prieur de Sorde, *118.
Sorber (Arnaud de), *218.
Sort (Jean de), *312.
Sosondo (Pierre), *24.
Sotiates, 1.
Soulé (Guiraut), *217.
Stan (Seguin de) *181.
Stan (Arnaud de), 274.
Stopignan, 373.

Studio (Petrus de), prieur de St-Sever, 305.
Suavius, abbé de St-Sever, 186, 195, *63.
Sylvestre (Garsie de), 159.
Symphorien (St), martyr, 105.

T

Tanis (Luc de), 256.
Tarisse (Dom Grégoire), *13.
Tartas (Vicomte de), 284.
Tauziéde (Pierre de), 323.
Tauzin (Etienne du), 299, *15.
Taysos (Dominique), 349.
Tarrade (Peyran de la), 327.
Terride (de), 358.
Théodebert, roi d'Austrasie, 130.
Thédoric, roi de Bourgogne, 130.
Thision (Ferdinand), abbé commendataire de St-Sever, *94.
Tholongeon (de), *92.
Tilh (Antoine du), *304.
Tissier (Charles), prieur de St-Savin *118.
Totilus, duc de Gascogne, 133.
Toulouse (Antoine de), prêtre, 295.
Tremério (Vitalis de St) archidiacre de Marsan, 214.
Trigaut (Philippe), *47.
Tumapaler (Bernard), 160, *157.
Tuquoy, prieur de St Florit, 381.
Tursan (Ailio Sancio de), *143.
Tursan (Garsie Arnaud Atilius de), *134.

U

Unald (vicomte de Malcor), *179.
Urbain (Antoine), prieur de St-Sever, *266.
Urbain VI, Pape, *266.
Urraque, épouse de Guillaume Sanche, 142 *129 *132.

V

Vandales, 34.
Varois (Amavin de), 256.
Vascons et Gascons, 125.
Verdelle (Etienne), prieur de St-Sever, *118.
Verger (Arnaud du) 307.
Verger (Jean du), 307.
Vergnes (P. de), moine, 357.
Veriaimoun (Ab. de), 256.
Vertin (Jean), *48.
Verubins (Pierre de), *247.
Veyres (François), prieur de Générès, *118.
Victorin (S.), 105.
Vidon (Pierre), *31.
Vignau (Etienne de), 299.
Vignau (Pierre du), *20.
Vignes (Etienne de), 349.
Vinatier (Bernard), *17.
Verger (Jean du), 307.
Virimoald, évêque de Comenge, *240.

W

Wilfrid (S.), apôtre des Hollandais, 121.

TOMI SECUNDI
SYLLABUS

LIBER IV.
CAPUT PRIMUM.

De his quæ reformationi occasionem præbuere, etc ... 6

CAPUT II.

De his que reformationem impedierunt ad tempus et retardarunt. 19

CAPUT III.

De his quæ reformationem hujusce monasterii facilitarunt et de proximo procurarunt. 36

CAPUT IV.

De reformatione hujusce monasterii eiusque actuali possessione, et exercitiorum regularium ac divini officii in ipso inchoatione, 6 die maii anni 1645. . . . 46

CAPUT V.

De iis quæ reformationem monasterii subsecuta sunt, et maxime de ejusdem reparatione. 49

CAPUT VI.

De eventibus notatu dignioribus in posterum sequuturis 52

LIBER V.

Prologus 55

CAPUT PRIMUM.

Abbatum regularium series a prima hujusce monasterii restauratione, usque ad commendarum introductionem . . . .

CAPUT II.

De commendarum introductione in hoc monasterio et abbatum commendatariorum serie, eorumque actis seu actibus commendabilioribus, usque ad monasterii hujus reformationem. 85

CAPUT III.

Abbatum series ab introductione reformationis congregationis S. Mauri in hocce monasterium S. Severi . . 99

LIBER VI.

PROLOGUS 101

CAPUT PRIMUM.

Priorum series qui ab ipsa reformatione ad nunc usque sibi successerunt, actaque eorum commendabiliora. . 102

CAPUT II.

Priorum series hujus monasterii ab anno 1684 ad annum 1723 usque 108

LIBER VII.

PROLOGUS 122

CAPUT I.

Benefactorum nomina et donationum seu acquisitionum, ab ipsa monasterii hujus prima fundatione, et eiusdem restauratione, seu primi abbatis tempore factarum; ab anno 963 ad 1008. 126

CAPUT II.

Benefactorum nomina, et donationum seu adquisitionum catalogus, quæ tempore secundi abbatis huius monasterii Sancionis, sunt factæ, id est ab anno 1008 ad 1028 135

CAPUT III.

Benefactorum, donationum, et adquisitionum catalogus tempore Gregorii tertii abbatis, id est ab anno 1028 ad 1072 156

CAPUT IV.

De benefactoribus, donationibus, adquisitionibus factis tempore Arnaldi d'Estios quarti abbatis, et Suavii quinti abbatis S. Severi, id est ab anno 1072 ad 1107 . 186

CAPUT V.

De benefactoribus, donationibus et adquisitionibus sæculo XII factis, id est ab anno 1107 ad 1200. 194

CAPUT VI.

De benefactoribus, donationibus et adquisitionibus sæculo XIII factis, id est ab anno 1200 ad 1300. . . . 206

CAPUT VII.

De benefactoribus, donationibus et adquisitionibus sæculo XIV factis, id est ab anno 1300 ad 1400. 211

CAPUT VIII.

Du benefactoribus, donationibus, adquisitionibus factis sæculis XV, XVI et XVII ad reformationem usque, id est ab anno 1400 usque ad annum 1645 219

CAPUT IX.

De benefactoribus, donationibus, adquisitionibus, a reformatione huiusce monasterii, id est anno 1645, usque nunc anno 1681, et in posterum subsequturis. . . 224

LIBER VIII

Prologus 228

CAPUT PRIMUM.

De viris illustribus huiusce monasterii, ab eius restauratione usque ad commendarum introductionem . . . 230

CAPUT II.

De viris illustribus huiusce monasterii a commendarum introductione, ad eiusdem cœnobii reformationem. 244

CAPUT III.

De viris illustribus huiusce monasterii ab eiusdem reformatione 249

LIBER IX.

CAPUT PRIMUM.

De dominiis, et maxime de dominio particulari seu directo in urbem et parrochiam S. Severi................ 251

CAPUT II.

De dominio jurisdictionis, seu de justitia et de Curia maiori Vasconiæ, dicta olim Curia S. Severi....... 282

CAPUT III

De privilegiis, juribus, honoribus spiritualibus huiusce conventus S. Severi............................ 290

CAPUT IV.

De juribus, censibus, redditibus et bonis, et beneficiis alienatis, aliisque debitis aut reddi solitis....... 327

LIBER X.

CAPUT PRIMUM.

De officiis claustralibus huius cœnobii............ 336

CAPUT II.

De beneficiis dependentibus ab hoc monasterio..... 342

CAPUT III.

De ecclesiis parrochialibus ab hoc monasterio dependentibus, et aliis olim vel nunc possessis; seu quarum cappellani et vicarii ab abbate seu capitulo nominantur et præsentantur........................ 348

APPENDIX.

DOCUMENTA VARIA ET NOTÆ GALLICÆ................ 355
GLOSSAIRE.................................... 375
TABLE DES NOMS DE LIEUX...................... 415
TABLE DES NOMS DE PERSONNES.................. 421

ERRATA ET ADDENDA.

NOTA. — Ne pas regarder comme des fautes e pour œ et æ, non plus que les différentes manières d'écrire certains noms: on a cru devoir reproduire telle quelle l'orthographe du manuscrit et des divers documents.

TOME I.

Préf. 9. Pullurare—lare.
10. Benedictorum—benedictin.
62. Note e : sue—seu.
80. Note b : rustituit—rest...
95. Erebris—creb...
97. Convoati—cati.
119. Note c : précedens—præc...
137. Comitatum—tumm.
177. In via—vita.
180. Signorem—rum.
190. Not. b : chartul—chart...
191. Bede—Bened...
200. Memora—nem...
209. Subijectos—subie, ou subj...
212. Quod dominum habebant *secundum*. « Je crois qu'il faut ajouter: Deum; après Dieu. » (Lab.)
226. Apparent—ret.

Page 247. Recomp—recomp.
Ibid. compota—computa?
248. Nisi. séparer: ni s'y apartenen, *et s'y rattachent*.
252. Esters so esters. « A l'exception de ce qui est à déduire (exterus).» (Lab.) —Aujourd'hui on pourrait dire, avec la préposition *de : esters ço d'esters*, exterso quod extersum (jure est); étant (effacé) excepté, ce qui est excepté de droit ou de fait.
253. Fermentat—ciat.
314. Lalaure et de Bougue. lisez : de palaure et de bouqué; comme p. 319. » (Lab.)
316. Foffen—fossen, fussent.
317. partides—de
id. *Quets* voilhe, lisez : *que s voilhe*, qui se veuille, quivis, quelconque.

TOME II.

Page 10. Note a : donna—donné.
14. Note b : lisez (a.)
68. Hujusce *monasterii* quartum—lisez : nominis.
79. Lisez : Souprosse.
106. Necessariat—as.
113. Urseoli—urceoli.
146. Nominine—nomine.
156. Scriptum—ptum.
172. Note d : « Je crois que *manus sua*, manus mea, signifie : suscription, signature. » (Lab.)
177. Vitalis de Boëres, évêque d'Aire. «Le manuscrit copié sur l'ancien livre

Page rouge de l'évêché, le mentionne comme ayant occupé le siége, de 1200 à 1211, sous le nom de Vital d'Albret. La date de 1225 me semble donc fautive. » (Lab.)
196. Ultumum—imum.
211. Habitatix—trix.
220 et 251. Carolus II; lisez : Henricus II. » (Lab.)
240. Sorduensis.
271. Ligne 8, effacer *du*.
277. Note b : 1650 « lisez : 1556. » (Lab.)
279. Note f : moviret—erat.

www.ingramcontent.com/pod-product-compliance
Lightning Source LLC
Chambersburg PA
CBHW071112230426
43666CB00009B/1928